바이로이드적 생명

VIROID LIFE: Perspectives on Nietzsche and the Transhuman Condition
by Keith Ansell-Pearson
Copyright © 1997 Keith Ansell-Pearson
Korean edition copyright © 2019 Greenbee Publishing Co.
All rights reserved.

Authorised translation from the English language edition published by Routledge, a member of the Taylor & Francis Group. This Korean edition published by arrangement with Routledge, a member of the Taylor & Francis Group through Shinwon Agency.

바이로이드적 생명 : 니체와 탈인간의 조건

발행일 초판1쇄 2019년 9월 30일 | **지은이** 키스 안셀-피어슨 지음 | **옮긴이** 최승현
펴낸이 유재건 | **펴낸곳** (주)그린비출판사
주간 임유진 | **편집장** 윤진희 | **편집 · 마케팅** 이지훈, 홍민기 | **디자인** 전혜경
주소 서울시 마포구 와우산로 180, 4층 | **전화** 02-702-2717 | **팩스** 02-703-0272 | **이메일** editor@greenbee.co.kr
등록번호 제2017-000094호
ISBN 978-89-7682-589-6 93100

이 도서의 국립중앙도서관 출판시도서목록(CIP)은 서지정보유통지원시스템 홈페이지(http://seoji.nl.go.kr)와 국가자료
공동목록시스템(http://www.nl.go.kr/kolisnet)에서 이용하실 수 있습니다.(CIP제어번호: CIP2019034684)

철학이 있는 삶 **그린비출판사** www.greenbee.co.kr

바이로이드적 생명

니체와 탈인간의 조건

키스 안셀-피어슨 지음
최승현 옮김

리좀총서 II
03

그린비

정반대편의 친구들을 향해

감사의 말

이 책을 구성하는 다섯 개의 장은 이미 출판된 글 중 하나이거나 출판될 책에 속할 것이다. 이 자료를 이 책에 쓸 수 있게 해준 아래의 편집자와 출판인에게 감사드린다.

1장은 다음 책의 한 장을 확장했다. John Lippitt(ed.), *Nietzsche and the Future of the Human*, Macmillan.

2장은 다음의 글을 변형했다. 'Toward the *Übermensch*: Reflections on the Year of Nietzsche's Daybreak', in *Nietzsche-Studien* 23(1994), Walter de Gruyter.

3장은 다음의 글을 확장·수정했다. 'The Return of Death', in *Journal of Nietzsche Studies*, 1997, edited by David Owen(영원회귀에 관한 특별호).

4장은 다음을 변형했다. D. W. Conway(ed.), *Nietzsche: Critical Assessments*, Routledge.

5장은 다음 책의 한 장을 축약·수정했다. Keith Ansell Pearson(ed.), *Deleuze and Philosophy*, Routledge.

여러 사람의 격려와 비판적 개입이 없었다면 이 책은 결코 완성에 이르지 못했을 것이다. 대니얼 W. 콘웨이, 애드리언 드리스콜, 마이크 게인, 그레이엄 파크스, 폴 패턴, 그리고 존 프로테비에게 깊이 감사드린다. 내가 이 책에서 성취하고자 하는 것을 지원한 콘웨이에게 나는 헤아릴 수 없는 빚을 졌다. 캐서린 데일은 이 책의 완성까지 중요한 역할을 해주었고, 나의 사고와 글쓰기에 '작은' 역할을 계속해 주었다.

인간적 조건을 뛰어넘어 비인간(inhuman)과 초인간(superhuman)적인 것을 여는 일이야말로 …… 바로 철학이 갖는 의미이다. 이는 잘못 분석된 복합체로서 살도록, 또한 우리 자신이 잘못 분석된 복합체가 되어 버리도록 우리를 조건 짓는 한에서 그러하다.

— 질 들뢰즈, 『베르그송주의』(1966)

가끔 그는 자신이 어떤 과도기를 거치고 있는지 궁금했다. 현실에서 도피하려는 그의 태도는 잠재된 정신분열증을 나타내는 증상이 아니라, 완전히 새로운 환경에 적응하기 위한 세심한 준비 과정일 것이라 확신했다. 그 새로운 환경은 자체적인 풍경과 논리를 갖고 있기에, 구시대적 사고방식으로는 살아 내기 힘들 것이다.

— 제임스 그레이엄 밸러드, 『물에 잠긴 세계』(1962)

인간은 워낙 기생충 덩어리인지라 한 사람의 몸은 그 자신만의 몸이 아니라 여럿의 몸이라 할 수도 있으며, 그 사람 역시 또 하나의 개밋둑과 같은 것은 아닌지 의심스럽다. 인간이 스스로 기계의 기생충이 될 염려는 없는가? 기계를 사랑스럽게 간질이는 진딧물이 되지는 않겠는가?

— 새뮤얼 버틀러, 『에레혼』(1872)

서론

"모든 진실은 단순하다" —— 라는 말은 복잡한 거짓말이 아닐까?
"세계에는 실재보다 우상이 더 많다." 이는 세계를 향한 나의 '사악한
눈', 나의 '사악한 귀'이기도 하다. (니체, 『우상의 황혼』)

나는 이 책에서 낯선 힘들과 그 결과에 의해 오염되고 유괴당한
하나의 장소인 인간을 탐구함으로써, '탈인간(transhuman)의 조건'에
대해 묻고 문제화하며, 전복하고 재평가하며, 공표하거나 단념하며,
옹호하거나 캐물으며, 긍정하거나 부정하며, 찬사를 던지거나 비판하
고자 한다. 나는 이 과정에서 이러한 현상이 다가(多價)적이고도 다의
적인 것임을 드러내고자 한다. 나는 이 문제를 단번에 정의되고 증명
되는 것이라고 말하는 이들에 의해 그 조건이 닫히게 되는 사태에 저
항한다. 오늘날 '탈인간'이라는 것은 바이러스성의 생명(viral life)으
로 간주되어 온 결과 문화적 유전자(cultural meme)가 되어 가고 있는
중이다. 그러나 이런 조건이 자연스럽게 확산된 것은 아니다. 즉, 그것

이 만일 어떤 진정한 느낌이나 '의미'를 갖고자 한다면 비판적이고도 조심스러운 양성이 필요하다. 이 조건을 다루는 내가 다종다양한 낯선 힘들에 의해 오염되어 버렸음을, 그리하여 스스로가 위험하고도 의심스러운 기반 위에 있게 됨을 깨닫는다. 그러나 철학은 단순한 이성의 법정이 아니다. 곧, 그것은 감염과 고통의 전장이기도 한 것이다. 이러한 곤경에 처한 내가 할 수 있는 대답은 스스로가 '관점주의적인' 입장에 서 있음을 발견하게 된다는 점이다. 잠재적으로는 이 글 모두가 동일한 '문제', 바꿔 말해 동일한 반복의 불가피성을 짊어진 인간적인 것의 미래에 직면해 있다. 어쨌든 나의 진정한 바람은 더 많은 눈들, 더 다양한 눈들이 탈인간의 조건을 다루는 일에 도입됨으로써 그것이 더 완전하고도 객관적인 것으로 취급되길 원한다는 점이다.

'생물학적인' 조건이나 '기술론적인' 조건(사실 이것들도 아니라면 단순히 '경험적인')과 같이 어떤 명백히 경험적인 것으로 '탈인간의 조건'(transhuman condition)을 환원시키는 일에 저항하는 것이 중요하다. 오늘날 생물학적 생명이 점차 기술론적인 것이 되고 동시에 그 반대도 되고 있는 가운데, 진화 ── **인간적** 진화가 아닌 진화 그 자체 ── 가 생물-기술론적인 국면으로 접어들었다고 주장하는 기술 이론들이 존재한다. 그러나 이렇듯 의심쩍은 신라마르크주의의 흥기를 주장하는 이들은 우리가 맹목적 신념을 갖고 미래에 스스로를 '넘길 것을', 그리고 직선적이고 완전주의적인 진화 모델에 의거하여 매우 의인화된 생명 생성의 개념화에 기대는(그리하여 기계만이 우리를 구원할 수 있다는) 유사 하이데거적인 운명론을 요구한다. 새뮤얼 버틀러(Samuel Butler)로의 회귀, 1860년대에 우리를 일깨운 다윈의 글들과 같은 여러 징조들이 예견한 기계에 의한 유전자의 양도라는 약속은, 그것이 그저 웃을 일이 아니라면 반드시 의심에 부쳐질 필요가 있다. 인공지능 로봇과 기계의 도래에 대한 수많은 논의와 찬사가 만들어 내는 인간중심주의적 자만심을 드러내기는 어렵지 않다. 사실 보드리야르(Jean Baudrillard)는 이미 『종말의 환영』(*The Illusion of the End*, 1994)과 요즘 나온 『완전범죄』(*The Perfect Crime*, 1996)에서 그렇게 한 바 있다. 몸은 없고 사유만 존재하는, 정감이라곤 없는 기계적 정향을 지닌 생명의 진화에 관한 이런 개념화 속에는 모든 것이 주어져 있기 때문에 창조 그 자체가 벌어지고 그것을 지향하는 미래라고는 존재하지 않는다. 미래는 더 이상 잠재적인 것이 되지 못하는 것이다. 즉, 실로 미래는 더 이상 실존할 필요도, '있을' 이유도 없다. 대신 우리 앞에 현존하는 것은, 불사의 생명 덕분에 기지와 미지의 우주를 식민화함으로써 제국주의적이고 엔트로피적인 것에 묶인 편집증적이고 혐오스러운 인간중심주의이다. 이는 극단화된 플라톤주의적 환상이리라. 따라서 우리는 오늘날 사람들을 위해 플라톤주의가 하던 역할을 만족시켜 주는 것이 기독교가 아니라 사이버공간의 문화임을 발견한다. 저항 불가능의 시대, 곧 내생화된 식민주의적 자본주의가 결코 '생물-기술론적인' 생기론과 같은 비지성적 합성을 해본 적이 없다는 말은 점차 의심받고 '비판'될 필요가 있다. 우리는 탈인간에 대한 사이버공간의 찬사나 심지어는 의심스럽기 짝이 없는 포스트휴먼(posthuman)에 관한 조건이, 궁극적으로 이 조건을 (비非변증법적으로) 말소시키는 일에 기댐을 보여 줄 수 있다는 역설적 상황 ── 지난 천 년의 종말 앞에서 우리 자신을 발견한다는 기대는 어떤 상황에서일까? ─── 안에 있음을 발견한다. 그것은 '자기 극복'에 관한 물음일 수는 없는데, 왜냐하면 거기에는 극복해야 할 것이 아무것도 없기 때문이다. 진화의 과정은 자연화되고 물화되었으며, 자본이라는 새로운 신학은 상업화된 탈근대적 현재의 우둔함을 무신경하게 정당화하고 합법화한다. 그 합법화라는 것은 철 지난 거대서사로의 악랄한 회귀에 기대는 가운데, 거기에는 우리가 만들어 냈고 지속해 온 흥미로운 동물, 즉 동물이자 기계인, 여전히 재평가와 가치 전복을 필요로 하는 인간에 대한 어떠한 음미도 완벽하게 결여되어 있다. 인간과 그 계보학적 과거는 '진지하게' 다루어지지 않았다. 내가 보기에 그 결과는 20세기의 끝자락에 이른 우리의 조건과 '운명'에 대해 얼빠진, 치명적인, 그리고 정치적으로 순진한 개념화를 낳고 말았다. 미래의 비인간적(inhuman)이고 악마적인 힘을 긍정한다는 것은 미래에 대한 생물학적이거나 기술론적인 조작과 같지 않다. 즉, [양자를 동등하게 처리해 버리는 것은] 미래의 시간에 대한 근본적 개념화에 다다르는 것이 아니라 그 악마적 생성을 무효화해 버리는 것이다. 만일 이 지적이 프레드릭 제임슨(Fredric Jameson)이 묘사한바 역사화된 과거가 지탱해 온 모든 시대착오적 흔적들을 체계적으로 말소시키는 일이라면, 이 책은 포스트모던적인 것 혹은 포스트휴먼적인 것에 대한 저항으로 독해될 수 있을 것이다.

그러나 이 책을 읽는 분들은 탈인간의 조건에 관해 진정 '니체적인' 개념화를 옹호하고 문제시하는 나의 입장이 그것의 통합성, 불가침성, 우월성에 입각해 인간의 우월성을 보호하려 드는 것이 아님을 주의했으면 한다. 이에 관한 독해는 분명 '초-도덕적인'(super-moral) 것이다. 나는 인간이 자연과 사회에 대한 정당한 통제와 지배를 되찾아올 것이라는 역사혁명의 환상에 집착하지 않는다. 마르쿠제(Herbert Marcuse)로부터 드보르(Guy Debord), 바네겜(Raoul Vaneigem)에 이르는 이 세기의 주요 비판 이론가들에게 영감을 얻은, 그리고 프레드릭 제임슨과 같은 현대 주요 이론가가 지속시켜 온 이들 당대의 사이버 구루들이 퍼트려 온 완벽한 역사적 내재성을 향한 욕망을 담은 신념에 찬 글들은 나를 두려움과 혐오로 채워 넣기에 충분했다. 요즘 내가 정신적 공황에 빠져 있음을 발견하는 일은 놀랄 만한 게 아니다.

1979년에 리오타르(Jean-François Lyotard)는 목적론적 의미와 더불어 인간 실존의 의미를 제공해 오던 거대 혹은 메타 서사에 직면하여 '불신'으로서의 '포스트모던의 조건'을 정의한 바 있다. 포스트모더니티 하에서 의미의 상실에 대한 한탄은 지식이 이제 더 이상 서사일 수 없다는 사실을 애통해하는 일로 요약된다. 합리적 계몽주의와 진보를 통한 해방과 같은 식의, 자신과 '타자'에 대한 말걸기인 서구의 '이야기'는 거대한 자만이자 기만으로 판명 났다. 리오타르는 이제 그런 신화가 소비된 끝에 파산했다고, 애도의 기간이 끝났다고 우리가 믿기를 원했다. 그러나 리오타르는 자신의 글쓰기에서 계몽주의와 같은 거대서사가 곧바로 김빠진 일반적 특성과 입증되지 않은 보편화 가운데에서 은밀히 퍼져 온 다른 어떤 것으로 대체될 것이라는 사실을 알지 못했다. 설령 그가 자신의 작업을 '극단적 단순화하기'로 인지했다 하더라도, 그의 정의와 요약은 매우 영향력 있었고, 일련의 애도와 역사·정치·시간 따위의 종말론에 대한 붕괴와 반성을 총체적으로 불러일으킨 것은 사실이다. '비판 이론'의 진정한 붕괴는, 만일 (역사의 목적이자 목표인 자기 변형적 인류인 프롤레타리아라는) 비판의 주체가 죽은 것이라면 그 의도에서 남은 실제 힘과 얻을 것은 무엇인가라는 물음을 통해 지각되기 시작했다. 그러나 거대서사의 종말에 대한 그의 선언은 오늘날 우리가 다양한 현대 담론 속으로 그것들이 회귀한다는 것을 보게 됨으로써 조산한 것으로 증명되고 말았다. 포스트모더니티 하에서 기술에 대한 물음으로의 뒤늦은 '회귀'는 그것이 낳은 순수한 악마적 타자성에 직면하여 철학이 이런 당황스러움에 감염되는 가운데 벌어지고 있다. [그 타자성이란] 모든 평범한 질문들이 대체되고 여러 인간적 자기 확신들이 부식됨으로써 일어나는 물음이자 혼란이다. 그러나 이런 질문에 진정 근본적으로 새로운 어떤 것이 있기나 하겠는가? 자크 엘륄(Jacques Ellul), 루이스 멈퍼드(Lewis Mumford), 헤르베르트 마르쿠제와 같이 전후(戰後)를 주도한 비판 이론가들은 시간의 미래성 및 미래의 시간성에 의거해 기술에 대한 물음을 강조하고, 오늘날의 담론에서 종종 부족한 정치적 통찰과 더불어 미래가 가져다줄 충격을 신랄하게 분석한 바 있다. 오늘날 그런 물음으로의 회귀에서 다르게 나타난 것으로는 사이버화에 따른 충격, 새로운 형태의 공학과 새로운 양태의 지식, 인공 생명의 창출 등에 따른 커다란 혼란과 전치(displacement)이다. 그러나 이러한 새로운 실재들은 '인간적' 조건을 사유하고 평가하는 일의 충동적인 포기가 아닌 근본적인 재검토와 재평가를 요구한다. 이러한 조건은 늘 발명과 재발명의 문제, 다시 말해 탈인간의 문제를 지니고 있는 것이다. 오늘날 거대서사라는 것은 기계의 흥기가 선형적이고 완전주의적인 사항 속에서 파악된다고 하는 경박한 유사 헤겔주의(quasi-Hegelianism)와 비슷하게 작동하고 있다.

즉, 최초에 창조된 것에 비해 진화를 통해 자신에게 주어진 책무에 보다 적절하게 응답하도록 성공적으로 창조된 존재가 바로 기계라는, 이 '단순한' 사실을 바탕으로 늘 발전하는 '기술'(technology)의 비인간적 특성 말이다. 이 새로운 거대서사는 다윈주의적이고 라마르크주의적인 요소 간의 진기한 합성에 기대고 있다. 한편으로 그것은 기계가 엔트로피의 사멸적 힘에 반(反)하여 생존이라는 책무를 '더 적합하게' 수행한다는, 그럼으로써 인간의 제한된 능력에 비해 훨씬 우월한 적응력을 갖추고 보다 상위의 적응적 가치를 향유한다는 것을 말한다. 반면 다른 한편으로 그것은 '지능화되고' 컴퓨터화된 기계 자체가 (문자 그대로 선형적으로 파악된) 탈-인간적(trans-human) 조건을 얻기 위해 '진화'에 있어서 목적 지향적인 욕망을 지니고 있음을 말하기도 한다.

확실히 철학 전통이 지닌 기술에 대한 공포라고 하는 본성을 감안한다면 오늘날 사유는 기술과의 새로운 협상에 나설 필요가 있다. 이는 다양한 방식으로 육성될 수 있다. 첫째, 우리는 그 '기원들'로부터 인간적인 것이 기술적 진화에 의해 구성되어 온 것임을 알 수 있다. 기술은 주체가 환경을 대상으로 삼아 이에 수동적으로 '적응한다'고 하는, [이렇듯] 자족적이고 단항적인(monadic) 것들에 따라 단순하게 그것을 묘사하는 일이 불가능해지도록 중재하는 역할을 한다. 비록 기술이 인간적 진화라는 형태에 낯설지 않다 하더라도 인간이라는 동물의 경우에 있어서 '적응'과 '진화'의 의미를 과감하게 대체해 버린다는 점은 분명 두드러진다. 인간이라는 기호나 표식은 두드러지는 미래성이자 인간적 발명과 '진화'라고 하는 **인공적** 특성의 원천 둘 다가 되는 것이다. (환경은 단순히 우리에 의해 창조된 것이 아니라 늘 우리의 '본질'을 넘쳐나는 것이기에) 인공적으로 창조된 세계에서 우리가 생성 중에 있고 '적응'한다고 묻는 것은 만일 기술이 자연사(史)의 확장으로 독해될 경우 대단히 잘못 다루어진 물음이 된다. 인간은 자연의 산물 중 가장 별나고 미래에도 영원한 돌연변이와 형태변형(morphing)으로 특징 지어지는 괴물 같은 유일한 존재일 것이다. 이 글에서 '기술'(technics)과 '공학'(technology)의 의미는 한계 지어지거나 가능성을 배제하거나 성찰의 대상이 되기보다는 도발을 위해 신중하게 열린 채로 남겨진다. 양자는 형이상학이라는 철학 전통 하에서 이해되어 왔지만 그것들에 대한 규정은 인간중심주의적인 종류의 거대한 철학사의 일부였다. 즉, 기술/공학은 단지 인간의 목적을 진척시키기 위한 연장이자 기구일 뿐이었다. 그러나 그것들의 의미에 대한 반(反)인간적 독해(anti-humanist)가 보여 준 무신경함과 포스트휴먼의 도래에 대한 손쉬운 찬사는 ─ 포스트모던의 조건이 오늘날 어떻게 다루어지고 있는가라는 ─ 역사적 조건과 계보학적 형성을 전혀 성찰하지 않는다. 가장 애매한 종류의 물화는 인간적 생성과 기술의 발명이 지닌 우발적 본성이 적응을 향해 내달리는 욕망을 지목하고 진화에 있어 점차 복잡해질 때 발생한다. 나는 이 글에서 그러한 복잡성을 외면하지 않고 그 과정이 '비인간적인' 것이자 '생명'에 대한 의인화된 표현이라는 주장에 대해 논해 보겠다. 기술 총량이 '생명 자체보다는 수단으로서의 생명을 추구한다'는 선언은 진화의 과거와 미래에 대한 통찰을 제공하기보다는 오히려 후기 자본주의 하에서 삶과 죽음의 문제에 관련된 무지를 촉진할 따름이다. 그러한 주장은 어떤 진정으로 흥미롭고 비판적인 비-인간성(in-humanity)을 우리에게서 빼앗아갈 따름이다.

둘째, 우리의 기술적 본성과 인위적 생성의 새로운 협상이라고 하는 보다 혁신적인 길은 (너무나도 몰mole적이어서 '진화'의 잠재적 특성에 대한 인정이 부족한) 공학에 관한 물음을 뛰어넘어 (오로지 분자적인 것, 곧 잠재적 실재만을 다루는) 기계(the machine) [자체]에 관한 물음으로 그 우선권을 넘김으로써 구축될 수 있다. 전형적으로 기계는 자기산출적인 형성의 힘이 부족하고 생명력이 결핍된 것으로, 또한 형성의 힘과 자기 발생적 진화를 뛰어넘는 독점을 향유하는 유기체와는 대조되는 것으로 간주되어 왔다. 우리는 들뢰즈(Gilles Deleuze)와 가타리(Félix Guattari)의 작업에서 '기계'[1]라는 것이 진화 내에서의 참신하고 복잡한 생성을 설명해 내고자 기계적인 것(the mechanical)과 유기적인 것 모두에 반(反)하여 구멍을 낸 개념임을, 그리하여 기계/유기체의 구별을 혁신적이고 폭넓게 재평가하고 있음을 발견하게 된다. 그러나 사실을 놓고 보면 이러한 기계나 리좀적 생성이 창조나 발명이랄 수 있는 진화 '내'에서 자주 벌어지는 일은 아니기에, 이는 (베르그송Henri Bergson이 '창조적 진화'라고 불렀던) 진정한 생성이라는 사건인 진화'에 대한' [뚜렷한] 표식이 된다. 사물들이 기계적으로 발전할 때 그것들은 유사성과 통합의 법칙이 아닌 감염과 오염을 통해 내재적이고 실용주의적으로 이를 해낸다.[2] 진화에 대한 기계적 개념화

---

1) 이 책에서 (따옴표를 붙인) '기계'는 들뢰즈·가타리적 의미로, 기계 혹은 기계론은 우리가 조작 가능한 도구로 그것을 이해할 때의 의미로 구분하여 표기하였다. 들뢰즈·가타리에게 '기계'는 영어의 'body', 한자의 '體'에 가까운 의미이다. —옮긴이

2) Brian Massumi, *A User's Guide to Capitalism and Schizophrenia*, Cambridge, Mass.: MIT Press, 1992, pp.192~193.

는 급진적 다원주의(pluralism)에 바탕을 두고 있는데, 이는 우리가 기술적, 사회적, 기호론적, 가치론적, 동물적, 실존적 따위의 '기계'라는 또 다른 범위의 다양한 생성에 대해 말할 수 있다는 것을 뜻한다. 그것들의 본성과 생성에 대한 탐구는 추상동물 모델에 바탕을 둔 생기론적 자율을 구축하는 물화된(인간화된) 개념은 무엇인가라는 물음이 아니라, 특정한 언표적 혼효들(enunciative consistencies)에 관한 물음에 따라 통치된다.[3] 나아가 이는 통제, 영향력, 계획, 지배를 향한 우리의 욕망이 담긴 거울 이미지만을 도처에서 보게 되는 인간화된 기계의 우주에 관한 물음이 결코 아니다. 인간의 사유는 확실히 기계적 계통발생(machinic phylogenesis)에서 주된 역할을 하지만 이는 기계주의의 의미와 목적을 인간적인, 너무나 인간적인 가정으로 이끌어 가는 오만함에 불과하다. 보다 광대한 진화를 지향하는 인간의 사유는 기술 기계의 중재에 의존해 오긴 했지만 —— 원초적인 기억술은 인간 사유에 의해 구성된 것이라고 한다 —— 이는 그렇게 탄생한 사유가 소유욕 강한 개인주의라는 윤리에 의거하는 독단적이고도 제한된 '인간'으로 특징지어질 수 있다는 것을 뜻하지는 않는다. 사유라는 말의 느낌 자체가 '탈인간적'이기에 우리는 그것을 생각하는 일에 주의하게 된다. 이러한 기계들의 음악성은 설령 우주에서 인간만이 기술(techne)을 소유할 수 있는 특권화된 장소라 할지라도 대문자 존재'라고 하는' 유일하고도 일의적인 진리에의 접근을 허락받지 못하며, 오히려 기계

---

3) Félix Guattari, *Chaosmose/Chaosmosis: An Ethico-aesthetic Paradigm*, trans. P. Bains and J. Pefanis, Sydney: Power Publications, 1992/1995.

들에게 존재와 세계의 다수성에 대한 남색적이고도 카르토그라피적인(cartographic) 접근이 제공된다는 점을 말해 준다. 가타리의 지적과 같이 오로지 잠재적 존재들만이 '기계'적 우주 상태를 가질 수 있다. 즉, 그것들이야말로 늘 어떤 낯선 생성의 장소이다.

이러한 근본적 수준의 물음 ─ 시간, 역사, 삶/생명, 진화, 인간다움 등의 의미 ─ 을 바탕으로 이 책은 나의 전작인 『루소에 반(反)하는 니체』(*Nietzsche contra Rousseau*, 1991)가 상정했던 문제들의 연속선상에 놓여 있다. 나는 모든 형태의 철학화된 인간중심주의가 만들어 낸 미숙하고 오만한 삶/생명에 관한 주장을 '파괴할' 급진적이고도 비인간적인 철학을 모색 중에 있다. 나는 과잉적 사유하기라고 하는 '비판적' 과업이 '현재화된' 과거와 '가까운' 미래를 가로지르는 선들을 '기계'적으로 풀어내는 반시대적 매개자에 의해 활용될 것이라고 본다. 그러한 비판적 사상가는 시간에 반(反)하여, 시간 위에서, 시간을 통해, 시간으로부터, 시간을 위한 행위를 '뛰어넘고'자 역사를 과도하게 이용하는데, 이는 우리가 만들어 왔고 소망해 온 역사라고 하는 것 이상의 타자-되기(becoming-other)라는 결과를 낳을 것이다. 나아가 이 생성의 과정은 우리 자신이 만들어 온 것들에 대한 자기 극복을 포함하는데, 왜냐하면 시간의 우상으로부터의 해방이란 반드시 시간이 가져다주는 고통으로부터의 해방인 동시에 우리 자아가 알지 못하는 병을 매우 깊은 곳에 품고 있기 때문이다. 결국 탈인간의 조건을 관통한다는 것은 '넘어서기'를 넘어서 버리는 사유의 과제를 포함하는 일이다.

그저 '유행'과 더불어 확인되는 혼란이 아닌 '창조의 실재성'을 뒤쫓는 과제는, 예컨대 엔트로피, 죽음욕동, 고전적으로 이해되어 온 '진화' 및 누구나 알고 있는 자본의 독단적인 신-학(theo-logic)에 연결된, (오로지 파괴의 신호이자 징후인 동시에 새로움의 도래인) 허무주의라고 하는 다양한 종류의 선험적 착각을 만천하에 드러낸다. 인간적 조건에 관련된 이 선험적 착각들은 흐름으로서의 생성에 대한 뿌리 깊은 저항으로부터 나온다. 이 책의 서두에 나왔던 들뢰즈에 대한 인용에서와 같이, 이는 우리가 잘못 분석된 복합체 가운데에서 살고 있다는 단순 사례를 지적하는 문제가 아니라 우리 자신이 [이미] 잘못 분석된 복합체임을 지적하는 것이다. 들뢰즈와 가타리가 『철학이란 무엇인가』(What is Philosophy?)에서 말한 바와 같이, 이러한 착각들은 무능함에서 견딜 만한 무한 운동에 이르기까지, 욕망에서 지배까지, 길들여진 무한 속도의 시간, 우리의 본질을 부숴 버리는 미래로부터 나온다. '선험', '보편성', '영원한 진리'라는 착각들은 모두 이런 방식으로 설명 가능하다. 그것이 남겨 놓은 문제는 세속적인 진지함과 만날 때 벌어지는 '비인간적인' 것과의 불가피한 접촉과 투쟁에서 드러나는 미래에 대한 사유방식, 곧 어떻게 탈인간적으로 미래를 사유할 것인가의 문제이다. 이러한 탈인간적인 사유의 실천은 자신만의 진지함을 향유한다. 우리가 이 방식의 사유에 '접근하기' 위해서는 철학의 기능이 지능의 본능적 경향과 결합된 과학적 [사고의] 습관을 부수는 데 있다고 주장한 베르그송에게서 영감을 받아야만 한다. 동시에 우리는 이것에 참여하는 일이 인간중심주의, 구속복(straitjacket)과 더불어 있음을, 곧 그 점을 수긍하지 않거나 그것들이 남겨질 수밖에 없음을 인지하지 못하고서는 인간적인, 너무나 인간적인 것에 사로잡히게 됨을 알아야만 한다. 이것이 바로 인간됨을 배반할 것이고 또 그렇게 하고 있다. 이렇듯 철학에 대한 고양된 개념화는 오늘날 포스트모던적 **음조**(Stimmung)에 감염되고 괴로워하는 두려움과 동시적이다. 포스트모더니즘은 종종 서구에서 막을 내린 나르시시즘과 인간주의 (humanism)처럼 나를 강하게 때리곤 한다. 따라서 이론상의 포스트모더니즘은 비인간적 미래로의 국면 이동 및 우리를 둘러싼 새롭고도 '낯선' 지능의 탄생에 직면하여 [인간] 지성에 지나치게 부여된 자만심이 어떤 것들인가에 관한 논의가 된다. 오늘날의 과제는 더 이상 (신神의 그림자가 깜빡거리거나 밝게 타오르는 공간인 동굴일지라도) 죽거나 살아 있는 그를 찾는 일이 아니라, 인간의 무능함이 더 이상 우리를 미치게 하지 않고 우리 안이나 그 바깥에서 낯선 삶의 기호를 해독해 낼 가능성이 존재하는 미래의 땅을 끌어내는 데에 있다. 이를 위해 우리에게 새로운 진리들이 많이 요구되지는 않는다. 오히려 고대의 누군가를 기억하고 다시 배워 나갈 필요가 있다. 결국 우리는 마치 첫 번째인 것처럼, 거기에 오로지 다시 또 다시 반복되는 '처음'밖에 없는 것처럼 그것들을 발견하게 될 것이다. 예컨대, 미래는 늘 '바깥'에 있다. 그것은 우리를 앞질러 존재하는 단순한 거짓말이 아니다. 그것은 '바깥'이라는 장소에 있다.

　나는 니체를 '옹호'하기 위해 그와는 모순되는 니체를 읽어 낼 필요가 있는 작가로서 글을 썼다. 니체는 널리 퍼진 다원주의를 대신하는 생물학적 선별의 모델을 강조하기 위해 힘에의 의지(will-to-power)와 영원회귀(the eternal return)를 개념화하는 데에 있어서 하나의 생명철학이 되어 버린 근대의 신인동형론(anthropomorphism)

을 난관에 빠트린다. 이는 니체가 도덕을 자신의 생각으로 대체하기 위해 비판했다는 단순한 물음이 아니다. 오히려 그 과업은 어떻게 하면 인간성이라는 것이 그것의 생성 속에서 복잡해지게 되는가를 보여주고자 하는 시도인 것이다. 운 좋게도, 이런 니체의 통찰이 가진 힘을 증명해 줄 그의 글들이 있다. 따라서 그에 대한 나의 관계는 확실히, 아니 불확실하게도 '복합적'이다.

여기에 쓰인 글들은 이런 물음들을 체계적으로, 속속들이 탐구한 것이 아니다. 탈인간이라는 현상을 비판적이고 긍정적으로 좇아가는 신중한 탐구 ── 탈인간의 조건에 관한 문제 또는 그것을 향한 문제 ── 라고 하는 관점적이고 과정 중에 있는 글쓰기로서, 오늘날의 핵심 물음들에 비판적으로 개입하는 것으로 독해될 때 최상의 것이 될 수 있다. 니체가 지적한 바와 같이, 우리는 이 글들을 '뛰어넘는' 사유의 걸음을 떼고자 하는 것이지, 그저 고정된 채로 두고자 함이 아니다.

자세한 서지사항은 참고문헌 목록에서 볼 수 있다. 명백한 표기 없이 사용한 니체에 대한 번역문은 내가 덧붙인 것임을 일러둔다.

차례

일러두기

1 이 책은 Keith Ansell Pearson, *Viroid Life*, Routledge, 1997을 완역한 것이다.

2 니체 저작에 대한 인용은 본문에 간단히 책 제목(혹은 약칭)과 페이지(절)만 표기하였다. 자세한 서지 정보는 본문 뒤 참고문헌에 두었다. 니체 저작을 제외한 모든 인용 출처는 각주로 처리하였다.

3 옮긴이가 본문에 첨가한 말은 대괄호([ ])로 구분해 주었고, 각주에 첨가한 말은 내용 끝에 '― 옮긴이'라고 표시했다. 표시가 없는 각주는 모두 지은이 주이다.

4 단행본·정기간행물에는 겹낫표(『 』)를, 논문·단편·미술작품 등에는 낫표(「 」)를 사용했다.

5 외국 인명과 지명, 작품명은 2002년 국립국어원에서 펴낸 외래어표기법을 따랐다.

바이로이드적 생명

─니체와 탈인간의 조건

1장 _ 독을 사랑하기
인간의 기억과 초인의 약속

1.

멀리 떨어진 행성에서 바라보았을 때, 우리의 세속적 실존에 대한 대문자적 묘사는 아마도 독자로 하여금 다음과 같은 결론을 내리게 할 것이다. 그것은 지구가 매우 금욕주의적인 행성이며, 불만에 차 있고, 거만하고 추한 피조물들의 변경지라는 것이다. 그리고 이 피조물들은 자신들에 대한, 세계에 대한 그리고 삶에 대한 깊은 불신에 뿌리내리고 있으며 타인을 해치는 쾌락을 통해 가능한 한 많이 자신들을 해치려 한다. (『도덕의 계보』, p.90)

비록 엄청난 경멸을 느낀다고 할지라도, 아마도 우리는 여전히 담합하기에 '너무도 좋은' 존재일지도 모르며, 여전히 희생자들, 먹이들 그리고 도덕화를 향한 이러한 현대적 선호에 빠진 환자들일지 모른다. ─ 그것은 또한 우리를 감염시킬 것이다. (같은 책, p.109)

후-생물학적(postbiological) 인간의 시대는 그것이 실제적인 바가 되게 하는 인간적 조건을 드러낼 것이다. 즉, **빠져나와야 할 조건을.** 철학자 니체는 이미 19세기에 이러한 진리의 회귀를 이해했다. 즉, '인간은 극복되어야만 하는 무엇이다'라고 1883년에 쓴 것이다. '너는 그를 극복하기 위해 무엇을 해왔는가?' 물론 결국 그 질문은 단지 수사적인 것에 불과한 것으로 다시 돌아왔지만, 퇴폐의(fin-de-siècle) 20세기인 지금, 우리는 앞에 놓인 모든 필수적 수단들을 가지고서 …… 가장 진보한 탈인간을 상상하는 일에로 스스로를 전환한다.[1]

일반화된 생물학, 즉 특정한 우리 자신의 인간적 삶 안에는 기억, 곧 역사적 맥락을 제외하고는 이해할 수 있는 것이 아무것도 없다.[2]

인간의 미래에 관한 질문은 탈인간적 조건에 대한 사유의 필연성을 끌어들임으로써 괴물과도 같은 사유의 영역에 열려 있다. 우리는 니체의 '거대한' 질문에 관해 생각한다. 즉, "무엇이 여전히 '인간'이 될 수 있는가?" 여기서 '인간'이란 오로지 역사적 진화의 특정한 단절일 때의 '인간'일 뿐이며, 그의 이름은 인종과 국가의 선험성을 가정함으로써 그러하다(『힘에의 의지』, §957).[3] 비판적 의문들이 양산된다. 즉, 초인(overhuman)은 미래에 대해 낯설고 유일무이한 형상화가 아

---

1) E. Regis, *Great Mambo Chicken and the Transhuman Condition: Science Slightly Over the Edge*, Harmondsworth, Middlesex: Penguin, 1992, p.175.
2) S. Rose, *The Making of Memory: From Molecules to Mind*, London: Bantam Press, 1992, p.327.

니란 말인가? 새로운 시원(始原)들이 아버지의 땅과 오이디푸스 콤플렉스로부터 멀리 달아난 땅으로 향하는 그들의 행로를, 꾸준히 항해하는 미래의 아이들에게로 모범적으로 인도해 주는 인간을 위해 창조할 수 있겠는가? '인간'의 땅을 '최초로' 발견하는 일에 있어서, 우리는 또한 동시에 '인간의 미래'를 발견하지 않겠는가?(『차라투스트라는 이렇게 말했다』[이하 인용 시 『차라투스트라』로 약칭], 「낡은 서판과 새로운 서판에 대하여」§28) 미래가 우리의 비(非)자연적인 탄생의 권리일 수는 없지 않은가? 결국 미래라는 것은 인간에게 인식 가능한가? 아마도 미래에 대한 인식 불가능성이란 오로지 인류의 상-식과 철학적 양-식에 대해서만 적용될 따름일지도 모른다. 니체는 미래의 상형문자들을 해독해 낼 수 있다고 주장했지만 이러한 과업을 위해서는 초인간적(extra-human)

---

3) 이 부분은 다음과 같다. "불가피하게, 망설이며, 운명처럼 끔찍한, 위대한 과업과 질문이 다가오는 중에 있다. 총체로서의 지구는 어떻게 통제되는가? 총체로서의 '인간' ── 더 이상 사람들 곧 인류가 아닌 ── 은 무엇을 위해 길러지고 훈련되어야 하는가."(독일어본으로는 『전집』 11권, p.581 이하를 보라) 이번 세기의 기술에 관한 주요 연구 중 하나인 자크 엘륄의 『기술 사회』(The Technological Society, 1965)는 가장 니체적인 특성들에 따라 '기술과 세계의 내기'(la technique ou l'enjeu du siècle)에 관한 질문을 가정하는데, 이는 '무엇 때문에' 진화에 관한 질문이 최후의 인간의 승리로 대체되었는가 하는 것이다. 그가 '행복'을 발견했을 때, 설령 엘륄에게 그것이 더 이상 최후의 인간을 모른 체하는 질문이 아니라 하더라도 말이다. 그는 "명백히 우리의 운명이다"라고, 유전학적으로 기획된 미래에 대한 추측과 관련하여 "인간 모험의 의미를 전혀 모르는 마법사의 힘에 '황금시대'가 직면해 있다"고 썼다. "그들이 뛰어난 인간들의 씨를 보존하는 일에 대해 말할 때, 원컨대 그들은 재판관이 되는 것을 의미하는가? 그들이 랭보나 니체의 후대의 가치를 생각해 낸다는 것은 정말 어려운 일로서 …… 우리들 중 가장 현명한 이들조차도 그들의 모든 불가사의한 종말에 관한 질문을 제기하지 않는다. '무엇 때문에'는 단호히 지나간다. 우리 동시대인들에게 일어날 수 있는 대답은 행복을 위해서라는 것이다. 불행히도, 그것에 대해 아무런 의문도 없다." 유전적 설계의 수준에서 기술(la technique)의 질문에 접근하는 것은 단순히 제한된 ── 인간적인 너무나 인간적인 ── 기술 경제 내에 그것을 둘러싸는 것이다. "우리가 기술적 모험에 돌릴 수 있는 마지막 빈약한 동기는 기술 자체의 바로 그 존재로 인해 희미하게 공기 중으로 사라진다."(Ibid., pp.435~436)

인 — 그리고 비인간적인 — 감각과 감수성이 요구된다.

몇몇 중요하고도 복잡한 질문들은 그것들이 니체와 관련되는 한에서 (다음의 사항들을 포함하여) 인간의 미래에 관한 문제를 함축하고 있다.

• 니체의 미래에 대한 형상화. 이는 니체가 또 다른 역사에 속하는 인간 — 이후의 운명으로서 스스로를 그려 내는 데에, 또한 자신은 '미래'에 대해서뿐 아니라 미래'로부터' 말한다고 주장하는 미래 '의' 철학임을 주장하는 데에 자리한다. "미래는 지금까지도 수백 가지의 신호들로 말하며"(『힘에의 의지』, 서문), "우리의 오늘을 규정하는 것 또한 미래이다"(『인간적인 너무나 인간적인』[이하 인용 시 『인간적인』으로 약칭], 서문). 무엇이 니체의 글쓰기에서 미래에의 '호소'를 만들어 내는가? 대지가 '목적'일 수 있다는 것의 의미는 무엇인가? 금욕적 이상이 그 위에서 일으켜 온 저주로부터 실재를 되찾을 수 있겠는가?(『도덕의 계보』, II §24) 니체는 다윈이 가져다준 충격뿐 아니라 인간중심주의와 의인화라고 하는, 형이상학에 대한 자신의 비판이 일깨운 의미와 목적에 관한 개념들을 도입하고자 한 것에 불과한가?[4]

---

4) 『인간적인 너무나 인간적인』의 서문들은 철학적 문화에 대한 포스트다윈주의적 개념을 제공함으로써 나를 충격에 빠뜨렸다. 그래서 다윈은 니체가 허무주의 시대에 새로운 계몽주의를 요구하는 본질적인 부분으로 이해되어야만 한다. 서문들에서 그는 새로운 스타일의 '역사철학'을 요구한다. — 그의 가장 중요한 덕은 '겸손'일 것이다(『인간적인』, §1, 2).

• 시간에 대한 물음. 초인(overhuman)의 시간에 관한 질문과 관련해서는 거의 사유된 바가 없다. 대조되게도, 그것의 실재성은 인간 '뒤에' 오게 될 것으로서의 판에 박힌 일직선적인 것도, 새로운 출발을 나타내는 것으로서의 종말론적이고 묵시록적인 것도 아닌 것으로 이해되어 왔다. 데리다는 1960년대 후반 「인간의 종말」이라는 초기 글에서 인간'과' 초인에 관해 사유하고자 급진적인 수준의 다양한 움직임들을 문제화하였다. 그는 가장 사유하기 어려운 것이 '진리의 변증법'과 '1인칭 복수인 목적론적 상태'에 의해 유기화되지 않은 '인간'의 '종말'에 관한 것임을 지적한다.[5] 형이상학에서 '인간이라는 명칭'은 '종말론적이고 목적론적인 상황' 하에서만 의미를 가진다는 것이다. 데리다는 니체를 —— 하이데거를 뛰어넘고 그보다 앞선 —— 문체와 의미의 복수성을 설명해 낸 핵심적인 포스트-형이상학적 사상가로 치켜세운다. 니체의 문체에서 우리는 '바깥'으로부터 오는 '웃음'과 '춤'을 찾을 수 있는데, 이는 형이상학적 휴머니즘이라는 동일하고도 낡은 방법 하에서 '반복'되는 것도, '존재'(Being)의 의미에 대한 '기념'이라는 형식에 갇힌 '넘어섬'을 추구하는 것도 아니다. 그러나 그러한 운동이 포함하고 있는 역설들에 주의를 기울이는 방식으로 형이상학의 '넘어섬'을 사유하고자 하는 데리다의 시도는 형이상학의 '관념론'과 더불어 그대로 남겨진 채로 있다. 따라서 '능동적인 망각'과 잔혹함의 축제라는 말들을 지닌

---

5) J. Derrida, *Margins of Philosophy*, trans. A. Bass, Hemel Hempstead: Harvester Wheatsheaf, 1982, p.121.

그의 글이 바라는 바는, 삶의 문제에 대한 고려도 없을 뿐 아니라 생물학도, 기술도, 유물론적인 역사도 아닌 일탈적 생성으로 인해 그저 흉내에 불과하거나 독단적인 글쓰기에 불과한 것으로서 우리에게 충격을 줄 뿐이다. 니체에 대한 하이데거의 전후(戰後) 독해는, '지구와 인간 활동의 기술론적 변형'의 여명과 함께 미래의 인간에게로 '추락한', 상위의 목적과 권력을 휘두르는 '지구의 미래 주인'과 연결된 기술론적 독해에 굴복당함으로써, 초인의 모습을 전적으로 역사화해 버리고 말았다.[6] 복합적인 되기(becoming)에 따라 초인의 형태와 힘에 관한 질문을 연결하고자 한 전후 세대의 유일한 철학자는 들뢰즈이다.

따라서 끊임없이 되돌아오는 질문들은 다음과 같다. 만일 인간 내에 있는 그러한 힘들이 바깥에서 형성된 관계로서 들어서는 하나의 형식으로 구성된 것이라면, 새로운 형식들을 동반하여 관계에 들어서게 된 것들은 이제 위험에 처하게 되며 따라서 신도 인간도 아닌 것으로 출현하게 될 어떤 새로운 형식이 아니겠는가? 이는 니체가 '초인'이라고 불렀던 문제를 바르게 자리 잡아 주는 것이 아니고 무엇이겠는가?[7]

6) M. Heidegger, *What is Called Thinking?*, trans. J. Glenn Gray, New York: Harper Torchbooks, 1968, p.59.
7) G. Deleuze, *Foucault*, trans. S. Hand, London: Athlone Press, 1988, p.130.

니체는 신의 죽음에 따른 여파로 '상위의 역사'에 속해 버린 인간에 관해 말했지만, 상위의 역사는 여전히 형성 중인 '전(前)역사'를 포함하고 있으며 복잡한 방식으로 역사 자체와 관련되어 있다. 그것은 주름(fold)들의 문제로서의 '진화'에 관한 질문이자 거대한 주름으로 여겨지는 '삶'에 관한 질문이다.[8] "따라서 인간은 ─ 말하자면 인간적인 것의 배태는 ─ 후자[인간적인 것]가 전자[미래적인 것] 내에 존재함을 지향하는 방향성을 띤, 전적으로 조형적인 힘들(form-shaping forces)이다. 또한 그것들은 거대하기에 오늘날 더 개별화된 것이 미래를 규정한다. 이는 고통에 대한 가장 심오한 개념화이다. 즉, 조형적인 힘들은 고통스럽게 충돌하고 있다. ─ 개별화된 것의 고립이 우리를 기만해서는 안 된다. 즉, 어떤 것이 개별화된 것들 아래에 흐르고 있다."(『힘에의 의지』, §686)

- 근대 생물학과 진화론, 특히 다윈주의에 관련된 니체의 질문. 왜 니체는 『도덕의 계보』에서 힘에의 의지론을 강조하기 위해 발생학을 활용하고, 그러한 우선성이 자연발생적이고 확장적인 조형적 힘들과 조화를 이루도록 하는가? 그는 왜 도덕의 계보에 관한 자신의 논변에서 어떤 결정적인 지점들에 있는 생물학에 호소하는가? (예컨대, '최상위의 생물학적 관점'에서 '정당성의 상태들'을 평가한다.) 얼마

---

8) 들뢰즈와 가타리는 '펼쳐진(unfold) 여럿'과 '접혀진(fold) 여럿'을 구분한다. 전자는 개별 개체가 다수 존재하는 상태를, 후자는 한 개체로 보이는 듯하나 그 안에 무수한 주름들이 접혀 있는 상태의 여럿을 가리킨다. 이들의 존재론을 이해하기 위한 주요한 구분 중 하나이다.─옮긴이

만큼 니체의 **도덕**의 계보학이 다윈주의적인 '생물학적' 가치들에 대한 필수적인 재평가에 기초하고 있는가? 생물학주의에 반대하는 하이데거의 관점과 니체의 생물학주의적인 독해는 —— 곧, 생물학 또한 '형이상학'에 불과하다는 —— 중요하고 대립되는 것인 채로 남아 있지만, 이로는 그 질문들을 다 소화해 내지 못한다.[9] 더욱이, 우리는 왜 인간을 위한 복잡하지 않은 '진실'이라도 되는 양, 100년도 넘은 시점에서 생물학자들[10]과 철학자들[11]에 의한 다윈의 자연도태론(자연선택론)의 궁극적 진실에 대해 다시 한 번 말해야 할 필요가 있는가?[12] '우리가' 어쩌면 낯선 말을 듣게 되는 것은 바로 이 지점

---

9) M. Heidegger, *Nietzsche* I, Pfullingen: Gunther Neske, 1961, p.517 이하; *Nietzsche: The Will to Power as Knowledge and Metaphysics*, trans. D. F. Krell et al., San Francisco: Harper and Row, 1987, p.39 이하.

10) R. Dawkins, *The Selfish Gene*, Oxford: Oxford University Press, 1976(revised edition 1989).

11) D. C. Dennett, *Darwin's Dangerous Idea: Evolution and the Meanings of Life*, London: Allen Lane, 1995.

12) 도킨스는 그의 『이기적 유전자』에서 문화 요소를 통한 문화적 진화를 해석함으로써 새로운 다윈주의의 진보를 탐구한다. 그는 선택의 단위로서 유전자를 중심에 놓는 것은 '현대인의 진화'를 이해하고자 할 때 도움이 되지 않는다고 주장한다(Dawkins, *The Selfish Gene*, p.191). 그러나, 그는 단순히 인간'진화'론의 발흥을 위해 '문화 요소들'이라는 관념의 거대한 복합성을 평가하는 데 실패하고 있다. 이해로서의 '문화'를 위한 기초인 '문화 요소들'과 더불어 '유전자'를 대체하는 일은 (인공성에 반대되는) 자연주의의 수준에 남아 있다. 문화요소학(Memetics)은 기술적이고 사회적인 매개를 포함하는 과정들이 어떠한가에 대한 통찰력이 없다는 점에서 문화적 진화의 과정들을 완전히 물화한다. 문화가 유전적 진화에 대해 유비적인 자기 복제의 과정에 의해 발전한다는 관념은 완전히 근거 없는 주장에 불과하다. 철학으로부터 거리를 두려는 그의 노력에도 불구하고, 이기적 유전자에 대한 다윈의 영향력은 이미 알려진 철학적 입장의 '복사물'로서 쇼펜하우어적인 것과 구별된다. 브라이언 굿윈(Brian Goodwin)은 어떻게 다윈의 논쟁이 본질적으로 종교-형이상학적 주장으로 떨어지게 되었는가에 주목한다. 다음에 따르면 ① 유기체들이 유전자 집단의 '목적'을 만든 것은 그것이 그들 자신을 더 증식하고자 하는 '자기애적인'(selfishly) 것이다(바꿔 말해, 생명은 죄sin 안에서 태어나며 우리의 형질inheritance은 '기초적인' 것이다). 즉, ② 이러한 유전적 재

일 것이다. 도덕의 계보에 관한 니체의 가르침은 아마도 이전보다 훨씬 더 지금 적합한 것일지 모른다. 니체의 계보학은 그것이 초점을 맞추는 바와 마찬가지로 인간 또한 '선택'해야만 하는 일이 우연이 아니라는 것이다. 그것은 동시에 이러한 인간중심주의적 순진함에서 멀리 달아나는 일이다. 그의 계보학은 인간이라는 동물이 비자연적인 도태(선택)를 특징으로 하는 '진화'의 대상이 되는 정도를 보여 준다. 이에 있어서, 우리는 장님 같고 벙어리 같은 자연의 기계론적인 활동을 뛰어넘어 인간과 예술과 인공성 간의 이원론적이고 형이상학적인 구분을 가정하지 않는다. 왜냐하면 '자연'은 너무나도 많은 발명의 기술을 지니고 있기 때문이다. 그러나 얄궂게도 그것은 인간중심주의로의 복귀로 이끌리는 인간의 인공적이고 기술적인 진화가 지닌 두드러진 특성을 인식하기를 거부하며, '인간에

료의 타고난 자기애적 특징들은 더 '성공적인' 유전자에 의해 계승되어 온 가장 적합한 변이들(the fitter variants)의 생존이 기대되는 현상적인 유기체 간의 경쟁적인 상호관계 하에서 표현형을 찾는다. 곧, ③ 생명을 향한 투쟁은 '적합도 지형'(fitness landscape)이라는 사실에 의해 무한한 것이며, 유기체들은 서로 진화하고 경쟁하며 교환한다(우리가 읽을 수 있는 바는, 우리가 끊임없이 투쟁하는 생명에 대해 비난한다는 것이다). ④ 역설적이게도, 인간 존재는 교육과 문화의 훈련을 통한 자신들의 이기적인 자질에 반(反)하여 작동하는 이타적인 행동을 발전시켜 나갈 수 있다(즉, 신념과 도덕적 노력에 의해 인류는 타락과 이기적 상태로부터 구출될 수 있다). B. Goodwin, *How the Leopard Changed its Spots: The Evolution of Complexity*, London: Phoenix, 1995, pp.29~30을 보라. 우리의 도덕적 자질에 관한 다윈의 위험한 생각이 낳은 충격에 관한 데닛의 사유는 ── "비인칭적이고, 로봇 같은, 마음이 없는, 분자만 한 작은 조각을 지닌 '기계'는 모든 행위자의 궁극적 기초이며 따라서 의미이자, 의식이자, 우주 속에 있다"(Dennett, *Darwin's Dangerous Idea*, p.203)고 생각하는 바를 표현하는 ── 다윈주의가 가장 심오한 딜레마에 답할 수 없다는 결론으로 이끈다. 그가 주장한 것이 비록 알고리즘적인 윤리학을 발견하는 장기간의 야망이 왜 버려지게 되었는가를 이해할 수 있도록 도와주었긴 하지만 말이다(*Ibid.*, p.511 이하). 이러한 논의거리를 배우기 위해 '왜 다윈주의가 필요한가'를 누군가는 탐구하고 있는 것이다.

관한 진정한 문제'와 연계된 사항들이 되는 데에 실패한다. 따라서 자아라는 기술의 발명을 통한 주장은 필수적인 일이 되어 버리는 데(영혼의 발명, 기억의 형식화와 탈형식화 등), 이는 니체가 인간이라는 동물에 대한 자신의 개념화에서 핵심으로 삼은 것으로서, 인간들이란 그들의 '기억'과 '약속' 모두를 통치하고 다스리는 인위적인 잉여랄 수 있는 하나의 환경을 스스로 창조해 냈다는 것이다. **동일성**의 엔트로피적인 영원회귀를 생산해 내고 재생산해 내도록 기획된 양육 프로그램인 나치의 우생학과 치명적으로 결합하고 공유된 **초인**(Übermensch)의 특성은 진화의 운명과 미래에 관한 기술 담론들에서 다시 한 번 두드러진다. 이러한 담론들은 기술론이 점점 더 생물학적인 것이 되고 동시에 생물학 또한 더욱더 기술론적인 것이 되어 버린 새로이 출현 중인 '생명기술론적' 문명에 대해 이야기한다.[13] 니체의 전설인 '수퍼-맨'(superman)은 살과 금속의 공생(meat-metal symbiosis)이라는 이러한 대담한 새로운 세계에 대한 상징이 되어 버렸다. 그러나 니체에 대한 이러한 현대적 활용과 남용에 있어서 잊혀지고 지워진 것은 초인(overhuman)에 관한 그의 반복되는 기원이 인간적인 것으로 되돌아가는 우리를 불러낸다는 것이다. 초인의 약속은 그런 방식들로 묶여져 있지만 인간적인 것에 관한 기억과 더불어서는 거의 탐구된 바도, 이해된 바도 없다. 현대의 기술론적 이론화(techno-theorizing)는 '인간의 진정한 문제'

---

13) K. Kelly, *Out of Control: The New Biology of Machines*, London: Fourth Estate, 1994, ch.1 'The Made and the Born'을 보라.

에 관해 우리를 눈멀도록 한다.

니체에게 인간이란 진정 현세적이고 미래적인 동물이다. 인류에 관한 진정한 '문제'는 약속을 만들어 낼 능력 혹은 가능성을 지닌 동물의 양육이며, 이는 어떤 훈련과 교화를 요구한다. 이는 자연 스스로 인간이라는 사례에 대해 정한 역설적 과업이다. 극복의 노동은 인간의 본질을 강조한다. 또한 그의 존재는 늘 미래로부터의 생성과 탄생을 포함해 왔다. 인간은 그의 '시원'이 지닌 '점'으로부터 초인에 의해 구성되어 온 것이다.[14] 이는 왜 인간을 자연으로 되돌려 번역한다는 니체의 명시적 목적이 인용되곤 하는가에 관한 것으로서 니체적인 자연주의, 즉 철학적 생태학을 지지하는 '인간 본성(Homo natura)에 관한 항구적인 기초 문헌'으로 독해하고자 한다는 점에서 문제시되는 이유이다(『선악의 저편』, § 230). 인간의 시원에 관한 질문이 직선적이라는 것은 잘못 제기된 것으로서, 그러한 인간은 단순하게 그리고 모호하지 않게 동물들 사이에 '속한다.'[15] 그러나 우리는 니체에게 인간이란 아

---

14) 계보학에 대한 복잡한 번역을 수행하는 데 있어서, 니체는 정확한 구조에 의한 인간 진화를 추적하고자 하지 않았기 때문에, 시원의 '지점'을 지시하고자 하는 것은 오독이다. 선('생성' 으로서의 리좀)과 점('기억'으로서의 계보학)을 구별하는 의미에 대해서는 G. Deleuze and F. Guattari, *A Thousand Plateaus*, trans. B. Massumi, London: Athlone Press, 1988, p.294 를 보라. 때로 리좀적 생성이자, '창조적 진화'의 형식으로서의 '진화' 개념이 갖는 고상함을 인식함으로써, 나는 들뢰즈와 가타리가 생성과 기억(생성은 하나의 '인간에 대한 대항기억'이 다, 그들은 지속된다) 간에 날카롭게 가정한 중재되지 않은 대립을 해체하고자 한다.
15) 그러한 니체에 대한 심각한 오독은 대지에 대한 니체의 충절이 새로운 생태주의나 '녹색' 정치를 예견한다고 말하는 일부 주석가들에 의해 고양되어 온 것이다. 니체주의에 대한 이러한 새로운 조류의 한 예로는 램퍼트의 탁월한 연구를 보라. L. Lampert, *Nietzsche and Modern Times*, New Haven: Yale University Press, 1993, p.432.

픈 동물, 낯선 동물임을 알고 있으며 그는 늘 인간을 '뛰어넘는' 우리의 야심과 수수께끼들을 겨냥하도록 부추긴다. 더욱이 인간의 생성은 결코 조화나 균형에 관한 질문이었던 적이 없으며, 반대로 그것은 극단적 불일치와 양의 되먹임(positive feedback)에 의해 특징지어져 왔다. '자연'의 진화는 또한 그러한 비평형론적인 사항들로 이해될 수 있었지만, 인간의 경우 그러한 차이는 니체의 계보학이 두드러지게 보여 주는 바와 같이 존재와 생성에 관해 이미 잘 알려진 자연 법칙들을 초월하는 삶의 실험적 실천을 추구함으로써 그가 '내적 진화'에 따른 이러한 불일치를 내면화해 왔다는 것이다. 인간에 관한 계보학인 도덕의 계보학은 더 복잡하고 더 어려운 차이를 갖게 되고 단순히 동물들 가운데에 자리 잡은 것 이상의 우리에 대해 가르쳐 준다. 인간은 목적이 아니라 다리이지만, 다리(인간)와 목적(초인)은 '인간'이라는 '어두운 구름'으로부터 출현한 '섬광'과도 같이 내적으로 관련되어 있다. 『유고』에 나온 한 기록은 인간이 영원히 회귀할 뿐 아니라 초인이 되기도 함을 우리에게 알려 준다(『전집』 11권, p.281). 바꿔 말해, 초인이란 인간의 생성 없이는 가능하지 않으며 또한 이러한 '생성'은 쉴 새 없는 노동과 '자기 극복'의 유희를 가리킨다. 그 '목적'은 내재적인 것이기에 인간 '존재'는 생성 이외에는 아무것도 아닌 생성 그 자체이자 발명으로서의 생성이다.[16] "인간은 매 순간 극복하는 존재이다"라는

---

16) 『힘에의 의지』 617절을 보라. 즉, "발명으로서의 생성(Erfinden), 자기 부정에의 의지, 자아의 자기 극복(Sich-selbst Uberwinden). 즉, 주체가 아닌 그러나 하나의 행위이자, 입장이자, 생산이며, '인과'가 없는." 독일어본으로는 『전집』 12권, p.313을 보라.

『이 사람을 보라』에서의 그의 언급을 어떻게 달리 이해할 수 있단 말인가?(『이 사람을 보라』, p.107)

니체의 도덕의 계보학을 주의 깊게 읽으면 그에게 인간적인 것이 영속적인 극복의 자리에 놓이는 것임을 알 수 있다. 시원들에 관한 질문, 그리고 자기 투명성을 향하는 데에 수반되는 욕망은 그 책의 시작에서부터 추방된다. '우리' 인간들은 '필연성으로부터 빠져나와' 우리 자신을 낯선 사람으로 두어야만 하는 것이다. 특히, 우리 자신에 대해서는 지자(knowers)가 될 수 없다. 마찬가지로 도덕의 계보학에 관한 니체의 비판적 질문은 — 도덕적 가치가 과연 얼마만큼 풍요로운 삶 혹은 퇴락한 삶의 신호일 수 있을까? — 혼란스러움의 대상임을 이해하는 것이 중요하다. 도덕의 역사를 벗겨내는 일에 있어서 그는 자신이 아픈-생성 하에 있음을, '피에 중독된' 상태에 있음을 발견하고 인간적 약속을 찾게 된다. 따라서 역사의 바깥을 포함하여 인간적인 것 바깥에 초인을 자리 잡게 하려는, 또한 상이한 시원들로서 초인을 제시하려는 어떤 시도도 근본적으로 잘못 인도된 것임을 보여 주는 일이 가능하게 된다.[17] 순전하고 순수하게 능동적인 초인성

---

17) 니체에 대한 들뢰즈의 독해는 종종 몰락의 역사 못지않은 역사를 가정하는 이러한 개념들에 의해 해석되어 왔다. 그러나 이는 니체의 독해에 대해 '미묘'하고 '정교한' 특성을 놓치는 것이다. 들뢰즈는 영원회귀의 실험성을 '변형'에 대한 자신의 독해의 중심이자 중추로 만들었으며, 그의 주장에서 가장 복잡한 곳이 여기이다. 그는 단순히 영원회귀가 반동적인 힘들을 몰살시킨다고 말하지 않는다. 차라리 그의 섬세한 논제는 회귀의 시험에 굴복할 때 '반동적'인 것은 오로지 '능동적'인 것으로 되돌아올 수 있다는 바로 그것이다. 즉, "그것은 더 이상 이러한 사유의 바깥으로 떨어지는 모든 것을 기꺼이 제거하는 영원회귀에 대한 단순한 사고가 아니라, 차라리 영원회귀에 대해서 본성의 변화 없이는 그렇게 할 수 없다고 하는 어떤 상태의 시작을 만들어 내는 것이다. 그것은 더 이상 선별적 사유에 대한 질문이 아니라 선별적 '존재'에 대한 질문이다."(G. Deleuze, *Nietzsche and Philosophy*, trans. H.

(overhumanity)의 가정은 도덕의 계보학에서의 니체적인 음악 정신 과는 어긋나는 것이자, 이러한 '반동적인' 가치들은 만일 우리가 그것들을 보다 나은 인간적 동물의 육성과 달성을 위한 (기술) 도구들로 고려할 경우 재평가를 필요로 하는 일이 된다. 결국 우리는 그것들이 본질적인 **능동성**(activity)을 감추어 버리게 됨을 발견한다. 참으로 인간의 유일한 정당화란 '바깥'에 놓여 있지만 — 자신의 바깥, 자연의 바깥 — 이러한 바깥은 그들의 생성에 있어서 내재적인 것이다.

도덕적 가치들에 대한 '비판'의 필요성에 관한 니체의 강조는 쉽사리 독단적이게 **부정적인**(negative) 비판의 형식으로 해석될 수도 있다. 그러나 그러한 비판은 니체가 특정한 가치들이 개발되고 변화되는 조건과 환경을 고려하여 새로운 종류의 이해와 앎의 발전을 위해 긍정적 항목들로 기획한 것으로서, 이는 도덕성이 징후이자 병의 역할을 하지만 또한 자극제이자 독(毒)으로서 그러하기도 함을 말해 준다. 니체는 가치의 '시원'에 대한 탐구와 선과 악에 관한 우리의 대조표가 결코 그것들에 대한 '비판'과 관련하여 동일하지 않다고 주장한다.[18] 가치들의 수치스러운 시원에 대한 폭로는 감소된다는 느낌을 낳

Tomlinson, London: Athlone Press, 1983, p.71) '선별'은 들뢰즈의 글쓰기를 관통하는 하나의 동기이자 조심스러운 연구를 요구한다. 최초의 가정은 2장에서 시작된다.

18) 따라서 하이데거가 니체에 있어서 최고도의 가치들에 대한 비판에 대해 지금껏 "실제로 그것들을 산출하는 가치화의 의심스러운 시원들에 대한 조명과, 이에 따른 이러한 가치들 자체에 대한 의문의 주장을 의미한다"(Heidegger, *Nietzsche* I, p.35; Heidegger, *Nietzsche: The Will to Power as Art*, p.26)고 주장하는 것은 잘못이다. 니체에게 시원에 대한 질문은 도덕에 대한 비판의 형식에 대해 부적절한 것이 아니라, 그것은 결코 그것들의 '가치'에 관련된 결정적인 문제제기가 아닌 것이다. 동일한 '발생론적 오류'는 지금은 고전이 된, 그러나 부족한 글인 푸코의 「니체, 계보학, 역사」에 의해 수행된다.

겠지만, 그것은 단지 그것들을 향한 비판적 태도의 방식을 준비하는 것에 불과하다(『힘에의 의지』, § 254). 이렇듯 가치와 도덕에 관한 새로운 일반경제 하에서 '인간'의 문제에 관한 질문은 도덕성을 통해 그리고 그것을 '넘어서' 우리를 이끄는 방식으로 제기될 수 있다. 도덕성에 대한 비판을 구축하고 그것을 넘어서려는 시도는 또한 처음으로 미지의 땅을 '발견'하는 것을 수반한다. '위험 중의 위험'과도 같이 도덕성이란 근본적으로 양가적이다. 즉, 그것은 자신에 대한 길들임의 관점에서 매스꺼움과 연민이라는 느낌을 절정에 달하게 함으로써 인간의 중독으로 또 자신을 뛰어넘는 하늘의 어두움에로 이끌려 왔다. 그러나 동시에 그것은 자신의 도덕 외적인 자기 극복을 향한 낯설고 황홀한 육성의 기반을 개발해 오기도 했다. 『도덕의 계보』 서문 6절에서 니체는 도덕성에 관해 '책임이 있다'고 말하는데 ─ 니체의 비난은 도덕성의 진화에 있어서 그 자신과 우리의 함축된 바를 시사함으로써 이를 고발한다 ─ 왜냐하면 인간 종이란 결코 "최고도의 잠재력과 찬란함"에 다다를 수 없기 때문이라는 것이다. 니체는 아직 존재하지 않는 종들을 위해 글을 쓴다고 우리에게 알리지만(같은 책, § 958), 그가 종들을 만들어 내고자 글을 쓰는 "것임"은 진실이다. 1883년의 기록에서 그는 인간과 초인 간의 관계에 관한 글을 쓰면서 도덕성이란 "종들"의 경제로 이해되는 엄격한 생명경제 하에 놓이게 되었다고 말한다. 만일 모든 도덕들이 종들의 "조건 지어지지 않은 내구력"을 극대화하는 일에 활용되어 온 것이라면, 결국 이 목적들이 획득되고 난 뒤에는 훨씬 더 "고도의" 것이 될 수 있다는 것이다(『전집』 10권, p.244). 실험의 치명성과 위험들에 열려 있는 미래에 대한 개방성은 니체적 약속의 일부로서 —— 이는 그가 우리에게 말한 바와 같이 "20세기의 야만인들"을 위해 쓴 것이다(『힘에의 의지』, §868).

니체는 자신의 '구별'이 우리의 도덕적인 과거가 오랫동안 지녀 온 난해하기 짝이 없는 상형문자에 대한 '비판적' 독해인 동시에 이러한 과거를 진지하게 다루는 것이라고 말한다. 그는 스스로를 『도덕적 감각의 기원』의 저자인 레(P. Rée)와 구별하면서 이 문제에 관해 말한다. 레가 다원을 읽었음에도 불구하고 니체는 그가 단지 "다원적 짐승"과 "더 이상 물어뜯지 않는 초현대적이고 겸손하며 도덕적인 나약한 짐승" 간의 맞닥뜨림에 관해 "흥미롭게" 설명했을 뿐임을 주장한다(『도덕의 계보』, 서문 §7). 바꿔 말해, 레는 단지 (인간에 관한 '진정한 문제'인) 인간의 시원에 관한 질문으로의 회귀에 있어서 첨예하게 문제가 되는 바를 '진지하게' 다루지 않았다는 것이다. 그는 실존의 희극으로 인간 역사의 비극을 전환시킴으로써 도덕의 시원에 대한 진지한 탐구로 인해 기대되는 '보상'을 말한다. 그렇게 함으로써 역사가 상위의 '영원한' 생성에 종속되는 동시에 '영혼의 운명'에 관한 디오니소스적 드라마를 향해 새로운 반전과 성과를 전개해 나간다는 것이다. 이 서문은 인간의 새로운 기억에 호소한다. 이는 한 번 획득되고 나면 우리가 '근대인'이라는 돌림병을 잊어버리게 되는, 바꿔 말해 '독해의 기예'를 망각하지 않게 된다는 것이다. 이러한 기예 —— 기억의 특정한 실천을 포함하는 기예 —— 에 이르고서야 다시 배우게 되는 것은 니체의 처방 이전에 있는 '어떤 시간', 곧 도덕적 과거와 초도덕적 미래에 대한 독해 가능성이다. 이러한 독해의 기억술은 살(flash)'을 가진' 글쓰기로서 우리의 신체 위에 통합되고 새겨져야만 한다.

무엇이 심리학자들을 충동질하는가? 이 질문은 역사적이고 심리학적인 탐구가 그를 과소평가하는 과제로 전락했을 때 인간에 관한 연구일 경우 예민한 문제를 낳는다. 니체는 어떻게 인간의 얼굴에 나타난 염세주의적 의심에 도달하는 유혹에 저항하기 위해 그 독과 싸울 수 있었을까? 이는 환멸을 느낀 것에 대한 불신과 독으로 창백해진 무뚝뚝한 관념론자들보다도 더 기댈 것이라곤 없는 상태가 아닌가? 니체 계보학의 목표는 복수의 독거미에 물리도록 자신을 내버려두는 인간을 크기에 맞게 자르는 것이 아니라 쓰라리고 추한 비기독교적이고 포스트다윈적인 진실에 직면하여 용감하고 관대한 자가 되는 것이다.

사제의 가치는 무엇인가? 사제는 스스로 위험에 빠진 이들에 반(反)하여 변해 온 '생명'의 기괴한 창조물이다. 인간이 '흥미로운 동물'이 된 것은 바로 인간 실존의 '근본성' 때문이다. 루소에 반(反)하여 니체는 인간이라는 동물이 도덕 외적 사항들에 있어서 도덕이라는 측면에서 겪어 온 이러한 심오한 변형을 생각한다. 따라서 그는 ─ '루소에 반하는' 입장으로서 ─ 문명의 문제란 그것이 인간을 더럽혀 온 것이 아니라 오히려 그를 충분히 더럽히는 데에 실패해 왔기 때문이라고 쓸 수 있게 된다(『힘에의 의지』, §98~100). 악을 향한 깊이와 능력이라는 동물을 초월한 인간의 특성은 사제적 실존 형식 덕분에 출현 가능했다. 인간적 역사 ─ 정신(Geist) ─ 로 지성을 도입해 온 것은 바로 도덕의 노예반란인 것이다(『도덕의 계보』, I §7). '지성'에 대해 니체는 교활함, 모방, 인내, 위선, 자기조절 등과 같은 현상을 뜻한다고 본다(『이 사람을 보라』, p.76). 고상한 인간은 지성을 진정 제한할 줄 안다. 고상함은 '정직함'과 '순진함'이라는 상태 그 자체와 더불어 자신감이자 솔직함인 반면, 르상티망(양심)의 인간은 스스로 명예롭거나 직선적이지도 않기에 자기 극복을 향한 가능성은 훨씬 커진다(『도덕의 계보』, I §10).

니체는 민주주의자와 함께 상상적인 이야기들을 만들어 나간다. 민주주의자에게 무엇이 고상한가를 고찰하는 일은 쓸데없는데, 왜냐하면 보통 사람들의 도덕과 그 중독성은 패혈증(blood-poisoning, Blutvergiftung)을 통해 정복되어 왔기 때문이다(그것은 인종들을 혼합해 왔다). 세속적 민주주의자는 온 몸을 바친 노예반란의 독이 비가역적인 것임을 안다. 이에 있어 그는 '교회'와 더불어 '독'의 구세주임을 공언하고, 이런 교사(巧詐)를 통해 소외를 만들어 낸다. 그것은 창조적 에너지들이 '가속화'하는 일에 헌신해야만 할 때 그 이행을 늦추고 막아서는 일을 범해 왔다. 결국 민주주의자는 자신들이 교회를 혐오하지만 "[교회의] 독이 아니라 …… 교회를 도외시한다면, 우리는 너무나 그 독(Gift)을 사랑한다"(『도덕의 계보』, I §9)고 고백한다.

니체는 '자유로운 사상가'와 어느 성실한 동물의 '결어'로서 이 절[『도덕의 계보』, I §9]을 제시하고 있다. 이는 '어느 지점까지' 니체를 경청하지만 그의 침묵에 대해서는 '견디고 있지' 못하는 누군가의 말이다. 우리는 어떻게 니체가 말하는 침묵을 해석해야만 하는가? 나는 니체가 민주주의자의 고백이 지닌 '진실'을 감추는 중에 있다고 주장할 텐데, 왜냐하면 그 또한 계보학자로서 반드시 독을 사랑하는 일을 배워야만 하기 때문이다. 그러나 평등과 균일함의 증가라는 발전적 ('진화') 운동만을 이해하는 민주주의자와 달리 그 계보학자는 생성의 상이한 기호들을, 형식들과 힘들의 절화(involution)를 탈코드화해 낼 수 있다. 이는 참신한 종류의 자기 극복이 육성될 수 있음을 말한다.

인간은 '사회와 평화의 벽들'에 갇힌 새장 속 동물로서 '내면화' 과정, 특히 본성에 관한 실험뿐 아니라 자기 실험(self-experimentation)에도 굴복한다. 원래 인간의 내적 세계는 '피부의 두 층 사이'만큼이나 매우 얇게 발라져 있다. 그러나 한 번 내면화되고 나면 그것은 재빨리 인간이라는 '존재'로 구별되는 지점에 이름으로써 스스로 확장된다. 성급하게도 인간은 스스로를 자기 기만에 빠트림으로써 스스로를 갉아먹고 학대하는데, 그 결과 전적으로 '위험천만한 황무지'인 고문실을 만들어 내야만 하는 ── 그의 유전적 기질은 거의 쓸모가 없다 ── '공허함으로 가득 찬' 상태에 이른다. '양심의 가책'(죄의식)의 발명은 인간의 '동물적 과거에 대한 강제적인 위반'을 나타낸다. 즉, 그것은 새로운 실존의 상황과 조건으로 도약하고 추락하는 것이다(『도덕의 계보』, II §16). 니체는 스스로에 반(反)하는 동물적 전환에 대해 이야기함으로써 '긍정적' 비판 하에서 이 '진화'를 묘사한다. ── 어떤 곤혹스럽고 모순적인 심오함과 새로움으로서, 또 오로지 '미래완료적'(Zukunftsvolles)으로만 이해될 뿐인 지구상의 사건으로서. 이는 곧 '본질적'으로 '세계의 총체적 성격'이 변화해 온 것임을 뜻한다. 인간의 생성은 너무나도 미묘하고 놀라운 데다 또한 얄궂은 광경으로서 "어떤 우스꽝스러운 행성 위에서 무의식적으로 무시된 채 행하는" 상태라는 것이다. 그러나 동시에 특권화된 동물인 '인간'에 대해 말하는 니체의 부분에는 인간중심주의적 순진함에 관한 어떤 설명도 없다. 차라리 그는 "설사 인간이 목적이 아닌 단지 통로, 소소한 이야기, 다리 그리고 위대한 약속에 불과할지라도" 마치 그가 어떤 다른 것을 준비하기라도 한 양 '고지'(告知)를 통해 그것을 설명한다(같은 책, II §16). 설령 인간에 관한 광경이 차마 지켜보기에는 너무나도 추하고 고통스러운 충격을 줄지라도 그를 헐뜯는다는 것은 실수가 되고 말 것이다. 더욱이, 인간의 내면이라는 것이 모든 종류의 반동적 가치들을 양육해 내고 도덕이라는 위험한 것을 제시한다 할지라도 그것 또한 양심의 가책이라는 형태를 만들어 낼 뿐이라는 것이다. 니체는 "근본적으로" "부정적 이상들"을 창조하고 세우는 폭력의 예술가들에게 "거대한 규모의 일과 동일한 능동적 힘들"이 있다고 쓴다. 이어서 다음과 같이 말한다.

> 이러한 비밀스러운 자기 모독, 이러한 예술가의 잔혹함, 난해하고 저항적이고 고통스러운 문제의 단편으로서 자기 스스로에게 형식을 부여하고자 하며, 또한 의지, 비판, 모순, 경멸, '아니오'를 동반한 채 그것을 낙인찍으려는 욕망, 기괴하고 두려운 그러나 즐거운 영혼의 노동은 자발적으로 스스로 분열한다. 이는 고통을 만들어 내는 기쁨으로부터 고통 그 자체를 만들어 내는 것이자, **능동적 '양심의 가책'** 전체는 결국 ── 우리가 이미 추측했던 바와 같이 ── 이상적이고 상상적인 사건들의 진정한 모태로서, 빛을 비추는 아름다움과 확신을 당혹케 함으로써 참신함의 풍요로움을 가져다주었다. (같은 책, II §18)

니체는 초인에 관한 '시간'과 '공간'의 진화에서 자신의 발전이 확인 가능한 만큼만 인간을 믿을 수 있었다. 초인의 약속은 우리를 인간에게, 기억의 상기로 되돌리는 반면 기억에 대한 발견 혹은 발명은 초인적 미래에 대한 약속을 향해 우리가 드러나도록 한다.[19] 도덕의 계보학은 끊임없이 인간의 정체성과 존재 하에서 전개되는 자신을 되접는데, 여기서 정체성이란 본질적 차이에 의해 이해되고 존재 또한 생성으로만 취급될 수 있다. 우리는 초인의 약속에 관한 설명에 따라 인간'의' 기억 —— 현존에 대한 긍정적 비판에 따른 회귀인 —— 으로 되돌아간다. 그 과업은 '아직 인간에 의해 만들어지지 않았을 것'에 관한 '힘들의 축적과 증가'를 검토하는 일이자, 인간은 '여전히 가장 위대한 가능성들을 소화해 내지 못했다'라는 점을 배우는 일이다. 인간에 관한 계보학자는 "난파된 사물들이 남겨 놓은 가장 고통스러운 기억들이 오랫동안 생성의 과정에서 최상위에 열거된 존재를 부수어 왔고, 따라서 그것은 침몰하고 경멸적인 것이 되었다"는 점을 알고 있다(『선악의 저편』, §203). 따라서 니체는 "너무나도 오랫동안 '역사'라고 불려 온 무의미와 우연의 우울한 지배를 끝장내 버림으로써" 무리 동물로의 퇴락을 막고 싶은 인간의 새로운 의지를 촉구한다(같은 책, §203). 다른 곳에서 그는 진화와 역사를 초월하는 통제를 향한 탐구의 무익하고 반(反)생산적인 본성을 인식한다. '상위의' 진화를 향한 가장 전도유망한 가능성들은 이질적인 힘들과 욕망의 새롭고 자연발생적 혼합에 따

---

19) 한나 아렌트의 『인간의 조건』은 이 장의 용어들을 발견할 수 있게 함으로써 니체에 접근하는 (가장 이르지만 여전히 드문) 시도들 중 하나이다. 그러나 아렌트는 약속 그 자체의 능력에 대해 초인의 약속을 제한하는 반면, 나는 잔인함의, 고통과 시련의, 그리고 기술적 조작을 통한 자기 실험의 인간적 문명화의 설명, 요약하면 인간적 문화와 문명화에 대한 총체적이고 풍부한 진용(panoply)을 취함으로써 그것을 확대하고자 한다. 아렌트는 힘에의 의지 개념의 초월성을 니체적 분석 내에서 징후화함으로써 약속 만들기(promise-making)에 대한 계발을 독해하는데, 사실 이 점이 "니체의 제자들에 의해 자주 간과되었다"라고 말한다(H. Arendt, *The Human Condition*, Chicago: University of Chicago Press, 1958, p.245, n.83).

른 비예측적이고 계산 불가능한 것을 불러일으킨다. 그에 따르면, 단속적 평형론(punctuated equilibrium)의 지점에서 '변이'(variation)는 갑작스런 '일탈'이자 '퇴락과 괴물성'으로 가장 풍요로운 모습을 띠고 나타난다. 이 계산 불가능한 '역사의 전환점'과 더불어 분기하고 대립하는 가치와 욕망의 상호 연루를 관찰할 수 있다. 이는 결국 니체 자신이 부려 온 허세를 포함하여 낡은 도덕의 규율을 깨트리고 도덕 철학자들의 설교를 쓸데없는 것이 되게 한 '다양하고 정글 같은 성장과 상승의 노력', 곧 '거대한 파괴와 자기파괴'의 제시에 따른 것이다(같은 책, §262).

도덕성의 '오염'으로부터 능동성을 '구출'하기 위한 시도는 인간을 넘어서고자 한 니체의 형상화에 있어 고도의 관념론적이고 묵시록적인 독해를 낳고 말았다. 우리는 『니체와 철학』에서 들뢰즈의 독해가 능동적 힘을 반동화하려는 데 반발하고 초인을 긍정하는 데 초점을 두고 있음을 보게 되는데 이런 시도에 놀랄 필요는 없다.[20] 이러한 독해는 인간에 관한 새로운 관념론 이외에는 거의 산출해 낼 것이 없는 동시에 우리로 하여금 가장 얄팍한 전복을 북돋울 따름이다. 즉, "니체는 부정, 대립 혹은 모순이 지닌 사변적인 요소를 차이(difference)의 실천적 요소로 바꿔 낸다. …… 그는 '그렇소'는 변증법적인 '아니오'

---

20) 들뢰즈는 지구의 '피부병'(skin of disease)인 인간에 대한 니체의 참조를 인용하고 또 다른 감성과 또 다른 생성이 여전히 '인간'(man)에 대한 것일 수 있는지를 질문한다. 들뢰즈에게 '탈인간적 조건'(transhuman condition)은 절충 혹은 영원회귀에 대한 '오염된'(contaminate) 선택인데 — 고통과 혐오의 대상을 만들어 내는 — 만일 능동적 힘들의 회귀가 영원히 반동적인 면에서 생겨난다면, 결국 변화가 불가능하게 될 것이다(Deleuze, *Nietzsche and Philosophy*, p.65).

에, 긍정은 변증법적 부정에, 차이는 변증법적 부정에, 기쁨과 노동 또한 변증법적 노동에, 빛과 춤은 변증법적 책무들에 대립된다"고 말한다.[21] 들뢰즈의 '니체적 경험론'은 텅 빈 형식주의를 넘어서지 못하고 초인의 이상주의에 붙들린 채 남겨져 있다.

니체는 인간의 '진정한 문제'를 작업하는 데에 있어 문화의 '실제 도구'와 문화의 '잠재적 담지자들'을 구분한다. '문화'란 단순히 맹수인 '인간'을 문명화된 동물로 기르고 길들이는 일일 뿐이다. 문화의 기술들은 오로지 '무'(無)를 의지하는(will) 힘에의 의지만을 육성할 따름이다. 즉, 힘에의 의지의 내면화 과정인 수동적 허무주의는 문화가 자기 혐오와 경멸 이외에는 그 병으로부터 빠져나올 어떤 것도 산출해 내지 못하는 지점에 이른다는 것이다. 오늘날 인간이 되게끔한 것은 무엇인가에 관한 설명에 있어서, 역사는 우리가 문화적인 탈형식화 하에서 동일화할 수 있을 뿐인 역설적 결과를 낳았고, 따라서 문화의 훈육을 향한 의혹의 태도는 낯설고 근대적인 **지배자 혐오주의**(misarchism)라는 중대한 결과를 낳았다는 것이다. 우리는 인간에 반(反)하여 돌아서는 것이 아니라 그를 극복하기 위해 독을 원한다는 것이다. 따라서 니체는 오늘날 인간에 대한 우리의 혐오를 만들어 내는 것이 문화로부터 고통받고 있기 때문이라고 쓸 수 있게 되는데, 왜냐하면 우리는 '벌레 무더기'가 되어 버려 두려움이 뭔지도 모르게 되었기 때문이라는 것이다. '역사의 종말'에 관한 '편집되지 않은' 광경은 스스로를 목표와 정점, 수많은 의미로 간주해 온 역사가 '구제불능'

---

21) *Ibid.*, p.9.

에 빠진 것임을 일깨워 주었다(『도덕의 계보』, I §11). 우리는 인간에 대해 피로감을 키워 왔는데, 왜냐하면 그에 대한 두려움뿐 아니라 존경과 사랑, 그 안에서의 희망, 심지어는 '인간이 되고자 하는 의지'마저 잃어 왔기 때문이다(같은 책, I §11). 우리는 더 이상 그를 소화해 낼 수(digest) 없다(같은 책, III §16에 나온 소화와 소화불량에 대해 보라).

니체는 인간과 문화, 역사를 동반한 우리의 판단으로부터 인간 스스로 발명한 미래에 대한 협상에 속박되게 되었다고 말한다. 그는 인간이란 다른 어떤 동물보다 더 불확실하고, 불안정하며 또한 변화무쌍하다고 말한다. 우리는 '다른 모든 동물들을 합친 것보다 더' 대담하고, 혁신적이고 또한 용감하다는 사실로 인해 총체적으로 아픈 동물로 정의될 수 있다. 위대한 실험가들과 마찬가지로 자신과 더불어, 그리고 '동물, 자연, 신들'을 뛰어넘어 조정하고자 하는 탐욕스러운 투쟁가 — '기계'의 증가(aid of machines)와 "전문가와 기술자의 전적으로 파렴치한 발명을 통한"(같은 책, III §13) — 인 인간은 "발톱과 같은 현재라는 살(flash) 안에서 미래를 잔인하게 파고드는", "여전히 정복되지 않은 영원한 미래주의자"인 채로 남겨지게 되었다는 것이다(같은 책, III §13). 인간에 대한 약속은 '아니오'조차도 "부드러운 '그렇소'의 풍요로움"으로 가져오는 삶 속에만 놓여 있다. 그는 비록 스스로 예민하게 상처를 내는 동물이지만 — 그에 대한 기억도 마찬가지로 — 동시에 자기 해부자와, 파괴와 자기 파괴의 주인이 **살도록** 강요하는 것은 바로 그러한 상처 내기 덕분이다.

2.

기억이라는 현상은 복합적인데, 집합적, 사회적, 장·단기적, 상대적·절대적, 아프거나 건강한 기억 들이 있으며, 기억의 기술과 기억의 잉여적 발명 등이 있을 수 있다. 『천의 고원』에서 들뢰즈와 가타리는 진화의 비계통학적 모델(즉, 생명의 나무 아래에 있는 것으로 가정되어 온 선형적 도식에 대해 엄격하지 않은 진화)을 구축하기 위한 시도로서 '기억'에 '되기'(becoming)를 대립시킨다. (반反식민지적 기억과 같은) 분자적이거나 소수자적인 기억들의 실존과 동시에 그러한 기억들은 늘 몰적인 것, 즉 다수자적인 체계로 통합되는 요소로서 존재한다.[22] 기억에 관련하여 들뢰즈와 가타리가 세운 창조적이고 전복적인 힘은 기억술을 동반한 그 연합체에 의해 부정적으로 평가된다.[23] 기억은 현재가 과거의 현재로부터 살아 있는 현재로 이동함으로써 시간의 **흐름**을 포획하는 수평적인 선과, 현재로부터 과거로 움직이는, 곧 과거 현재의 '재현'에 따른 시간의 **질서**를 포획하는 수직적인 선을 동시에 가리키는 분절된(punctual) 조직화에 따른 기능으로 파악된다.[24] 이는 열린 복잡계들에 대해 논하는 '다중선형적 계'(multilinear systems)와는

---

22) Deleuze and Guattari, *A Thousand Plateaus*, p.294.

23) *Ibid.*, p.295.

24) 이 문장은 현대 시간론을 대표하는 베르그송과 맥태거트(John Ellis Mctaggart)의 논의를 참고할 수 있다. 베르그송에 따르면 시간이란 더하고 뺄 수 있는 것이 아니라 지속적·누적적인 것이다. 그에게 시간은 흐름이다. 맥태거트에 따르면 시간이란 변화라는 본성으로 인해 실체가 없는 관념에 불과하다. 시간을 논리적 질서로 보고자 해도 그것은 존재하는 것이 아니라는 결과를 낳고 만다.—옮긴이

대립된다. 따라서 기억은 음악가들과 미술가들의 작품에서 증명되는 대각선적인 운동을 통해 수직적이고 수평적인 것으로부터 자유로워진다. 모든 창조적 행위는 궁극적으로는 '탈역사적'(transhistorical)이라고 말할 수 있게 되는 것이다. 즉, 그들은 "창조란 세계를 재현하는 과업으로부터 스스로를 분리해 낸 돌연변이적인 추상적 선들로서 이는 정확히 그것들이 분절된 계들(punctual systems) 하에서만 다시 포함되거나 다시 자리 잡는 새로운 형식의 역사적 실재를 모아 내기 때문"이다.[25] 이 모델에서 '되기'란 역사 '속'에서 일어나긴 하지만 결코 그것으로 환원되지 않는다. 즉, "[선의 자유로움이라고 하는] 이것이 수행됐을 때 그것은 늘 역사 속으로 떨어지지만 결코 그로부터 나오지는 않는다."[26] 들뢰즈와 가타리에게 역사란 그 정의상 몰적이다. 존재해 왔고 존재하게 될 유일한 역사란 인간의 역사뿐이다(설령 그것들이 '인간의 수많은 되기들, 그러나 인간-되기는 아닌' 것을 허용한다는 점을 지적해야만 할지라도 말이다). 기억술은 역사의 몰화에 복무하기 위해 육성되어 왔다. 그러나 기억이 고정되고 코드화되고 그 기능들을 할당하는 지점에서 되기라는 행위는 이질적인 현상들 간의 **횡단적인**(transversal) 소통을 통해 해방되고 이에 따라 진정 새롭고도 다른 것을 창조해 낸다.[27]

니체가 문화와 기억술에 대한 독해를 도입하고자 한 것은 『도덕의 계보』에서 굉장히 상이한 효과를 낳았음을 지적해 두어야겠다. 기

---

25) *Ibid.*, p.296.
26) *Ibid.*

억에 관한 최근의 연구는 기억과 되기 간의 들뢰즈·가타리적인 대립이라는 인상을 확고히 했다. 그들은 확고한 힘들에 저항하는 전략을 제공하는 동시에 기억술의 실제 역사가 단순화되고 왜곡된 것이었다고 말한다.[28] 르네상스 시기에 '기억의 극장들'은 마술극장으로 만들어졌다. 종교재판으로 화형당한, 갈릴레오와 동시대인인 브루노(Giordano Bruno)에게 이러한 기억의 극장들은 밀교 철학, 곧 우주를 분류하고 신비한 것을 파헤치는 방식의 비밀스러운(occult) 본질적 특성을 만들어 냈다.[29] 그러나 '기억'과 '되기' 사이에서 끌어낸 대립은 매개되지 않은 되기의 특권화에 기대고 있을 뿐 아니라 들뢰즈가 초

27) 아마도 생성의 발명에 대한 들뢰즈와 가타리의 가장 힘있는 언급은 『철학이란 무엇인가?』에서의 기념비적인 사유에서 발견될 수 있을 텐데, 거기에서 그들은 '혁명'의 생성에 대한 내재적 의미를 발견한다. G. Deleuze and F. Guattari, *What is Philosophy?*, trans. G. Burchell and H. Tomlinson, London: Verso, 1994, pp.168~169, 176~177을 보라. 과거와 미래에 대한 질문들에 대해 무관심한 '혁명적 되기'(becoming-revolutionary)에 대해서는 Deleuze and Guattari, *A Thousand Plateaus*, p.292를 보라. '되기'를 통한 '진화'에 대한 그들의 지도그리기에서 들뢰즈와 가타리에 의해 만들어진 혁신성은 『천의 고원』 5장에서 활용된다. 그 점에서 나는 그들의 작업이 분자/몰을 형이상학적으로 구별하지 않으며, '기계'적인 것 못지않게 (니체적인) 비판적 계보학이 역사의 영토를 단념할 수 없음을 주장하고자 한다. '역사적 기억'에 관한 경우 그것은 역사적 아프리오리(a priori)의 한 종류로 취급되는 몰적인 것이 아니다. 탁월한 몰적 범주로서의 '인간'이라는 형식은 중심점을 통해 그 것들의 리좀적 생성들을 걸러 냄으로써 자연과 기술을 묶어 내고자 하는 '거대 기억'에 의해 건설된 인간중심주의인데, '빈번하고', '울림이 있는' 것에 자리 잡은, 초인적이거나 몰적인 논증(다른 역사)을 요구한다(*Ibid.*, p.293). 이러한 방식으로 역사는 다른 생성들과 몰적으로 드러난 가상들에 대해 열린다. 이는 니체가 계보학(genealogy)에서 제공한 것임을 알 수 있다. 이러한 측면에서 들뢰즈와 가타리는 그들이 '기억'이라는 단어를 사용할 때 말하고자 하는 의미와 '생성'이 뜻하는 바를 정확하게 지적한다(*Ibid.*, p.294). 그러나 이는 '기억' 안에서 혼합된 생성에 대해 언급하는 것인 반면, 결코 그것으로 환원되거나 그것들과 동일시되지는 않는 것이다.

28) S. Rose, *The Making of Memory: From Molecules to Mind*, London: Bantam Press, 1992, pp.67~68. 또한 F. Yates, *The Art of Memory*, London: Routledge & Kegan Paul, 1966을 보라.

기 작품에서 거대한 기억의 힘의 원천을 산출해 낸 바를 무시한다. 되기는 기억의 기술을 포함한 기억 없이는 생각할 수 없는데, 이는 '생산품'이란 늘 생산의 법칙을 초과한다는 것을 말한다(사회적인 구속이라는 '나무' ── 관습이라는 도덕 ── 가 삶을 초월하는 초-윤리적인 힘을 향유하는 '열매'를 맺도록 한다는 니체적 의미의 주권적 개인의 사례에서와 같이). 따라서 우리는 다음과 같이 물을 수 있다. 즉, 무엇이 기억에 특유한 일인가? 어떤 상태가 기억을 꿰뚫고 또 그것으로부터 성취되는가? 역사의 발명과 동일하지 않은 그 자체가 발명인 '역사적 기억'이 있을 수 있는가?(벤야민)

『니체와 철학』에서 들뢰즈는 '기억술적인 흔적들'(mnemonic traces)이라고 하는 프로이트의 개념을 도입하는데, 이는 기억-흔적의 장소에서 태어난 의식으로서 니체의 『도덕의 계보』에 있는 기억의 운동을 조명해 낸다. 사실, 이는 「인간 모세와 유일신교」에서 프로이트가 진화의 라마르크적 도식에 대한 자신의 편향을 지지하고자 도입한 개념이다. 이 개념은 기억-흔적이 획득형질 유전이라고 하는 라마르크의 악명 높은 교의와 동등한 '구태의연한 인간의 유산'을 만들어 냄으로써 개체발생적이고 계통발생적으로 작동함을 말한다.[30] 프로이트는 생물학적 진화에 관한 설명에 있어 핵심적 요소로서 이 개념이 필

---

29) 사실 브루노는 라이프니츠와 바로크에 대한 들뢰즈의 연구에서 논의되었다. G. Deleuze, *The Fold: Leibniz and the Baroque*, trans. T. Conley, London: Athlone Press, 1993, pp.23~24.

30) S. Freud, *The Origins of Religion*, Harmondsworth, Middlesex: Penguin, 1990, p.345 이하.

수적임을 주장한다. 그러나 그의 입장은 인간적인 '기술적' 진화와 동물적인 '생물학적' 진화의 결합에 의존하고 있음을 보여 주는 것으로서, 이는 선조들의 삶의 전달 —— 전통이라는 현상 —— 이 직접적인 의사소통과 교육과는 무관하게 일어난다는 그의 주장을 증명해 보이고 만다(바꿔 말해, 그는 유전heredity의 문제를 생물학화한다).[31] 만일 거기에 라마르크적인 해석을 자진해서 빌려 온 것으로 보이는 진화의 양상이 존재한다면 그것은 바로 인간적 문화인 것이다. 그러나 이는 '생물학'과 더불어서가 아니라 '기술'과 더불어 다루어진다.[32]

니체와 기억에 관한 질문으로 되돌아가자. 프로이트에서와 마찬가지로 들뢰즈는 니체가 두 개의 기억 이론을 발견하였음을 지적한다.[33] 첫째, 더 이상 (망각하기를 요구할 수 없는) 의식에서 지워지지 않을 장소로 각인된 **르상티망(앙심)**이라는 기억이다. 그가 반응밖에 할 수 없다는 것은 그것이 단순하지 않기 때문이다. 또한 그 과정에서 그는 끝나지 않는 반응을 **느끼기** 시작한 후 어떤 것에도 대응할 수 없게 되었다. 둘째, 더 이상 흔적들에 의존하지 않는 '능동적 기억'이다.[34] 여기

---

31) 빅토리아기 생물학과 문학에 대한 분석과 반다윈주의 발생기의 맥락에서 유전과 기억에 대한 탁월한 연구로는 P. Morton, *The Vital Science: Biology and the Literary Imagination 1860-1900*, London: Allen & Unwin, 1984를 보라. 버틀러와 토머스 하디 그리고 윌리스 또한 비슷하게 주목한다.

32) 스티븐 제이 굴드에 따르면, 문화적 진화는 생물학적인 변화보다 규모의 질서에 의해 더 **빠르게** 진행될 수 있다. 둘째로, 생물학적 진화는 어디에서건 '간접적'(indirect) 반면 대부분의 다윈적인 문화적 진화는 '직접적'(direct)이며 탈선형적이고 라마르크적이다. S. J. Gould, *Bully for Brontosaurus*, London: Hutchinson Radius, 1991, 「판다의 엄지손가락」(The Panda's Thumb in Technology), pp.65~67을 보라.

33) Deleuze, *Nietzsche and Philosophy*, p.115.

34) *Ibid.*, pp.112~115.

서 기억은 더 이상 이행 불가능한 과거에 대한 단순한 기능이 아니라, '미래의 기억 자체'가 미래의 행위로 변형되어 온 것이다.[35] 우리가 제기해 온 인간의 기억을 재해석하는 일은 우리가 초인의 '기호들'의 흔적을 찾는 중에 있다고 하는 현재적 의식으로 들어서는 일에 실패하게 된 진화나 되기라는 자취를 포함하며, 이에 있어서 인간의 기억은 우리의 곪은 상처들로부터, 인류에 직면하여 우리가 경험한 경멸과 연민으로부터 우리를 해방시켜 줄 것이다. 따라서 '시원들'에 대한 탐구는 늘 미래적인 되기이자 미래의 되기로의 탐구인 것이다.

프루스트에 대한 연구에서 들뢰즈가 주장하는 바와 같이 기억이란 '도구'로 작동한다 ── 우리는 단순히 극복에 대한 복무 하에서 발생할 수 있는 인간적인, 너무나 인간적인 종류의 의도적인 조작과 선전에 굴복하지 않는다. 기억'의' 주체는 이 자기 극복 외에는 아무것도 아니다. 따라서 그가 프루스트의 작품이 갖는 시원성을 논한다는 것은 과거와 기억의 발견이 아니라, 미래와 배움의 진보인 것이다.[36] 이 철학자는 물리학자도 형이상학자도 아니고 이집트학자이다. 그는 필연적으로 복잡하고 모호한 의미의 표식을 읽는 법을 배우는 일로 삶에 헌신하는 진리의 인물이다.[37] 이는 괴물적인 '애매한 영역' 안에 머물게 되는 상태이다. 또 다시 여기에서 비판받게 되는 것은 기억에 관한 수동적 모델로서 마치 상기(想起)가 무시간적인 비밀이나 진리로서 이

---

35) *Ibid.*, p.134.
36) G. Deleuze, *Proust and Signs*, trans. R. Howard, London: Allen Lane, 1973, p.25.
37) *Ibid.*, pp.90~91.

미 거기에 존재했던 발견의 행위인 양 되어 버린다는 것이다(자발적인 기억이라고 하는 선험적 착각들). 이러한 모델은 기억에 관한 해석적, 발명적, 잠재적 그리고 '기계적'인 특성과 그 구성에 충분히 주목하지 못한다.[38] 설령 프루스트가 창조하기와 기억하기의 플라톤적 등가성을 부활시킨다 할지라도 그는 또한 기억과 창조가 동일한 산물의 두 측면에 불과한 과정임을 보여 준다. ── 즉, 해석하기와 해독하기는 '생산 그 자체의 과정'인 것이다.[39] '회상'은 기억을 통해 작동하는 것으로 이해될 수 있다.[40] 그러나 우리는 단순히 그것을 통해 작동하는 것이 아니라 (우리 자신을 넘어서) 발산해 내고 창조해 내기 위해 과거를 반복한다. 그 목표는 과거를 보존하는 것이 아니라 그 무게를 덜어 주는 것으로서 이는 그것을 가볍게 만들어 견딜 만한 것으로 해주기 위함이다. '창조적 진화'는 '파괴적' 특성 하에 거주하는 기억에 낯선 것이다.[41] 들뢰즈가 푸코에 대한 자신의 연구에서 명백히 한 바와 같이, 미

---

38) 이 점에 있어서 들뢰즈는 『물질과 기억』에서의 기억의 잠재적 특성에 대한 강조와 더불어 '스스로 과거의 존재'인 프루스트의 몰입을 연결시킨다(*Ibid.*, p.57 이하). '기계'에 관해서는 들뢰즈가 그의 프루스트에 관한 최근 편집본에 더한 '안티로고스 혹은 문학 기계'라는 제목이 붙은 장을 보라(*Ibid.*, pp.93~159). 프루스트와 베르그송에 대해서는 또한 W. Benjamin, *Illuminations*, trans. H. Zohn, London: Collins, 1979, pp.159~160을 보라. 벤야민은 프루스트가 열어젖힌 시간이란 '경계지어진 시간'이 아니라 오히려 '뒤엉킨 시간'이라는 데 대한 '불멸성'을 주장하는 통찰력이라고 말한다. 프루스트적 우주의 심장은 '뒤엉킴'이다 (*Ibid.*, p.213).

39) Deleuze, *Proust and Signs*, p.130.

40) Deleuze, *What is Philosophy?*, p.14.

41) 벤야민은 미국 심리학자인 테오도르 라이크(Theodor Reik)의 말을 인용한다. 즉, "기억술(Gedächtnis)은 본질적으로 보수적이며, 기억(Erinnerung)은 파괴적이다."(Benjamin, *Illuminations*, p.162) 말할 필요도 없이 그 둘은 '생성 중에 있는 것'이라는 더 복잡화된 과정 속에 상호적으로 함축된 것이다.

래의 구성은 심오한 기억의 행위를 요구하며, 이는 그가 기억에 따라 발생하는 '주름접힘'(folding)의 과정을 어떻게 조명할 것인가를 추구한다는 것을 말해 준다. 즉,

> '절대 기억' 즉 바깥의 기억은 층(strata)과 고문서들에 새겨진 단기적 기억을 뛰어넘는다. ……기억은 자신에 연루된, 자신에 대해 스스로 감응(affect)하는 진정한 이름이다. ……주체로서의 시간, 아니 더 정확히는 주체화(subjectivation)로서의 시간이야말로 기억이라 불린다. 사후에 오는 것이자 망각의 대립인 단기적 기억이 아닌 현재와 바깥을 이중화하고 망각하기를 동반한 '절대 기억'은 그것이 무한히 잊혀지고 재구성되어 온 것이기 때문이다. 사실 그것의 주름은 펼침(unfolding)과 뒤섞이는데, 왜냐하면 후자는 주름진 것으로서 전자 내에서 현재를 남겨 두기 때문이다. 오로지 (펼침인) 망각하기만이 기억 안에서 주름진 (그리고 그 자체 주름진) 것을 회복해 낸다.[42]

만일 시간의 근본을 만들어 내는 것이 '습관'이라면(들뢰즈는 이 점에 있어서 버틀러를 따른다),[43] 바꿔 말해 생명의 연속성과 그것의 생존을 보장하는 것으로서 그러하다면 결국 현재를 지나가게 하는 행위에 따른 시간의 '바탕'이 될 만한 것은 바로 '기억'이라는 것이다. 그러한 근본은 시간의, 지나가는 현재의 '움직이는 토양'을 재현해 내긴 하

---

42) Deleuze, *Foucault*, p.107.
43) Deleuze, *What is Philosophy?*, p.75.

지만 사실 그 바탕이란 능동적 주체의 시간을 빼앗아 버림에 따른 되기의 전유에 도전함으로써 하늘로부터 오는 것이다(들뢰즈는 '기억의 심오한 수동적 종합'이라고 한다).[44] 기억은 시간의 '근본적 종합'인데, 왜냐하면 그것은 과거라는 상태를 만들어 내기 때문이다(바꿔 말해, 현재를 지나가도록 허용한다).[45]

---

44) *Ibid.*, p.79. 들뢰즈는 시간에 관한 칸트적 가르침에 대한 재독해를 통해 이러한 입장을 개진하는데, 그는 칸트의 위대한 비판으로부터 너무 멀리 떨어졌다고 스스로를 생각했던 베르그송이 그가 깨달았던 것보다 훨씬 더 그에 가까움을 주장한다. 요약하면, 들뢰즈는 우리 자신의 속성으로서가 아닌 시간 그 자체에 대한 소유로서, '영혼이나 정신, 잠재성'으로서 이를 읽은 것이다(G. Deleuze, *Cinema 2: The Time-Image*, trans. H. Tomlinson and R. Galeta, London: Athlone Press, 1989, pp.82~83). 지속은 어떤 단순한 마음에 관계된 감각 내의 주관성이 아니라, 그것 자체에 대한 하나의 착각이다. 더욱이, 그것은 시간의 접힘이 스스로의 복잡한 펼침 속에 거주하는 한 사례이다. 시간은 우리에 대해 내적이지 않다. 즉, 우리는 '그것'에 대해 내적인 것이다. 칸트에 관한 들뢰즈의 글로는 또한 G. Deleuze, *Kant's Critical Philosophy*, trans. H. Tomlinson and B. Habberjam, London: Athlone Press, 1984의 서문을 보라. 칸트에 관한 베르그송의 글로는 H. Bergson, *Time and Free Will*, trans. F. L. Pogson, New York: Harper Torchbooks, 1960, 특히 p.232 이하를 보라.

45) 베르그송의 중요성에 관해서는 Deleuze, *What is Philosophy?*, p.81을 보라. 즉, "만일 『물질과 기억』이 위대한 책이라면 그것은 아마도 베르그송이 순수과거의 초월론적 종합에 대한 영역을 심오하게 설명했고 그것이 가진 모든 구성적 역설을 발견했기 때문일 것이다." 이러한 역설들 중 하나는 과거가 시간의 차원으로서가 아닌, 현재와 미래가 시간의 차원을 구성해 낸다고 하는 '모든 시간의' 종합으로서 설명될 필요가 있다는 것이다. 우리는 과거에 대해 '그것이 있었다'고 말할 수 없는 반면, 오로지 그것은 내속(insist)하고 공존(consist)한다(*Ibid.*, p.82). 니체의 『차라투스트라는 이렇게 말했다』와 비교해 보라('속죄에 대하여'). 또한 Deleuze, *Cinema 2: The Time-Image*, p.78 이하를 보라. 베르그송의 글로는 H. Bergson, *Matter and Memory*, trans. N. M. Paul and W. S. Palmer, New York: Zone Books, 1990, p.133 이하; *Creative Evolution*, trans. A. Mitchell, Lanham: University Press of America, 1983, pp.4~5를 보라. 즉, "기억이란 …… 서랍 안에 간수한 추억에 대한, 장부 안에 그것들을 새겨 넣는 것에 대한 능력이 아니다. 거기에는 장부도 서랍도 없다. 즉, 한층 적실하게 표현하자면 능력은 하고 싶을 때 혹은 할 수 있을 때 간헐적으로 수행되는 것이다. …… 실제로, 과거는 그 자체로 자동적으로 보존된다." 시간과 기억에 대한 심오한 수동적 종합의 특성에 관한 한층 심오한 통찰은 J. Williams, "Narrative and Time", *Proceedings of the Aristotelian Society*, Supplementary Volume, pp.47~61을 보라.

인간적 동물의 이야기는 기억의 기술과 망각의 기술 **모두**에 대한 증거를 제공한다(망각은 또한 우리가 집합적 회상이 집합적 건망증을 포함한다고 하는 기념의식들과 사회적 규율들 하에서 이해하는 바로서의 몰적인 작동들에 굴복한다는 것이기도 하다).[46] 기억의 양육은 약속 만들기의 조건이자 미래에 대한 통제를 불러일으킨다. 그러나 거기에는 또한 또 다른 되기인 기억 속의 현재가 존재한다. 인간의 기억과 초인의 약속에 대한 개념화는 미래가 통제나 예견의 사건이 아니라, 기억과 약속 지키기의 기술들이 늘 봉쇄의 힘이 강요하는 바에 따라 미래의 통제를 넘쳐나는 발명의 초-기술들로 길을 제시하는 일이 가능함을 말해 준다. 니체는 인간이란 결코 동물로서는 참아낼 수 없을 방식으로

---

46) 마르쿠제는 기억과 망각의 교육에 대한 토론에서 좋은 성과를 보였다. H. Marcuse, *Eros and Civilization*, London: Ark, 1987, p.232 이하. 망각은 정신적 그리고 육체적 건강 둘 다에 대한 **빼놓을** 수 없는 요구이며, 또한 순종과 단념을 떠받치는 정신적 능력이다. 프루스트의 위대한 소설에 대한 논의에서, 벤야민은 프루스트의 작업에서 그것들의 의식과 축제가 굉장히 적합하게 어디에서도 다시 불러나오지 않는다는 것과 더불어 경험에 대한 의례적 의식을 강조한다(Benjamin, *Illuminations*, p.161). '창조적 기억'의 힘으로 인한 최초의 것 중 한 가지는 에발트 헤링의 1870년 강의록인 「유기화된 물질의 통합적 기능으로서의 기억에 대하여」에서 발견되는데, 1880년에 버틀러에 의해 번역되고 1922년에 S. Butler, *Unconscious Memory*, London: Jonathan Cape, 1922, p.63 이하에서 다시 주제화된다. 즉, "'기억'이라는 말은 종종 우리가 의도적으로 재생산한 관념들 또는 관념들의 다발의 능력 외에는 아무것도 의미하지 않는 것처럼 이해된다. …… 그러나 지난날의 인물과 사건들이 우리의 마음 안에서 예상 밖에 다시 일어날 때 이는 또한 회상이나 기억의 행위가 아닌가? 우리는 감각들, 관념들, 개념들 그리고 노력들의 의도치 않은 재생산을 받아들임으로써 우리의 기억에 대한 개념을 확장할 완전한 권리를 가진다. 그러나 우리는 그렇게 함으로써 그녀가 우리의 총체적인 의식적 삶에 관해 궁극적이고 시원적인 힘, 원천, 동시에 통합되지 않은 유대를 증명해 냈다고 하는 그녀의 경계를 지금껏 확장해 왔음을 발견한다."(*Ibid.*, p.68) 헤링은 프로이트가 후에 한 것과 같이 획득형질의 유전에 관한 라마르크의 주장을 보강하기 위해 강력한 무의식적 기억이라는 개념을 이용한다. 또한 이에 관해서는 D. Diderot, *Interpreter of Nature: Selected Writings*, trans. J. Stewart and J. Kemp, London: Lawrence & Wishart, 1963, p.55를 보라.

자신을 시험한다고 말한다. 즉, "우리는 호기심으로 인해 영혼을 명랑하게 해부한다."(『도덕의 계보』, §9) 인간의 일부인 이러한 자기 실험은 (예컨대 영혼의) '구원'(salvation)을 향한 욕망을 크게 드러내지는 않는데, 니체는 [그것이] 인간적 병과 고통의 전염성 높은 특성을 동반한 황홀함이라고 말한다. 즉, "아픈 상태는 배우는 바가 많으며, 의심의 여지 없이 건강한 상태보다 더 배우는 바가 많다. ── 오늘날 우리에게 훨씬 더 필수적인 것으로 보이는 것은 어떤 의사나 '구원자'보다 아픔을 가져다주는 사람들이다."(같은 책, §9) '오만함'은 자연과 기계를 향한 우리의 태도가 지닌 변별적 특성이 잘 살아나도록 해줄지도 모르지만, 그러한 자기 실험은 궁극적으로 스스로를 넘어서도록 하고 삶의 가치와 소중함에 대한 자기 확신과 고정된 판단을 시험에 들도록 한다.

다윈적인 도태(자연선택)의 궁극적인 진실을 동반한 채 인간 존재가 맞닥뜨리고자 하는 것, 그에 따라 결국 절망적이게도 '인간을 위해 맞춰진' 자연주의적 윤리학이라는 기초 위에 선다는 것은 치명적인 일이다. 왜냐하면 '인간'이란 '전(前) 역사적인' 시간 이래로 '적자생존'과 실존을 향한 경쟁적인 투쟁과 같은 법들에 종속되지 않은 위험한 동물이기 때문이다. 진정한 다윈적 윤리학을 세우고자 했던 슈트라우스(David F. Strauss)의 시도에 대한 니체의 비판은 대립적인 채로 남아 있다. 바꿔 말해, '자연법칙'으로부터 윤리적이고 지성적인 가치들을 추출해 내고자 하는 어떤 자연과학자라도 '극단적인 인간중심주의'라는 죄를 범하고 있다는 것이다. 니체는 칸트의 정신 하에서 허용된 경계를 딛고 넘어가는 이성의 도입을 덧붙인다(『반시대적 고찰』, p.31). 인간 역사는 자연사 위에서 모델화될 수 없는데, 왜냐하면 그것의 선택 메커니즘은 늘 비자연적인 것이었기 때문이다. 그래서 보드리야르가 자연도태의 법칙들로부터 자신을 제거하려는 종들의 욕망을 확인할 수 있을 뿐이라고 말하는 것은 바로 인위적 진화의 새로운 힘들을 한탄하는 그의 유머감각 덕분이다(그러나 우리는 보드리야르가 이러한 주장을 선동하는 맥락을 들춰 보아야만 한다).[47] 인간적 되기는 늘 자기 보존과 자기 달성이라고 하는 예술과 인공물 위에서의 의존을 포함해 왔다.[48] 거기에는 자연적으로 조화나 균형을 향해 분발하는 자연이란 존재하지 않으며, 오로지 "선과 악이라는 모든 풍요의 뿔(cornucopia)로부터 넘쳐나는 종들의 천재성"을 동반한 비평형론적인 자기 극복만이 존재하며, 이는 "최고도의 욕망들"이 "모골이 송연하도록 얽히고설킨"것이 되어 버렸다(『선악의 저편』, §262).

---

47) J. Baudrillard, *The Illusion of the End*, trans. C. Turner, Oxford: Polity Press, 1994, p.84.

48) 자연도태(자연선택)에 관한 '법칙들'의 서로 다른 발명자인 다윈과 월리스에 관한 수많은 주제들 중 하나는, 인류의 문제에 있어서 의견이 맞지 않았다는 점이다. 월리스는 도구와 기술을 통해 인류는 "외부세계의 변화에 맞추어 느리게 그러나 영구적으로 외부의 형식과 구조를 바꾸어 온 힘을 지닌 자연으로부터 멀어져 왔다"고 주장했다. 심지어 월리스는 너무나 오랫동안 '모든 힘은 의지의 힘'이라고 하는 선언과, '지능과 의지의 힘'을 통합적으로 보여주는 생명의 철학을 적용시켜 왔다는 것이다(A. R. Wallace, *Natural Selection and Tropical Nature: Essays on Descriptive and Theoretical Biology*, London: Macmillan, 1891, p.175 이하). 가장 최근의 예기치 못한 명상록에서 보드리야르는 인간적 선택에 대해 더 날카롭게 평가하면서, 사실상 다윈과 월리스 간의 논쟁 탓으로 돌린다(J. Baudrillard, *The Perfect Crime*, trans. C. Turner, London: Verso, 1996, pp.56~57). 즉, "인간이라는 종은 이미 그것의 잠재성을 넘어서 왔다. 잠재적 지능의 과잉은 …… 만일 자연도태의 법칙이 진실이라면, 우리의 두뇌는 그 능력이 모든 자연적 목적들을 넘쳐나고 종들을 위협함으로 인해 침몰할 것이다. 이는 다윈과 월리스가 논쟁했던 것과 같은 질문이며, 후자는 그것을 신의 개입에 의해 해결하고 있다. …… 그러나 만일 신이 이러한 생물학적 낭비에 책임이 있다고 한다면, 그 결과는 그가 악의 영혼과 더불어 공모에 빠져 있다는 것으로서, 그러한 특수한 낯설음은 과잉에 난폭한 우주를 충동질하는 것이다. 거기에는 인간의 극적인 성공 아래에서의 신적 의지에 대한 모독의 징후들이 있지 않은가?"

그것은 자연도태적 기술들에 대한 사례인가 아니면 '자연'을 선택함에 따른 기술들에 대한 사례인가? 오늘날 고(古)인류학자들은 이러한 진화의 주요 특징이 그것의 '기술-유기체적인'(techno-organic) 본성인 '학습된 행위'와 생물학 간의 양의 되먹임 회로(positive feedback loops)의 계열들에 따라 일어남으로써 촉진된 '진화'임을 말한다.[49] 인간적 진화의 두드러지는 특성들에 관한 르루아-구랑의 고찰은 인간이 기술에 접근했으나 결국 기술이 도태의 기준이 되어 버렸다는 사실에 대해 지적한다. 즉, 곧추선 자세로의 진화, 짧은 안면, 이동하기에 자유로운 손, 송곳니의 사라짐, 인공적인 기관과 연장의 사용에 스스로를 맞춰낸 일 말이다.[50] 따라서 독특하게 유기화된 인간의 포유류적 신체가 "사회적 신체라는 특성에 따라 닫히고 확장되었다는 것은 동물학이 더 이상 유물론적 발전에 있어서 어떤 역할도 하지 못한다는 것을 말해 준다".[51]

기술의 역사는 후(後)진화론적인 '진화'를 포함한다. 즉, "최초의 오스트랄로피테쿠스인이 최초의 도끼를 만든 이래로 우리의 신체를 확장시켜 온 기술은 지질학적인 진화라고 하는 몇백만 년 동안의 사건들을 현기증 나는 속도로 다시 재현해 왔으며, 오늘날의 우리는 이미 인공적인 신경체계와 전기적인 전자지능을 만들어 낼 수 있다."[52]

---

49) K. D. Schick and N. Toth, *Making Silent Stones Speak: Human Evolution and the Dawn of Technology*, London: Weidenfeld & Nicolson, 1993, p.316.

50) A. Leroi-Gourhan, *Speech and Gesture*, trans. A. Bostock, Cambridge, Mass.: MIT Press, 1993, p.9.

51) *Ibid.*, p.21.

52) *Ibid.*, p.173.

인간적 기억의 역사는 그 감각과 말 모두에 있어서 회화적(graphic)이다. 첫째는 니체에 의해 회화적으로 묘사된 것과 같이 신체에 대한 기입(inscription)을 포함한다. 둘째는 여전히 계보학적인 것으로서 글쓰기 기술의 발명과 더불어 존재한다. 즉, "최초의 계보학은 사회적 위계화가 그것 자체를 긍정하기 시작했을 때라는 정확한 계기에서 쓰였다."[53] 구석기시대 후기의 초기 도구들은 역사적 기억의 도구로 매우 급격하게 전환되어 온 셈하기 도구로서 디자인된 상징적 도구들이다. 우리는 물을 수 있다. 어떤 종류의 셈하기 도구들이 상이한 '역사적' 기억에 복무하는 니체적인 '도덕의 계보학'인가?

르루아-구랑은 자신의 분석으로부터 결정적인 결론을 끌어낸다. 즉, "우리 진화의 총체는 동물적 세계가 종들의 적응에 의해 내부에서 성취해 온 나머지인 스스로의 바깥에 놓인 것에 적응해 왔다."[54] 우리 자신의 바깥에 있는 사회적 유기체에 대해 스스로의 기억을 옮기는 능력을 통한 도구의 자유와 말의 자유는 이러한 '인간'의 기술적 발명이 지닌 본질적인 측면들이다. 그러나 기술이 인간에 대해서만 제한되어야 한다는 문제제기는 편협성(parochialism)을 드러내는 것인데, 왜냐하면 기술적 행위는 무척추 동물에서나 발견되는 것이기 때문이다. 그러한 주요 차이는 인간 존재가 모든 종류의 '기계'들과 장치들 하에서 그것의 기억을 외부화해 왔다고 하는 범위에 놓여 있다. 우리의 '기관들'(organs)은 우리 자신에 대해 비본질적(extraneous)이다. ─ 쟁

---

53) *Ibid.*, p.179.
54) *Ibid.*, p.235.

기, 풍차, 돛단배는 "인간에게 있어서 외적 유기체가 스스로를 생리학적인 신체로 대체하게 된 것에 관한" '생물학적인' 돌연변이로 이해될 수 있다.[55] 따라서 인간의 진정한 유전자적 특질은 "신체적인(그리고 정신적인) 비(非)적응성"인 것이다.[56] 현재 진화는 인간 두뇌의 외화를 동반한 새로운 국면에 접어들게 된바, "우리가 우리 자신과 —— 순록 사냥꾼의 자손들인 —— 지능적인 기계들 간의 거리를 창조했다는 것은 이전보다 훨씬 더 위대해지게 된 것임"[57]을 말해 준다는 것이다. 결국 그러한 질문은 인공적인 환경과 더불어 현재 우리가 살고 있는 데 대한 물리적 양립 가능성을 불러일으킨다. 인간은 현재 기계의 흥기를 동반한 채로 낡은 존재론적 황혼에로 물러설 것을 강요받고 있는 것인가?

환경은 인공적 세계이다. 순수한 자연으로 되돌아갈 수도 없고, 기술에 관한 윤리학이나 정치학에 기초한 자연적 질서나 균형을 '단번에' 수립하고자 하는 어떤 시도도 전적으로 바보스러운 것이다. 거기에는 오로지 기술의 과잉만이 있을 뿐이다. 이는 르루아-구랑의 최종 결론이 낳은 지혜에 대해 질문해야만 하는 이유로서, 그는 현생인류로 남고자 하는 가까운 미래의 인간을 그려 볼 것을 자신의 독자들에게 요청한다. 즉, "우리는 미생물적 문화행위를 모방하기를 중단하고, 무엇보다 우연의 게임에 따른 지구라는 행성의 운영을 이해해야

---

55) *Ibid.*, p.246.
56) *Ibid.*
57) *Ibid.*, p.252.

만 한다. …… 우리의 종은 최초의 장소에서 인간을 만들어 낸 균형을 향해 자발적으로 노력하지 않기 때문에 시원에 너무나도 가까이 있다."[58] 인간 존재의 구성적 특성인 시원적 '균형'에 대한 호소는 신화적인 지위 이상을 향유하지 못한다는 것이다.

니체가 '영혼'의 창조와 같은 인간 진화의 '내적' 측면들에 관해 강조하는 지점에서, 르루아-구랑의 분석은 인간의 두드러진 특성인 기억과 기관의 '외부화'를 뽑아 내는 것일 수 있다. 그렇지만 니체는 기술의 보완을 통한 인간적 기억과 기관들의 외부화는 인간적 내면화의 중요성을 더 복잡하게 하는 데에만 쓰인다는 감각을 보여 준다. 이에 기계들과 기술들을 동반한 인간적 관여 하에서 아픈 인간-되기에 대한 표현과 강화를 보는 일이 가능해진다.

기술은 인간적 통제와 규제 바깥에 그것을 놓는 진화론적 힘에 의해 추동된다. 그러나 인간이 기술을 능가하게 된다는 관념은 진부하며, 역사적 예리함이 결핍된 진부함 이외에는 없는 '통제로부터' 빠져나온 진화에 대한 통상적인 찬사에 불과하다.[59] 기술에 관한 생물학은 자연에 관한 생물학만큼 '형이상학적'이다. 거기에는 오로지 비판적이고 초(超)도덕적인 독해를 요구하는 인류와 자연에 관한 기술만이 존재할 따름이다. 그러한 과업은 형이상학적인 인간주의를 동반한 기술-과학과 그 복잡성으로부터 그것들을 제거해 버림으로써 형이상학

---

58) *Ibid.*, p.408.
59) L. Winner, *Autonomous Technology: Technics-out-of-Control as a Theme in Western Political Thought*, Cambridge, Mass.: MIT Press, 1977을 보라.

적이지 않은, 니체적인 (비상식적) 의미의 영혼, 삶, 가치 그리고 기억에 대한 계보학적 개념화를 이룬다. 이는 인간을 찾는 과정에서 인간을 잃는 것과 같다. 인간은 기억을 만드는 실천(praxis)을 망각해 온 것이다.[60]

현대적 담론에서 '기계'에 관련된 질문은 인간적인 것 다음에 오거나 그것을 대신하는 것으로서 분명한 선형적 용어들로 주장되어 왔다. 현재 우리는 샤르댕(Teilhard de Chardin)의 의심스러운 유심론과 연합된 '우주론적 진화론'의 부활을 목격할 수 있는데, 이는 인공지능(machine intelligence)이 "'누스페어의 뇌'(noospheric brain)의 출현에로 가차 없이" 이끄는 전지구적인 대뇌화(cerebralization)에 의해 파악된다.[61] 이러한 우주론적 진화론의 부활에 있어 혼란스러운 것은 생물학적인 '지능적' 진화에서 잘 알려진 위상공간 전환을 설명하고자 하는 시도로서 이는 총체적인 의인화(anthropomorphism)를 낳고 말았다. 우리가 말해 온 진화란 '스스로 가속하는' 행성을 '탐구하고' 있다는 것으로서, 그것은 의인화 때문이 아니라 "적응의 가속이 그것을 타고 탈주하는 순회"이기 때문인 것이다.[62] 기술의 영역에서 우발적 진화의 과잉은 마치 진화에 있어서 필수적이고 의식적인 '욕망'으로 드러난 것인 양 다루어진다(그것은 금속이 되기를 '원한다는'). 켈

---

60) 재발명적 발명의 필연에 대해 데리다와 비교하라. J. Derrida, *Acts of Literature*, ed. D. Attridge, London: Routledge, 1992, p.339.

61) T. Stonier, *Beyond Information: The Natural History of Intelligence*, London: Springer-Verlag, 1992, p.190.

62) Kelly, *Out of Control*, p.361.

리는 마치 진화가 어떤 것이라도 원하는 것인 양 '진화가 진정으로 원하는 바'에 대해 말한다. 이어지는 주장에서 문화와 사회에 관한 총체적인 과정은 순수하게 생물학적인 독해에 종속되어 있는데, 이는 기술과 진화에 관한 질문이 ── 칸트적 감각에서 이해된[63] ── 순수하게 결정론적인 판단들로 다루어진다는 것을 말한다. 즉, "자연도태의 과정을 내면화해 온 상태를 발전시켜 온 생명은 최종적으로 그러한 과정을 초월해 왔다."[64] 이는 니체가 '인간중심주의적인 순진함'이라고 부른 죄에 관한 언급일 뿐 아니라 진화에 관한 순진하게 탈정치화된 질문이기도 하다. 우리는 (새로운 전全 지구적인 초유기체로 명명된) "메타인간을 통해" "시도와 실수가 의식적인 기획을 제공해 왔음을 말해 왔다. 따라서 미래는 현재에 의해 훨씬 더 방향 지어지게 될 것이다".[65]

결국 그러한 말들이 '의미'를 갖게 된다는 '니체적인' 관점으로부터, 탈인간적 조건에 관한 최근의 보고들은 얄궂게도 그러한 조건의 폐기와 초인에 대한 약속으로부터 인간의 '기억'을 말소시키기에 이르렀다고 생각하기에 이르렀다. 예컨대, '후-생물학적 인간'에 관한

---

63) 목적론적 판단에 대한 비판에서 칸트는 순수하게 규범적 상태를 향유하는 반성적 판단에 의해 자연의 '기술적' 이성(understanding)을 입법화하고자 한다. '기술'의 체계로서의 자연을 다루는 일은 영리하게 ── 가려진 작동원리로서의 기능에 반대되는 것으로서 ── 조작하는 것으로서, 그러나 구성적인 원리상 기초적인 목적론에 대해 동등한, '계획적으로' 작용하는 것과 더불어 그에 대한 불신을 염두에 둔다. 칸트의 『판단력비판』 서문을 보라(I. Kant, *Critique of Judgement*, trans. J. C. Meredith: Oxford University Press, 1982). 『선악의 저편』에서 니체가 정의한 힘에의 의지 개념은 '방법의 인식'에 있어 칸트의 입장에 가깝다(『선악의 저편』, §36).

64) G. Stock, *Metaman: Humans Machines, and the Birth of a Global Superorganism*, London: Bantam Press, 1993, p.215.

65) *Ibid.*

최근의 대중적 설명은 인간의 조건을 개에게는 일어나지 말아야 할 고통으로 간주한다. 우리가 논해 온 인간이란 병과 장애에 종속된 "값싼 몸뚱어리"를 가진 존재이며 "별난 감정", "연약한 사고력"을 가진, 또한 오로지 기억과 지능을 향한 제한된 능력만을 가진 "상충적인 충동들, 욕동들 그리고 감정들의 전장"에 불과하다는 것이다.[66] 니체가 끊임없는 자기 극복의 내적 과정을 향한 비옥한 토양을 제공하는 것으로 이해해 온 모든 것이 여기에서는 그로부터 피해야만 할 조건으로 다루어진다. 탈인간적 조건은 고대적인 관념에 대한 고전적인 표현으로 변형되어 온 것이다. ─ 바로 **금욕적 이상**이라고 하는.[67] 탈인간적 조건에 관해 매우 반(反)니체적인 전망을 지닌 이 중 한 명인 모라벡(Hans Moravec)이 공개적으로 고백한 바에 따르면 이는 "어떻게 순수한 영혼이 될 수 있는가"에 관한 "기독교적 환상의 한 종류"라는 것이다.[68] 참으로 '인공지능'으로의 이러한 비상은 그것이 니체에 의해 예견된 비-인간적(inhuman) 미래보다 훨씬 더 고도의 기술적인 헤

---

66) Regis, *Great Mambo Chicken and the Transhuman Condition*, p.145. 탈인간적 조건에 대한 레지스의 묘사에 관해, '지금'에 관한 것은 정말 아무것도 없다는 것이 강조되어야만 하겠다. 1960년대에 클라크는 '생물학적 수준으로부터 기술적인 것'으로의 진화의 '과정'에 관해 숙고하였다. 그리고 레지스와 마찬가지로 니체의 선언에 대한 어떤 철학적 '권위'를 빌려 동물과 초인 간의 늘여진 끈으로서의 인간에 관해 그를 인용했다(A. C. Clarke, *Profiles of the Future*, New York: Bantam Books, 1964, pp.212~227). 또한 이와 관련하여 J. McHale, *The Future of the Future*, New York: Ballantine Books, 1969를 보라.
67) 『도덕의 계보』, III §28을 보라. 즉, "금욕적 이상에 의해 방향성이 주어진 총체적 의지가 본래 표현하고자 한 것은 숨기는 것이 절대로 불가능하다. 즉, 인간에 대한 이러한 증오, 그리고 심지어 동물적인 것 이상의, 물질적인 것 이상의 증오, 감각에 대한, 이성 자체에 대한 이러한 공포, …… 겉모습, 무상함, 성장, 죽음, 소망, 열망 그 자체로부터 달아나려는 열망."
68) Regis, *Great Mambo Chicken and the Transhuman Condition*, p.176.

겔주의를 닮아 있다.[69] 탈인간적 조건을 획득하기 위해('불사'不死가 되기 위해) 컴퓨터 내로 두뇌를 다운로드하는 일은 '신체를 상실함'과 동시에 그것과 더불어 진행되는 모든 것을 포함하게 될 것이다. 즉, "세계, 살" 그리고 모든 "악마적인 것"을 최대한 드러내기.[70] 그러한 진보는 "신체적 속박으로부터의 자유, 더 빠른 사고속도, 더 큰 기억량"이 될 것이다. 왜 '더 빠르고', '더 큰' 것이 진보가 되는가? 그것은 단지 기술론적인 환경 적응에 관한 질문이지 않은가? (여기서의 위험은 그러한 적응의 과정을 자연주의화하는 일이다.) 하이데거가 지적한 바와 같이, 정보('IT')세대의 여명과 관련하여 우리는 미국식 발음으로 현대적 실존의 품행을 이해하기 위해 '기본적인 단어들'을 들어야만 한다는 것이다. 오로지 미국 청소년들만이 피상성 아닌 피상성을 획득할 수 있다. 그러나 사실의 관점에서 우리는 금욕적 이상에 대한 가장 최근의 정의에 있어서 사이버공간의 환상에 너무나도 많은 존경을 표하고 있다. 왜냐하면 그것은 스스로의 역설적이고 배리적인 개념들을 통해 작업하길 정말 원하지 않고, 단순히 믿음을 구걸하고 추종자들을 원할 뿐이기 때문이다.[71]

---

69) '고도화된 헤겔주의'의 흥기에 대해서는 J. Stallabrass, "Empowering Technology: The Exploration of Cyberspace", *New Left Review*, vol.211, 1995, pp.3~33을 보라.

70) Ibid., p.5.

71) F. Jameson, *The Geopolitical Aesthetic: Cinema and Space in the World System*, London: BFI Publishing, 1995, pp.28~29를 보라. '민중화된' —— '민중화'라는 단어는 인간이 그들 자신뿐만 아니라 총체적인 지구로부터도 지배받고 있다고 하는 거의 쓰이지 않는 말이다 —— 종들의 인공적인 혼합을 통한 DNA 혼합에 대한 유행하는 집단적 환상을 지적하는 제임슨은 "다른 살과 다른 실재성에서의 사회적 실체변화를 향한 우리의 유사–종교적 열망"에 대해 통찰력 있게 말한다. 포스트휴먼적 조건을 향해 지나간 이런 수많은 독해는 억압의 역사에 대한 피할 수 없는 변종 이상의 것이 되지 못하게 되었다.

새로운 허구(누가 거짓말했대? 우-아 ── 환상적인데!)는 이른바 '후(後)인간적인' 포스트모더니티(추한 현상을 위해 추한 경구를 주조해 내는) 하에서 공표된 것이다. 그것은 혼란스러운 우리 시대의 사이버 교주들을 포함하여 [그런 것들에 대해] 더 많이 알아야만 하는 사람들에 의해 논해져 왔으며, 이는 생명기술론적인 생기론의 출현, 인공생명체와 인공지능의 흥기, 그리고 유전공학의 발전과 더불어 현재 우리가 생명이 자연도태(자연선택)를 '뛰어넘어' 실존하게 될 것이라는 역사적 미래로 이동 중에 있음을 주장한다. 더 많은 지식을 지닌 사람, 예컨대 보드리야르는 불사를 정복한 결과로서 현재 인류는 ('진화의 법칙에 상응하여' 각 종들의 죽음을 보증하는) 자연도태의 종말에 이르게 되었다고 말한다. 그는 다음과 같이 말한다.

> (그 자신을 포함한 모든 종들의) 종말적 진화에 있어서, 그는 상징적 규칙에 반대하고 있으며, 따라서 진정으로 사라질 만하다. …… 종말적 진화에 대한 그의 교만한 욕망에 있어서 인간은 발생학적인 절화(biogenetic *involution*)와 비-인간의 부활로 인도되는 중에 있다.[72]

심지어 그는 죽음의 문제, 곧 도태의 '법칙' 자체를 피하는 것은 바로 종들 자체를 창조해 내기 위한 진화 자신의 운명이 될지도 모른다고 생각한다. 그렇지만, 유전공학의 새로운 발전들에 관한 보드리야르의 평가에 공감하는 나 자신을 발견한다. ── 우리가 희망을 갖도록

---

72) Baudrillard, *The Illusion of the End*, p.84.

하기 위해 그는 무작위적인 우주가 스스로를 위해 건설한 후(後)인류라고 하는 유리관을 때려 부수고 그에 따라 점적(點滴, drip-feed)인 것에 의해 지탱되는 상태의 경박한 과학적 쾌감으로부터 우리를 구해낼 것이라고 말한다. ── 이와 동시에, 나는 현재 새롭게 컴퓨터화된 기술들과 새로운 형식을 띤 공학의 흥기가 자연도태를 뛰어넘어 배움의 와중에 있다는 보드리야르의 주장에 대해서 논하길 원한다. 이는 인간의 고집스러움에 대한 지나치게 역사적인 독해이다. 니체가 싫증내지 않고 주장했듯이, 진화, 인간과 인간-아님은 결코 생존이나 보존에 관한 것이 아니었다는 것이다(오로지 다윈, 스펜서 그리고 밀과 같은 '평범한 영국인들'만이 이를 믿었다). 오히려 '진화'는 ── 그리고 인간적 진화가 늘 시원적 절화(이는 지구의 살갗이라는 의미인데)를 향유해 왔다 ── 자연발생적이고 확장적인 성장이라고 하는 근거 없는 욕망에 관한 것이다. 인간적 동물이라는 사례에 있어서 '도태의 법칙'은 언젠가부터 교차되어 온 것이다.

보드리야르는 그가 인간이란 더 이상 '자유'와 '선험성'에 따라, 그러나 동시에 '유전'에 따라 간단히 정의될 수 없다고 일찌감치 말했을 때 잘못 나간 것이며 결국 인간에 대한 정의와 인간주의는 '닦아 낸' 것이 되어 버렸다.[73] 반대로, 자유와 선험성은 늘 숭고하게 비-인간적인 실천들에 대한 실험에 속해 왔다(또한 거대한 인간주의를 구성하는 데에도). 나치 우생학이 유럽적인 인간주의 하에서 나르시시즘적인 흐름들의 완성(vollendung)인 것과 마찬가지로, 최상의 인간주의에 의

---

73) *Ibid.*, p.97.

존하고 있는 것은 바로 사실상 유전자주의인 것이다. 거기에는 나치에 대해서조차 '비-인간적인 것'이 존재하지 않는다.

그러나 내가 보기에 보드리야르가 옳았던 점은, 생물학적인 조작을 통해 진화를 뛰어넘는 조작에 대한 완전한 전능함과 '획득'을 향한 이러한 질문들을 고집함으로써 가치들의 가치를 평가했다는 점이다. ──사유의 이러한 나태한 모습은 단순히 '진화'란 인간의 '발명' 이외에는 아무것도 아니라는 것을 인식하지 못하고 있다.[74] 인간이 지닌 이러한 '넘어섬'을 향한 욕망은 더 이상 낡은 종교의 형식을 가정할 수는 없지만 전반적으로 인간적인 것이며, "인류가 자신의 능력으로부터 불러일으킨 선험을 달성함으로써 자신의 조건을 뛰어넘는다는 것은 아마도 착각이겠지만 그것은 뛰어난 착각일 것이다".[75] 소독된 포스트휴머니즘(post-humanism)의 냄새가 나는 탈인간에 관한 이러한 명백하고 정돈된 개념화에 직면하여 미래에 관한 니체 철학이 '악'에 관한 복잡한 가르침으로 다시 한 번 이해됨을 옹호하는 일은 필수적이다. 보드리야르는 '인간이란 전갈[엉큼한 사람]'이라고 쓴다. 살아 있는 사물들을 함께 묶는 것은 '생태학적인, 생물권적인 연대'가 아니라 죽음을 향한 또 다른 말인 항상적 평형론 덕분이다. 오히려 선(the good)을 자유롭게 한다는 점에서 우리는 악 또한 자유롭게 하는데 그것은 바로 '우리의 진정한 평형론'과 균형을 만들어 내는 그것들과의 분리 불가능성 때문이다.[76] 자연과의 화해보다 전망 있는 미래가 유해

---

74) *Ibid.*, p.94.
75) *Ibid.*

한(maleficent) 것의 확인에만 존재한다는 것을 우리는 인식할 필요가 있다. 즉, "선과 악은 …… 생명이 부단히 자신을 극복해야만 하는 무기들이자 멀리 울리는 상징이어야만 한다! …… 가장 위대한 악은 가장 위대한 선에 속한다. 곧, 그러나 이는 창조적인 선이다."(『차라투스트라』, pp.125, 139) 곧, 보드리야르의 지적처럼 자연은 잘 들어맞지도, 조화롭지도, 안정적인 생태계를 이루지도 않는다. 또한 그것은 세균들, 바이러스들, 박테리아, 혼돈 그리고 전갈들을 포함한다.[77]

　니체에게 '완벽함'을 이루게 하는 유일한 조건은 허무주의이다. 그가 '병리학적인 **이동** 단계'에 따라 ── 고대로부터 도래했던 지혜인 ── 허무주의의 '도래'를 이야기할 때에는 이러한 정식화에 있어서의 전이(Übergang)에 대한 참조를 '듣는' 일뿐 아니라, 동일하게 그 전이가 **종말이 없는** 것임을 기억하는 것도 중요하다. 후(後)생물학적인 인류의 도래를 주장하는 일은 '인류의 종말'을 고지하는 것이 아니라 인류에 관한 '진정한 문제'로 우리를 돌아서게끔 하는 일인데, 왜냐

---

76) *Ibid.*, p.82. 또한 Baudrillard, *The Perfect Crime*, pp.78, 139를 보라.
77) '바이오스피어 2' 계획에서, 보드리야르의 지적은 자연의 인공적 재생으로부터 그러한 현상들의 추출을 위해 주목할 만하다. 그러나 그가 또한 날카롭게 지적하는 바와 같이, 그 계획은 실험이 아닌 디즈니랜드의 선을 따르는 '실험적 견인'이다(Baudrillard, *The Illusion of the End*, pp.85~86). 바이오 2 계획은 "생태기술의 좋은 사례이자, 자연과 기술의 공생"(Kelly, *Out of Control*, p.162)으로서 켈리의 책에서 상세하게 취급되었다(p.150 이하). 켈리에게 있어서 계획에 대한 '실험'으로부터 배운 '교훈'은 "생명은 궁극적으로 기술이라는 것이다"(p.165). 그렇게 노골적으로 언급된 선언은 켈리는 결국 '생명'이 아닌 ── 물론 우리가 알고 있는 바이로이드적(viroid) 생명이 아닌 ── 특수한 인간주의적 환상들에 의해 유발된 기술적으로 제어된 생명의 특수한(particular) 형식을 지시한다는 것이다. [바이오스피어 2는 지구 생태계와 격리된 채 또 하나의 생태계를 실험적으로 건설한 프로젝트이다. biosphere2.org 참조.]

하면 그러한 문제가 결코 생물학적인 것으로 다루어졌던 적이 없었기 때문이다. 이는 니체적인 '도덕의 계보학'이 지닌 외설스러운 교훈이자 인간의 괴물스러운 기억이 영속적으로 육성되고 극복된다는 탈인간적 미래를 약속할 뿐인 '계보학'이다. 인간'의' 기억에 대해 말한다는 것은 그의 구성물로서 인간에 속하는 기억과 그의 소유가 아닐지도 모르는 기억인 인간적 되기에 대해 이중적으로 말한다는 것이지만, 동시에 어떤 다른 것과 '넘어섬'을 알리는 일이기도 하다. 만일 "모든 망각하기는 물화에 불과하다"(아도르노)면, 그러한 물화야말로 '인간'의 망각하기에 속하는 탈인간적 조건에 대한 설명에 의해 우리가 확인해 온 것들이다. ──그의 '정체성'에 대해서가 아니라 그가 만들어 낸 '차이'에 대해서. 나는 현재라는 것이 인간에 대한 ── 그리고 초인에 대한 ── 이러한 계보학적인 회상을 우리가 너무 많이 원하는 것이 아닌가라는 질문을 해본다.

2장 _ 초인을 향해
니체적 선별의 기예와 기교에 관하여

이 책에서 당신은 뚫고 파내고 캐내는 작업을 행하는 '지하의 인간'을 발견하게 될 것이다. …… 어떤 믿음이 그를 인도하는 것 같지 않고, 어떤 위로가 어떤 보상을 주는 것 같지 않은가? 혹시라도 그가 이렇게 유예된 애매함을 욕망했다 할지라도, 욕망들은 불가해하고, 비밀스럽고, 수수께끼 같은 것이 되어 버리는데, 왜냐하면 그는 자신이 그로 인해 또한 얻게 될 것을 알고 있기 때문이다. 즉, 자신만의 아침, 자신만의 구원, 자신만의 새벽을? …… 그가 돌아올 것이라는 건 확실하다. …… 그가 다시 '인간이 되는' 순간에. (『아침놀』, 서문)

항상 그랬듯, 나로 하여금 삶을 **받아들이려는** 결심에 다다르도록 하는 데는 가장 큰 노력이 든다. 나는 나를 훨씬 앞서서, 내 위에, 그리고 내 뒤에 있다. …… 나의 루를 향해, 그리고 그 위로! (「루 살로메에게 보낸 편지, 1882년 9월 8일」)

그래, 현존재(Dasein)에게 달려간다, 그것이 그것이리라! 그것이 그것일 것이다! (『즐거운 학문』, §60)

비전, 수수께끼 그리고 금욕적 이상들에 관하여

초인(overman)이라는 개념이 심오하게 문제적인 것임은 넘쳐날 정도로 명백한 것으로 보인다. 이는 (회피의 이상들이라고 하는) 금욕적 이상들의 의미에 관한 니체의 비판적 설명 옆에 자리 잡게 될 때, 그의 작품 안에서 불안정하게 자리하게 될 때 그러하다. 만일 신이 죽었다면, 모든 신들이 휴식에 들어서야 한다면, 그리고 우리가 광대하고 새로운 바다를 가로질러 먼 땅들을 탐험해 나아가기 위한 모험의 상태에 있다고 한다면, 니체에게 신은 죽었으며 초인 또한 지구가 갖는 유일한 의미와 목적이어야만 함을 가르치기 위해 자신의 가장 절친한 동료인 차라투스트라라는 인물을 발명해 내는 일이 설득력 있는 이야기라고 할 수 있을까? 초인이란 불완전한 허무주의의 행위로 단순히 신의 빈자리를 차지하고 있는 것이 아닐까? 근래에 많은 주석가들에 의해 다루어진 하나의 해결책은 그 개념을 완전히 버리고 미래적 이상으로서 그 정합성의 결핍을 비판하는 것이다. 그 책의 최초의 가르침 — 초인에 관한 논의 — 이랄 수 있는 서사에 따른 (인간의 땅으로의) 차라투스트라의 하산(Untergang)에 관한 이야기를 독해하는 일이 필수적임은 영원회귀의 가르침을 선호하여 점진적이고 확고하게 단념되어 왔다. 예컨대, 램퍼트(Laurence Lampert)는 니체적 가르침의 중심에 (그가 '수퍼맨'으로 번역하길 좋아하는) 초인을 자리 잡게 하는 어떤 독해에도 반대한다. 왜냐하면 그는 이것이 형이상학에 대한 니체적 비판의 가장 심오한 핵심과 동기화(snyc)하지 못하는, 시간에 관한 종말론적인 성취인 차라투스트라의 '하강'(descent) 개념에 관한 이야기를 강요할 것이기 때문이라는 것이다. 『도덕의 계보』 제2논문의 대단원(dénouement)에서 "언젠가는 반드시 와야 할 사람"에 관한 니체의 소묘는 신학적 심판의 날에 관한 모든 특징들을 보여 주긴 하지만, 거기서는 영원회귀라는 (숭고하지는 않지만) 아름다운 가르침이 우리를 해방시킨다고 말한다.[1] 비슷하게, 콘웨이(Daniel Conway)는 니체의 구절들에서 초인이 곧 도래하여 통치할 것이라는 선언은, 인간적 조건의 결핍에 대한 허무주의적인 개입을 배반하고, 또한 하나의 목적에 대해 엔트로피적으로 삶의 욕망-되기로 환원되는 금욕적 이상에 관한 완벽한 묘사라고 말한다.[2] 마지막으로 피핀(Robert Pippin)은 하이데거를 좇아, 시간에 반(反)하는 복수이자 실재를 향한 앙심에 의거한 기독교적 도덕 문화의 이상들처럼 초인이 창조에 대한 요구를 부여받게 되었다고 말한다.[3]

나아가 초인이라는 개념은 『안티크리스트』 4장에서 간단하고 생뚱맞게 나타남으로써 『차라투스트라는 이렇게 말했다』의 출간 이후 니체의 글에서 사라지는 경우에 해당하는 것이 아닐까? 따라서 니체

---

1) L. Lampert, *Nietzsche's Teaching*, New Haven: Yale University Press, 1987, p.258.

2) D. W. Conway, "Overcoming the Übermensch: Nietzsche's Revaluation of Values", *Journal of the British Society for Phenomenology*, vol.20, no.3, 1989, pp.211~224.

3) R. B. Pippin, "Irony and Affirmation in Nietzsche's *Thus Spoke Zarathustra*", eds. M. A. Gillespie and T. B. Strong, *Nietzsche's New Seas*, Chicago: University of Chicago Press, 1988, pp.45~71.

자신이 결코 진지하게 다룬 적이 없었던 역설적이고 비일관적인 환상으로서 초인을 인식하는 일보다 더 쉬운 일은 없지 않겠는가? 어딘가 다른 곳에서 나는 초인이라는 개념이 영원회귀 안에 포함된 **하산**의 경험과 분리 불가능함을 보여 주고자 했었다. 왜냐하면 '우리'가 '우리 자신인 바'가 될 수 있는 시간의 경험을 밝히는 것은 바로 후자[영원회귀]라는 사유실험 덕분으로서, 이는 인간에 대한 측정을 초월하는 새롭고 유일하며 비길 데 없는 존재이자 창조이기 때문이다(『즐거운 학문』, §335).[4] 회귀라는 수수께끼 안에 자리 잡게 될 때, 초인에의 비전은 수퍼맨(superhuman)의 강력함을 띤 환상적인 선들과 나란할 수도 없고, 단지 인간 '이후에' 오게 된 것으로서의 공간적(spatial) 사항들로도 이해될 수 없는 개념화가 일어난다. 오히려 초인이란 반복이라는 행위들에서 태어나며, 이는 반복이 과거의 모든 것들에 빚짐으로써 (순결한 개념화랄 수 있는) 근원적 창조를 구성하지만 동시에 미래에 대해 완벽하게 자신을 건넴을 뜻한다. 초인은 지구에 대해, 곧 인간의 약속에 대해 믿음직스럽게 남겨져 있다. 우리가 만일 그의 바깥 곧 너머에 자리 잡게 된다면 시간에 대해 인간을 회복해 낼 수 있을 것이다. 그러나 우리가 앞으로 보게 되겠지만 그러한 질문은 정확히 그것들을 어떻게 '극복하게' 되느냐에 관한 것이다. 그것은 단순히 발전적인 금욕적 이상들에 관한 질문일 수만은 없다. 다시 '인간'이 되는 중에 있는 초인의 행로는 금욕적 이상들의 의미를 드러내는 중에 있다. 그가

---

4) K. Ansell Pearson, "Who is the Übermensch? Time, Truth, and Woman in Nietzsche", *Journal of the History of Ideas*, 53, 1992, pp.309~333.

다시 한 번 '돌아오게' 될 때 다시 (또 다시) 인간이 된다.

니체에게 있어서 새벽이기도 했던 부숨과 절연의 10년인 1880 년대 중반은 근대적 인간에 관한 탈형식화된 특성에 기대어 선과 악을 뛰어넘는 그의 철학의 운명이 미래'의' 철학으로 되는 기간이었다. 그는 초인을 '향한' 길 위에서 영원히 자신을 찾고자 했을 것이며 그의 독자들도 그러했을 것이다. 그는 그 길을 추구하는 데 있어서 자신의 글을 고통, 고뇌, 고문 그리고 잔혹함이라는 방식의 전범(典範)으로 기획했다. 우리는 '회귀 안에서의' 역설적이고 배리적인 되기(becoming) 없이는 —— 금욕적 이상의 의미의 일부인 —— 그러한 탐구를 행하지 않는다. 니체는 그 '길'에 대한 자신의 검토와 그러한 과업에 대한 자신의 실행이 단지 개인적인 방랑의 반영에 불과한 것인지 아니면 그것이 더 보편적인 의미를 포함하는 것인지를 열린 채로 알기를 원했다. 이어지는 곳에서 내가 보여 주고자 하는 것은 크게는 1886년 니체의 '서광'의 해에 대한 고려로서, 그 해는 니체가 자신의 편집된 책들에 대해 새로운 서문들을 추가한 해이다. 이 해의 니체는 금욕적 이상의 의미에 대한 자신의 탐구를 끌어들이는 데 있어서 심각한 오해에서 기인하는 모순적이고 비정합적인 이상으로서의 초인이라는 개념을 단념하도록 촉구하는 독해들을 제시한다. 초인이라는 개념 자체를 단념하는 일은 니체를 '잘' **독해하는** 일을 포기하는 것이나 다름없다. 니체의 독자들에게, 그리고 도덕성에 대한 자기 극복의 후계자들에게, 인간의 운명과 그것의 고통으로부터 피할 수 있는 것은 아무것도 없음을 인식하는 일은 필수적이다. 오로지 익살꾼들(buffoons)만이 '인간'을 뛰어넘어 도약할 수 있다고 생각되며, 오늘날 우리 스스로는 모든 면에서 그에 둘러싸여 있음을 발견한다. 탈인간적 조건이라는 이상을 납치해 온 이들은 바로 익살꾼들인 것이다.

해방의 수수께끼에 관하여

니체에게 있어서 '우리'라고 하는 정체성은 1886년과 1887년 사이에 출판된 그의 책들에 쓰인 새로운 서문에서와 같이 다양한 가면을 쓴 것으로 생각될 수 있다. 그것들은 '긍정하는 자들', '도덕성의 자기 극복자들', '선한 유럽인들', '자유로운 영혼들' 그리고 '비극적인 염세주의자들'로서 여러 번 묘사되었다. 한편으로는 니체에게 있어 '우리'라는 질문은 그를 '읽고자' 하는 이들, 곧 그를 (천천히) 잘 읽고자 하는 이들을 가리키며 결국 그의 작가정신을 실현 불가능한 감각 하에서 구성해 낸다. 이는 상승하고 하강하는 삶의 기호들을 독해해 낼 뿐 아니라 이러한 기호들의 '의미'를 어떻게 획득하는가라는 '해석의 기예' (Kunst der Auslegung)를 아는 이들을 말한다(『도덕의 계보』, 서문 §7). 그렇지만 니체에 대한, 또 그를 향한 행로는 위험천만한 일이 될 것이다.

1886년 봄 니스에서 쓴 『인간적인 너무나 인간적인』의 첫째 권 서문을 여는 첫 문장은 자신의 미래의 독자들에 대한 일련의 경고를 고지함으로써 시작된다.

『비극의 탄생』에서 가장 최근의 『미래 철학의 서곡』에 이르는 내 모든 글들은 충분히 자주, 그리고 매우 놀란 표정으로, 그것들을 구분하고 하나로 묶어 내는 어떤 것을 가지고 있다고 들었다. 즉, 그것들 모두에 있어서 내가 이해해 온 것은 조심성 없는 새들을 위한 올가미와 그물로서, 사실상 습관화된 가치평가들과 가치화된 습관들의 전복을 향한 끈질긴 초대이다. 뭐라고? ─ 모든 것이 **단지 인간적인, 너무나 인간적인** 것뿐이라고? (『인간적인』1권, 서문§1)

이 구절은 만일 니체가 단지 인간적인, 너무나 인간적인 그물과 올가미에 대해서만 이야기한 것으로 간주해 버린다면 그것은 너무나 조급한 것일 수 있음을 알려 준다. 즉, 또한 거기에는 초인적인, 너무나 초인적인 그물과 올가미가 존재한다는 것으로서, 이는 왜 그가 '단지 인간적인, 너무나 인간적인 모든 것'을 독단적이지 않게 가리키는가를 말해 준다. 이전의 모든 가치화와 이상들을 전복하고자 하는 일로의 '초대'는 단순한 도치(倒置)와 전도(轉倒) 이상을 향한 요청인 것이다.

니체는 자신의 글쓰기를 의심, 경멸, 용기, 그리고 대담함 하에서의 수업으로 묘사하는 데에까지 나아간다. 그것은 도덕성의 땅에 의문을 던지는 용기를 추구하는데, 왜냐하면 도덕성이란 의문을 던지지 않는 우리를 선호할 것이기 때문이다. 그렇지만, 얄궂게도 도덕성에 대한 '비판'은 **"도덕성'으로부터'"** 탈주하면서 실행될 수밖에 없는데, 왜냐하면 비도덕성 또한 질문하기를 폐쇄해 버린다는 간단한 이유 때문이다(『아침놀』, 서문§4). 비도덕성은 그러한 질문을 뛰어넘어 나아갔던 사유 안에서 <u>스스로</u>를 기만한다. 니체가 자신의 모든 사유는 위안일 뿐 아니라 '기만'일지도 모른다고 우리에게 말하는 것에 놀랄 필요는 없다. 그는 이것이 '선과 악을 넘어서기를' "비도덕적으로 도덕 바

끝에서" 말하는 것이라고 이야기한다. 니체는 선별에 따라서뿐 아니라 필연성에 따라서도 '고독' 가운데 글을 쓰는데, 왜냐하면 그의 시간이 아직 오지 않았기 때문이자 그가 여전히 방랑자이기 때문이다. 당대의 우상들에 대한 비판가로서, 우리는 쉽게 스스로를 혼자 외롭고 고립되었다고 느낀다. 이러한 고립으로부터 벗어나면 스스로를 위해 하나 또는 두 개의 허구를 인위적으로 발명한다. 이는 '인위적인 기예'(künstliche kunst)의 역설적 실행이다. 따라서 한편으로 초인이라는 이상은 그러한 허구, 즉 니체가 인간의 후미진 병과 그의 수확체감(遞減)이라는 세계에 대한 염증에 직면하여 위안물로서 고안해 낸 허구이다. 그렇지만, 다른 한편으로 초인은 금욕과 고통으로부터 탄생한 이상보다 훨씬 '더' 한 것이다. 즉, 또한 그것은 흘러넘치는 풍요로움의, 새롭게 발견된, 새롭게 회복된 위대한 건강에 대한 잉여적 발명이다. 그것이 이러한 두 측면들 사이에서 단순히 선택될 수 없다는 것은 1886년 서문에 포함된 니체적 서광이 전하는 심오한 전언이다. 그의 선별의 기예는 늘 '기교적'인 것으로서, 그것은 끊임없이 재발명되고 재사유될 수 있다. 참으로, 오늘날 니체 선생께서는 다시 잘 지내게 되었는데 무슨 상관이란 말인가?

니체가 자신의 글에서 호소하는 '자유로운 영혼들'은 자신의 상상력에 따른 허구적인 산물로서, 이는 스스로 내려갔다가 어떻게 자신을 뛰어넘는가를 가르치는 그의 어려운 과업에서 홀로 있음을 느끼지 않도록 자신을 위해 발명할 필요가 있었던 것이다. 자유로운 영혼들은 실제로는 존재하지 않는다. 우리가 할 수 있는 일은 그들의 '도래'를 묘사하고, 그들이 '어떤 운명 속에서 탄생하고 어떤 길로 오는지를'

밝히는 일이다(『인간적인』 1권, 서문 §2). 이는 '위대한 해방'의 '결정적인 경험'에 대해 말하는 것이다. 따라서 해방가는 지금까지 그것이 과거에 대해서뿐 아니라 가장 탁월한 계기에 대해서도 묶이고 구속되어왔음을 발견한다. 결국 필연적으로 자기가 사랑해 왔던 것에 직면하여 공포와 의혹이 일어난다. 그 결과 생겨나는 것은 다음과 같다.

여행, 낯선 장소, 소원함, 추위, 냉정함, 사랑이 낳은 증오를 향해 저항하는, 제멋대로인, 화산과도 같은 폭발적인 욕망은 아마도 그것이 이전에 사랑했던 곳까지 **되돌아가려는** 신성모독적인 나부낌이자 번뜩임일 것이다. …… 아마도 방금 한 일에 대한 뜨거운 수치심, 동시에 **그렇게 해냈다는** 기쁨, 승리에 취해 남몰래 환희하는, 승리를 배반하는 전율 — 승리라고? 무엇에 대한? 누구에 대한? 수수께끼 같은 질문으로 가득한 영광스러운 승리 …… 그러한 나쁘고 고통스러운 일들은 위대한 해방의 역사의 일부이다. (『인간적인』 1권, 서문 §3)

스스로를 극복하고 과거뿐 아니라 자신의 속박에서 벗어나고자 하는 욕망 속에서도 '거친 실험'과 '기행'을 하는 해방된 죄수들은 일종의 병을 표현한다. 모든 가치들이 전복될 수 있다는 것, 곧 선이 악이며 신은 오로지 악마의 발명품일 뿐이라는 '진리'를 배우는 데에 있어서 해방된 인간 존재는 자신의 호기심과 부도덕한 익살꾼에 취하게 된다. 최초로, 그리고 아마도 적지 않은 시간 동안 자유로워지고자 하는 영혼은 고독의 얼음 같은 숨결을 경험할 것이며 심지어 풍요로운 건강의 달성이라는 길 위에서 미쳐 버릴 위험마저 감수할 것이다. 인간'으로부터' 초인'에 이르는' 긴 회복의 시간 동안에 자유로운 영혼은 처음으로 자신을 보게 된다(『인간적인』1권, 서문§4, 5). 가치들과 모든 이전의 이상들에 대한 전복과 전도는 오로지 그 길 위에서의 첫걸음일 뿐이며 그것은 엄청난 속임수를 포함하고 있기 때문에 액면 그대로 받아들여서는 안 된다. 궁극적으로 그러한 전복과 전도는 '시험'에 부쳐져야만 한다. 즉,

> 이렇듯 병적인 고독으로부터, 다년간에 걸친 유혹과 실험의 사막으로부터 벗어나, 부도덕성에도 굴하지 않을 법한 커다란 확실성과 건강이라고 하는 것은 여전히 기나긴 길 위에 있다. 지식에 대한 하나의 수단이자 낚시걸이로서, 다양한 것으로의 접근과 모순되는 사고의 양태들을 허용하는 …… 영혼의 **성숙한** 자유로움에 대해서 말이다. (『인간적인』1권, 서문§4)

해방의 수수께끼는 스스로의 덕(德)뿐 아니라 스스로의 자기 극복을 정복하는 '극기'(self-mastery)의 과정을 포함한다. 이는 관점주의 하에서의 훈련을 요구한다.

> 당신은 모든 가치 판단에 있어서 관점주의적 감각을 이해하는 법을 배우게 될 것이다 — 전치, 왜곡, 그리고 기껏해야 한계가 명백한 목적론과 관점주의에 항상 들러붙는 뭐든지 간에. …… 당신은 모든 것을 향한 그리고 반(反)하는 것 하에서의 **필연적인** 부조리를 이해하는 법을 배우게 될 것이다. 그것은 삶으로부터 분리될 수 없는 것으로서

의 부조리이자, 삶 자체가 관점주의적이고 부조리하다는 감각에 의거하여 **조건 지어진** 것이다. (『인간적인』 1권, 서문 §6)

사람들은 관점적인 것 '이상'을 원하지만, 그 이상(more)을 향한 욕망조차도 총체적인 판단에서 볼 때는 단지 관점적인 것일 뿐이며 이는 누구도 (죽음을) 획득할 수 없다. 선별하도록, 영원회귀의 관점을 향하거나 혹은 그것에 반(反)하여 존재하도록, 그것에 의해 변화되고 부서지도록 하는 데에 있어서 니체는 힘에 대한 맹목적인 긍정에 참여하도록 우리를 초대하는 중에 있는 것이 아니라, 오히려 우리가 인간 이상의 존재이자 다시 인간이 된다고 하는 우리의 의지가 지닌 필연적인 부조리함을 긍정하도록 요구하는 중에 있다. 그러한 '능동적'이거나 '반동적인' 본성에 관한 질문이 보류되는 것은 아니지만, 그것은 "우리가 원하는 만큼 가까이 혹은 멀리 간다고 하는, 긍정도 부정도 없이 사랑과 증오의 족쇄들 속에서 더 이상 살 수 없게 된" 결과와 더불어 불필요한 것으로 남게 되었다(『인간적인』 1권, 서문 §4). 생산적인 종류의 건강이란 병이 여럿 있는 일이 좋은 일이기 때문에 오로지 소량의 약들로 처방되어야 한다는 것이다. 우리는 "긴 시간 동안 아픈 채로 있다가 천천히, 아주 천천히 건강해지게 된다는 것이 내가 뜻하는 바의 '건강한 이'"이다(같은 글, §5). 우리는 누군가의 '그렇소'(yes)와 누군가의 '아니오'(no)에 대해 그렇소라고 말하는 법을 배워야만 한다.

누가 심판할 것인가? 들뢰즈는 심판이란 '무엇인가'가 아니라 '누가' 심판하는가라는 물음으로 대체해 버림으로써 이러한 종류의 질문이 갖는 순진성에 주요한 혁신을 제공하는 것일까? 『니체와 철학』에서 들뢰즈는 '윤리적이고 선별적인 사유'로서 영원회귀라는 교의를 가정함으로써 탁월하게 능동적이고, 긍정적이며, 반(反)헤겔적인 철학의 양태가 지닌 중심에 그것을 가져다 놓는다. 그러한 비전과 수수께끼에 관한 들뢰즈의 독해는 거대하게 복합적이고 뒤엉켜 있으며 그에 대해 반복적인 회귀라는 대가를 치른다. 들뢰즈의 독해가 갖는 숙고는 니체적 선별의 기예와 기교에 관한 질문 하에서 무엇이 문제가 되는가를 보여 주는 일에 복무해야만 한다는 데에 있다. 만일 회귀의 실험에 대한 들뢰즈의 구축이 단지 심판에 관한 질문을 닫아 버리는 것에 불과한 사유라면 그가 잘 독해한 것은 아니라고 할 수 있다. 늘 전부가 명확하거나 일관된 것은 아니지만 진정한 맹목성의 계기들을 보여 줌으로써, 궁극적으로 회귀의 교의에 관한 들뢰즈의 독해는 심판을 통해 심판을 뛰어넘는다는 궁극적 긍정을 통해 어떻게 그것이 가능한가를 보여 주는 일이 가능하게 되는 것이다.

들뢰즈는 니체의 철학을 '비판적 전도'라는 형식 하의 '총체적 비판'의 실현에 대한 효과화로 독해한다. 이는 가치의 철학으로서 계보학에 직접적으로 주목함으로써 비판의 문제가 가치들의 가치를 규정하는 것에 관한, 곧 가치들이 불러일으킨 가치화에 따른 창조에 관한 문제가 되어 버림을 뜻한다. 그러나 들뢰즈는 그 시작부터 비판으로서의 계보학의 실행을 미리 선취하고 있는 것으로 보이는데, 왜냐하면 그는 그러한 비판이 '원-한(re-ssentiment)에 대한 반-동(re-action)'이 아니라 실존의 능동적 양태에 대한 능동적 표현이라고 간단히 선언해 버리기 때문이다.[5] 비판의 '생성'에 관한 질문은 여기서는 허용되거나 제기되지 않는다. 들뢰즈는 '니체적 진화'에 관한 장(章)에 전넘하지만 얄궂게도 그 책의 모두(冒頭)에서 발전시킨 독해는 니체로부터 어떤 '진지한' 생성을 박탈해 버린다. 바로 이 때문에 그의 독해에서 영원회귀의 사유에 대한 도입이 굉장히 결정적인 것이 되어 버린다. 들뢰즈는 자신의 니체적 비판의 중심에 '힘'(forces)이라는 개념을 놓는다. 가치들과 이상들이 상승 혹은 하강하는 삶의 양태들을 결정하는가, 그렇지 않은가를 결정하는 문제에 있어서 주목해야 할 바는 고립되고 물화된 인물들과 사물들이 아닌 그것들을 구성하는 힘들, 바꿔 말해 능동적이거나 반동적인 힘들에 초점을 둘 필요성이다. 그러나 그의 논변이 직설적인 것은 아니라고 할 수 있는데, 왜냐하면 그는 힘들의 단순한 분기를 가정하길 원하지 않기 때문이다. 예컨대, 그가 구축한 영원회귀는 반동적인 힘에 대한 단순한 거부나 말소가 아니라 차라리 반동적인 것이 되돌아오는, 그러나 능동적인 것을 보증하는 거부나 말소인 것이다. 여하튼 이 논제는 어떻게 그것들의 '선별'이 기획되고 고안되는가에 관한 것이 된다.

하나의 유기체는 힘들의 활동으로 이해될 수 있다. 들뢰즈가 제기하고 있는 중요한 점은 반동적인 것들('의식', '기억', '습관', '적응', '영양', '재생산' 등과 같은)[6]을 포함해서 정확히 힘들이자 단지 기계론적인 수단이나 최종적 결론에 불과한 것이 아니라는 점이다. 그런 점에서 그것들은 되기(becoming)의 역량을 갖는다. 즉, "우리가 각각의 시

---

5) G. Deleuze, *Nietzsche and Philosophy*, trans. H. Tomlinson, London: Athlone Press, 1983, p.3.
6) *Ibid.*, p.41.

간에서 행위의 숭고함과 반동에 대한 우월성을 짚어 낸다는 것은 반동뿐 아니라 힘들을 기획해 내는 일을 반드시 망각하지 말아야 한다는 것이다."[7] 힘들의 되기를 '심판'하고자 하는 데에 있어서 들뢰즈는 추상적인 것을 넘어선 '구체적인 물리학'을 향한 필요성에 대해 말함으로써 (그가 '어려운 기예'라고 강조하고 있는) 니체적인 '해석의 기예'에 호소하며 결국 '편재된' 힘들이라는 것이 열등한가 우월한가, 즉 반동적인가 능동적인가와는 무관하게 결정된다고 말한다.[8] 따라서, 우리는 어떻게 '결정하는가?' 들뢰즈는 우리가 능동적이랄 수 있는 것과 반동적이랄 수 있는 것을 규정해 내기 위해 그와 같은 힘들의 체계의 상태에, 즉 힘들 간의 투쟁의 결과에 호소할 수 없음을 지적한다. 예컨대, 현재 만일 우리가 인간에 대해 조사하고자 한다면 우리는 '다윈에 반(反)하여' 결정해야 할 텐데, '적자생존'이라는 이슈는 잘못되었다는 것이다. 왜냐하면 인류의 경우 살아남고 번성하게 된 것은 정확히 나약하고 곤궁한 존재들이기 때문이다.[9] 따라서 '진화'는 아무것도 확립해 낸 것이 없다. 결국 어디서부터 탐구할 것인가? 들뢰즈의 답변은 역사적 사실들이 아닌 차이의 질들에 관한 해석에 있다. 인간적인, 너무나 인간적인 인도주의와 실증주의에 묶여 있는 것에 불과한 '자유로운 사상가'와는 대조적으로, 자유로운 영혼은 "자신의 시원과 특성의

---

7) *Ibid.*, p.42.

8) *Ibid.*, p.58.

9) *Ibid.* 들뢰즈는 이 점에 있어서 『우상의 황혼』으로부터 간단히 니체를 인용하면서, 다윈에 대한 니체적인 '비판적' 독해가 함축하는 엄청난 신인동형론을 인식하지 못한다. 이러한 주제는 4장에서 길게 다루고 있다.

관점에서" 힘들을 판별해 낼 수 있다.[10] 그러나 이렇게 생각하는 일은 결국 '계보학적인' 것이 아닐까? 들뢰즈는 이른바 발생적 오류라는 가정을 범함으로써 ('되기'와는 관계없는) '특성'에 관한 질문이 '시원들'의 문제로 환원되어 버린 이후 길을 잃은 것으로 보인다. 니체의 지적에 따르면 가치들의 시원을 밝혀내는 일은 그것들의 가치를 규정하는 과업을 시작하는 것이 아니라 단지 그것들에 관한 의심과 숭고한 타락을 불러일으키기 위한 것이다(『힘에의 의지』, §258).

들뢰즈는 궁극적 선별을 요구한다. 또 영원회귀의 교의야말로 오로지 능동적 생성을 선별적 실험으로 이해할 때라야 제공되는 것임을 믿는다. 그러나 회귀에 대한 그의 독해가 주장하는 바는 그 의지가 최종적 선별을 불러일으키고 불러내는 필요를 초월하여 나아간다는 데에 있다. 영원회귀는 오로지 되기만을 수행할 뿐이며, 능동적-되기도 반동적-되기도 행하지 않는다(되기에 관한 이러한 종류의 '절대적인 지식'은 사유 실험에 대한 긍정 안에서 부정된다). 들뢰즈는 '힘들의 반동적 생성'에 관한 어떤 허용 가능하고 위험천만한 것이 존재한다고 하는 점을 부정하면서까지 반동적인 것을 동반한 니체적 매혹을 강조한다.[11] 따라서, 반동적 힘들이 우리를 한계로 데려가는 것이 아니라 우리가 할 수 있는 바로부터 분리시켜 놓는다는 점이 주장되는 반면에, 그것들은 또한 '새로운 느낌들'을 가져다주고 '새로운 감응(affect)의 방식들'을 가르쳐 준다는 것이다. 그러나 결국 들뢰즈는 내가 할 수 있

---

10) *Ibid.*, p.60.
11) *Ibid.*, p.66.

는 바로부터 나를 소외시키는 힘과 생성으로서의 힘이 부여한 것이 같을 수 없다고 말한다. 이 점에 있어서 그는 영원회귀가 변화이자 변형으로서의 되기에 연결될 때 결국 우리는 아마도 영원회귀의 실험에 대한 그의 설명이 갖는 함축과 중요성을 가장 잘 자리 잡게 할 수 있을 것이라 말한다.

영원회귀는 들뢰즈의 독해 위에 놓인 '선별적' 사유로 생각된다. 첫째, 그것은 의지를 실용적인 규칙으로 인정하고 둘째, 되기로서의 존재의 종합이라는 효과를 낳는다. 반복하자면, "당신이 무엇을 의지하건, 당신 또한 그것의 영원회귀를 의지하는 식으로 그렇게 의지하라".[12] 따라서 예컨대 스스로 의지했던 영원회귀라 할 수 있는 나태함, 어리석음, 천함 그리고 비겁함은 동일한 것이 아니라 차이로 되돌아오게 될 것이다. 그것들은 '창조들'로 돌아올 것이다. 결론적으로 들뢰즈는 "창조를 의지하게끔 하는 것이…… 어떤 총체적인 의지하기"를 만들어 냄은 바로 회귀의 사유 때문임을 주장한다.[13] 영원회귀에의 의지는 최초에 나타났던 것보다 훨씬 더 복잡한데, 왜냐하면 그것은 두 가지 선별을 포함하기 때문이다. 그러므로 두 번째 선별이 요구되는데,

---

12) *Ibid.*, p.68.

13) *Ibid.*, p.69. P. Klossowski, "Nietzsche's Experience of Eternal Return", ed. D. B. Allison, *The New Nietzsche*, Cambridge, Mass.: MIT Press, 1985, pp.115~116과 비교하라. 니체에 대한 클로소프스키의 독해는 '망각'만이 유일하게 무한을 향한 새로운 창조를 낳으며, 이는 영원회귀라는 경험 속에서 과거의 시각을 다시 불러낸다. 영원회귀 '대상'은 개체 안에 새겨진 '다중적 변화'이다. 클로소프스키는, '힘에의 의지'는 영원회귀라고 하는 '악순환'의 본성을 지시하는 '인간화된' 개념이라고 말한다. 그러나 그는 그 순환 자체는 '의도가 없는 순수한 강도'라고 주장한다(*Ibid.*, p.117). 바로 그 점에서, 그 가르침은 '선-실존과 후-실존이 항상 악순환의 경제를 따르는 동일한 현존의 잉여'이기에 관습적인 '속죄', '정화', 혹은 '불변의 순수성'이 아니다.

왜냐하면 첫 번째 선별에서 한계로 나아가는 반동적 힘들이 실험에 들어설 수 있음을 반드시 깨달아야만 하기 때문이다. 즉, "영원회귀의 바깥으로 멀리 떨어진" 힘들은 "그 안에 들어서며 그것과 더불어 회귀하는 것으로 보인다".[14] 들뢰즈가 우리에게 말하는 두 번째 선별은 굉장히 난해한 측면인 영원회귀를 받아들임으로써 니체 철학의 가장 애매한 파편들을 포함한다. 여기서 선별의 두 번째 측면에 대한 들뢰즈의 표명으로 나아가야만 오로지 무엇이 그것 안에서 수행되고 있는가, 즉 궁극적으로는 최상위의 '그렇소'(yes)를 언명함으로써 선별을 뛰어넘는 지점을 지적해 낼 수 있다는 것이다. 이러한 두 번째 선별에 있어서, 반동적인 힘들은 회귀하지만 적절하게 인식되거나 다루어지지는 않는데, 바꿔 말해 그것들이 또 다른 진화의 일부로 변화되고 어떤 다른 것으로 생성됨을 말한다. 그것은 더 이상 "이러한 사유 바깥으로 떨어져 버린 모든 것을 제거해 버리는" 질문이 될 수 없다. 차라리 그러한 과업은 사물들이 이제 자신의 '본성'을 변화시킨다는 조건 위에서의 실험을 수행 중에 있다(즉, 그것들은 '사실들'이 아니라 '해석들'로, '사물들'이 아니라 '힘들'로 되돌아온다).[15] 따라서 니체적인 선별은 반동성을 능동성으로 바꿔 냄으로써, '스스로의' 되기가 지닌 힘들의 발견과 창조에 내재적인 것이 된다. 그것은 들뢰즈에게 '판결'에 관한 질문이 아니라 오로지 그러한 운동을 '넘어서는' 것에 관한 질문일 뿐이다.

결국 들뢰즈는 사전에 그것이 '본성'을 가지고 있지 않기 때문에

---

14) Deleuze, *Nietzsche and Philosophy*, p.69.
15) *Ibid.*, p.71.

회귀의 본성이라고 하는 단번에 결정이 날 선별의 '계기'를 찾지 않는다.—그것은 기예이자 순전한 기교이다. 니체에게 회귀의 시험에 대한 증거는 '사전에' 주어진 것이 아니라 '사후에' 보이는 것으로서, 즉 그것은 계보학으로 파악되는 역사 안에 놓여 있다. 의지가 긍정의 대상으로서 스스로의 대상이 되어 버리는 영원회귀의 '두 번째' 선별을 수용하는 일은 회귀의 수수께끼를 '해결'하는 것이 아니라 단지 그 가능성의 조건만을 보여 줄 뿐이다. — 물론 '단번에'가 아니라 영원을 견뎌 내는 계기를 향해.[16] 들뢰즈는 이를 알고 있을 뿐 아니라 니체에 대한 자신의 복잡한 독해 안에서 그것을 긍정한다. 따라서 영원회귀의 실험에서 무엇이 긍정되는가는 선별이 갖는 회귀의 필연성을 따른다. '좋음'과 '나쁨'에 관한 들뢰즈와 가타리의 후기 사유를 모양 짓는 것은 정확히 이러한 통찰이다. 즉, 그들은 "좋음과 나쁨"이란 "오로지 능동적인 일시적 선별의 산물일 뿐이며 반드시 새로워져야만 한다"고 쓴다.[17] 여기에서 그들은 '기계적인' 내재면(plane of immanence)의 기능에 따라 판단함으로써 도덕가가 아닌 야금술사이자 생태학자가 되는데, 이는 모든 것이 상호 연결되어 있고 좋음과 나쁨이란 이질적 힘들의 상호 변형을 따르는 가운데, 그것이 이원론이나 이분법에 따라 재단될 수 없음을 뜻한다. 만일 '삶'이 과정이자 되기라면 결국 아무것

---

16) '단번에'(once and for all)에 관해서는 Klossowski, "Nietzsche's Experience of Eternal Return", p.115를 다시 보라. 회귀의 계략은 — 무수한 생성이라는 사건을 다시 원한다는 — 모든 사건들로부터 '단번에'라는 특성을 몰아내는 것이다.

17) G. Deleuze and F. Guattari, *A Thousand Plateaus*, trans. B. Massumi, London: Athlone Press, 1988, p.10.

도 미리 '단번에' 알려질 수 없다. 따라서 회귀의 선별에 대한 욕망과 선별의 필연성은 다음과 같다. 즉, "당신은 아마도 탈주선을 그리며 도약(rupture)을 만들어 낼지도 모르지만 거기에는 여전히 모든 것을 재층화하는 조직화, 기표(signifier)에 대해 힘을 다시 부여하는 형식화, 오이디푸스의 부활에서부터 파시스트적인 응고물에 이르기까지……주체를 재구성하는 귀속을 다시 마주치게 될 위험이 존재한다."[18]

영원회귀가 책임감을 제공하기 위해 기획된 것이라는 점은 우리가 자유롭게 그것에 응할 수 있다는 것으로서, 기꺼이 감당할 수 있는 짐이나 부담이라는 의미에서 그러하다. 이는 우리만의 비밀스러운 그렇소와 아니오에 대해 '그렇소'라고 말함으로써 길이자 목적이 되는 것을 말한다. 『인간적인 너무나 인간적인』의 서문 최종 절에서 니체는 "당신이 해야만 할"이라는 명령을 배워 오지 않은, 또한 "나는 아마도"라는 초(超)도덕적인 자율적 권위를 배워 온 자유로운 영혼의 요청은 반드시 "모두에게, 그리고 아무에게도"라는 범주적 요청이 됨으로써 보편적인 것이 되어야만 한다고 말한다. 자유로운 영혼은 자신만의 독특하고 유일한 사례를 일반화해 내며 ('한낮'의 경험이라고 하는) 이러한 경험의 기초 위에서 결정하는 법을 배운다. 즉,

그는 스스로에게 말하길, 나에게 일어났던 일들은 육신을 갖추고 '세계에 들어서' 버리길 원하는 과업을 지닌 자라면 누구에게나 일어나야만 하는 일이다. 그 비밀스러운 힘과 이 과업의 필연성은 무의식적

---

18) *Ibid.*, p.9.

인 수태와도 같이 운명의 개별적 일면들 가운데에서, 또한 그 안에서 규제될 것이다. ― 오래전 그는 스스로 이러한 과업에 대한 통찰을 발견했으며 또한 그 이름을 알고 있다. 우리의 비전은 그것에 대해 아직 알지 못할 때조차도 우리에게 명하고 자리를 만들어 놓는다. 즉, 우리의 오늘을 규정하는 것은 바로 미래이다. (『인간적인』 1권, 서문 §7)

스스로의 되기(beciming)라는 과업을 긍정하는 일에 있어서 니체는 자유로운 영혼이자 자기 극복자로서 역설적이고 배리적인 상태를 스스로에게 짐 지운다 ― 그가 자신의 자기 극복에 대해 오로지 우리에게 말한 것이 이렇게 말하고 쓴 것이 아니라면 무엇이겠는가? 그의 '가장 위대한 위험'은 늘 "인류에 대한 **혐오**"였다(『이 사람을 보라』, 「나는 왜 이렇게 현명한지」 §8). 그의 사유하기는 금욕적 사제의 철학에 대한 극복을 추구한다는 점에서 심히 역설적인데, 이는 인류가 늘 그러한 약속 때문에 현재를 희생해 왔고 또한 미래를 위하여 현재를 희생하도록 우리에게 가르침으로써 잘못 정의된 미래라는 더한 거짓말을 가르친다는 것을 말한다. 차라투스트라는 "그는 현재에 의해 타락해 버렸기 때문에 미래의 인류를 정당화하고 과거의 인류를 되찾아온다", "그를 나는 사랑한다"고 말한다(「차라투스트라의 머리말」 §4). 따라서 니체적 되기의 과잉 논리 속에 감춰진 것은 금욕적 이상들'의' 필연적 회귀이다(다시, 곧 누가, 무엇이 심판할 것인가?). 어쨌든 그것들의 첫 번째 의지하기가 비극이라면 그것들의 두 번째 의지하기는 희극이 될 것이다.

니체는 선별을 '뛰어넘어' 살기 위해, 오로지 그렇소라고 말하는 이가 되기 위해, 삶의 위대한 경제를 긍정하기 위해 더하거나 뺄 것도 없이, 또 한 치의 선별이랄 것도 없이 욕망한다. 그러나 삶의 경제라는 것은 부당한 데다 새로운 법칙의 창조와 파괴를 긍정하고 부정할 것을 요구한다. 니체는 원한의 정신을 뛰어넘어 새로운 초도덕적 정치학을 욕망하지만 인류를 향한 자신의 혐오를 감추기는 어렵다. 그러나 해방은 관점주의의 부조리 속에 함축되어 있으며 부정들은 결국 자신만의 되기라는 본질적 일부를 만들기에 스스로에 대해 그것들을 긍정하는 일은 필연적인 일이 되어 버렸다. 거기에는 심지어 '아니오' 속에 '그렇소'가 감춰져 있는 것이다. 심판을 억제하는 일은 오히려 억제에 대한 그렇소라는 '심판'이다. 심판의 필연성과 불가능성에 관한 이러한 반성은 기예와 기교가 니체 안에서 결합되는 정도를 보여 준다. 니체는 미래에 속하는, 즉 그것을 향해 다가설 뿐 아니라 그 비범한 신호와 중력의 척도로서 자신의 발명을 향한 책임감을 경험하는 '미래의 예술가들'에 대해 말한다. 이러한 미래의 발명은 위대한 정치학'의' 기예에 대해 말하는 것이다.

낭만주의와 병에 관하여: 루소에 '반(反)하는' 니체

니체는 1886년 가을 질스-마리아에서, 『인간적인 너무나 인간적인』의 첫째와 둘째 권 서문들 사이에 있는, 그리고 『비극의 탄생』에도 있는 「자기 비판의 시도」로 잘 알려진 글을 썼다. 여기서 우리는 낭만주의라는 본성에 몰두하면서 병적으로 아픈 '낭만주의적 염세주의'를 발견하게 된다. 곧, 상실에의 한탄과 회복의 실패에 불과한 염세주의로부터 자신만의 비극적 형식을 띤 염세주의와, 발명 및 그 부조리함의 회복이라는 건강함으로부터 탄생한 염세주의를 구별해 내는 그를 발견하게 된다. 두 종류의 염세주의를 구분하고 분리하려는 그러한 시도가 결국 회피라기보다는 오염과 맞닥뜨리고자 함임은 니체적 서광의 해를 지배하는 주제이다.

니체는 스스로가 너무나도 아픈 동물이라고 생각한다. 그의 글 전반에 걸쳐 혹평받는 사제들이나 도덕가들처럼 그는 삶에서 고통받고 있기 때문이다. 이는 그가 결여로부터 고통받는 것인지 아니면 과잉으로부터 고통받는 것인지에 관계없이 그러하다. 만일 후자라면 결국 그가 겪는 고통은 아마도 근본적으로 사제 및 저급의 수다쟁이들의 것과는 근본적으로 구별될 것이다. 그래서 그는 묻는다.

염세주의란 **필연적으로** 쇠퇴, 부패, 퇴보, 넌더리 그리고 나약한 본능들에 대한 신호인가 —— 한때 인도에서 그랬던 것처럼, 모든 면에서 볼 때 지금의 '근대'인과 유럽인들 가운데에서? **강함**의 염세주의라는 것이 존재하는가? 잘-삶에 의해, 흘러넘치는 건강에 의해, 존재의 **충만함**에 의해 가정된 존재의 단단하고, 모골이 송연하고, 사악한 그리고 문제제기적인 측면을 위한 지적인 편애? 충일함으로부터 고통받는다는 일이 가능할지도 모른다는? (『비극의 탄생』, 「자기 비판의 시도」, §1)

여기서 그것은 되기, 통합, 그리고 문화적 선별과 훈련의 과정을 동반하는 내면화와 같은 본능에 그다지 호소하지 않는 질문인 것이다.

이는 니체가 루소로부터 자신을 분리해 내려는 거리(distance)의 파토스를 확인하려는 시도가 존재하는 지점으로서 종종 정직하지 못한 모습으로 나타난다. 루소와 니체의 '차이 내에서의 동일성'을 인식하는 일은 단순히 그들의 공통적인 반인륜적 도덕론을 지적하는 문제일 수만은 없는데, 왜냐하면 양자는 그들에 대한 사랑에서 인류를 혐오하기 때문이다. 니체는 평민 출신인 루소와 자신의 고상함 간의 차이에 호소하는 골턴적인(Galtonique) 우생학적 방식으로 세속적으로 루소에게 거리를 둔다. 그러나 니체가 진정으로 기대하고 있는 자신은 (모든 부도덕함에 있어서) 생명을 옹호하는 반면 루소는 그것을 부정하는 훌륭한 분이라고 주장하는 것이 진지한 태도일까? 아마도 니체는 단지 루소에 비해 더 나은 책략을 구사한 예술가일 뿐일 텐데, 왜냐하면 그가 훨씬 많은 것을 숨겼기 때문에 더 많은 것을 필요로 했기 때문이다. 우리가 조야하고 납득할 수 없는 구분을 행하는 초기의 데리다에게서 발견하게 되는 단순한 대립 따위의, 그들의 관계를 파악하고자 하는 어떤 시도도 잃어버린 시원을 향한 루소적인 진지함과 향수 대(對) 니체의 조롱 사이에서 나오는 니체 안에서의 루소로의 '회귀'를 이해하는 일은 실패하고 만다.[19] 1장에서 보는 바와 같이, 니체는 우리로 하여금 '잃어버린 시원들'에 관해 매우 '진지하게' 요구하도록 만든다. 즉, 거기에는 의무와 책무가 존재한다. 초인의 땅은 단순한 어린아이들의 놀이터가 아닌 것이다. 그러한 목표는 새로운 발명을 위해 그것들을 발견해 내기 위한 잃어버린 시원들에 관한 진지함을 따른다. 이것이

---

19) J. Derrida, *Writing and Difference*, trans. A. Bass, London: Routledge, 1973, p.292.

바로 계보학을 생성해 낸다.

사실상, 루소와 니체 모두 미래'의' 시간을 알리는 운명에 의거하여 자신들의 권위에 관한 질문을 파악하는 일에 내던져졌다. 루소의 경우 이는 [신의] 섭리적 미래이자 섭리의 미래이며 니체에게 있어서 그것은 오늘을 규제하는 것이자, 무의식적인 수태와도 같이 스스로를 준비하는 알려지지 않은 미래이다(미래는 '시간 안에서'라는 개념화로 곧장 되돌아간다). 루소는 그의 생애 가운데에서 폭넓게 읽혔지만 불충분하게 이해됐다. 루소는 그의 책 중 한 권을 프랑스인이 읽을 때 자신 앞에 놓인 것을 읽는 것이 아니라 오로지 도덕성이라는 편견들에 따라 읽는다고 불만을 토로한다. 즉, 그의 천재성에 대한 찬사에 동반된 대중적 이미지로서의 상식적 편견에 의거해서 말이다(그는 단순한 인간이 아니다). 어느 날 그는 자신의 가르침이 진정으로 무엇을 위한 것인지를 이해하게 되는 '심판'의 날이 올 것이라고, 그 창작자도 그럴 것이라고 예견한다.[20] 이와 대조되게 니체는 자신의 생애에 있어서 나쁘게도 혹은 좋게도 읽혀지지 않는다. 즉, 그는 단순히 무시되었다. 그가 예견할 수 있었던 모든 것은 포스트휴먼적인(posthumous) 운명이지만 그것은 여전히 "나는 읽히지 않는다. 나는 읽히지 않을 것이다"라는 미래이다. 따라서, 그의 독자들이 해석의 기예를 배워야만 한다는 것은 또한 그를 독해하는 데에 있어서 필연적인 오독을 지적하는 일이나 다름없다. 따라서 수많은 덫과 그물이 있다. 하지만 니체는 루

---

20) J. J. Rousseau, *Rousseau, Judge of Jean-Jacques: Dialogues*, trans. J. R. Bush et al., Hanover and London: University Press of New England, 1990.

소와 마찬가지로 인류의 삶과 미래에 관한 두렵고도 환원론적인 심판을 받을 것이라고 그를 독해해 버리는 이들에 의해 자신의 운명이 결정날 것임을 이해한다. 그의 글쓰기는 결정을 짓도록 그들을 강요하겠지만 이러한 결정은 필연적으로 모든 관점적인 '향하여'나 '반(反)하여'라는 부조리를 포함하게 될 것이다. 도덕에 관한 그의 질문은 '이전'에 사는 이들과 '이후'에 사는 이들로서 '역사를 둘로 쪼갤' 것이다(『이 사람을 보라』, 「왜 나는 하나의 운명인지」, §8). 그러나 니체는 여전히 인간에 대한 초월을 스스로에게 제시한다. 따라서 루소와 니체의 독특함이란 인류라는 공통적인 '축적'의 일부가 되어 버린 운명이다.[21] 의도적으로 자신만의 시간에서 자신을 제거하고 고독으로 물러섬으로써 양자는 자신만의 시간 속에서, 포스트휴먼적으로, 더불어 세속적인 진심과 관계 맺게 될 때 '비-인간'(inhuman)이라는 외양을 가정하게 될 것이다.[22]

심지어 루소는 상당한 정도의 정당성을 가지고 그의 병이 흉터들을 감추고 새로운 건강의 가면을 배반했다고 주장할 수 있었다. 다시 누가 심판'할 수 있'거나 '할' 것인가? 이는 그것이 힘들에 관한 질문이자 계보학적인 되기로 인식되고 나면 특별히 예민한 문제가 되어 버린다. 루소와 마찬가지로 니체는 글쓰기에 대한 강요를 경험했다. 그

---

21) 나는 1991년의 연구에서 루소와 니체 모두 우리 근대인들은 더 이상 사회에 '적합한 사람'일 수 없다는 사실로부터 연원하는 현 세대의 불안감을 보여 주는 데 관심을 가져왔다. 따라서 양자는 부르주아 사회의 소유권적 개인주의가 그들 자신을 극복할 것을 꼬드기는 변형의 정치가 강조될 수 있을 것이다.

22) *Ibid.*, p.99.

는 "우리는 조용히 있는 상태가 아니라면 오로지 말해야만 한다"라고 쓴다. 다른 모든 것들은 "잡담, '문학 따위들', 양육의 부족"으로 취급되어야만 한다(『인간적인』 2권, 서문 §1). 니체의 잠언들은 자발적인 규율('훈련된 의지')에 의해 그를 읽고자 하는 현 세대의 더 '정신적인 본성들'에 의해 장려될지도 모를 '건강의 개념들'을 포함한다(같은 곳, §2). 그러나 깊은 병에 의해 오염되리라는 경고와 더불어 '도래하는' '건강의 개념들'이 있다. 우리는 오로지 우리 자신을 향한 불신의 태도를 취함으로써만 낭만주의를 '넘어서' 갈 수 있을 뿐이며, 이에 따라 자신의 가장 깊은 친구로서 가장 위대한 적이 된 스스로에 반(反)하여 다른 쪽으로 데려갈 수 있고, 이러한 방식으로 "모든 낭만주의적 허위에 반대하는 용기 있는 염세주의"에 대한 스스로의 길을 찾을 수 있다(같은 곳, §4). 글쓰기의 매력은 그렇게 보이지는 않지만 고통받는 자로서, 또 자기를 부정하는 자로서 쓰는 것이다(같은 곳, §5). 그러나 니체가 '보편적 심판'과 세계에 대한 비난 속에서 개인을 해석하고 부풀리는 낭만주의적 염세주의의 '비학문적 경향'에 맞설 때 그는 생성의 진정한 역설을 확인한다. 그 결과 그는 의심스럽게 묻는다.

> 병과 회복의 역사라고 하는 ── 나의 경험은 …… 나만이 겪어 온 개인적인 이야기일 뿐일까? 또 그저 나의 인간적인, 너무나 인간적인 것에 불과할까? (같은 곳, §6)

니체는 그의 경험을 보편화하고자 하지만 이는 개인적 경험들에 불과한 것을 부풀리기 위한 것은 아니었다. 그는 자신의 '여행 서적들'

이 오로지 스스로를 위해 쓰인 것이 아님을 믿고 싶어 한다. 따라서, 점증하는 자신감과 더불어 그는 "그것들을 다시 보내는 모험을" 할 수 있었다(같은 곳, §6). 그러나 니체의 자기 극복이라고 하는 이러한 요구들은 단순한 그의 자기 극복 이상이 될 것을 요구한다. 이것이 가능한 이유는 그가 자기 극복에 대해 말했던 개인적 과거뿐 아니라 ─ 니체 선생이 다시 잘 되고 있다는 사실 때문이 아니라 ─ 그것이 오히려 인류의 계보학적 과거 때문이라고 생각하기 때문이다. 니체는 당대와 상충하는 조형적 상태의 힘과 거대한 고통의 도래를 발견했다고 대담하게 주장하는 중에 있는데, 왜냐하면 그것들은 과거와 더불어 수수께끼가 되고 미래와 더불어 수태되기 때문이다. 만일 그가 (인간적인) 과거라는 병에 감염되어 온 것이라면 그는 또한 (초인적인) 미래의 힘을 허용해 온 것이나 다름없다. 또한 결국 그는 '근대적 영혼을 지닌 의식'의 상태에서 스스로에게 말하고 있는 것이다. 이것들은 "병, 독 그리고 위험함이 함께 오는 오늘날에 존재하는 모든 것"을 가진 이들이자, 그의 "운명"이 "당신은 '단지 개인에 불과한 것이' 아니기에 다른 어떤 종류의 개인보다도 더" 아픈 상태에 있음을 말한다(같은 곳, §6). 왜 그들이 자신들보다 '더'한지, 또 그들이 단지 그렇게 보이는지 설명해 주는, 이 개별성들 '아래에' 흐르는 어떤 것이 존재한다는 것이다.

1886년 가을 제노아 근처의 루타에서 쓴 『아침놀』의 둘째 판 서문, 바로 여기에서 니체는 '회귀'와 다시 '인간'이 되고자 하는 욕망에 대해 말한다. 아주 쉽게 최후의 연설이 될 수 있었던 것 ─ 1886년의 해와 그로 이끈 모든 것 ─ 은 좋은 건강과 금지된 것에 대한, 그리고 대담한 지식에 대한 자기 극복으로서 찬사받을 수 있었다. 그는 인간과 그의 도덕적 과거를 향한 냉소의 인간, 그리고 도덕적 자유에 대한 자신의 문제제기를 드러내 왔다. 그는 자신이 이미 그것이 주는 고통에 의해 오염되어 왔다는 것을 알고 있었다. 그는 단순히 그것을 생성 중에 있는 형식적인 훈련이나 선별이 아니라 그 자신의 생성을 통해 알 수 있었다.

즐거운 학문과 금욕적 이상들의 회귀

'니체'라는 '이름'으로의 회귀는 그 길 위에서 여전히 방황하고 있는 미래의 이름, '도래할' 이름으로의 회귀이다. 니체가 1886년 가을 루타에서 다시 썼던 『즐거운 학문』의 2판 서문에서 말하는 것이 바로 이 이름에 대한 것이다. 그 서문은 그의 서광의 성취를 대표한다.

그는 즐거운 학문이 하나의 서문 이상의 것을 요구할지도 모르는 책임을 알린다는 말로 시작하는데, 여기서 일찍이 그와 같은 살아 있는 경험을 한 다른 존재가 있는지 없는지를 궁금해한다. 그 책은 무엇보다도 '회복에 대한 감사'를 표현한다. 『즐거운 학문』은 "가혹하고 냉혹하게 순종도 없는, 그러나 또한 희망도 없는" 오랜 압력이라는 공포에 저항해 온, 그러나 이제 갑자기 좋은 것이 되어 버린 건강과 회복에의 도취를 위한 희망에 의해 '습격당한' 채 자신이 견딘 인내와 시간을 머금은 "영혼의 야단법석"에 대해 말한다(『즐거운 학문』, 서문 §1). 그 책은 죽음과 재탄생 모두에 대해 말한다. 그것은 오랜 궁핍과 무능함 뒤에 "내일과 모레 안에 일깨워진 신념"을 향유하는 강한 정신을 획득한 채로 기뻐할 수 있게 된다. 왜냐하면 그것은 "미래에 대한 갑작스러운 의미와 예견"을 포함하기 때문이다. 니체가 고독으로의 갑작스러운 은둔이 **퇴행**임을 처음으로 열린 채로 스스로와 그의 독자들에게 허용한 것은 바로 이 서문에서인데, 왜냐하면 그것은 인류의 관심들로부터 고결하게 고립된 느낌에서 나오기 때문이다. 그러나 이제 회복된 후 고독에 대한 자신의 고집이 "병리적으로 투시적인", 인간을 향한 경멸에 반대하는 자기 방어의 형식 그 이상도 이하도 아님을 깨닫는다. 더욱이, 그는 이제 낭만주의라고 불리는 정신적 다이어트로부터 나온 인간에 관한 자신의 혐오를 올바르게 평가할 수 있게 되었다. 인간에 대한 초월을 추구하는 일에 있어서 니체는 고독으로의 은둔 안에서 미래적 생성을 향한 인간과 자신의 감추어진 잠재성들을 망각해 왔다는 것이다. 이제 그는 니체 선생을 두고 떠날 준비가 되었는데, 왜냐하면 이 신사가 다시 또 잘 된다는 것이 결코 좋은 결과가 아니기 때문이다(그의 병세가 악화되는 것이 궁극적으로 중요하지 않은 것과 마찬가지로)(같은 곳, §2).

니체는 심리학 훈련을 받은 어떤 철학자에게도 가장 중요한 질문은 건강과 철학 간의 관계라고 말한다. 그는 무엇이 '초월'을 향한 모든 연구들을 불러일으키는가라고 묻는다. 어느 곳에서 그는 철학하기를 자극하는 것이 바로 결핍 때문임을 지적하는데, 이는 철학이 진정작용이나 자기 소외적인 것에 대한 봉사로 환원되기 때문이라는 것이다. 그러나 다른 곳에서, 철학하기로 이끌리는 것은 바로 흐르는 에너지의 강함과 과잉 때문이라고 한다. 이 경우 철학은 "종국에는 여전히 개념의 하늘에 조화로운 문자로 스스로를 새겨 넣어야만 하는 승리의 영광"(같은 곳, §2)을 과시할 뿐인 아름다운 사치로 기능한다. 여기서 니체는 둘 간의 엄격한 분할을 세우고 있는 것이 아닌데, 왜냐하면 그는 그러한 구별이 매우 애매모호한 것임을 알았기 때문이다. 파악되어야 할 것은 두 종류의 철학하기가 같은 토양과 태양으로부터 태어났다는 점이다. 그러나 병에 관한 질문은 확실히 시끄럽게 울려 대는 가운데 존재한다.

전쟁보다 평화를 우선순위에 놓는 모든 철학, 행복에 대한 부정적 정의를 동반한 모든 윤리학, 어떤 종결을 알고 있고 어떤 종류의 최종적 상태에 처한 모든 형이상학과 물리학, 떨어져 있고(Abseits) 넘어서 있으며(Jenseits) 바깥에 있고(Ausserhalb) 위에 있는(Oberhalb) 것을 추구하는 모든 탁월하게 미학적이거나 종교적인 갈망은 철학자에게 영감을 준 것이 병이건 그렇지 않건 관계없이 질문을 낳는다. (『즐거운 학문』, 서문 §2)

그러나 이러한 질문은 오로지 일시적인 것인데, 왜냐하면 그것이 초월과 바깥이라는 구성물들을 자극해 온 일종의 병임은 바로 인간의 계보학적인 기록을 볼 때 명백해지기 때문이다. 여기서 우리가 선과 악을 뛰어넘어 말하는 것에 대해 단순히 '진실'을 다루는 것이 아니라 훨씬 더 중요한 것을 다루고 있음은 "건강, 미래, 성장, 힘, 삶"을 고려하고 있기 때문이다(같은 곳, §2). 사실상 철학은 병에 대한 건강을 포함해 여러 종류의 건강을 가로지르고 여러 종류의 철학을 통과하는 능력으로서 니체의 정의에 의하면 '변형의 기예'(art of transfiguration)이다. 따라서 위대한 건강이란 그것을 고무하는 병과 이상들에 대한 **긍정**(affirmation)의 도래라는 필수 부분을 포함한다.

> 우리는 생각하는 개구리가 아니며 내부가 제거된 기록하는 기계도 아니다. 끊임없이 우리는 우리의 고통을 통해 생각을 낳아야만 하며, 어머니들처럼, 피, 심장, 열정, 쾌락, 정념, 고통, 의식, 운명 그리고 파국 모두를 유산으로 물려주어야만 한다. 또 삶이란 ── 그것은 우리가 빛과 섬광으로 끊임없이 변화한다는 것을 의미한다 ── 우리를 상처 입히는 모든 것이기도 하며, 우리는 단지 다른 어떤 것도 할 수 없을 뿐이다. 또한 병은 어떤가? 우리가 그것 없이도 해낼 수 있건 아니건 간에 대부분의 경우 질문조차 하지 않는다. (같은 곳, §3)

이 역설은 심판을 '넘어' 병을 판단하고 그 너머를 '넘어' 생각한다는 것이다. 그 너머의 운동에 대한 이런 역설적인 개입만이 진정 힘들의 능동적인 생성을 말할 수 있다. 그러나 그러한 계기가 계보학적으로 이해되지 않는다면 그것은 심판 ── 능동적인가, 아니면 반동적인가? ── 의 '계기'를 정의하는 것이 아닌 셈이다. 도덕성의 정체를 폭로하는 일은 ── 위안과 기만을 통해 ── 새로운 숭배와 시성(諡聖)을 통하지 않은 재평가된 가치들을 포함한다. 불경스럽게도 우리는 이제 "가장 치명적인 낙태"의 신호들로서 그것들을 이해할 수 있게 된다. 그것들을 '치명적이게' 만드는 것은 바로 그것들이 낯선 '매력'을 발휘한다는 사실에 있다. 왜인가? 그것들은 **선별의 법칙**을 '가로질러' 왔기 때문이다(『이 사람을 보라』, 「왜 나는 하나의 운명인지」 §8).

깊이에로 천착해 가는 경험 그리고 결국에는 기쁨에 관해 새롭게 확립된 감각을 동반한 창발(re-emerging)은 어떤 '더 나은' 인간 존재로 우리를 만들어 내기 위한 기획이 아니라 오로지 더 '심오한' 창조물들을 위함이다. 스스로에 대한 엄격한 질문을 통해 금욕주의적인 과거의 잔혹함과 폭력의 모든 원천들 위에서 거리낌 없이 나온 질문은 하나의 문제제기로서 삶 안에서의 진실을 소멸케 한다. 그러나 니체는, 삶이란 우리를 의기소침하고 우울하게 만듦으로써 의미도 없는 것이 되게 한다는 결론으로 '뛰어올라서는' 안 된다고 우리를 격려한다. 삶의 문제를 통해 사유하는 일에서 그러한 과업은 풀을 뜯는 소들을 본받는 것이어야지 성마른 개구리들을 본받아서는 안 된다는 것이다. 대신 우리는 심연으로부터, 극도로 심하고 은밀한 병들로부터 '되돌아와' '새로 태어난다'(『즐거운 학문』, 서문 §4). 우리의 피부는 허물을 벗어 왔고 세월을 보내왔으며 결국 집으로 돌아왔다. 그러나 우리는 동일한 것으로 되돌아온 것이 아니라 차이로서 그것을 발견하며 이는 우리의 배경이 변한 것이자, 더 예민하고 세련된 새로운 눈을 가지게된 것임을 말해 준다. 우리는 병으로부터 단련되어 왔다.

　우리가 어떻게 '바깥'에 다다를 수 있는지, 그리고 어떻게 '바깥'에 관심을 둠으로써 초월로 비상하여 해방되는지는 니체가 1886년에 덧붙이고 이듬해에 출간한 『즐거운 학문』 5부에서 모양 지어진다. 니체에게 그러한 과업은 미래에 대해서가 아니라 그것의 도래에 대해 생각하는 일이자 낭만주의로부터의 해방이라는 신호를 드러내는 방식으로 행해져야 하는 시도이다. 바꿔 말해, 선별이라고 하는 중대한 기예는 미래에 대한 우리의 의지와 발명이 복수의 정신인지 아닌지, 혹은 비탄에 빠지고 무능력한 이의 울음에 불과한 것이 아닌지 아니면 미래에 대한 동경으로부터 스스로를 해방시켜 온 것이 그 정신인지 아닌지 알게 된다는 점을 포함한다. 이는 단순히 미래를 향한 욕망이 인간적 욕망인지 그 이상인지(이 둘은 서로 얽혀 있다)와는 무관하게 결정되는 문제이다. 다시 한 번 최종적인 혹은 궁극적인 결정의 계기는 유보된다. 영원회귀의 교의는 이러한 결정능력의 결핍에 대한 해결책으로 제시된 것이 아니다. 그것은 오로지 다시 한 번 인간이 되어 온 자인 초인으로 되돌아가도록, 곧 우리의 사명으로 되돌아가도록 하는 것이다.

> 결국, 우리가 받게 되는 보상은 삶의 가장 **위대한** 선물들이다. 아마도 가장 위대한 일은 **사명**으로서 돌려받게 된 어떤 종류의 것을 제공할 수 있다는 일일 것이다. (『인간적인』 2권, 서문 §5)

니체는 '바깥'에 대해 말하기를, 우리가 만일 어떻게 마을 안에 있는 가장 높은 탑이 그렇게 되었는가를 알길 원한다면 단지 그 마을을 떠나 보면 될 것이라고 말한다. 그러나 인간이라는 사례는 상이한 질서를 가진 존재라고 할 수 있을 텐데, 왜냐하면 우리는 자신을 '초월하는' 것에 관한 연구에서 제 발로 '살과 피' 뒤로 간단히 '떠날 수는' 없기 때문이다(『즐거운 학문』, §380). 그러나 그러한 문제는 도덕적 선입견 ── 인간성에 관한 ── 에 관한 생각들이 단지 선입견에 불과하다면, 그러한 경우야말로 "우리를 일으키고, 산에 오르게 하거나 날게 해 온 것임을 넘어서는 …… 도덕성 바깥의 어떤 지점"이라는 입장을 전제했기 때문에 지속되는 것이다. 그것은 거기 바깥으로 혹은 위로 가길 원하는 것에 관련하여 그다지 커다란 질문이랄 수는 없으며 ── 이 점에 있어서 자유로운 의지에 비해 그렇지 않은 의지에 대해 말하는 것이 더 정확할 수 있다 ── 오히려 "우리가 진정으로 거기에 닿을 수 있는가"와는 관계없는 문제이다(『즐거운 학문』, §380). 이런 점에서 부자유의 원천은 바로 미래인 것이다(즉, 우리의 오늘을 규제하는 것은 바로 미래이다). 바깥에 대한 질문 그리고 우리가 어떻게 거기에 다다를 수 있는가에 관한 니체의 응답은 단지 가능성의 '중첩된 조건들'에 호소할 뿐이다. 본질적으로 그러한 질문은 해방의 수수께끼로 우리를 되돌려 놓는다. 즉, '자신의 시간이 가진 궁극적 가치에 대한 측정'에 주목하길 희망하는 '초월하는' 인간 존재가 되기 위해서는 무엇보다도 자기 안에서 이 시간을 극복(überwinden)해야 한다는 것이다. 스스로 시간을 극복한다는 것은 그에 대한 우리의 앞선 반감, 그로부터 나오는 고통, 그리고 낭만주의를 낳는 고통을 극복하는 일을 포함한다. 다시 한 번 영원회귀는 이러한 시간으로부터의 해방이 아닌 오로지 그것의 *수수께끼*에 대해서만 말할 뿐이다.

니체는 금욕적 이상이 가장 그럴 것 같지 않은 장소들 안에 숨어 버릴 수 있는가를 조심스럽게 보여 주고자 한다. 즉, 일반화된 학문, 특히 역사문헌학과 같은 실증 학문 속에서 무엇보다도 가장 놀랍게는 모든 반(反)기독교인들, 반(反)도덕가들, 허무주의자들 그리고 회의주의자들의 자기 선언 속에서 말이다. 그는 오로지 신자가 되길 희망하는 새로운 신념에 대하여 자신의 설교자들을 향해 가장 위대한 불신을 따로 떼어 비축해 둔 것일 뿐이다. 그는 우리에게 믿음이 "구원을 가져다준다"는 사실을 부정하지 않는다고 말한다. ── 그러나 그것은 정확히 그가 믿음이란 어떤 식으로든 **증명된**다는 것을 부정하기 때문이다. 그러한 믿음은 '진리'를 가져다주는 것이 아니라 단지 어떤 기만적인 개연성만을 확립해 줄 뿐이다. 그러나 이러한 모든, 오늘날에만 그러한 "자유로운, 아주 자유로운 영혼들"은 단순히 "지식에 관한 최후의 이상주의자들"에 불과할 뿐인데, 왜냐하면 그들 모두가 욕망하는 것은 "솟아오르고자" 함이기 때문이다(『도덕의 계보』, III §24). 이 영혼들은 거리 혹은 선별의 기예에 관해 알지 못함으로써 스스로에 대해 너무나도 가깝게 서 버린 나머지, 금욕적 이상이 단지 자신들의 이상에 불과할 뿐 아니라 유행하는 하나의 '대표성'에 불과하다는 사실을 이해하지 못한다. 참으로 유럽은 현재 "보잘것없는" 우상숭배적 이상들과 새로운 "이상주의들"의 시장이라고 하는 새로운 무역을 열어젖힘으로써 이상이라는 영역의 대규모 '과잉생산'을 경험하는 중이다. 니체는 영웅 한 다발과 위대한 말이랍시고 얄팍한 수다나 떠들어대는 수많은 사기꾼들, 지독한 감언들, 술 취한 동정으로 인해 냄새 나는 유럽의 공기를 정화하기 위해 수출할 것이 얼마나 많은가라며 사색에 잠긴다. 우리는 산업이 낳은 유독물들뿐 아니라, 더는 스스로를 극복할 수 없는 무능력을 드러내는 금욕적 이상들의 과잉생산에 따른 멸망에 의해 훨씬 더 오염되어 왔다. 새로운 금욕적 이상들에 유일하게 진정으로 대립되는 것은 "이러한 이상을 낳은 코미디언들" 안에서 발견될 수밖에 없는데, 왜냐하면 그들은 최소한 하나의 불신만큼은 일깨워 주었기 때문이다(같은 책, III §27). 따라서 우리는 니체의 가르침이 진리 위에서 취해질 수 있는 것이 아님을, 결국 니체가 우리에게 북돋우고자 하는 바는 위대한 의심과 더불어 다루어져야만 하는 것임을 배우게 된다.

학문은 — 특히 '근대 학문'은 — 가장 무의식적이고, 자발적이며, 지하에 숨은 것이라는 사실로 인해 금욕적 이상의 지속을 향한 최고의 동맹을 제공한다. 학문은 그 독립성이 결핍되었다는 이유로 고통받아 왔다. 즉, 그것은 가치 창조적 힘에의 복무 아래에 놓여 있지만 결코 가치를 창조하지 못한다는 사실 때문에 고통받아 왔다. 학문은 위대한 사랑의 결여로 인해 고통스러워한다. 결국 그것은 모든 종류의 불평, 원한 그리고 우울한 고뇌를 위한 장소에 숨어 왔다. 학문은 무의식적으로 자신을 과소평가하는 결과에 이름으로써 인간에 대한 복수를 수행한다(왜냐하면 니체는 코페르니쿠스적 인간이란 쇠퇴하는 방식으로 계속 움직여 왔기 때문이라고 말하기 때문이다). 대조되게도, 니체는 우주를 달아오르게 할 그리고 모든 외계적 요소들을 혼합하고 새로운 불꽃들을 폭발시키고야 말 확장적 지식의 형식이랄 수 있는 인간의 비극과 희극 모두에 대해 말하는 학문인 즐거운 학문에 대해 강조한다. 만일 평범한 학문이 스스로의 금욕적 이상을 감춤으로써 인간을 과소평가해 버린다면, 즐거운 학문의 과업이란 자신의 지평을 확장해야만 하며 결국 초인과 인간의 미래에 대한 예견을 다시 한 번 이해하는 일이 가능하게 되는 것이다. 인간의 진정한 문제에 관한 작업에서 니체는 우리를 도덕의 역사로 묶지 않는다. 도덕이란 선과 악을 '뛰어넘어' 가는 일을 불가능하게 만들며 그것 자체가 바깥으로의 횡단이 불가능한 것이다. 그것이 '위험 중의 위험'으로 정의될 수 있는 까닭은 이런 이유 때문이다. 그러한 엄격한 삶의 경제는 "최고도의 잠재적 힘 (Mächtigkeit)과 찬란함"의 실현을 불가능하도록 하는데, 왜냐하면 그것은 "미래라는 대가"(auf Kosten der Zukunft) 위에 존재하길 희망하는 현재이기 때문이다(『도덕의 계보』, 서문 §6). 그러나 미래가 너무나도 가치 있고 강제적이라는 것은 도덕이라는 비난받을 빚(debt)과 같이, 지불은 못 하면서도 늘 요구받기만 하는 초라한 경제에 의해 희생당해 왔기 때문이다. 시간은 ── 실로 그것을 늦추어 줄 ── 초인을 기다린다.

니체는 그러한 거대한 힘을 인식함으로써 금욕적 이상을 '뛰어넘어' 나아간다. 계보학적 전망에서 우리는 스스로를 부정하는 인간인 금욕적 사제 ── "너는 이미 내가 뜻한 바이다"(강조는 인용자) ── 를 평가하는 일이 가능하게 된다. ── "실제로 **긍정적인 것**을 보존하고 **창조**해 내는 삶에 있어서 진정 위대한 힘들에 속한다."(같은 책, III §13) 금욕적 이상은 "인간의 총체적 역사"로 스스로를 새겨 왔으며 그러한 방식에 있어서 양자는 "두렵고 망각**될 수 없는**" 것이 되어 버렸다(같은 책, III §21). 그러나 지구라는 행성 위에서의 이러한 '진정한 파국'은 또한 진정한 문제를 제기한다. ── 단순히 개별성의 초월이나 바깥이 아닌 그것들 **아래에 흐르는** 어떤 흐름들을 위해서 말이다.

3장 _ 죽었는가 살았는가
영원회귀의 죽음에 관하여

사실상, 죽음은 어디에나 존재한다. 심지어 최초의, 상징적인 주체가 그 형식이나 상태를 변화시키기 위해 지나가야만 하는, 이상적인 건널 수 없는 경계로서의 분열된 신체들과 그 형태들 못지않은 상태이자 조건일 때조차 말이다.[1]

어디에서건 죽음을 설파하는 이들의 목소리가 울려 퍼진다. 또한 죽음이 반드시 설파되어야만 한다고 말하는 이들로 꽉 차 있다. (『차라투스트라』, 「죽음의 설교자들에 대하여」)

당신은 자신만의 불꽃 안에서 스스로를 태우길 원해야만 한다. 즉, 어떻게 당신이 새롭게 될 수 있을지, 당신이 재가 된 것이 처음이 아니라면 말이다! (『차라투스트라』, 「창조자의 길에 대하여」)

---

1) G. Deleuze and F. Guattari, *A Thousand Plateaus*, p.107.

1.

만일 영원회귀가 죽음과 부활에 대해, 서광에 대해 말하는 것이라면 어떤 종류의 죽음이 영원회귀에 속할 것인가? 열사(熱死) 혹은 분사(焚死)? 그러한 구별은 부정하고 제한하고 그리고 비난하는 것으로서 이해된 죽음 사이에 있게 될 것이며 운송, 비행, 분해 그리고 진정한 생성인 이행으로 경험된다. 이러한 구별은 그러한 경향을 띤 힘을 가진 실험으로 수행되고 시험되는 계기(Augenblick) '의' 시간에 나타난다는 점에 의존함으로써, 분쇄(zermalen)도 변형(verwandeln)도 아닌 영원회귀의 충격에 대해 말하는 저작인 『즐거운 학문』에서 가장 무게감을 갖고 잘 알려진 구절로 니체에 의해 소개된 바 있다. 그것이 "죽음을 향해 그리고 그것 안에서 자유롭게" 된다는 것은 무엇을 뜻하는가? 더욱이, '좋은' 죽음과 '나쁜' 죽음을 구별한다는 것이 어떻게 가능하단 말인가?(『차라투스트라』, 「자유로운 죽음에 대하여」) 우리가 '초월'을 향해 죽게 될 때에만 오로지 잘 죽은 것이라고 할 수 있을까? 니체가 **인간과 시간을 초월한** 수천 피트의 영원회귀라는 경험을 겪었을 때 그에게 일어난 것이 바로 이것일까? 그러한 과업은 곧 '적당한 시간'에 죽는 일이자 죽음을 축제로 만드는 일이다. 니체가 '완성된 죽음'(den vollbringenden Tod)이라고 부른 것은 삶'에 관한' 것이자 삶에 대한 죽음의 약속을 포함하는 죽음이다(약속은 하나의 서약ein Gelöbniss으로 생각된다). 문제가 되는 것은 삶의 종료에 '다다른' 죽음이 아니라 이러한 삶에 있어서 한 인간의 죽음의 양상에 있다.

'죽음'이라는 주제는 차라투스트라의 생성에서 거의 탐구된 바가 없다. 참으로 너무나도 오래전부터 해석은 차라투스트라의 정체성에 관해 잘못 인지된 질문에만 너무나도 많이 집중해 왔다(반복하자면 그 질문은 '차라투스트라는 누구인가?'). 이러한 질문은 큰 부담을 주어 왔는데, 왜냐하면 니체가 그것을 이해한 바와 같이 그것이 단지 생성의 과정이 갖는 본질적 구성요소이자, 차라투스트라의 생성을 지배하는 생성'의' 주체가 누구인지 혹은 그 본질이 무엇인지를 알지 못한다는 말이기도 하기 때문이다("그것이 나의 가르침인가? 나는 누구인가?"―『차라투스트라』, 「더없이 고요한 시간」). 반복적으로, 차라투스트라의 제자들과 동물들은 그의 생성이 갖는 다의적인 성격에 대해 자신이 진정으로 누구인지를 밝힐 것을 또한 불확실성을 종결짓기를, 바꿔 말해 그의 정체성을 반복 확인해 줄 것을 간청한다. 차라투스트라는 그들의 요구에 저항하고 다른 음조의 춤을 이어 나간다. 즉, '순수생성'(pure becoming)의 음조를.

들뢰즈는 『차이와 반복』에서 죽음욕동이라고 하는 프로이트의 정식화에 대한 비판의 맥락에서 죽음에 대한 능동적 개념화 ―죽음은 차이의 가능성의 조건이자 반복의 근원으로 파악된다고 하는―를 산출해 낸다. 들뢰즈는 '비본질적이고, 과학화되고, 객관화되어' 정의된 생명력 없는 물질로의, 살아 있는 것의 질적·양적 회귀로 파악한 프로이트의 조건화된 죽음을 비판한다. 비록 프로이트가 탄생과 거세(castration)라는 사례에 있어서 복수적인 존재의 모델을 허용한다 할지라도, 그는 죽음을 물질에 대한 객관화된 규정으로 환원시키며, 그 결과 반복이라는 현상을 무차이(undifferenciation)[2]의 선뿐 아니라 다른 어떤 선도 사유할 수 없는 것으로 보았다. 그 결과 반복은 전치나 위

장 없이도 존재하게 되는 진정한, 너무나도 진정한 것이 되어 버렸다.[3]

무의식의 우선성에 대한 들뢰즈의 강조는 그로 하여금 무의식이 부정이나 모순에 의해서가 아닌 질문-화(化)와 문제-화(化)에 의해(무의식이 부정을 알지 못한다는 것은 '사유'에 대한 진정 전제 없는 탐구로서의 무의식을 가정한다는 프로이트의 유명한 선언에 대한 고상한 철학적 해석이랄 수 있다) 추동되는 생산적이고 긍정적인 것에 따른 '차이와 반복'이라는 현상임을 이해하도록 해주었다. 무의식이 생산적이고 긍정적인 것을 만들어 냈다는 것은 미지의 것, 측정 불가능한 것, 비논리적인 것 등에 의해 추동된다는 것을 말한다. 그것은 한정이나 대립에 의해 제한되지 않는다. 그것은 재현으로서의 세계에 대해 아는 바가 없다(그것은 공장이지, 극장이 아니다). 우리는 무의식이 독자적으로 의식에 대한 공포로부터 끌어내어진 것이라는 데 대해 어둡고 모골이 송연한 두려움에 귀속되길 거부해야 하는 필연성과 관련하여 들뢰즈와 가타리가 『안티 오이디푸스』에서 행한 충고를 상기해야만 한다. 그들이 관행적으로 인용한 바에 따르면, "무의식은 스스로 공포를 갖지만, 인격화된 것이 아니다. 그것은 괴물을 낳는 이성의 잠이 아니라 조심스럽고 불면증적인 합리성이다".[4]

죽음이 한정이자 부정으로 표시되기 전에 질문이자 문제로서 정

---

2) 프랑스어 'différenciation'과 'différentiation'은 각각 '분화'(differenciation)와 '차이화'(differentiation)로 번역하였다.

3) G. Deleuze, *Différence et répétition*, Paris: PUF, 1968, pp.147~148 / *Difference and Repetition*, trans. Paul Patton, London: Athlone Press, 1994, pp.111~112.

4) G. Deleuze and F. Guattari, *L'Anti-Oedipe*, Paris: PUF, 1972, p.133 / *Anti-Oedipus*, trans. R. Hurley et al., London: Athlone Press, 1983, p.112.

식화될 가능성이 있는가? 이는 정확히 '차이와 반복'에 관한 질문을 통해 들뢰즈가 행한 작업이 만들어 낸 이동이다. 들뢰즈는 죽음욕동에 대한 프로이트의 인간적인, 너무나 인간적인 해석에 반하여 다음과 같이 말한다.

죽음은 살아 있는 것이 '회귀'하리라는 무차이적이고 비생기적인 물질의 객관적 모델에서는 나타나지 않는다. 오히려 그것은 그 원형에 부여된 주관적이고 차별화된 경험의 형태로 살아 있는 것 안에서 나타난다. 그것은 물질적 상태가 아니라 오히려 물질이기를 포기해 왔으며, 시간의 텅빈 형식이라는 순수 형식에 대응해 왔다. …… 그것은 죽을 운명에 놓인 생명이 물질에 의해 강제된 제한도, 물질과 불사의 생명 간의 대립도 아닌데 생명은 결국 그 원형과 더불어 죽음을 제공한다. 죽음은 차라리 문제-화의 마지막 형식이자 문제들과 질문들의 원천이며 모든 응답을 뛰어넘을 뿐 아니라 그것 위에 있는 지속성의 표지이다. 모든 긍정이 장려되는 지점에 있는 이 (비)-존재를 지칭하는 '어디에서?' 그리고 '언제?'이다.[5]

들뢰즈는 「쾌락원칙을 넘어서」에서 프로이트가 직접적이고 통찰력 있게 "특정한 철학적 반성"에 개입하였음을 가장 잘 발견할 수 있다고 쓰고 있다.[6] 이에 따라 그는 쾌락원칙에 대해 낯선 '초월'을 사유

---

5) Deleuze, *Différence et répétition*, p.148 / *Difference and Repetition*, p.112.
6) Deleuze, *Masochism: Coldness and Cruelty*, trans. J. McNeill, Zone Books, 1989, p.111.

하기 시작하는 데에 있어서 프로이트가 '선험적' 분석을 수행하고 있다고 말한다. 들뢰즈는 프로이트가 '초월'에 의거하여 단순히 그 원칙에 대한 경험적 예외를 지적해 내고자 하는 것이 아니라고 말하며, 바로 그런 점에서 불쾌란 우리를 강제하는 진정한 원칙, 곧 그 생성의 순환적 항로라는 것이다. 왜냐하면 이는 쾌락원칙과 더불어 여전히 화해 가능한 너무나도 명시적인 예외라고 볼 수 있기 때문이다. 따라서, 만일 이러한 것들이 그것에 대한 '진정한' 예외들이 될 수 없다면 프로이트적인 지칭이 가리키는 '초월'이란 무엇이겠는가? 들뢰즈의 입장은 비록 그 원칙에 모순되는 바가 없고 모든 것이 화해 가능하다 할지라도 거기에는 원칙에 따른 '지배'에 전적으로 '의존'하지 않는 잉여가 존재한다고 말한다. 이는 그러한 복잡한 적용을 만들어 내는 요소들과 과정들을 말하는 것이다. 만일 쾌락원칙이 '규범'이라면, 그것은 결국에는 결코 최종적이거나 최상위적인 '권위'가 되지 못할 것이다(이런 점에서 그것은 정당성을 결여한 권력이다). 쾌락원칙을 동반한 채로 '바깥으로 떨어지'고 '동일한 종류의 것이 되지 못하는' 어떤 것이 존재한다는 사실 ── 어떤 '초월'(Jenseits)이랄 수 있는 ── 은 왜 프로이트가 '현상'에 대한 선험적 분석에 연루되게 되었는지를 설명해 준다. 들뢰즈에게 '초월'이란 궁극적으로 '반복'이 갖는 상위의 권위와 힘을 가리킨다. 그는 프로이트가 시간의 초월적 종합, 바꿔 말해 "곧바로 이전에, 그중에 그리고 그 후에 일어난 반복"이야말로 반복다운 반복으로 생각한다고 주장한다.[7] '자연적 견지'에서 과거란 단순히 현재를 쫓아갈 뿐

---

7) *Ibid.*, p.115.

이며 또한 직선적인 전개에 따른 미래 위에서의 현재이다. 그러나 선험적 관점으로부터 시간의 세 양태는 "**동시에 시간 안에서**"[8] 만들어진다(그것들은 전개된 만큼 접힌다enfold). 그러나 거기에는 또한 추가적인 운동이 존재하는바 이것이 본질적 반복을 만들어 내며 이는 결국 우리가 두 개의 상이한 영역(과거와 현재)에 대해 (그 '후에') 미래를 추가할 수 있다는 사실을 말해 준다. 왜냐하면 그것을 개봉하지 않고서는 시간의 구성이 존재할 수도, 또한 미래를 위한 가능성의 창조도 존재할 수 없기 때문이다(시간 '안에' 있을 뿐 아니라 시간을 '가진 것'이기도 한 미래). 들뢰즈는 사디즘과 마조히즘에 대한 자신의 독해에서 그 작동과 활동상에 반복의 괴물적인 힘을 위치시킨다. 여기서 반복이란 스스로의 삶을 거칠게 겪어 나가며 살아가는 것이자 이전의 모든 쾌락과는 독립적인 생성이다. 때문에 "쾌락이란 이제 반복을 수반하고 그것을 좇는 반복에 관계되는 행동의 한 형식인 것이다. 따라서 쾌락과 반복은 그 역할을 상호교환해 왔다."[9] 때문에 들뢰즈는 거기에는 늘 쾌락과 고통의 경제 하에서 발생하는 탈성화(脫性化)와 재성화(再性化)라는 이중적 과정이 존재한다고 말한다. 죽음욕동 자체가 고지하고 있는 것은 바로 그러한 두 가지 '사이에서' 존재하는 것이다. 그러나 그 과정이란 '순간적인 도약'이라는 특징을 갖기 때문에, 인내이자 잘 설득된 것으로서의 쾌락일 수밖에 없다. 여기서 우리는 이를 쾌락원칙의 '선험적 착각'이라고 부를 수밖에 없을 것이다. 쾌락 —— 그리고 고

---

8) *Ibid.*
9) *Ibid.*, p.120.

통 —— 은 실재이지만 그 '초월'을 고지하는 것은 **새로운 감각들, 새로운 감응들** 그리고 생성이라고 하는 **새로운 신체들**의 놀이 하에서 도래한다. 따라서 쾌락원칙을 '넘어' 살고 죽는 일은 차이'와' 반복의 잉여 경제에로 들어서는 일이다.

그러나 들뢰즈와는 반대로 죽음욕동에 대한 프로이트의 기묘한 제시가 어려움을 겪는 것은 그의 분석이 '너무나' 철학적이면서도 충분히 철학적이지 않다는 사실에서 연유한다고 할 수 있다. 우리는 물을 필요가 있다. 즉, 생물학적인 타당성과 그것의 철학적인 정당성에 의거한 "모든 생명의 목표는 죽음이다"라는 프로이트의 주장이 갖는 위상은 무엇인가? 「쾌락원칙을 넘어서」에서 제공되는 '생명'에 대한 가르침이란 어떤 종류의 것인가? 모든 생명의 근본적 목표에 관하여 특정한 진화의 개념화를 궁극적으로 가정할 수밖에 없는 자신의 형이상학적 고찰을 지지하는 과학적 증거를 보여 주고자 프로이트가 생물학으로 되돌아서야만 한다는 것은 명백하지 않다. 그가 이러한 전환을 만들어 낸 까닭은 생물학적인 설명이 반복에 대한 강박 하에서 잘 이루어진다고 하는 일종의 단정된 '근본성'에 따라 설명 가능하다고 보았기 때문일 것이다(즉, 과거 경험을 반복하는 것으로는 되살아난 경험에서 쾌락을 얻을 가능성이라곤 전혀 없다).[10] 또 사물들(무생물)의 초기 상태를 회복하길 욕망하는 데에 복무하는 기능을 한다고 프로이트가 설명하는 기억에 대한 독해가 있다.[11] 바로 그런 점에서 죽음욕동이란

---

10) R. Boothby, *Death and Desire: Psychoanalytic Theory in Lacan's Return to Freud*, London: Routledge, 1991, p.74를 보라.

유기적 생명체의 총체적 발현에 내재된 충동을 지칭한다는 것이다. 죽음욕동이 근본적으로 그 '초월'이라는 한 측면에 있어서 애매모호하다는 것은 그 물리적 긴장이 감소하는 것이 아니라 증가하는 데에로 이끌린다는 진기한 사실에서 연유한다(우리는 고통스러운 기억들에 집착하며, 고통을 반복하게 된다). 그러나 다른 한편, 열반 ─ 심리적 긴장이 절대 최소치까지 감소된 ─ 을 향한 그러한 질문은 또한 궁극적인 의미에서 죽음욕동이란 멈추지 않는 쾌락 및 기만적인 방랑과 허위를 뛰어넘는 평형과 안정의 상태를 욕망한다는 것을 의미하기도 한다(이 이론이 프로이트 자신의 글에서 쓴 바와 같이 쇼펜하우어와 매우 가까워지는 지점이다). 여기서 그러한 역설은 죽음욕동에 대한 프로이트의 제시가 실제로는 '초월'의 사유라고 하는 (최소한) 두 가지를 포함함을 인식하게 됨에 따라 해소될 수 있다. 프로이트가 심리적인 긴장들의 거대한 증대라는 의미에서 '초월'을 가정하는 것은 단지 '심리학적인' 수준일 뿐이다. 반면 그가 쾌락의 무의미한 추구를 회피하는 것으로서 최종적인 의미에서 '초월'을 파악하는 것은 바로 그것이 **생물학적 수준**에 있기 때문이다.

프로이트의 제안에 관련된 몇 가지 중요한 질문들은 진화에 관한

---

11) 도발을 위해, 만일 깊은 혹은 지질학적인 시간에로 돌아가는 기억에 대한 설명이 이론적으로 결함이 있거나 모순된다면 밸러드의 1962년 소설 『물에 잠긴 세계』를 보라. "개개인의 삶은 그 짧은 순간으로만 보는 것은 옳지 않아. 우리들 각각은 생물계만큼이나 오래된 존재들이고, 우리 몸의 혈류는 인류의 총체적 기억이 담긴 거대한 바다의 지류라고 할 수 있어." (J. G. Ballard, *The Drowned World*, New York: Carroll & Graff, 1987, p.44) 이 책의 한 인물이 다른 누군가에게 말한다. "사실 그건 꿈이 아니라네, 로버트. 수백만 년 된 고대의 유기체적 기억이야. …… 그것은 요추를 따라 과거로 회귀하는, 총체적인 생체심리학적 기억이라고 할 수 있네. 우리는 이 습지들과 석호들을 정말로 '기억'하고 있는 걸세." (p.74)

그의 색깔을 드러내는 반복과 회귀의 방정식을 포함해 검토될 필요가 있다. 나는 이제 특별히 영원회귀에 속하는 죽음에 대한 연구에 있어서 이와 다른 질문들을 탐구할 작정이다. 니체와 프로이트 간의 중요한 차이는 —— 생명, 진화, 그리고 죽음에 있어서 —— 결국 떠오르게 될 것이다. 내가 비록 여기서 확고하게 그 점을 확립하지 못한다 하더라도 니체가 열린 생성의 방식으로 죽음을 이해하는 반면, 프로이트는 역진(후진) 기어가 있는 라마르크주의의 선과 나란히 그것을 모델링함으로써 생물학적인 닫힘(교착상태)으로 죽음을 이해했다고 하는 둘 간의 차이를 주장하게 될 것이다. 생명과 죽음에 관한 니체의 사유가 열역학과의 관련성에 의거하여 모양 지어진다는 점, 그리고 그가 반동적 형이상학 안에서 이루어진 그것들의 근거에 초점을 맞춤으로써 근대 물리학과 생물학에 대한 비판을 자신의 글쓰기에서 성공적으로 자리 잡게 했다는 점을 보여 줬다고 하는 점은, 니체에 대한 들뢰즈의 초기 독해가 갖는 장점들에서 비롯한다. 들뢰즈에 따르면 힘들의 생성에 관한 니체의 사유는 논리적인 동일성, 수학적인 등식 그리고 물리학적인 평형과 같이 분화되지 않은 모든 형식들을 공격하고 있다는 것이다.[12] 들뢰즈는 영원회귀에 대한 독해에 있어서 종말론적 결말들에 대한 참조 없이도 생성을 파악하고자 하는 일이 기계론적이고 열역학적인 에너지에 대한 개념화 모두에 대한 공격임을 보여 주고자 한다. 사실상, 기계론과 열역학 모두는 차이의 억압에 기초하고 있는데, 왜냐

---

12) G. Deleuze, *Nietzsche and Philosophy*, trans. H. Tomlinson, London: Athlone Press, 1983, p.45.

하면 양자 모두 (총합의 불변성이라고 하는) 유한성(finitude)의 원리로부터 늘 불변하는 합계를 보이는 양(量) 안에서의 차이를 제거해 버리는 허무주의적 원리로의 이행을 확인할 수 있기 때문이다. 예컨대, 기계론에 있어서 영원회귀라는 관념은 긍정되지만 단지 역진 가능한 체계의 최초 그리고 최종 상태들 간에 산출된 차이들에 대한 균형 혹은 취소라고 하는 것을 가정할 때에만 그러하다. 이 모델에서 최종 상태란 중간적인 상태와 관련된 차이화(differentiation)라고는 존재하지 않는 '과정'인 최초의 상태와 더불어 확인된다. 열역학에서 양(量) 안에서의 차이란 순수 열사(熱死)라는 최종 상태와 차이를 억압하는 동일성 하에서 상호 간에 소멸된다.[13] 사실상, 들뢰즈는 베르그송의 기계론과 목적론에 대한 신랄한 비판을 지지하고 있는데, 이는 결국 양자가 미래와 과거를 "단번에 주어진" 것인 "계산 가능한 현재"로 간주하고 있음을 주장하는 것이다.[14] 즉, '생성'은 우주 에너지에 대한 기계론적이고 열역학적인 개념화와 계산 가능성 하에 있는 거대하고 괴물스러운 비(非)사유인 채로 남겨져 있다. (안정을 향한, 존재being를 향한) 죽음에 대한 의인화된 욕망으로부터 그것을 해방시키고자 하는 긍정적이고 역동적이며 과정적인 개념화가 욕망들인 죽음(기계 혹은 '기계'적인 배치의 선들과 나란히 파악되는 지점의 욕망인 죽음)만을 대체할 뿐이라고 말하는 것은 오로지 기계론과 목적론 양자로부터 죽음의 생성을

---

13) *Ibid.*, p.46. 열역학에 대한 니체의 관여는 『힘에의 의지』 1062~1067절을 보라.

14) H. Bergson, *Creative Evolution*, trans. A. Mitchell, Lanham: University Press of America, 1983, p.37.

자유롭게 할 때에만 다다를 수 있다. 현대적인 복잡계 과학의 언어를 사용하는 일은, 영원회귀의 강조점이 '진화'에 대해 진정으로 '창조적' 이고 복합적인 (절화된 것으로서의) 사상(寫像, mapping)을 위한 가능성의 조건들인 비(非)평형론과 양의 되먹임에 있다고 하는 비(非)선형적 생성의 사유를 행하는 것이다(우리가 다음 장에서 보게 될 바와 같이 '진화'의 개념은 그러한 과업에 부적합함이 간단히 증명된다). 이는 단순한 것에서 복잡한 것으로 그리고 결국에는 흘러넘침인 단순함에로 다시 되돌아오는 운동인 '영원한' 자기 창조와 '영원한' 자기 파괴적 세계관인 디오니소스적 세계, 시작도 끝도 없는 '에너지의 괴물'로서의 세계를 가정하는 일이다. 즉, 결코 '존재'를 획득할 수 없는, **최종적인 죽음**에 다다를 수 없는 생성의 세계인 신물, 역겨움 그리고 권태를 '초월하는' [열의] 차가움/뜨거움/뜨거움/차가움만이 존재하는 세계이다. 왜냐하면 (생성하는) 죽음은 스스로 살아가기 때문이며 그것이야말로 자신만의 영양물이자 배설물이기 때문이다.

2.

죽음욕동에 대한 들뢰즈의 재형상화는 블랑쇼(M. Blanchot)에 관한 묘사를 통해 '인칭적인'(personal) 죽음과 '비인칭적인'(impersonal) 죽음 간의 구별을 만들어 냄으로써 조명된다. '인칭적' 죽음은 모든 것이 지나가도록 하되 '내'가 지나갈 수는 없는 초월적인 '현재'라고 하는 궁극적 한계로서 마주하게 된 '나'의 죽음을 가리킨다. 이는 블랑쇼가 '불가피하고 접근 불가능한 죽음'이라고 불렀던 것이다.[15] 들뢰즈는 '나' 즉 자아(ego) 간의 그런 차이란 오로지 죽음을 위해 존재하는 차이에 불과하다고 말하며, 이는 결국 "마치 엔트로피의 한 종류로서 계산된" 비(非)생기적인 물질로의 전환에 따라 재현될 수 있을 뿐이라고 말한다. 이는 '자아'에 대해 제한된 관점으로부터 형성된 죽음에 관한 부정적 이미지이다. 이러한 죽음이 우리가 지닐 수 있는 최상의 가능성을 만들어 내는 것으로 보일 때조차도, 그것은 바깥(without)으로부터 도래하게 되는 죽음이다(블랑쇼가 말하는 바와 같이 나는 그것 안에서 죽지 않는다). 들뢰즈가 굉장히 많은 관심을 보인 또 다른 죽음은 "그것들이 더 이상 나 혹은 자아가 강요하는 형식에 복속되지 않을 때, 또한 그것들이 무엇이든지 간에 어떤 정체성이 자신만의 정합성을 배제하는 모양새를 가정하게 될 때" 자유로운 차이의 상태가 되는 것을 가리킨다.[16] 따라서 거기에는 늘 '내가 죽는다'는 것에 비해 더 심오한 '누군가가 죽는다'는 사실이 존재하는데, ─ 그것 안에서 예증되긴 하나, 신들의 죽음을 금지하지는 않는 ─ 그러한 죽음이란 끊임없이 그리고 다양한 방식으로 일어난다. 들뢰즈는 프로이트가 죽음욕동을 최

---

15) 블랑쇼는 들뢰즈와 가타리가 『안티 오이디푸스』에서 프로이트의 죽음욕동을 문제화하는 방식과 동일하게 인용된다. 거기서, 죽음욕동과는 질적으로 구별되는 입장으로서의 죽음욕동에 대해 말한다는 것은 어처구니없는 일이 된다. 욕망되는 것은 죽음이 아니라 차라리 욕망하는 죽음인 것이다. 질문은 다음과 같다. 즉, 어떤 종류의 욕망이 '기계'적인 작동들과 기능들 내에 있는가? '두 종류의 욕망하는 기계의 부분들'인 두 부분에 대해 말하고자 하는 죽음에 대하여, 활동하는 유기체에 대하여 그리고 기관 없는 신체에 대하여, 생욕동에 대해 말하는 것은 필수적이다. 욕망하는 기계의 부분으로 이해되는 죽음은 프로이트의 그것과 마찬가지로, 기계적인 것과 정력적인 변화의 체계에 있어 기능성들에 대해 추상적이고 독립적인 것으로 취급될 수 없다. 궁극적으로 들뢰즈와 가타리는 초월적 죽음본능에 대한 프로이트의 수립을 설명하기 위해 금욕적 사제와 이상에 대한 니체의 분석에 호소한다.

16) Deleuze, *Différence et répétition*, p.149 / *Difference and Repetition*, p.113.

초의 한 종류의 죽음으로 모델화하고 이에 따라 결국 반복의 죽음, 영원회귀'의' 죽음이라는 더 심오한 죽음에 접근할 수 없게 되었다고 주장한다. 물론, 죽음욕동에 대한 프로이트의 (재)제시를 모양 짓는 것은 에로스와 타나토스의 투쟁적 힘들 간의 대립이다.[17] 그러나 죽음에 대한 들뢰즈의 긍정적 사유가 무너뜨리고자 하는 것은 바로 정확히 이러한 부정적 대립이다. 죽음욕동은 두 힘의 종류 간 차이에 의해서도, 두 운동들 간의 리듬의 차이에 의해서도 에로스와 구별될 수 없다. 이러한 방식을 통해 차이를 정립하고자 하는 것은 이미 주어진 것으로서의 차이를 취하는 것에 불과하다. 대신 들뢰즈는 타나토스가 "에로스로부터의 탈성화"와는 식별 불가능한 것으로 파악된다고 말한다(중립적이고 변위 가능한 에너지를 형성해 낸다는 의미에서의 '탈성화').[18] 에로스와 타나토스 사이에 '분석적 차이'란 존재하지 않는다. 이는 프로이트가 죽음에는 아무것도 존재할 수 없다는 것을 말하는 지점에서 분화(分化)를 도입하는 일이다. 죽음 내에 차이를 도입하고자 하는 들뢰즈의 시도는 니체에 의해 예견된 바 있다. 그는 『유고』의 놀랄 만한 구절에서 우리가 "억압적인 것으로서 비생기적인 것으로의 회귀"에 대해 생각하기를 중단할 것을 요구한다. 차라리 우리는 죽음에 대한

---

17) S. Freud, *On Metapsychology*, Harmondsworth, Middlesex: Penguin, 1991, pp.269~339에 실린 「쾌락원칙을 넘어서」, 특히 pp.322~323을 볼 것. 거기에서 프로이트는 삶과 죽음에 대한 자신의 생각을 고백하면서 무의식적으로 쇼펜하우어적인 철학의 항구로 나아간다. 더구나 프로이트는 삶과 죽음본능에 대한 자신의 생각이 바이스만(August Weismann)의 소마(신체)와 생식질(germ-plasm) 간의 구별과 유사함을 언급한다. 바이스만은 니체에게 영향을 준 '모자이크 발달'이론에 대해 빌헬름 루(Wilhelm Roux)와 협력하였다. 니체에 대한 루의 영향은 4장을 참조할 것.

18) Deleuze, *Différence et répétition*, p.149 / *Difference and Repetition*, p.113.

'재해석'과 재평가를 통해 '스스로를 완전하게' 해야만 하며, 따라서 "실제적인 것과 더불어, 또한 사후 세계와 더불어 우리 자신과 화해해야 한다"고 말한다. 사후 세계에 대한 잘못된 평가들은 우리가 그것을 감각 가능한 세계라는 '우월한 관점'에 따라 판단한다는 사실에서 연유한다. 그러나 그는 그것이 "이 세계가 사후 세계로 가로질러 들어가는 것으로부터 연유하여 나아가는" '하나의 **축제**'라고 쓴다. 그러한 과업은 "감각 가능한 상태이기에 그것을 즐겨라!"는 코미디로 이해되어야만 하는 일이다(『전집』9권, 11[70]). 근본적인 전도(轉倒)를 통해 우리는 죽음을 생명의 대립이 아니라 그것의 진실된 자궁으로 다루어야만 한다.

참으로, 죽음에 대한 생물학적 진화를 이해하고자 하는 프로이트의 총체적인 모델은 ── 죽음의 발명이라고 하는 ── 엔트로픽한 것이다. 그는 만일 일찍이 죽음이 생명의 원초적 조직화에는 보이지 않는다면, 이는 그것이 거기에 없었기 때문이 아니라 단지 죽음을 경작하는 내적 과정이 아직 스스로를 드러내지 않았고 또한 생명의 과정들을 아직 따라잡지 못했기 때문이라고 주장한다. 프로이트는 죽음이란 원생명체(protista)에서도 나타나지 않을 법한 진화론적 생명체의 뒤늦은 획득이라는 바이스만의 주장에 반(反)하여, 이러한 주장이 죽음에 대한 '명시적 현상'에만 적용될 따름이며, 결코 그것을 향한 경향을 드러내는 근본적이고 내적인 과정들에 관련된 자신의 가정을 위험에 빠트리지는 않을 것이라고 말한다. 프로이트의 전도가 낳은 결과는 인간적인 죽음욕동을 생명체의 총체적 진화라는 목적으로 이끌었다. 즉, 프로이트의 도식에서 죽음은 생명체의 내적인 동력이 되어 버린다.

즉, "모든 삶의 목표는 죽음이다." 그는 자연도태의 증거들에 직면하여 이러한 입장을 유지하는데, 이는 결국 그가 생명체의 근원적 경로에서부터 훨씬 더 광범위하게 분기하고자 하는 살아 있는 실체를 억지로 강요함으로써 규정된 외적 영향들에 따른다는 것을 주장하는 것이자, 죽음의 궁극적 목표를 획득하기 이전에 훨씬 더 복잡한 우회로를 만들어 내는 것이나 다름없다. 따라서 진화에 있어서 점증하는 복잡성의 증거와 같이 대조되는 명백한 증거에도 불구하고 프로이트는 생명체의 목적이 삶이 아니라 죽음이라고 주장할 수 있게 된다. 이러한 주장은 살아 있는 실체의 '보수적' 본성에 대한 특권화라는 직접적 결과를 낳는다. 따라서 변화와 발전은 다양한 생명체에 대한 복무에 있는 것이 아니라 엔트로픽한 죽음 위에 놓이게 되는 것이다.

영원회귀의 사유는 어떻게 생산적이고 소출적인 죽음의 모델에 연결되는 걸까? 그러한 관계는 반복의 개념을 통한 작업에 의해서만 생각될 수 있다. 반복은 단 한 번 죽는 일 그리고 **단번**에 죽는 일이 불가능함을 주장한다. 그러나 죽음의 영원회귀는 우리가 다시 또 다시 동일한 죽음을 경험함을 뜻하지는 않는다. 영원회귀에 속한 그러한 죽음은 다수적인 모양새를 가정하는 복수적인 것이다. 죽음은 그것 자체가 위장이며, 단지 또 다른 생성의 나타남과 망령에 지나지 않는다. 영원회귀 안에 함축된 반복은 반복의 법칙을 따를 만한 근본적 계기가 없기 때문에 원본 모델의 반복이 아니다. 영원회귀는 이미 차이와 시뮬라크라(simulacra)라는 요소 안에서 발생한 것이다. 이것이 바로 들뢰즈가 그토록 니체적인 생략법적 정식화에서의 '동일함'이 (반복의 창조 이전에 존재하는 것은 아무것도 없기에) 내용을 표시할 수 있는 것이 아니라 오히려 그것 자체가 회귀하는 중인(revenir) 행위에 대한 지칭을 가리킬 수밖에 없는가를 주장하는 이유이다. 되돌아오는 것은 그것을 낳은 반복과 차이인 것이다('근거 없는 법', 즉 그것을 탈코드화하고 탈규범화함으로써 법을 망가뜨리고 파열시키는 법으로서의 영원회귀). 만일 차이와 반복이 니체가 자신의 사유실험에서 되돌리고자 한 것이라면, 결국 확실히 그것은 자신과 분리 불가능한 상태에 입각해서만 존재할 수 있게 된다. '긍정의 힘(즉, 역능)'(puissance d'affirmer)과도 같은 영원회귀는 ('영원성'의 '계기'인) '모든' 다수성을 긍정한다.[19] 영원회귀와 (부정적) 죽음 간의 연결은 그것이 '일자'의 죽음을 현실화한다는 점에 있다(단번에 죽는 것으로 결코 되돌아갈 수 없는 것이 '일자'이다). 영원회귀의 반복은 오로지 위험에 대한 변화와 전략이라는 '기계'들인 잉여적 체계만을 긍정할 따름이다. 이는 거기에 미리 존재하는 규범들이라곤 없는 생명체에 관한 '신적인 놀이'로서 결국 그런 놀이는 오로지 자신만의 규범을 산출해 내고, 어린아이와 같이 '각각의' 시간과 '모든' 시간들을 긍정하는 상태로서 변화의 '총체'를 이룰 때에만 승리할 수 있다. 만일 '동일함'과 '유사함'이라는 개념들이 허용될 수 있다면 그것은 오류의 형식이 아닌 불가피한 착각들인 모방이라는 형식 하에서일 것이다. '동일함'과 '닮음'은 차이라는 수단에 따른 차이에 대하여 그것 자체(차이)를 관련시킴으로써 체계들을 산출해 낸다.

영원회귀의 차이 ──**그것**의 반복이 갖는 차이── 는 확실히 정언명령이라고 하는 칸트적 정식 하에서 선취된 반복 가능성과 보편화

---

19) Deleuze, *Différence et répétition*, p.152 / *Difference and Repetition*, p.115.

가능성의 시험과 대비될 때 도래한다. 여기서 반복은 '선'과 '악'이라는 사전에 알려지고 결정된 '법'에 종속된다. 이러한 마력은 시험의 일관성과 정합성에의 헌신을 통한 '인간의 의무'에 의해 패퇴되어야만 하는 것이다. 결국 반복은 도덕주의로 회귀한다. 니체는 영원회귀의 사유실험에서 '선과 악을 뛰어넘는' 반복을 사유함에 있어서 "윤리학의 완충장치가 되어 버린" 도덕법칙에 반복을 나란히 세운다.[20] 즉, 선과 악의 법칙을 뛰어넘는 진정한 의지하기와 창조하기를 말이다(『즐거운 학문』, § 335).[21] 따라서 이는 니체의 칸트에 대한 역설적이고 익살맞은 전복과 극복(극기)의 발생이다. 영원회귀라는 형식론은 극단적 잉여로의 시험을 밀어붙임으로써 자신의 바탕에서부터 범주적 요청을 패퇴시키는데, 왜냐하면 그것은 (미리) 주어진 도덕 법칙에 관한 반복에 관계되는 대신 도덕성을 뛰어넘는 '법칙'의 형식일 뿐인 반복 자체를 만들어 내기 때문이다. 들뢰즈에게 반복은 습관의 일반성과 기억의 특수성(particularities) 모두에 대립되는 미래의 사유이다. 즉, 블랑쇼가 수수께끼와도 같이 표현하는 것처럼 영원회귀는 시작도 끝도 없는 회귀로의 욕망을 강제하며 바로 그 점에 있어 그것은 "시간의 찰나성에 속하지 않는다. 그것은 시간과 존재(Being) 바깥에 있는 것으로, 또한 그것 자체를 바깥으로 생각해야만 한다. 이는 그것이 '영원한' 것,

20) G. Deleuze and F. Guattari, *What is Philosophy?*, trans. G. Burchell and H. Tomlinson, London: Verso, 1994, p.6.
21) M. Blanchot, *The Infinite Conversation*, trans. S. Hanson, Minneapolis: University of Minnesota Press, 1993, p.279; K. Ansell Pearson, *Nietzsche contra Rousseau*, Cambridge: Cambridge University Press, 1991/1996, pp.194~199와 비교하라.

곧 영원성(aevum)으로 불릴 수 있기 때문인 것이다".[22]

역설의 형식을 이용한다는 것은 우리가 영원회귀란 다른 것의 동일함'임'을, 복수적인 것의 하나'임'을, 되돌아옴을 닮은 것 등'임'을 말할 수 있게 된다는 것이다. 여기서 (엄습하고 갑작스레 덮치는 힘인) 영원회귀의 무의식적 생성과 반복의 의지와 욕망에 대한 의식성 간에 존재하는 구별이란 『즐거운 학문』 354절에서 나타나는 분석과 '유사하다'. 이 절에서 니체는 '잉여적'이고 피상적인 의식의 본성에 대해 말하는데 이는 그에게는 동일성, 재현, 닮음, 측정 가능성의 영역에 불과하다. 의식은 소통과 교제를 향한 압력을 통해 발전한다. 대조되게도, 비길 데 없이 독특하고 무한하게 '개별적인' (상이한) 것에 대해 인간적인, 너무나 인간적인 의식의 '능력'을 통해서는 접근 불가능하다. '차이'의 비-인간성(inhumanity)이 지닌 절대적으로 인간 외적인 괴물성과 냉혹함은 우리가 근본적으로 다른 종류의 경험을 할 것을 요구한다. ─ 영원회귀의 몰락(down-going)과 소멸을 예감케 하는 파괴적이고 폭발적인 종류의 것을. 소멸하라 인간이여! 소멸하라 의식이여! 소멸하라 상-식과 양-식이여! 소멸하라 동일성이여! 소멸하라

---

22) Blanchot, *The Infinite Conversation*, p.280. 다른 것으로는, '바깥' 시간으로서의 영원회귀의 사유실험에 대한 진정한 혁신적인 독해인 H. Caygill, "Affirmation and Eternal Return in the Free-Spirit Trilogy", ed. K. Ansell Pearson, *Nietzsche and Modern German Thought*, London: Routledge, 1991, pp.216~240을 보라. 그는 영어권에서 영원회귀에 대해 논쟁이 될 만한 뛰어난 글을 제공하였다. 카길에게 있어서 영원회귀에 대한 질문은 그것의 강제성과 불가능성의 조건 양자를 드러냄으로써 판단 능력을 혼란에 빠트린다. ─ 그것은 묻는다, 당신은 한때 그리고 또다시 그리고 무수한 시간들을 더 원하는가? 회귀의 경험 속에는 가장 무거운 짐이 가장 큰 기쁨으로 변하는 '심술 궂은 패러디'가 들어 있다(Ibid., p.236).

재현이여! 소멸하라 차라투스트라여! 한 번 더, 다시 한 번 소멸하라! 소멸하라 사유여! 실험이여!

3.

물론 사정이 결코 이렇게 쉽지는 않다. 죽음의 문제는 『천의 고원』에서 더 복잡한 모습으로 드러난다. 여러 문헌들로 이루어진 이 문헌에서 죽음의 모습은 탈주선을 따라 횡단한다. 즉, 죽음은 즉자적으로는 무의미하지만 대자적으로는 흐름과 이동성에 접근하기 때문이다. 죽음에 대한 논의는 언어에 대한 탐구라는 맥락에서 일어나고 있다. '다수적인' 것과 '소수자적인' 것 간에 만들어진 그러한 구분은 언어에 대한 두 개의 상이한 취급을 만들어 낸다. 즉, '다수적인' 것은 언어로부터 불변항과 개념들을 끌어내는 반면, '소수자적인' 것은 지속적인 변화와 변이 하에서 발생한다. 들뢰즈와 가타리가 '명령어'(order-word)라고 부른 것은 언어의 가능성의 조건에 관한 것을 가져다주는 그리고 다수적인 혹은 소수자적인 것에 따르는 요소들의 배치를 정의해 내는 '변하기 쉬운 언표작용'인 것이다. 결국 언어의 사용이란 이중적이다. 명령어에서 우리는 죽은 문장 —— 주된 배치랄 수 있는 —— 과 탈주의 신호 —— 소수자-되기 —— 모두를 위치시킬 수 있다. 바로 그런 점에서 명령어는 "당신은 이것을 하지 않으면 안 된다" 혹은 "당신은 이것을 해야만 한다"고 함으로써 명령을 받는 이로 하여금 죽음에 대한 위협을 느끼도록 한다. 이는 심판이자 처벌로서의 죽음인 것이다. 그러나 동시에 명령어는 탈출하라는 메시지인 경고음을 포함하고 있다. 경고음 혹은 메시지를 반동적인 상태로 환원시키는 일은 잘못일 것이다. 오히려, 탈출 혹은 탈주는 복합적인 배치에 내장된 부분으로서 사형선고 속에 포함되어 있다. 사자의 포효 ── 영원회귀의 어두운 선조로 파악된 차라투스트라의 맥락에서만큼 적절한 사례는 없을 듯한 ── 는 부정(죽음)과 운송(탈주)을 한꺼번에 고지해 버린다. 예언의 말들은 죽음을 향한 열망과 탈주를 향한 열망 모두에 대해 말한다. 죽음은 변형(transformation)을 알리는 것이다. 들뢰즈와 가타리의 지적에 따르면 비록 죽음이 살고, 성장하고 죽는 신체에 관계된다 할지라도 결국 무매개성과 즉각성이라는 죽음의 통합적이고 변형적인 특성을 드러낸다는 것이다. '죽음'은 횡단할 수도 넘어설 수도 없는 모습을 하고 있다. 그것은 신체의 극단성 위에 놓인 주권에 대한 궁극적인 도전이자 실행의 한계이다. 죽음은 확실하고 안정적인 등고선을 긋기 위한 변형의 한계선을 선호한다. 그러나 탈주선의 혁명적 힘은 그것 자체가 변하기 쉬운 죽음을 만들어 내는 능력이라고 하는 사실 위에 놓여 있다. 빈 공간과 시간의 텅 빔(Empty space, time void). 죽음은 모양을 완성해 내고 제공한다. 그러나 탈주선의 혁명적 힘은 그것 자체가 변하기 쉬운 죽음을 만들어 낼 능력을 지니고 있다는 사실 위에 놓여 있다. 죽음의 삭제가 아닌 그것의 극복. 통합적 변형은 여전히 죽음에 속해 있긴 하지만 이제 소수자적 언어 속에서 드러나며, 그것은 한계로의 이행이 된다. 들뢰즈와 가타리는 다음과 같이 쓴다.

우리는 신체나 말이 어떤 하나의 정확한 지점을 갖지 않는다고 하는 것과 마찬가지로 유동성의 힘들, 흐름들, 공기, 빛 그리고 물질을 선호하는 등고선으로부터 한계 혹은 비행으로의 이행인 실체의 변형과 형식의 와해를 목격한다. 우리는 강도 높은 물질의 무형적 힘을, 그러한 언어의 물질적 힘을 목격한다. 하나의 물질은 신체나 말들에 비해 더 무매개적이고, 더 유동적이고, 그리고 더 격렬하다. …… 제스처와 사물들, 목소리와 소리는 말더듬기, 비브라토, 트레몰로 그리고 오버스필링[과잉]이라고 하는 동일한 이동성을 갖는 효과에 휩쓸려 버리는 동일한 '가곡' 안에서 이해된다. 신시사이저는 끊임없는 변화라고 하는 매개변수 전체 안에서 일어나는 것이다.[23]

"근본적으로 이질적인 요소들이 동일한 방식으로 서로를 향하게 되는 순간"[24]으로 정의되는 죽음과 탈주 간의 통접(conjuncture)이 발생하는 순간에 추상기계의 점, 배치의 디아그람(diagram)이 된다. 들뢰즈와 가타리가 (경멸적인) 유행조로 말하는 바와 같이, '신시사이저'는 '심판'의 위치를 취하며 음악이 법을 대체하고 혼효면(plane of consistency)이 고인이 된 도덕의 역할을 떠맡는다. 또한 거기에는 창조적 종합이 일어나는 한편 생물학적인, 물리-화학적인 에너지 강도들이, 또 다른 한편으로는 수학적인, 기호학적인 그리고 미학적인 강도들이 발생하게 된다. 그 질문은 명령어를 어떻게 피할 것인가에 따라서가 아니라 오히려 그것을 감싸고 있는 죽은 문장을 어떻게 분출

23) G. Deleuze and F. Guattari, *Mille Plateaux*, Paris: PUF, 1980, pp.138~139 / *A Thousand Plateaus*, trans. B. Massumi, London: Athlone Press, 1988, p.109.
24) *Ibid.*

하도록 할 것인가에 따라, 나아가 비생산적인 블랙홀로의 선회로부터의 탈출이나 탈주를 어떻게 막을 것인가에 따라 정식화되어야만 한다. 죽음의 음악성을 연주하도록 하는 일, 끊임없는 변화에 따라 삶을 해석하는 일은 "삶이라는 잠재적 연속체"를 전면에 가져다 놓는 일이어야만 하는 것이다.[25] 예컨대, "신은 죽었다! 그리고 우리는 그를 죽여 왔다!"는 명령어들 아래에는 "이제 초인이 지상에서의 의미가 될 것이다"라는 이행어들이 놓여 있다. 말들이 지나갈 때, 그것들이 절들을 앞질러 말할 때, 질서와 조직화의 조성들은 이행과 혼효면으로 변형된다. 즉, "명령어들에 있어서 삶은 죽음으로부터 달아나는 것이 아니라 비행하고 창조해 냄으로써 그것에 답해야만 한다."[26] 차라투스트라는 다음과 같이 말한다.

누군가는 분노에 의해서가 아닌 웃음에 의해 죽인다. 자, 중력의 악령을 죽여 버리자!
나는 걷는 법을 배웠다. 그 후 나는 줄곧 달렸다. 나는 나는 법을 배웠다. 그 후 나는 줄곧 움직이기 위해 밀려나지 않아도 된다.
지금 나는 민첩하고, 날아다니고, 나 자신을 내려다보며, 내 안에서 신이 춤을 춘다. (『차라투스트라』, 「읽기와 쓰기에 대하여」)

나는 오로지 춤 속에서 가장 고귀한 일들에 관한 우화를 어떻게 말해

---

25) *Ibid.*, p.139 / p.110.
26) *Ibid.*

야 하는가를 알고 있다 ── 또한 지금 가장 위대한 나의 우화는 말해 지지 않은 채 나의 사지 안에 남겨져 있다! ……

나는 오로지 내 발꿈치에서만 상처 입지 않는다. 당신은 거기에 살고 늘 같으며, 가장 인내심 있는 자이다! 당신은 늘 무덤 밖으로 뚫고 나온다! (『차라투스트라』, 「만가」)

바타유(Georges Bataille)의 지적에 따르면, 어떤 의미에서 죽음은 (위대한 평등주의자이자 표준의 옹호자로서) 피할 수 없는 공통성이다. 그러나 또 다른 의미에서 그것은 (가장 위대한 변별자로서) "심오하고 접근 불가능한" 것이다. 우리가 지루한 죽음을 경험하고 살기 위해 신이 되어서는 안 되는가? 바타유는 『내적 경험』(Inner Experience)에서 죽음에 직면했을 때의 고뇌의 필연성에 있어서, 비극이라고는 없는 동물적 세계를 대조시킨다. 그는 자신이 거주하는 비극의 세계에서 인간으로 구별되는 표지에 관련하여 궁극적이고 최종적인 열사(熱死)의 중요성을 지나치게 받아들이는 반면 또 그것을 겪도록 우리를 유혹하는 생산적이고 무의식적인 수많은 작은 죽음들의 중요성을 무시한다. 하지만 반복되는 죽음(반복으로서의 죽음)이라고 하는 이러한 종류의 유쾌한 특성은 「죽음 이전의 유쾌함의 실천」이라는 적절한 제목이 달린 그의 또 다른 작품에서 시적으로 포착된다. 바타유의 경우 늘 그렇듯이, 소멸에 대한 그의 꿈이 그 한계까지 밀려 일종의 인간적인 것의 무한한 비극과 그것의 극복 불가능성으로서 그 무게에 짓눌린 인간을 재현하는 것인지, 아니면 유쾌함의 실천에 있어서 거기에 진정 비-인간적인 어떤 것에 대한 이해를 미리 그려 온 것인지 결정하는 데 어려움이 있다. 우리는 인간적인 것을 비-인간적인 것으로 번역하는 일에 따른 죽음 이전의 유쾌함의 실천에 관한 바타유적 송시(頌詩)에 대해 말할 수 있을 것이다. 가장 암울한 꿈들 속에서 바타유는 "머리에 불이 붙어 괴성을 지르는 여인네와도 같이 공간 속에 투사된 대지"를 상상한다.[27] 인간적 움직임과 흥분이 갖는 무한한 가능성을 파악하는 일은 "구토와 더불어 부과된 소진으로 그를 충격에 빠트리고 단념토록 함으로써, 무한한 고통을, 피와 열린 신체들의 선물을" 상상해야만 하는 일인 것이다. 바타유는 "오로지 뻔뻔함만이, 음탕한 악마성만이", "충분히 행복한 자아의 상실로 이끌 수 있다"고 쓴다. "죽음 이전의 유쾌함"이란 삶이 뿌리에서부터 정상에 이르기까지 축하받음을 뜻하는데, 왜냐하면 그것은 소멸하는 것에 대한 찬양 그 자체이거나 그것을 향하는 것이기 때문이다. — 보수(conservation)를 넘어, 제한(reservation)을 넘어 그리고 보존(perservation)을 넘어. 이는 순수한 삶으로서 산 죽음이다. 바타유는 "죽음은 권태로운 실존을 가로지르고 변모시키기 위한 삶의 광채를 필요로 하는 것 못지않은 상실을 드러낸다. 때문에 내 안에 있게 되어 버린 삶과 시간의 강력함이랄 수 있는 것을 뿌리째 뽑아내어 버림으로써만 자유롭게 될 수 있다. 이러한 방식으로 나는 마치 우주가 빛의 유일한 거울인 것처럼 죽음의 거울보다 더한 어떤 것이 되길 단념한다"고 말한다. 바타유는 초인(overman)으로의 변형만을 상상하고 있으며, 이제 "최초의 빛"(『차라

27) G. Bataille, *Visions of Excess: Selected Writings 1927-39*, trans. A. Stoekl, Minneapolis: University of Minnesota Press, 1985, p.239.

투스트라』, 「산허리에 있는 나무에 대하여」)의 도래를 기다리는 중이다.

살아 있는 모든 것들의 몸부림인 여름과 겨울이라는 질서를 가진 지구라는 세계 이전에, 우주가 셀 수 없이 순환하는 별들로 구성되기 이전에, 무한히 상실되고 소모되는 것 자체로서 나는 오로지 내가 죽을 것을 요구하는 바로 그 운동성이 지닌 잔혹한 광채의 연속적 계기를 지각할 수 있을 따름이다. 즉, 이러한 죽음은 세계에 도래하게 된 모든 존재의 유쾌함과 같은 모든 것들의 **폭발적인 소진**일 뿐이다. 또한 심지어 존재가 전부일 것을 요구하는 나 자신의 삶조차도 어디에서건 중단 없이 그 자체로 받아들여지고 소멸된다.

나는 피투성이가 되고 부서졌지만 변화된 나 자신을, 끊임없이 죽이고 끊임없이 죽는 **시간**의 먹이이자 턱으로서 세계와 일치하는 나 자신을 상상한다.

거기에는 아마도 곧바로 내 눈을 멀게 할 폭발이 어디에서나 존재할 것이다. 나는 나의 눈들이 그것들을 파괴하지 않는 대상을 요구하는 중에 있다고 생각될 때 웃음을 터뜨린다.[28]

블랙홀로의 변형(비행) 혹은 도약인 죽음의 문제는, 소멸에의 욕망이라고 하는 것이 복수의 정신 ── 신체를 경멸하는 이들과 죽음을 설파하는 이들의 욕망을 고무하는 정신 ── 이 탄생시킨 파괴를 향한 욕망에 의해, 또는 자유에 대한 사랑이라는 추진력 덕분에 고지를 향

---

28) G. Bataille, *Visions of Excess*, p.239.

해 해방된 욕망에 의해 어느 정도 동기부여되는가를 결정하는 과업을 중심으로 맴돈다. 차라투스트라가 '젊은 이'에 대해 말하는 바와 같이 그는 '얼룩덜룩한 소'로 알려진 마을 주변을 돌아다님으로써 산 속에서 만남을 갖는다.

당신은 아직 자유롭지 않다. 여전히 자유를 찾아 헤매고 있기 때문에. ······ 당신은 열린 고지를 열망하고, 당신의 영혼은 별을 갈망한다. 그러나 당신의 사악한 본능 또한 자유를 갈망한다.

당신의 사나운 개들은 자유를 열망한다. 또한 당신의 영혼이 모든 감옥을 열어젖히기를 열망할 때에 지하실에서 기뻐하며 울부짖는다.

나에게 당신은 여전히 자유를 상상하는 죄수이다. 아, 그러한 영혼의 수감자들이 영리해지긴 했지만 또한 협잡스럽고 천하기도 하다.

영혼이 자유로운 사람은 또한 스스로를 정화해야만 한다. 수많은 감옥과 타락이 여전히 그의 안에 남겨져 있다. 즉, 그의 눈은 여전히 순수해져야만 한다. (『차라투스트라』, 「산허리에 있는 나무에 대하여」)

또 다른 독해에서 들뢰즈는 '선'(the line)을 뛰어넘는, 즉 횡단하는 사유를 추구함으로써 해결하기 힘든 구조를 지닌 진리와 힘에 관련된 죽음을 사유해 왔다. "진리의 힘"을 뛰어넘는 "힘의 진리"성을 재고착화하지 않는 방식으로 "우리는 어떻게 선을 건널 수 있을 것인가?"[29] 나아가, 사실 훨씬 더 나아가 "무시무시한 텅 빔"의 바깥이 아

---

29) Deleuze, *Spinoza: Practical Philosophy*, pp.94~95.

닌 "바깥의 힘인 삶을 획득하고자" 하는 일이 어떻게 가능한가, 이는 결국 삶이란 "느리고, 부분적이며 진화의 와중에 있는" 죽음들의 텅 빔 하에 있는 단순한 배치상태가 아닌 것인 양 살아온 것이 아니겠는 가?[30] 바꿔 말해, 삶에서 유일하게 진실된 목적의 실현인 최종적 열사를 보장하기 위해 모든 것을 무자비하게 파괴할 수 있는, 프로이트의 궁극적인 죽음욕동인 그의 초월성이 지닌 '실재성'을 탈출하는 일이 어떻게 가능한가? 그러나 니체는, 들뢰즈가 죽음의 자발적인 또는 노예적인 본성에 대해, 그것의 선하고 악한 조건에 대해 질문함으로써 자신이 보여 줬던 바를 보여 준 것은 단번에 정착될 수 있는 문제가 아님을 보여 준다. 즉, 그것은 영원회귀라는 보다 상위의 '법칙'에 종속되어야만 하는 것이다.

4.

탈주선과 죽음선 간의 차이를 규정하는 문제는 『천의 고원』에서의 프로이트에 대한 들뢰즈와 가타리의 재작업을 통해 형성된다. 죽음선에 대한 언급에서 그들은 신비주의적인 '죽음욕동'(pulsion de mort)에 호소하지 말아야 한다고 주장한다. 그들이 말하는 바에 따르면, "욕망 안의 내적인 욕망들이란 존재하지 않으며, 오로지 배치들(agencements)만이 존재할 따름이다. 욕망은 늘 배치의 문제였다".[31]

---

30) *Ibid.*, p.95.
31) Deleuze and Guattari, *Mille Plateaux*, p.280 / *A Thousand Plateaus*, p.229.

그들이 (안정으로서의, 최종적인 종말로서의, 엔트로픽한 생성으로서의) 죽음을 향한 욕망이라고 하는 삶을 가정하는 일에 굴복하지 않는다는 것은 중요한데, 왜냐하면 그러한 욕망이야말로 삶에 반(反)하여 선회한 삶 이상의 것이 될 수 없으며 인간적인, 너무나 인간적인 현상이기 때문이다. 죽음욕동을 가정하는 일은 그것을 제한적이고 인간적인 삶의 경제 하에 놓음으로써 죽음을 물화하는 일 이외의 것이 될 수 없다. 예컨대, 자살과 같은 경우가 그들이 택하는 것이다. 자살의 선택은 세계에 염증을 느끼고 소진되어 버린 이에 의해 취해진 것이다. 즉, 차라리 우리는 근본적인 변형 위에서의 도입보다는 비창조적인 파괴에 참여하게 된다. 이런 맥락에서 우리는 '세계를 뛰어넘는 이들' (Hinterweltlern)에 대해 언급하는 차라투스트라를 다시 소환해 내며, 이는 결국 그가 "죽음 도약"(Todessprünge)으로서 선견지명을 가지고 묘사하는 "독자적인 도약에 있어서 궁극에 다다르길 바라는 것이랄 수 있는 피로감"에 대해 말함을 뜻한다. 이는 "빈한하고 무지한 피로감이며 원하는 것조차도 더 이상 원치 않게 되는 피로감"이다. "세계를 뛰어넘는" 모든 창조성 뒤에 숨은 것은 바로 권태와 무기력에 대한 승리이다. 들뢰즈와 가타리는 국가사회주의적 정부와 같은 파시스트 정부가 전체주의 국가에 의해서가 아니라 '자살 국가'에 의해 가장 잘 이해된다고 말하는 일에 있어서 비릴리오(Paul Virilio)를 따른다. 나치의 언표는 새로운 삶의 세대를 위한 것이 아니라 죽은 삶인 반동적인 것의 보존을 위한 '희생'의 정당성만을 구할 따름이다. 즉, "그들은 늘 '어리석고 불쾌한' 울음을 포함하고 있다. 죽음이여, 만수무강하소서! 심지어는 경제적인 수준, 즉 소비에 있어서는 군사적 확장이 성장을 대체해 버리고 투자가 순수한 파괴의 수단을 향한 생산의 수단으로부터 전환되어 버린 지점에 있어서조차도 말이다."[32] 그 자체로 종말을 지향하는 전쟁기계를 전유하는 일에 있어서, 국가기구는 전쟁기계가 변종(mutation)을 위한 파괴를 대체해 버리는 전쟁에의 복무에만 놓이게 되는 지점에 다다를 수 있다.[33] 날카로운 통찰력으로 그들은 변종이 전쟁의 변형(transformation)이라는 신호가 아님을 지적하며, 반대로 그것은 변종에 대한 추락이나 실패를 뜻한다는 것이다. "전쟁기계는 더 이상 변종적 탈주선이 아니라 전폐(abolition)라고 하는 순수하고 차가운 선을 그릴 뿐이다."[34] 맹목적이고 무감각한 "전폐에의 열정"은 죽음선으로 탈주선을 돌려 세운 열정이다. 물론 이는 실패한 약속에 충실하여 삶으로부터 달아나는 자살을 평가절하하고자 하는 것은 아니다. 그러한 자살이란 삶을 더럽히고자 하는 것이 아니라 반대로 그 타오르는 욕망을 살아 있는 채로 유지하고자 함이다. 여기서 자살이라는 행위는 게으른 것이 아니라 생기 있고 고귀한 것인데, 왜냐하면 그것은 여전히 산다는 것과 죽는다는 것에 관한 삶의 독(毒)과도 같은 선물을 주기 때문이다. 이는 니체와 더불어 쓰여야만 할 '떳떳한 죽음'이다. 즉, 그는 "누군가의 자유로운 선택인 죽음은 …… 맑

---

32) *Ibid.*, p.282 / p.231.
33) 들뢰즈와 가타리의 작업에 있어서 '전쟁기계'는 전쟁을 생명의 대상으로 삼는 기계를 지칭하는 것이 아니라, 오로지 국가적 포획장치의 힘들이 그렇게 하는 것이다(*Ibid.*, p.535 이하 / p.429 이하). 그들에게 전쟁을 역사적 실존의 영속적인 형이상학적 형상으로서 자연스러운 것으로 만들고자 하는 욕망에 귀속시키는 것은 불합리할 것이다. 그들의 관심은 실존이 지닌 그러한 기계적 조건들을 확립하는 것이다.
34) *Ibid.*, p.281 / p.230.

은 머리와 유쾌함과 더불어 아이들과 시선들 한가운데에서 정점에 달한다. 결국 실제 일어난 떠남과 그것을 취함이라는 것은 우리가 떠나는 중에 있다는 것이 여전히 거기에 있는 동안 가능하다는 …… 우리의 의무인 삶에 대한 사랑으로부터 죽음에 이르는 …… 자유롭게 그러나 갑작스럽게"라고 쓴다(『우상의 황혼』, p.88). 허무주의가 진정으로 전염되어 버렸을 때 결국 자발적인 죽음은 과학적 분별력과 더불어 실행되어야 할 필요가 있게 되고, 또 아마도 살아 있는 것이 "적당한 시간"에 죽어야 하는 문제를 허용함에 따른 "새로운 책임감"이 외과의사에게 허용될 것이다. "사랑에의 의지"는 죽고자 하는 의지와 더불어 짝을 이루어야만 하는데, 왜냐하면 그것은 "사랑과 소멸"의 영원성으로부터 함께 온 것이기 때문이다(『차라투스트라』, 「때묻지 않은 앎에 대하여」). 따라서 새로운 순수성과 아름다움을 말한다. 즉, "작열하는 태양, 그것이 이미 오고 있기에 ── 대지에 대한 그것의 사랑이 도래하고 있다! 모든 태양의 사랑은 순수하고 창조적인 욕망이다!" 모든 것은 태양의 도래를 반기고자 하는 심오한 일어섬이다(같은 곳).

따라서, 영원회귀'의' 죽음은 반드시 죽음욕동의 경계들로부터 취해져야만 하며, 최소한 프로이트 내에서 정식화되어야만 한다. 욕동 그 자체는 보존과 유지에 의거하여 프로이트에 의해 해석되어 왔다. 즉, "결국 본능이란 사물들의 초기상태로 되돌아가려는 유기체 내에서의 태생적인 충동인 것으로 보인다"라고, 그는 「쾌락원칙을 넘어서」에서 쓴다. "유기체적인 회복력"은 모든 유기체에 내재한 관성의 발견을 넘지 못하는 외설적인 욕동에 의해 드러난다. 우리가 그에 관해 생각할 것은 변화의 창시자와 행위자로부터 떨어져 욕동이 모든 살아 있는 실체의 보수적 본성에 대한 표현으로서 스스로를 드러낸다는 사실이다.[35] 죽음으로서의 삶의 목적에 대한 이러한 가정에 있어서 죽음은 반복에 대한 부정적이고 비생산적인 개념화에 따라 이해된다. 즉, 영원한 차이의 가능성의 조건으로서가 아닌 '사물의 초기 상태'의 '회복'과 유지로서의 반복, 간단히 말해 동일성의 영원회귀로서의 반복. 이는 '자기 극복'의 법칙에 따른 것이 아니라(『도덕의 계보』, III § 27), 자기 참회(self-penitence)의 법칙에 따라 파악된 삶이다.[36] 생명은 그 시작에서부터 비난받아 왔다. 그 시작에서부터 최종적이고 결론적인 권리를 원한다고 하는 치명적인 회귀인 죽은 물질이 되어 버린 것이다. 이는 자아, 삶이라고 하는 것이 엔트로픽한 생성, 열사, 자기 동일적 동일성으로 파악된 것이나 다름없다. 죽음욕동에 대한 프로이트의 묘사에서 우리는 미래란 '생성' 없이 '도래하게' 된다고 말할 수 있을 것이다. 동일하게도 프로이트에게 새롭고 독특하고 또한 상이한 상태로의 도래를 상상하거나 자기 발생적인 삶의 가능성을 기획하는 일은 불가능하다. 유기적 생명의 유일한 법칙은 그가 허용하고자 하는 것이 죽음으로서의 죽음에 대한 영원회귀라는 것이다.

결국 모든 유기체적 본능이 보수적인 것으로 받아들여진다는 것은 역사적으로 획득된 것이자 사물들의 초기 상태로의 회복을 향한 경향이다. 그것이 유기체적 발달이라는 현상을 좇는다는 것은 외적인

---

35) Freud, *On Metapsychology*, pp.308~309.
36) *Ibid.*, p.310.

장애들과 전환적인 영향력에 기인해야만 하는 것이다. 초기 단계의 살아 있는 존재는 그 시작에서부터 변화하길 원치 않았었다. 또한 설령 조건들이 동일한 채로 남아 있다 하더라도 그것은 삶의 동일한 경로를 끊임없이 반복하는 것 이상이 되지 못한다. 최후의 방편에서, 유기체의 발달에 관하여 남겨진 표식이 지구의 역사여야만 한다는 것은 우리가 태양 속에서 그것과 관계를 맺고 살기 때문이다. 유기체적 삶의 경로 위에 부과된 모든 변이(modification)는 보수적인 유기체적 본능들에 의해 받아들여지고 나아가 반복적으로 축적된다. 따라서 이러한 본능들은 변화와 진보를 향한 경향에 따라 기만적으로 출현한 힘들의 상태를 제시하기 위해 경계 지어지는 반면 사실상 그것들은 그저 오래된 것과 새로운 것이 비슷한 경로를 취함으로써 고대(古代)의 목적에 다다르고자 할 뿐이다. 더욱이, 모든 유기체적 분발의 최종적 목적을 특정하는(specify) 일이 가능하다. 그것은 설령 삶의 목적이 결코 아직 획득된 바 없는 사물들의 상태일지라도 본능의 보수적 본성에 모순되는 상태에 있게 될 것이다. 대조적으로, 그것은 살아 있는 존재가 단번에 혹은 달리 출발한 것에서부터 그의 발달이 이끈 것과 나란한 순환적 통로들을 따라 회귀하는 데에 이르는 최초의 상태랄 수 있는 오래전 사물들의 상태여야만 한다.[37]

궁극적으로 우리는 (생성이 아니라 늘 존재에 불과한) 죽음에 관한 프로이트의 엔트로픽한 모델이 파괴와 탈통합이라는 부정적 호소

---

37) *Ibid*.

를 만들어 냄을 알아야만 한다. 살아 있는 것의 본능적 목표는 에너지를 묶어 내고 이에 따라 안정된 통합을 확립하는 것인 반면, 죽음욕동은 그것을 풀어내고 탈통합화하는 것이다. 프로이트는 경계 없는 에너지 하에 있는 자아의 폭정으로부터 해방될 긍정적 가능성을 위치시키는 대신 (그가 택했던 상상적이고 통합적인 자아로서의) 유기체를 특권화하는 것을 택했고 ─ 그가 단지 '주어진' 것으로서 취한 생산 ─ 죽음의 통로와 터널을 기계론적이고 엔트로픽하게 해석했다. 모든 생명의 목표가 죽음의 상태에 이르고자 한다는 그의 주장은 죽음을 유기체의 제한 경제 안에 위치시킨다. 이러한 경제는 결국 마치 그것이 '생명'의 일반 경제를 만들어 내기라도 한 양 생물학으로 회귀하는 독해인 것이다. 프로이트에게 정신적 재현과 재현되지 않은 육체적 힘들 간의 투쟁은 생산적이고 '기계'적인 무의식에 이끌리는 것이 아니라 죽음에 대한 인간중심주의로 이끌린다. "죽음 이전의 유쾌함의 실천" ─ 니체가 언급한 죽음의 '축제' ─ 은 프로이트에게는 접근 불가능하다. 만일 거기에 죽음'의' 주체가 존재하지 않는다면 ─ 만일 죽음이 죽은 것이라면 ─ 그것은 죽음이 그 자신만의 생성을 가지기 때문이다. 즉, "디오니소스가 자른 조각들은 삶에 대한 약속이다 ─ 그것은 영원히 다시 태어나고 파괴로부터 다시 또 다시 회귀할 것이다." (『힘에의 의지』, §1052)

5.

들뢰즈는 「쾌락원칙을 넘어서」에서 프로이트의 거대한 혁신이 단순히 파괴적인 경향들이 아닌 반복의 현상을 동반하는 죽음욕동에 연결된다는 것을 알고 있었다. '쾌락원칙'이 단지 '심리적' 원리에 불과한 반면, 이와 달리 죽음욕동은 반복을 위한 '시원적이고, 긍정적인 원리'로 복무한다. 이 문제에 있어서 그것은 '선험적' 원리로 파악될 수 있다.[38] 들뢰즈가 죽음욕동과 반복에 관한 프로이트의 연결 작업이 기억상실증 같은 부정적 도식임을 깨달았을 것이라고 말하는 것은 반복을 설명하기에 불충분하다. 우리는 우리를 억압하기에 반복하지 못한다. 또한 우리는 우리를 반복하기에 억압한다. 들뢰즈는 이 지점에 관한 논의에서 죽음욕동의 프로이트적 정식화에 관한 매우 참신한 개정을 제안한다. 사실상, 그는 물질적 모델(비유기적인 상태로 되돌아가고자 하는 살아 있는 것의 욕망)로서의 확실성을 파괴하고, 또한 반복의 놀이에 따른 실재성과 효력을 설명한다. 들뢰즈는 실제적으로 죽음욕동이 가면쓰기의 형태로만 반복을 긍정할 수 있을 뿐이라고 말하며, 결국 응축, 전치 그리고 극화(劇化)와 같은 꿈과 징후의 작업 하에서만 자리 잡을 수 있게 되는 것은 (동일성의 반복인) '빈약한 반복'조차도 현실화하지 못하는 것이라고 말한다. '도라'는 가면과 복장의 조건이라고 하는 또 다른 역할로서의 행위 ─ 근원적인 죄에 대해 부차적인 것이 아니라 그것 자체가 반복이라는 내적이고 발생론적인 요소를 만들어 내는 가면과 복장 ─ 그리고 가면쓰기의 창조를 통해서만 그녀의 아버지를 향한 역할을 계발하고 사랑을 반복할 수 있다는 것일까? 만일 누군가가 죽음을 향한 욕동이라는 생각을(아니면 차라리 살고자 하는 욕

---

38) Deleuze, *Différence et répétition*, p.27 / *Difference and Repetition*, p.16.

망들이랄 수 있는 죽음을) 이용하고자 할 뿐 아니라 재현에 불과한 것이 아닌 생산의 사유를 따르고자 한다면, 결국 그것은 반복이라는 현상의 가면과 복장 그리고 극화에 대한 관계성에 의거해서만 그렇게 할 수 있다. 사실상, 반복의 산출은 가면쓰기를 통해 일어난다. 반복은 가면 아래에 혹은 뒤에 놓인 것이 아니라 또 다른 가면으로부터 형성되어 온 것이다. 반복이라는 현상과 같은 심오한 모든 것이 가면을 사랑하는 것이 아닐까? 가면은 피상성으로 나온 심오한 것이다. 즉, 그것은 또 다른 가면 이외에는 숨기는 것이 없다. 그것은 또 다른 가면 이외에는 욕망하는 것이 없다.[39] 거기에는 "반복 가능한 첫 번째 항이란 없음을, 그리고 심지어 어머니를 향한 우리의 아이와 같은 사랑 또한 다른 여성과의 관계 하에 놓인 또 다른 어른의 사랑을 반복할 뿐임을" 뜻한다. 바꿔 말해, "거기에는 가면쓰기 자체로부터 추상되거나 추론된 헐벗은 반복이란 존재하지 않는다".[40] 들뢰즈는 (모든 것은 늘 가면을 쓴 채로 위장하고 있는 죽음욕동의 요소인) '정말 진정한' 것에서 환상에 불과한 것에 이르는 운동을 만들어 내기 위해 진실로 어린애 같은 사건

---

39) 『선악의 저편』 278절을 보라.
　　"방랑자여, 너는 누구인가? 나는 냉소도 없이, 사랑도 없이 웅숭한 눈을 가진 채 너의 길을 가는 중인 너를 본다 …… 너는 누구인가? 너는 무엇을 해왔던가? 여기서 쉬어라. 이곳은 모든 사람을 환대한다 — 회복하라! 또한 네가 누구든 상관없이, 너는 지금 무엇을 원하느냐? 너는 회복을 위해 무엇이 필요하느냐? 그것을 말해 봐라. 네가 원하는 것이 무엇이든 내가 너에게 주겠노라!"
　　"회복? 회복? 넌 참 호기심이 많구나! 너는 무슨 말을 하고 있는 거냐! 하지만 나에게 다오, 제발 —"
　　"뭐라고? 뭐라고? 말해!"
　　"또 다른 가면! 두 번째 가면!"

40) Deleuze, *Différence et répétition*, p.28 / *Difference and Repetition*, p.17.

들을 가정하길 단념하는 일이 프로이트에게는 필수적이라고 말한다. '차이'를 설명해 내는 일이 가능해지게 되는 것은 바로 이러한 사항들인 것이다. 즉,

차이는 가면쓰기의 방식을 따라 반복 하에 포함되어 왔다. ⋯⋯ 이는 바깥으로부터 오지 않고 억압적인 경우와 억압당하는 경우 간의 부차적인 화해를 표현하지도 않기 때문이다. 따라서 이것이 전도(轉倒)나 전복이라는 너무나도 부정적인 대립의 형식에 기초하여 이해되어서는 안 된다. 차라리 변이들은 반복되어 온 것의 본질과 시원에 속하는 것인 미분적 기제들을 표현할 뿐이다.[41]

반복은 재현에 **도전장을 내민다**. 즉, 그에 대해 늘 충실하지 않은 진실된 주체는 바로 가면이다. 그런 식으로 반복된 것은 늘 기표화되어야만 했던 것이지, 결코 재현된 것이라고는 할 수 없다. 그러나 동시에 그것은 자신을 의미화하게 됨에 따라 가면을 써 왔다. 그러나 들뢰즈에게 의미를 가진 생성적 의식은 프로이트에게서는 거의 아무런 가치를 갖지 못한다. 치료와 병은 단순한 상기에 의해 산출되는 것이 아니라, 오히려 훨씬 더 연극적이고 드라마틱한 행위 ── (그는 아프지만 건강해지는 중에 있다고 하는) 차라투스트라의 몰락(Untergang)이라고 하는 연극과 드라마 속에 있는 것으로서의 ──, 즉 '전이'를 통해 작동한다. 프로이트가 「기억, 반복 그리고 치료」(Remembering, Repeating,

---

41) *Ibid.*, p.28 / p.17.

and Working-Through)라는 자신의 글에서 지적한 것처럼 "환자는 그/그녀가 망각하고 억압당해 온 바 어느 것에 대해서도 기억하지 못하는 것이 아니라 그것을 통해 행위한다". 들뢰즈는 주장하길 전이는 반복 이외의 것이 아니라는 것이다(프로이트 자신은 이에 대해 알았었다). 전이는 과학적인 실험과 유사한 방식으로 일어난다. 환자는 특별하고 인공적인 조건 하에서 자신들의 불안을 재생산해 낼 것으로 기대된다. 그러나 전이 하에서 반복은 사람, 장소 그리고 사물들을 증명해 내는 데에 복무하는 것이 아니라 오히려 그것이 가면들을 선택하고 상징을 만들어 낸다. 결국 반복은 우리를 아프게 하고 치료해 주는 것 모두인, 즉 얽매고 해방시키는 것 모두인 '악마적' 힘이랄 수 있는 변형적 힘의 위장으로 간주된다.[42] 죽음욕동에 대한 들뢰즈의 재작업과 재글쓰기에 있어서, 그것은 더 이상 비유기적 생명의 최초의 상태랄 수 있는 이전으로 회귀함으로써 헐벗은 반복을 견디기 위한 생명의 일부분에 불과한 욕망이 아니라, 이후 능동적인 선별과 자유로운 운동을 동반하는 공포의 현실화를 혼합해 냄으로써 '가면쓰기적인 힘'과 내재적인 의미를 반복해 낸다. 반복에 있어서, 또한 영원회귀에 있어서 우리는 스스로의 불꽃 안에서 자기를 소진시킨다. —— 끝없는 생산적 죽음이자 넘어서 나아감인 소진(Vollendung). 명백히, 반복의 막대한 힘에 의해 수행된 생산 작업에 관한 들뢰즈의 강조는 지나치게 형식적인 것으로 남겨져 있다. 그러나 그것이 성공한 바는 '죽음욕동'이 생명에 대한 무(無)목적론적인 통치를 즐긴다는 것인데, 왜냐하면 그것은 너무나도

42) *Ibid.*, p.30 / p.19.

창조적이고 파괴적인 진화에 따라 살아온 생명의 무대의상과 드라마를 구성하는 반복을 통해 차이의 생산에 복속되어 왔기 때문이다.[43]

6.

'다른 세계', 비-인간적이고 탈인간화된 그 세계는 천사의 무(無)로서 인간에게 잘 숨겨져 왔다. 또한 존재의 자궁은 인간으로서 예외인 인간에 대해서는 말하지 않는다.

진실로, 모든 존재는 논증되거나 말해지기 어려운 존재이다. 그러나 나에게 말하라, 나의 형제들이여, 모든 사물들의 가장 놀라운 점은 가장 놀라운 점이 가장 확실히 논증된다는 것 아니겠는가? (『차라투스트라』, 「저편의 또 다른 세계를 신봉하고 있는 사람들에 대하여」)

들뢰즈와 가타리의 작업은 죽음선과 탈주선이라는 니체 철학의 생성을 조명하지만, 이 장의 맥락에서는 가장 대조되게도 영원회귀의 사유 실험 하에서 긍정되고 있는 차라투스트라와 유희적 반복에 특유한 생성을 조명한다. 여기에서 나는 들뢰즈에 의해 고무된 사유를 이용함으로써 차라투스트라의 하강과 횡단이 갖는 탈중심화된 서사 구

---

43) **포르트-다**(Fort-Da)의 반복과 죽음욕동에 대한 그의 비판적인 독해에 있어서, 가타리는 그것은 "죽은 반복이 지닌 기계론적인 개념과 과정적인 열림이 지닌 기계적 개념" 사이의 선택을 만들어 내는 질문이라고 말해 왔다. F. Guattari, *Chaosmose*, Paris: Galilee, 1992, pp.106~107 / *Chaosmosis: An Ethico-aesthetic Paradigm*, trans. P. Bains and J. Pefanis, Sydney: Power Publications, 1995, pp.74~75.

조가 어떻게 복합적이고도 참신한 감각을 보여 줄 수 있을지를 열어 보고자 한다.

들뢰즈는 모든 것이 다시 시작되어야만 한다는 『차이와 반복』의 말미에서 차라투스트라가 하나의 텍스트로서 근본적으로 불완전하고 완성되지 않은 것이라고 말한다. 또한 그는 그 텍스트의 계획이 담긴 『유고』에서, 니체가 차라투스트라의 죽음의 의미와 중요성 주변에서 추가적인 부분을 만들고자 하는 과업을 세웠다고 말한다. 그러나 들뢰즈는 공중에 떠 버리게 된 차라투스트라의 삶과 죽음에 관련된 이러한 망설임의 중요성을 방기하며, 또 차라투스트라의 유산된 최종적 죽음이 갖는 신비와 수수께끼를 열어젖힐 열쇠인 차이와 반복에 관한 물음과 문제를 통해 자신의 사유를 깨닫는 일에 실패한다. 니체가 차라투스트라로 하여금 최종적인 드라마와도 같은 죽음을 갖지 않도록 한 것은 그가 차라투스트라의 '순수 생성'을 도입하는 일에는 역행되는 잉여로서의 죽음을 알았기 때문이 아닐까? 이 맥락에서 차라투스트라가 죽었다는 것은 한 번이 아니라 여러 차례이다. 즉, 그는 다시 또 다시 자신의 소멸과 변형의 지속 하에서 수많은 작은 죽음들(petites morts)을 갖는다. 최종적인 열사(熱死)는 '단번에' 죽는 일이 불가능함을 증명하게 될 영원회귀의 반(反)엔트로픽한 원리를 침식할 것이다. 『차라투스트라』-『유고』에 대한 검토는 이러한 주장들을 증명하는 데에 복무한다. 이들은 차라투스트라가 치명적이고 최종적인 죽음이라는 고통을 겪을 뿐 아니라 살해까지 당한다고 하는 부분에 관련된 계획이자 조망이다. 예를 들어, 1881년 11월에서 1883년 2월에 이르는 기간에 차라투스트라는 '되풀이'라는 가르침을 통한 삶의 신비성을 망각하지만 결국 그가 자신의 이론이 '지속될' 수 없음을 깨달았을 때 스스로에 대한 연민이 커지게 된다. 그 계획은 다음과 같다. "절정: 신성한 살인. 그는 초인에 관한 이론을 고안해 낸다."(『전집』 10권, pp.152~153) 니체는 1883년 6~7월 사이에 벌인 또 다른 계획에서 '초인'의 비전이 그로부터 떨어져 나갔을 때, 또 그로 인해 야기된 고통을 깨닫게 되었을 때 차라투스트라를 살해하게 된다(그는 인간을 향한 연민의 감정으로 죽은 것이다. 즉, 니체는 『차라투스트라』에서 정확히 표현하길 신은 '죽임을 당한' 것이라고 말한다. 같은 책, pp.495~496). 1884년 후반의 계획에서, 차라투스트라의 첫 세 부분의 시간이 종료됨에 따라 그는 차라투스트라가 영원회귀를 가르쳐 왔으며, 이는 결국 고상한 이를 낙담하게 하고 더 무기력한 '하위의 본성들'에 따른 인간적(menschliche) 사항들을 최초로 보여 준 것이자, 또 그에 따른 가르침이 억압되어 온 것이자, 나아가 차라투스트라가 죽는 장면을 만들어 내게 된 것이라고 말한다(『전집』 12권, p.281).

이 『유고』가 정확히 증명하는 바와 같이, 영원회귀의 가르침과 초인 간의 관계는 매우 복잡하고 미완의 것이다. 그것이 최초로 고지된 초인의 가르침이라는 형태로 나타나지도 않았을 뿐 아니라 위장이라는 형식을 띤 영원회귀와 더불어 '완성되고' 출판된 데 반해, 『유고』에서는 ('대속'에 관한 논의인) 2부의 말미에 이르러서야 회귀의 가르침을 최초로 정식화하고, 그에 대해 인간에 의한 긍정을 파악하고자 하는 자신의 무능함에 있어서, 영원회귀의 사유는 결국 그 '결정 불가능성'과 초자연적인 특성으로 인해 인간적인 것이 아닌 것이 되고 결과적으로 초인이라는 개념을 가정하는 데에로 이끌려 버린다. 오로지 초인만이 영원회귀의 사유와 더불어 춤추고 놀 수 있을 뿐이며, 이는 결국 그것을 "훈련과 단련의 수단으로" 활용하게끔 한다(『전집』 10권, p.378). (원죄 없는 잉태Immaculate Conception로) 생각될 만한 회귀의 사유를 만들어 낼 수 있는 것은 오로지 초인에 대한 전망에 기인한다. 그러나 [초인적인 것이] 한 번 가능해지고 나면 결국 긍정적이고 초인적인(über-menschliche) 사유인 영원회귀라는 사유의 원조가 되어 버리는 것이다.[44] 이러한 시간들에서 가장 불가해한 고백들 중 하나는 다음이다.

> 매 순간 초인에 다다르라. 왜냐하면 나는 모든 고통을 감내할 것이기에. 그것이 삼위일체(triad)이다! (『전집』 10권, p.167)

이는 많은 점에서 역설적이다. 우선 '고통'은 무한한 유쾌함(오, 영원함이여!) 하에서 근거 지어진 고통이어야 한다는 점이다. 둘째로, 매 순간 초인에 '다다른다'는 것은 영원히 자기에게 다다를 수 있음을 이른다(오, 영원함이여!). 그리고 최종적으로 모든 것을 고통스러워한다

---

44) 두 가지 가르침들, 곧 사고 실험들 사이의 이러한 복잡하고 뒤엉킨 놀이는 모리스 블랑쇼와 같이 부지런하고 빈틈 없는 대부분의 『차라투스트라』 독자들에게 간과되고 경시되어 왔다. 예를 들어, Blanchot, *The Infinite Conversation*, pp.148~149를 보라. 블랑쇼는 차라투스트라가 초인을 고지한 범주적 명료성과 영원회귀에 대해 열망하고 주저하는 언급을 대조하며, 후자의 심오한 진리가 전자의 표면적 진리를 대신한다고 주장한다. 나는 두 가지 가르침들의 창조적인 얽힘을 요구하고 약속에 대한 긍정과 초인의 가르침이 지닌 위험을 환기하기 위해 니체의 몇 안 되는 독자로 남고자 한다. 그러한 통찰은 우리가 '진화'의 단선적 과정에 의한 초인의 생산에 대해 사고하는 것을 중단시키지만, '모든 순간에서' 획득될 수 있는 것임을 인식하게 한다. 그러한 '책략'은 계보학적인 생성이 지닌 '관점'으로부터 초인의 '찰나'(Augenblick)를 '보아야'(blicken)만 함이라는 것이다.

는 것은 우리가 '초월'을 획득하기 위해 기꺼이 자신의 소멸을 받아들인다는 의미로서 사실상 영원성에 대한 긍정에 이르게 됨을 말하는데, 왜냐하면 획득된 바 혹은 '다다랐다'는 것은 (순간의 영원회귀인) '차이와 반복'이라는 바로 그 사유, 곧 영원회귀 이외의 것이 아니기 때문이다(『힘에의 의지』, §1032를 보라). 그 책에서 차라투스트라의 '진화'는 반복의 잉여경제에 따라 이해될 수 있으며, 이는 결국 차라투스트라가 가면 쓰기를 통한 이행에 의거해 계발되거나 생성됨을 뜻한다. 차라투스트라는 '존재하지' 않기에, 그가 존재한다는 것의 진실된 의미는 오로지 생성만 할 뿐이라는 점을 드러내는 어떤 지점에서든지 불가능한 것으로 증명되기 때문이다. 차라투스트라는 자신이 있던 산에서부터 장터로 하산했을 때 이미 죽은 것이나 다름없다. 그는 바보와 송장 간을 왔다 갔다 하는 인간으로서 나타난 것이다. 임종을 맞이한 차라투스트라 주변에 모인 이들이 생각하지 못한 것은 단지 다리(bridge)일 뿐 목적은 아니라는 것이다. '희생' ─ 능동적인 자기파괴를 통한 소멸의 행위인 ─ 이란 그것을 시작하도록 한 소멸이 별들을 초월하는 것이 아니라 대지를 위한 것이 될 때, 또한 현재의 보존이 아니라 미래의 창조이자 과거의 대속을 위한 것이 될 때 긍정되어야 한다. 차라투스트라는 불가해한 운명에 따라 스스로에게 간청함으로써 어두운 예언자임을 주장한다.

나는 인류에게 드리운 어두운 구름으로부터 혼자 떨어진 무거운 빗방울과 같이 모든 이들을 사랑한다. 곧, 그들은 빛의 도래를 알리는 예언자들이자 그 소멸 또한 알린다. (『차라투스트라』, 「머리말」)

예언자로서 차라투스트라의 정체성이라고 하는 이러한 측면에 의거하여, 들뢰즈의 독해는 대조와 교정에 해당된다고 볼 수 있다. 새롭고, 유일하고, 비교 불가능한 것을 알리는 사자로서 또 동일하고, 같고, 유사한 것에 부대하는 것들을 파괴하는 자로서 차라투스트라는 소멸해야만 하고 죽어야만 한다. 그러나 소멸하는 것은 차라투스트라 자신이 아니라 오히려 '영웅'으로서의, '구세주'로서의 차라투스트라이다. 해방가이자 창조자로서의 차라투스트라는 매일매일 투쟁하기 위해 살아간다.

영웅-차라투스트라는 평등하게 되었지만 그것은 불평등에 대한 평등으로서의 영웅이라는, 허위의 정체성의 상실이라는 대가를 치른 덕분이다. 왜냐하면 '누군가는' 영원히 반복되지만 이제 비인격적인 개별성과 전(前)개별적인 특이성들이라는 세계를 가리키기 때문이다. 영원회귀는 세계가 유사하게 되는 것 위에서의 동일성의 효과도, 세계의 혼돈 위에 짐 지워진 외적 질서도 아니다. 대조적으로 그것은 세계와 혼돈의 내적 동일성, 즉 카오스모스인 것이다.[45]

(존재에 대한 주사위 던지기 놀이의 종말이랄 수 있는) 치명적인 종말의 한 종류인 차라투스트라의 궁극적인 죽음이 만일 생각할 만하고 가능한 것이라면, 그것은 주권적 해소와 희생에 대해 동등한 일이 될 것이다. 그러나 그러한 '궁극적' 죽음조차도 춤추는 별을 낳은 혼돈이

---

45) Deleuze, *Différence et répétition*, p.382 / *Difference and Repetition*, p.299.

라고 하는 창조적 변형인 '과도한 죽음'으로의 이행 그 이상이 될 수는 없다. 머리말의 끝부분에서 — 그리고 여기서 나는 차라투스트라의 머리말이 "영원회귀가 조산한 비밀"을 포함하고 있다는 『니체와 철학』에서 들뢰즈가 한 말에 동의한다 — 죽음에 의해(자신만의 송장에 의해, 죽은 익살꾼에 의해…) 천벌을 받은 차라투스트라는, 그가 존재하지 않길 바라는 상태에 처하지 않을 결심을 한다. 즉, 무리의 목동이자 흔해빠진 무덤이나 파는 이가 아니기를. 그는 자신을 따르는 '발랄한 친구들'을 필요로 하는데, 왜냐하면 그들은 스스로 따르길 원하는 이들이자 그가 가길 희망하는 어디든지 함께 가 줄 이들이기 때문이다(『차라투스트라』, 「머리말」). 그는 "최후에 죽은 이들에 대해 말해" 왔으며 이후 "창조자들, 수확자들, 기뻐하는 이들과 어울리기로" 결심한다. 이는 탈주선으로 돌아선 죽음선인 것이다. 즉, "나는 그들에게 무지개와 초인을 향한 계단을 보여 줄 작정이다."(같은 곳)

그러한 실험이 개진된다. 여기서 머리말에 대한 독해를 통해 나는 '차이와 반복'을 지닌 순수 생성의 사유에 따라 반복적인 형상, 가면 그리고 차라투스트라의 상징을 독해하는 일이 어떻게 가능한가를 보여 주고자 해왔다. 나는 그 책의 나머지에 대한 독해가 이러한 해석을 강화한다고 믿는다. 예컨대, '예언자'에 관한 2부에서의 결정적이고 심오하며 수수께끼 같은 논의에서 차라투스트라는 다시 한 번 자신이 "나의 친구들 중 최악인 죽음의 자극적인 침묵"이라고 부른 죽음과 대면한 자신을 반복한다. 그러나 차라투스트라는 죽음의 집요함에 의해 압도되고 억압당한 상태와는 멀리 떨어져 "웃는 이들의 수많은 떠들썩한 소리"와 더불어 관 속의 비명과 어떻게 싸워야만 하는가를 배위 왔다(『차라투스트라』, 「예언자」). 차라투스트라는 "육체를 멸시하는 이들" 안에 있는 숨겨진, 부정적인 죽음욕동을 간파해 왔던 것이다. 즉 "심지어 당신의 어리석음과 경멸스러움조차도, 당신은 신체를 경멸하는 자로서 자신을 위해 복무한다. 나는 당신에게 말한다. 곧, 당신 자신이 삶으로부터 멀리 달아나 죽기 원한다는 것을."(『차라투스트라』, 「신체를 경멸하는 자들에 대하여」) 그것은 삶과 대조되는 상태인 죽음에 관한 질문이 아니라 또 다른 종류의 싸움인, 죽음이자 죽은 것인 어떤 종류의 것이다. 즉, "모든 이들은 죽음을 중요한 사건으로 다룬다. 하지만 죽음은 축제가 아니다. …… 우리는 죽기를 배워야만 하며 또한 거기에는 임종을 맞은 이가 살아 있음에 대해 서약을 바치지 않는다고 하는, 그런 축제란 있어서는 안 된다는 것이다!"(『차라투스트라』, 「자유로운 죽음에 대하여」)

나는 차라투스트라의 생성, 니체 철학의 생성을 괴물 같은 불-'기계'(fire-machine)[46]로 독해할 것을 제안한다. 우연의 '기계' ─ 영원회귀라는 주사위 던지기 놀이 기계 ─ 는 시간과 생성에 대한 열역학적 개념화로 고무된 최종적이고 궁극적인 열사(熱死)기관이자 엔트로피적 기관인 증기기관과 전적으로 다르다(그러나 19세기적인 엔트로피적 사고에는 생성이란 존재하지 않으며, 오로지 죽음만이, 존재'의' 죽음과 죽음'의' 존재만이 있을 뿐이었다). 『니체와 철학』에서 들뢰즈는 회귀의 '힘'과 '단번에' 복수성을 긍정하는 신호를 포함하는 불을 비교해 본

---

46) 이 책에서 (아무 표시 없이 쓴) 기계는 일상적으로 사용하는 도구로서의 의미를, '기계'는 생성의 의미를 담은 것으로 구별하여 번역하였다. ─옮긴이

다. 불은 존재의 생성과 생성의 존재라는 상태와 함께 활동하는 요소이다.[47] 불-'기계'는 그것을 요리하고 끓임에 따른 우연성을 긍정하는 기계로서, 결국 작고, 복수적인 조작들에 의해 해방된 막대한 힘들이다. 만일 변형(transfiguration)의 과업이 유쾌함 하에서의 고통, 긍정 하에서의 부정, 차이 하에서의 동일성, 가장 가벼운 하중 하에서 짐의 무거움이라는 변형(transformation)을 포함한다면 결국 궁극적 시험과 도전은 확실히 죽음에 대한 변형을 내재해야만 한다는 점이다. 즉, 죽음욕동의 미분화되지(undifferentiated) 못한 검은 무(無)로부터 영원회귀의 미분화된 열사에 이르기까지.

결국 그러한 과업이 나의 친구들이라고? 선과 악을 뛰어넘어 탈주선을 횡단하는 일이 '좋고' '나쁜' 죽음을 뛰어넘는 일은 아니다. 다시 한 번 이는 삶 안에서의 단련이자 심지어 '초월'까지도 넘어서는 살아 있는 동물적 능력의 육성을 요구하는 죽음인 것이다. '자유로운 죽음'(Vom freien Tode)에 관한 차라투스트라의 가르침을 보자.

죽음을 향한 자유, 죽음 안에서의 자유, 거기에 그렇다고 말하기에는 더 이상 시간이 없게 될 때 엄숙하게 아니오라고 말하는 이, 그래서 그는 삶과 죽음을 이해한다.

나의 친구여, 당신의 죽음은 수많은 인간과 대지에 반(反)하는 모독은 아닐 것이다. 그것은 내가 당신 영혼의 꿀로부터 바라는 바이다.

당신의 죽음에 있어서 당신의 영혼과 덕은 대지 위의 작열하는 일몰

---

47) Deleuze, *Nietzsche and Philosophy*, p.30.

과 같이 타올라야만 한다. 그렇지 않다면 당신의 죽음은 나쁜 죽음으로 날아갈 것인즉.

따라서 나는 스스로 죽기를 원하며, 이는 당신, 친구들이 날 위해 보다 더 대지를 사랑하게 하려는 것이다. 또한 나는 다시 대지가 되길 원하며, 이는 나를 지루하게 하는 그녀 안에서 평화를 누리려고 하는 것이다.

진실로, 차라투스트라는 그가 가진 공을 던진다는 목표가 있다. 이제 당신, 친구들은 내 목표의 상속자가 될 것이며, 당신에게 난 황금빛 공(golden ball)을 던질 것이다.

그러나 무엇보다도 나는 당신, 나의 친구들이 그 황금빛 공을 던지는 것을 보고 싶다!

그래서 대지를 떠날 수가 없다. 그것에 대해선 나를 용서하라!

차라투스트라는 이렇게 말했다.

(『차라투스트라』, 「자유로운 죽음에 대하여」)

7.

생산과 재생산의 양상에 부합하는 영원회귀의 죽음은 궁극적이고 뚜렷한 긍정(Bejahung)의 가능성만을 생산해 넘으로써 삶에 대한 대상화를 멈춘다. 영원회귀는 삶의 총체성이나 단일성을 확립하는 것이 아니라 무엇보다도 절편적 죽음과 절편적 삶이라는 단편성을 가르친다.[48] 그러한 복잡한 경험에 있어서 우리는 유기적 단일체인 총체, 즉 무엇보다도 그것이 생성하게 될 바와 생성길 원하는 바를 아는, 유기체가 아닌 부분 대상이자 열린 상자들이라는 '기계'가 된다. 영원회귀의 시간은 늘 절반인, 불완전한 엄숙한 죽음의 시간을 도입한다. 들뢰즈에게 '악마적인 존재들'인 인간을 묘사하는 일을 가능토록 하는 것은 바로 전적으로 살아 있는 것도 전적으로 죽은 조건도 아닌 이러한 것이다.[49] 그것들은 정확히 '악마적'인데, 왜냐하면 그 조건은 절반의 죽음에 의해 분절되고 찢겼기 때문이며, 그 시간은 무한하고 통약 불가능한 지평에 관한 것이자 동시에 이러한 자그마한 피조물들이 마치 상호 간에 세월에 흠뻑 빠져 왔고 또 광대한 먼 옛날에 존재하던 영겁들과 나란히 뻗어 온 시간에 의해 그것에 허용된 측정할 수 없는 깊이를 가진 거인들인 양 사는 동안 죽 걸어다녀 왔기 때문이다. 니체가 자신이야말로 역사 속 모든 이름임을 주장했을 때, 그는 어떤 거대하고, 천박하고 우스꽝스러운 정체성을 스스로의 탓으로 돌린 것이 아니라 자신의 '정체성'이 갖는 통약 불가능성을 긍정하고 영겁적 생성의 거리에서 나온 역사를 확장하는 중에 있다고 볼 수 있다. 그것이 설령 너무나도 엄청난 초인일지라도 정신 나간 생각은 아닌 것이다.

아르토(Antonin Artaud)는 우리에게 무(無)를 가진 마법사, 영적

---

48) 여기서 단편성에 대한 강조는 잠재적으로 오독이다. 나는 영원회귀가 완료성이나 총체성에 대한 결여를 제기한다고 보지 않는다. 반대로, 단편성에 대한 능동적이고 긍정적인 가르침으로서의 영원회귀가 시험과 실험의 과정적 / '기계'적 특성을 가져오기 위해 기획되었다는 것을 받아들임에 따른 것이다. 『천의 고원』의 「1730년 : 강렬하게 하기, 동물-되기, 지각 불가능하게-되기」에서 들뢰즈와 가타리는 니체에게 있어서 진정한 쟁점은 단편적 글쓰기가 아니라 차라리 극소량 사이에서의 속도들과 운동들의 생산임을 주장한다. 따라서 그들은 영원회귀에 대한 차라투스트라의 가르침을 '무진동적(nonpulsed) 시간의 최초의 위대한 구체적 자유화'의 관점에서 공언한다.

49) G. Deleuze, *Proust and Signs*, trans. R. Howard, London: Allen Lane, 1973, p.143.

지도자들, 요술쟁이의 설법을 의심하라고 조언하면서 "죽음이란 발명된 상태에 있는 것"임을 재차 말한다. 그러나 만일 죽음이 "발명된 상태"에 불과한 것이라면 결국 그것은 새롭게 재발명되고 다시 또 다시 반복될 수 있는 것이기도 하다. 발명으로서의 죽음에 대한 이러한 개념화는 욕망의 모든 순환이 갖는 탈영토화된 순회를 포함하는 것으로서의 영원회귀의 실험에 관한 들뢰즈와 가타리의 설명에 대응된다. 욕망에 관한 그들의 에너지학에 따르면 거기에는 단순한 죽음본능이란 존재하지 않는데, 왜냐하면 "모델"과 "경험" 양자는 모두 무의식 안에 거주하기 때문이다. "기계"적인 (잘못된) 기능성이라는 맥락 하에 죽음을 위치시킴으로써 죽음은 더 이상 추상적인 원리로 다루어지는 것이 아니라 "활력적인 변환"의 체계와 그것을 부분 삼아 욕망하는 "기계"에 따라 평가되어야만 한다. 거기에는 죽음욕동, 죽음을 향한 존재, 심지어는 죽음에 대한 사변적인 관심조차도 존재하지 않는데, 왜냐하면 "죽음의 경험"이란 무의식적인 것이 갖는 가장 공통된 사건들에 속하기 때문이며, 이는 결국 "삶의 안이자 그것을 향하는 것 하에서, 모든 이행 혹은 생성 하에서, 또 모든 이행 혹은 생성으로서의 강도 하에서 일어난다. 그러한 생산에서 출발함으로써 강도-제로(0) 자체 내에 투여되고자 함은 바로 모든 강도의 본성 내에 그것이 있기 때문이다."[50] 거기에는 죽음에 관한 기계론적인 것도 최종적인 (엔트로피적) 모델도 존재할 수 없는데, 왜냐하면 죽음이란 "**결코 멈추지 않는 것이자**

---

50) Deleuze and Guattari, *Anti-Oedipus*, trans. R. Hurley et al., London: Athlone Press, 1983, p.330.

모든 생성에 있어서 결코 끝나는 일 없이 벌어지는" 것이기 때문이다.[51] 죽음은 자체 내에 주름져 있고 강도에 의해 접혀 있다. 죽음은 일어난다, 하지만 '생성'에 따라서만 그러하다. 따라서 그 경험은 결국 실존적인 깊이를 가진 것이긴 하지만 욕망하는 '기계'의 순환들을 갖는 기능이랄 수 있는, 곧 인격적인 것은 아닌 것이다. 프로이트의 인간적인, 너무나 인간적인 도식과 같은 정적인 이원론의 작동에 따라 파악된 (에로스와는 대조되게 죽음 그 자체에 대하여 작동하는 죽음인) 죽음욕동은 단순한 제한으로서의 기능이 아니라 리비도의 액화(液化)에 해당한다. 분석의 산물은 생명 흐름의 운반자이자 자유롭고 유쾌한 자인, 또한 삶의 사막으로 그것들을 이동하도록 북돋우고 그것들을 탈코드화하는 자인 '사람'이 아니라, 엔트로픽한 멸망의 시큼한 냄새만을 풍길 뿐인 현존재(Dasein)의 슬픔과 불안에 의해 괴롭힘을 당해 온 자이다.[52]

아르토는 인간의 몸은 죽는다고 말하는데, 오로지 우리는 어떻게 그것을 변형해 내고 변화시켜야 하는가를 망각해 왔을 뿐이라고 지적한다. 또한 니체는 그의 '사막의 딸들' 사이에서 죽는 동안 내내 '죽음에 대한 과잉'이 우리에게 떠오르도록 애쓴다.

놀랍도다, 진실로!
내가 지금 여기 앉아 있다니,
사막 옆에 그리고 동시에

---

51) *Ibid.*
52) 비(非)영웅적 용기에 대해서는 *Ibid.*, p.341을 보라.

그러나 사막으로부터 멀리 떨어진 곳,

황폐화되지 않은 곳에:

왜냐하면 나는 오아시스라곤 거의 없는

이곳을 견뎌 왔기에

― 이는 그저 열린, 하품하는,

가장 달콤한 입인

모든 자그마한 입들 중 가장 달콤한 냄새를 풍기는……

내가 지금 여기 앉아 있노라

이토록 작은 오아시스에

그을린, 달콤한, 황금빛이 흐르는

대추야자 열매처럼,

소녀의 동그란 입을 갈망하며,

그러나 더 소녀다운 것을 갈망하며,

얼음처럼 차갑고, 눈같이 희고, 잘린

이빨: 이런 것들을 위한

모든 뜨거운 대추야자 열매의 정욕을 가진 심장들. 셀라(Selah)……

사막이 성장한다: 사막이 된 항구를 가진 그에게는 비탄이다!

돌로 된 벽난로, 사막은 견딘다.

악마 같은 죽음이 작열하는 그을림과 **상처**(chews)를 응시한다 ―

그것의 생명은 그것의 상처로 인한 것이다……

잊지 마라, 오 인간이여, 정욕에 의해 타 버려라:

너는─돌, 사막, 죽음이다.

(『디오니소스 송가』, 「사막의 딸들 사이에서」)

4장 _ 다윈에 반(反)하는 니체

나는 아직 존재하지 않은 종(種)들을 위해 쓴다. (『힘에의 의지』, §958)

역사는 궁극적으로 인간이 원했던 것과는 상당히 다른 어떤 것임을 증명한다. 즉, 그것은 이러한 원칙들을 파괴하는 가장 확실한 수단들임이 밝혀졌다. 다윈…… 우리는 '아름다운' 이상들이 아닌 역사의 운동 위에 놓인 진정한 힘들을 더 잘 알게 되었다. (『전집』 9권, p.10)

인류는 혈통(Herkunft)과 시원들에 관한 질문을 의식에서 몰아내고 싶어 한다. 그러니 우리는 우리 자신과는 대조되는 성향을 발견하려면 거의 탈인간이 되어야 하지 않겠는가? (『인간적인』 1권, 1장 §1)

1.

출판되거나 그렇지 않은 니체의 글들은 다윈과 자연도태론(자연선택론)에 관한 비판적 반영들을 동반한 채로 수수께끼가 되어 왔다. (비록 거의 이해되지는 않았지만) 진화에 대한 비(非)다원적 방식을 포함하는 초인에 대한 니체의 설명은 종종 강조되어 온 반면, 다윈에 대한 그의 개입은 그것이 마땅히 받아야 할 주목을 받지 못했다.[1] 그 문제는 설령 다루어졌다 해도 어떤 진지한 노력도 결여된 채 굉장히 피상적이었으며, 주석가들에 의해 알기 쉬운 니체의 '철학적 생물학'이 (문제 있는 측면들도 포함해서) 되어 버렸다. 이는 니체의 주저인 『도덕의 계보』에서의 근본적이고 핵심적인 관심사이기 때문에 니체를 수용하는 일에 있어서 '사소한' 주제가 아니다. 우리는 니체가 진화에 대한 다원적 패러다임에 비판적으로 개입함을 발견하게 된다. 계보학은 19세기의 생물학적 사고와 관념들에 개입해 들어가는 문헌이자 이러한 유산 없이는 생각될 수 없다. 다윈과 다원주의에 대한 니체의 관련성을 파헤치는 일은 정말 중요한 문제이지만 또한 복잡한 것이기도 하다. 여기에서 나는 단순하거나 단선적인 의미에서 다윈에 반(反)하는 니체를 세우고자 하지는 않을 것이다. 이는 여러 가지 이유 때문인데 무엇보다도 니체의 가장 급진적인 철학하기에는 본질적으로 '진화론적' 기초가 존재함을 평가하는 일이 필수적이기 때문이다(예를 들어, 그가 절대적인 가치나 영원한 진리란 없음을 논하는, 또한 철학함의 '역사적' 양상

---

1) 니체와 다윈 간의 연결은 니체에 관한 하이데거의 1930년대 강의에서 다루어졌지만, 다윈에 관해 다룬 것은 형식적이고 교만한 것이었다. M. Heidegger, *Nietzsche* I, Pfullingen: Gunther Neske, 1961, p.72 / *Nietzsche: The Will to Power as Art*, trans. D. F. Krell, London: Routledge, 1979, p.60을 보라. 니체의 '생물학주의'에 대한 하이데거의 독해와 근대 생물학에 대한 그의 개입은 이 장의 최종 절에서 확인될 것이다.

을 수용하는 일을 선호하는 『인간적인, 너무나 인간적인』의 서두에서와 같이).[2] 다음으로, 니체가 다윈에 '반하여' 스스로를 드러낼 때조차도, 사실 그는 종종 다윈에 공감하는 글을 썼고, 또한 오로지 다윈의 대중화로 인해 생겨난 그에 대한 잘못된 이미지만을 논박했을 뿐이라는 사실을 평가하는 일이 중요하다. 그렇지만, 이상의 것들이 지적된 이후에도 역시 정말로 중요한 의미에서 니체가 진화에 관한 다윈의 생각들에 진지하게 도전하는 본질적인 사고를 행한 철학자이며, 따라서 어떤 핵심적인 측면에서 진실로 '다윈에 반하는' 사상가인가는 검증되어야만 하는 채로 남아 있다.[3] 나는 다윈에 반하는 니체의 입장이 그 결함을 밝히는 데에 있지, 강한 비판이나 공격에 있는 것이 아님을 보여 주고자 할 것이다. 차라리 결정적인 것은 자연도태에 관한 다윈의 생각이 니체의 **생철학**(Lebensphilosophie)에 대해 띠는 함의와 관련하여 비판적 관점에 서는 문제이다. 왜냐하면, 그러한 생각이 얼마만큼 자연, 생명 그리고 진화의 의심쩍은 의인화에 기반하고 있는가를 보여 줄 수 있기 때문이다.

---

2) 사실, 생명에 관한 니체의 사유에 있어서 진화론적 패러다임의 영향은 칸트와 목적론에 대한 1867년의 이른 고찰에서 명백해진다. 이러한 초기의 계획된 논설의 윤곽에서, 니체는 자연에 대한 칸트의 사유가 복잡한 자기조직화 능력이랄 수 있는 생명체들이 기계론적인 수단들에 의존함을 통해 생산됨으로써, 자연에 대한 사유의 불가능성에 의해 되돌릴 수 없이 선(先)-다윈적인 것임을 논하는 것에 가까워진다. 이 글에서, 니체는 엠페도클레스가 종종 다윈의 고대적 예언자로서 묘사되기 때문에 그러한 견지를 도입하는 것이 아마도 중요했을 것이다(『전집』 3권, pp.371~394를 보라). 엠페도클레스에 관해서는 P. Wheelwright(ed.), *The Presocratics*, New York: The Odyssey Press, 1966, pp.122~154를 보라.
3) 니체의 글쓰기 기간 동안에 독일에서의 다윈 수용에 관한 통찰력을 알기 위해서는 A. Kelly, *The Descent of Darwin: The Popularization of Darwinism in Germany 1860-1914*, Chapel Hill: University of North Carolina Press, 1981을 보라.

도덕과 몰적인 것들에 관한 니체 계보학의 대다수의 통찰은 과학적 유물론의 통찰에 근거함에 따라 나름대로의 잠재력을 얻게 되었다. 19세기의 심리학, 열역학 그리고 무신론적 생물학의 맹아적 원리들은 근대성에 관한 비판과 미래의 철학을 계발하려는 시도에 결정적인 족적을 남긴다. 그러나 이는 열역학 제2법칙의 묵시록적인 '열사'적 비전을 과시하기 위한 도덕신학의 잔류물들이라 할 수 있는 비판적 자연과학을 비판할 수 없게 만드는 것은 아니다. 과학은 '하찮은 사실들' 앞에 멈추어 서며 '상위의' 생명의 유형과 형식에 복무할 생명의 새로운 비전과 수수께끼를 생산해 낼 수는 없다. 나는 이 장에서 근대 생물학, 특히 자연도태에 관한 다윈의 이론에 대한 니체의 개입을 집중적으로 다루고자 하는데, 왜냐하면 그것은 니체 사유의 어려움들에 따른 참신한 통찰력을 드러내 보이기 때문이다. 니체가 영국 다윈주의자들(그리고 헤켈Ernst Haeckel과 같은 독일 다윈주의자들)의 작업에 친숙했음을 보여 주는 풍부한 증거들이 존재하긴 하지만 그가 다윈의 작업 자체를 수용했다는 어떤 직접적 증거가 존재하는 것은 아니다.[4] 예컨대, 니체는 스펜서(Herbert Spencer)와 헉슬리(Thomas Henry Huxley) 외에도 「정치체에 관한 '자연도태'와 '유전'의 원리의 적용에 관한 사

---

4) 니체의 생각들을 모양 짓는 생물학적 사유에 있어서 다윈적이고 라마르크적인 조성들에 관한 어떠한 엄격한 결정화의 시도는 잘못된 것이다. 그것은 일찍이 1880년대에 라마르크적 유산과는 총체적으로 구분되는 이론으로서의 다윈주의의 출현이라고 하는 바이스만의 작업(결코 니체의 작업에서는 인용된 바 없는)과 관련된 것이다. 예를 들어, 헤켈은 자유롭게 그의 다윈주의 내에로 라마르크적인 요소를 결합하였다. 다윈은 『종의 기원』에서 유전적 변이가 지닌 유전적 원인들에 관해 무지했으며, 그렇기에 자유롭게 기관의 사용과 불사용, 그리고 선천적이며 획득된 형질들에 관한 라마르크의 테제들을 변형시키는 쇠퇴와 자신의 이론을 결합한다.

유들」이라는 부제가 달린 1860년대 후반에 나온 『자연과학과 정치학』
(*Physics and Politics*)의 저자인 배젓(Walter Bagehot)과 같은 인물에
도 친숙했다(이 저작에 대한 참조는 「교육자로서의 쇼펜하우어」의 마지막
절에서 발견된다). 이러한 점들은 또한 니체가 사실상 진화와 적응에
관한 문제에 있어서 종종 자신이 속한다고 명시했던 라마르크의 입장
보다는 다윈의 그것에 더 가까움을 보여 준다.[5] 예컨대 그는 『도덕의
계보』의 제2논문에서 스펜서와는 대조되는 헉슬리를 이용하는 일에
있어서 스펜서적인 라마르크주의에 관해 제임스(William James)와
같은 이들이 행한 공격을 지지한다.[6] 라마르크주의는 적응에 관한 너
무나도 완벽한 모델을 제공했지만 다윈과 니체가 그랬던 것처럼 복잡
한 진화에 있어서 기능적 비결정성의 역할을 강조하지는 않았다. 다윈
에게 최초에 적응적 형질들이 산출해 낸 것이 적응에 있어서 그것들
의 잠재적인 유용성들과는 독립되는 과정이라는 점은 명백하다. 이는
당대 이론가들이 비적응적인 특성에서 기인했다는 것, 또한 현재에 있

---

5) 예를 들어, 니체의 지적인 삶을 통해 획득된 특성들의 타고남이 지닌 라마르크적인 교의
에 충실한 채로 남아 있는 니체에 대해 말하는 W. Kaufmann, *Nietzsche: Philosopher,
Psychologist, and Antichrist*, 4th ed., New Jersey: Princeton University Press, 1974,
pp.294~295를 보라.

6) 스펜서에 관한 니체의 논평은 항상 경멸적이다. 예를 들어, 『즐거운 학문』 373절에서 니체는
그를 이기주의와 이타주의의 극적인 화해에 관해 장황하게 격찬하는 '현학적인 영국인'이
라고 지칭하고, 스펜서적 관점이 적용된 인간 종은 '멸종'될 만하다고 말한다. 『유고』를 보면
니체가 메모하고 논평한 텍스트가 스펜서의 『윤리학 정보』(*The Data of Ethics*, 1879년에 독
일어로 번역)임을 분명히 하고 있다. 『전집』 10권, p.550; 『전집』 11권, p.525를 보라. 스펜서
에 대한 추가적 참고문헌으로는 『이 사람을 보라』, 「왜 나는 하나의 운명인지」, §4; 『우상의 황
혼』 「어느 반시대적 인간의 편력」, §37, §38을 참조. 또한 『선악의 저편』 §253에서는 다윈, J.
S. 밀, 스펜서를 존경할 만하지만 평범한 영국인(mittlemässiger Engländer)으로 묶어 놓았다.

어서 그것이 향유하는 것과는 상당히 다르게 발전해 왔다는 점을 강
조함에 따른 것으로서 '역(逆)적응'(exaptation)이라고 부른 것이다.[7]

니체는 반동적 힘들에 대한 생명의 지지이자 근대성 자체의 승리
로서 자연도태를 독해한다.[8] 니체는 자연도태를 거부하지 않지만, 그
것이 반동적 힘들이 지배의 위상을 획득할 수 있게 됨에 따른 '기계'
론임을 강조한다. 그에게 자연도태는 심리적인 나약함을 북돋우는 거
대한 음의 되먹임의 '기계'론으로, 또한 자기 보존의 기회들을 최대
화하기 위해 무리들로 함께 모여 잘못 구성된 것으로 파악된다.[9] 자

---

7) 역적응에 관한 설명으로는 H. Plotkin, *Darwin Machines and the Nature of Knowledge*, London: Penguin, 1995, p.54 이하를 보라.

8) 이러한 점을 드러내고자 하는 몇 안 되는 주석가들 중 한 사람은 들뢰즈이다. 그는 신과 기독교적인 도덕 문화와 연합한 오래되고 의심스러운 반응적 가치들의 자리에 놓인, 근대성에 특유한 새로운 반응적 가치들의 예로서 "적응, 진화, 진보, 모든 것을 위한 행복 그리고 공동체의 선"을 지목한다. G. Deleuze, *Nietzsche and Philosophy*, trans. H. Tomlinson, London: Athlone Press, 1983, p.151을 보라. 들뢰즈는 반응적인 힘을 ⓐ 적응의 실용주의적 힘과 부분적인 제한성이자 ⓑ (니체가 『도덕의 계보』 제1논문 13절에서 양과 맹금류의 우화에서 보여 주는 번개와 섬광의 분리가 그러한 예인) 그것이 할 수 있는 바로부터 능동적인 힘을 분리시키는 힘, 그리고 ⓒ (니체가 바로 그라는 존재가 지닌 대부분 구성적이랄 수 있는 '인간의 내면화'로서 지적한 과정인) 스스로에 반(反)하여 부정하고 전환하는 힘으로서 특성화한다(p.61).

9) 만일 우리가 자연도태론에 대해 다원적 개념화가 아닌 앨프리드 러셀 월리스의 제안을 따라 본다면, 그것에 관한 열역학의 영향은 더 근본적으로 명백해진다. 1859년 다윈의 『종의 기원』이 출간되기 불과 몇 해 전에, 월리스는 인도네시아의 우림에서 걸린 말라리아로 야기된 환각 경험 이후 자연도태의 원리를 '발견하였다'. 월리스는 "정확히 그것들이 증명되기 전에 있는 대다수의 어떤 불규칙성들을 확인하고 교정하는 증기기관의 원심적(centrifugal) 통제자와도 같은" 원리의 행위들과 비교함으로써 자신의 '발견'을 설명하였다. 월리스는 진화에 있어서의 모방의 역할에 관한 논의의 맥락에서 증기기관의 원심적 통제자 유비와 함께 어떻게 진화가 불균형적인 결핍들이 지닌 잠재적으로 파괴적인 효과들을 거스름을 선호함으로써 작동하는가를 밝힌다. 따라서 기관들의 한 군집에 있어서의 결핍(바꿔 말해, 약점)은 항상 다른 기관들의 발전에 있어서의 증가(예를 들어, 강력한 날개들)에 의해 보완된다. A. R. Wallace, "On The Tendency of Varieties to Depart Indefinitely from the Original Type", C. Darwin and A. R. Wallace, *Evolution by Natural Selection*, London: Cambridge University Press, 1958(reprinted 1971), pp.268~280을 보라. 그레

연도태는 엔트로픽한 경향을 드러내는데, 다윈에 관한 한 주석가는 '적자생존'의 도입이라는 동어반복적인 주제의 본질적 성격을 다음과 같이 잘 표현한다. "자연도태란 차이나게 구성된 개체들의 차별적(differential) 상실에 불과하다."[10]

그러나 자연도태가 되먹임(feedback)의 측면들을 모두 드러낸다는 점은 명백하다. 자연도태는 —— 왜냐하면 이 도식에 있어서 자연도태는 순수하게 기계론적인 경향 하에서 잘 적응하지 못한 것을 '종결 짓는' 것으로서 최적자를 능동적으로 선택하지 않기 때문에 '자연적

고리 베이트슨은 자신의 『마음과 본성』(1978)에서 만일 자연도태론을 안내한 것이 다윈이 아닌 월리스였다면 결국 오늘날 우리는 진화에 관해 상당히 다른 이론을 갖게 될 것이며, 인공두뇌학(cybernetics)은 100년 전에 나타났을지도 모른다고 선언하는 데까지 나간다. 월리스에 대한 보다 나은 통찰력을 위해서는 S. J. Gould, "Natural Selection and the Human Brain: Darwin vs. Wallace", *The Panda's Thumb*, London: Penguin, 1983, pp.43~51; P. J. Vorzimmer, *Charles Darwin: The Years of Controversy*, Philadelphia: Temple University Press, 1970; H. Cronin, *The Ant and the Peacock: Altruism and Sexual Selection from Darwin to Today*, Cambridge: Cambridge University Press, 1991을 보라. 음 혹은 양의 되먹임에 관한, 그리고 생물학에의 활용에 따른 와트 통제장치 논의에 대한 보다 나은 통찰을 위해서는 R. Dawkins, "Explosions and Spirals", *The Blind Watchmaker*, London: Penguin, 1991, pp.195~220을 보라. 또한 K. Sigmund, *Games of Life: Explorations in Ecology, Evolution, and Behaviour*, London: Penguin, 1995, pp.47, 59, 128 이하를 보라. 최근 들어 생물학에서 가장 중요한 기여 중 하나를 한 아이겐(Manfred Eigen)은 '도태'는 눈 멀고 입이 가벼운 사람들이 다윈 이래로 그것을 이해해 온 것이 아니라, 차라리 내적이고 되먹임적인 기계론주의에 의해 '추동된' 고도의 능동적인 과정으로서 이해되어야만 한다고 말한다. 그에게 있어서 도태에 대한 그 자신의 재공식화는 창조적인 진화의 다윈적 개념화에 값어치 있는 기여를 한다. 아이겐은 도태가 어떤 운명 지어진 목적을 향한 태생적 욕동이라고 하는 과정이 아니라, 차라리 최적의 수행을 위한 최선의 항로를 찾는 예리한 탐색으로서의 선택 기능들이라고 하는 목적 지향성의 출현을 제공한다고 하는, 태생적인 비(非)선형적인 기계론주의에 의해 설명된다는 입장을 유지한다. M. Eigen, "Resume: Darwin is dead-long live Darwin!", *Steps Towards Life: A Perspective on Evolution*, Oxford: Oxford University Press, 1992, pp.121~127을 보라.

10) J. Howard, *Darwin*, Oxford: Oxford University Press, 1992, p.22를 보라.

파괴'로 더 정확히 특징지어질 수 있다는 점에서 — (진화에 있어서 중요한 과업은 반抗하여 선택되는 것이 아니라고 하는) 안정성과 보존을 위해 분발하는 유기체와 종들을 굴복시키지만, 변화와 변이적 환경의 도태압(selective pressure)들은 그것들이 반드시 '혼돈의 가장자리'(edge of chaos)에서 혁신적으로 적응을 향한 능력을 작동시켜야만 함을 배워야 한다는 것을 뜻하기도 한다. '붉은 여왕 가설'(Red Queen hypothesis)은 심지어 안정적 환경들조차도 전복될 수 있다고 하는, 즉 비예측적이고 비선형적인 것으로 드러나게 되는 진화에 있어서의 되먹임의 또 다른 사례를 제공한다.[11] 생명체들이 자신이 맺은 '환경'과의 관계에 적합하게 들어맞는 일을 유지함으로써 발전한다는 것은 결코 확실하지 않다. 니체의 눈에 그 강조점이 보존에 찍힌 자연도태는 생명체들의 적응적 계기를 측정하는 수단일 뿐, 비록 '부르주아적인' 것까지는 아니라 하더라도 매우 온건한 진화의 측정수단에 불과하다. 니체가 다윈의 자연도태설에 개입하고 대안적 '생명의 법칙'으로서의 '자기 극복'을 논하는 것은 바로 이 수준 위에서인 것이다. '성숙기의' 사유에서 그는 대안적인 생명에 대한 개념화를 강조한다. 그는 (외생적 혹은 내생적인) 진화의 정확한 기제에 관한 저작인 다윈의 『종의 기원』 출판 이후 벌어진 논쟁에 몰두하게 된다. 참으로, 그것은 진화의 본성과 동기에 관한 이러한 근본적 논쟁의 맥락에 있어서 오늘날의 생물학자들 간의 공동체를 여전히 가르고 있는데, 니체는 특히

---

11) 붉은 여왕 가설에 대한 설명은 Sigmund, *Games of Life*, p.148 이하를 보라. ['붉은 여왕 가설'은 계속 진화하는 경쟁 상대에 맞서 끊임없이 노력을 해도 그만큼 진화하지 못하는 생명체는 소멸한다는 가설이다.]

(『도덕의 계보』제2논문에 있는) '힘에의 의지'라는 개념을 가장 간단명료한 정식으로 제공한다. 궁극적으로, 니체는 생명에 대한 **가치평가와 측정** 위에 놓인 특정한 '가치들', 특히 보존의 가치와 유용성을 논함으로써 그것이 가정하는 자연도태를 **독해해** 내고자 한다. 따라서 도덕의 계보학에서 수행된 가치들의 재평가에 관한 근본적인 측면은 '다윈적' 가치들에 대한 재평가 작업이 될 것이다.[12] 하지만, 내가 조명하고자 하는 이러한 재평가가 중요한 문제들을 결여한 것이라고는 볼 수 없는데, 왜냐하면 그것은 자연에 대해 보증되지 않은 인간중심주의화라는 복잡한 사안을 불러일으키고 자연적이고 기술적인 생명의 물화에 대응되는 것이기 때문이다.

『도덕의 계보』에서 니체가 철학과 심리학 그리고 의학 간의 풍요로운 상호교환이라고 부른 것들을 통해 뛰어넘고자 한 것은 가치의 지평을 확장하는 것이었으며, 이에 따라 "가치와 도덕의 이러저러

---

12) 다윈이 자연도태 원리와 더불어 진화를 설명하기 위해 기계론주의를 제공했다고 하는 것은 확실한 것으로 볼 수 없다. 예를 들어, 『종의 기원』세 번째 판에서 그는 자연도태가 귀납적인 변이성으로 설명되지 않음을 명백히 한다. 차라리, 그것은 오로지 '생명의 조건들 하에 존재하는 데 대해' 유익함이 생겨나고 증명되는 변이들의 보존을 함축할 뿐이다. 같은 절에서 그는 자연의 어떠한 의인화도 피하고자 '자연도태'라는 표현이 지닌 독창적이고 은유적인 성격을 강조한다. 이에 대한 추가적인 분석은 R. M. Young, *Darwin's Metaphor: Nature's Place in Victorian Culture*, Cambridge: Cambridge University Press, 1985, p.95 이하를 볼 것. '자연도태'를 오독된 구(句)로 떨어뜨리고자 하여 다윈을 취하고자 한 이는 바로 월리스였으며, 그것은 '적자생존'으로 대체된다. 후에 다윈에 대해 그는 '자연도태'가 은유적인 표현으로서 '간접적인' 그리고 '부정확한' 것임을 주장한다. 그는 우리가 만일 자연을 의인화해야 한다면, 자연은 선호되지 않는 것들을 **멸종시키는** 것으로서의 변이들을 수없이 **택하지** 않는다는 점으로 인해, '자연적 멸종'에 대해 말하는 것이 나음을 말한다. D. B. Paul, "The Selection of the 'Survival of the Fittest'", *Journal of the History of Biology*, vol.21, no.3, 1988, pp.411~424를 볼 것.

한 표들이 갖는 가치란 무엇인가"라는 식의 근본적인 물음을 통해 폭넓은 관점들이 가져다주는 이익을 검토할 수 있다는 데에 있다. 니체는 '생명'의 근본적 물음에 관련된 아주 단순한 환원론을 막기 위해 그러한 다원주의(pluralism)를 옹호한다. 그는 자연도태를 그러한 환원주의적 접근 그 자체로 이해한다. 또한 그가 특정한 기후에 대한 적응력(Anpassungskräfte)의 개선, 곧 가장 많은 수의 개체의 보존과 같은 '종'(種)의 생존에 관련된 명백하고 막대한 가치를 소유한 어떤 것에 대해 날카롭게 지적하는 것은 '더 강한' 유형의 생산(herausbilden)에 관한 물음과는 결코 동일한 가치를 향유하는 것이 아니다. ─ 설령 말이 그렇다 하더라도. 그는 그것이 오로지 융합된 것에 관련된 가치가 지닌 두 가지의 물음을 허용할 뿐인 영국 생물학자들의 순진함 때문이라고 말한다(『도덕의 계보』, I §17). 내가 다루고자 하는 이러한 특정한 국면은 니체가 다원주의에 응하는 것이 생물학적 이론이 아니라 사회적 다원주의로서의 사회 이론임을 보여 주는 것이라는 점이다.

자연도태를 통한 전개에 있어서 니체는 위버멘쉬의 실험적 창조가 지닌 우월한 형질을 '다원적' 항목이 아닌, 사물의 질서 하에 있는 다양성과 차이의 잡종적 출현상의 특정한 강세 위에서 다룸으로써, 창발적인 문화적 복합성과 탈영토화라는 개념을 통해 형상화해 낸다. 위버멘쉬는 니체적 사유의 여러 면들 위에서 작동한다. 즉, 특이성과 비교 불가능성의 사유로서, 또한 인조 인간적 미래라고 하는 초(超)경제적 사유로서, 또한 복잡한 진화와 같은 '상위의' 유형의 비전으로서. 그것의 의미는 인간에 대해 우리가 알고 있는 바 그리고 우리가 여전히 그것에 대해 무엇이 될 것이라고 생각하는 바와 같은 것과는 근본적으로 다른 관련성을 갖는 모두에 대해 그러하다. 즉, "상대적으로 초인적인 유형은 그것의 좋음(the good)에 대한 관련성 하에서 정확히 초인이다. —— 좋음과 공정함은 이러한 초인을 악마로 부르게 될 것이다." (『우상의 황혼』「나는 왜 하나의 운명인지」, §5) 그러한 상위 유형의, 더 강하고, 발전 가능성 있는 '종들'이 초인 하에서 기표화된다는 것은 점점 더 내적인 사항들 하에서 통합되어 생성됨으로써 인류의 "이해관계와 종사관계를 가진 집합적 기계(machinery)"인 인류에 의해 가능할 "인류의 사치스러운 잉여의 분비물"을 대표하는 일이 된다. 인간적이고 문화적인 진화의 면 위에 존재하게 될 것은, 현재에도 일어나고 있는 것으로서 니체가 안정적인 적응의 한 종류라고 말한 바의 것이다. 대지의 공통된 경제적 관리가 한 번 성취되고 나면, "인류는 이러한 경제에 복무하는 기계로서 자신의 최선의 의미를 찾게 될 것이다". 명령과 지배를 필요로 하는 경제적 발전이라고 하는 인간과 기계의 지적 공생은 불필요한 일이 될 것이다. 즉, "더 작아지면 작아질수록 섬세하게 '적응된' 기어들로 구성된 거대한 시계, 또한 **극소의 힘, 극소의 가치들**을 대표하는 개별적 요소들을 지닌 모든 것을 지배하고 명령하는 요소들의 영원한 성장을 담보한 잉여성."(『힘에의 의지』, §866; 『전집』12권, pp.462~463) 또 다른 면(面) 위에서 진화는 특정화된 유용성과 "종합적이고 축약적인 인간"의 산출과는 멀리 떨어진 반대 방향에서 일어날 것이다. "기계 내로의 인류의 변형"이 지닌 실존이란 이러한 새로운 초인적 유형의 출현과 육성이 갖는 선(先)조건인 것이다. 만일 누군가가 이러한 미래의 그림을 도덕적으로 보길 원한다면, 인간-사회 '기계'의 "총체적인 기계성"과 "모든 기어들의 연대"가 인간에 대한 극단적 착취의 최고 지점을 대표한다는 식의 니체의 주장을 인정해야만 할 것이다. 그럼에도 불구하고 그는 이러한 상위의 진화가 "착취가 갖는 의미를 설명해 낸다고 하는 점을 전제조건으로 삼는다"고 주장한다. 니체는 모든 이의 증가된 비용이 모든 이의 증가된 복지를 포함하게 될 것이라는 의견을 견지함으로써, 현재의 시간을 지배하는 "경제적 최적주의"에 대한 대항마로서 이러한 초인의 비전을 제시한다(『힘에의 의지』, §866; 『전집』 12권, pp.462~463. 또한 『힘에의 의지』, §898을 보라). 여기서 우리는 니체가 다윈에 의해 가정된 '자연적' 유형에 동반된 근본적으로 낯선 특정한 선별의 실천 위에 놓인, 인간 공학과 그의 미래적 생성에 관한 총체적이고 상이한 개념화를 동반한 근대 사회 진화의 '평준화 경향들'과 투쟁하고 있음을 발견하게 된다. '인간'에 대한 니체의 인위적인 선별은 동등한 권리와 주장들을 가진 난쟁이만 한 동물인 인간의 동물화와 투쟁하는 것을 목표로 삼는다(『선악의 저편』, §203). 자신의 글에서 니체는 종종 완벽한 무리적 동물의 보존과 영국적인 경험주의 및 자유주의를 동일시한다(『우상의 황혼』, pp.92~93). 다윈, 스펜서 그리고 존 스튜어트 밀과 같은 '인도적인 영국인들'은 그저 음악이 부족할 따름이다. 또한 그들 사유의 운동은 리듬과 춤을 회피한다. 참으로, 이 사상가들에게 부족한 것은 "정신적인 지각의 진정한 **심오함**, 간단히 말해 철학이다"(『선악의 저편』, §252). 영국적인 서투름과 촌스러운 진지함이랄 수 있는 최상위의 인도적 성취가 줄 수 있는 유일한 비전은 '구세군'적인 유형의 것일 따름이다(같은 곳).

니체는 『도덕의 계보』의 '역사적 방법'에 관한 결정적인 절에서 진화와 선별의 참신한 가치화를 제안한다. 힘에의 의지론은 (외적 환경과 자극에 대한 내적 적응인) '적응'(Anpassung)을 전면에 내세우지 않는다. 니체에게 이는 삶에 대한 총체적이고도 '반동적인' 개념이다. 삶의 '능동적' 개념은 오로지 그 강세가 적응이 아닌 '자발성', '확장'(übergreifenden) 그리고 "새로운 방향과 해석을 제시하는 자기 형성적 힘들(gestaltenden Kräfte)인" 자기조직화가 우선에 놓일 때에만 받아들여질 수 있다(『도덕의 계보』, II §12). '적응'은 변형적 힘들이 스스로의 영향력을 발휘한 후에만 일어날 수 있는 부차적인 효과이다. 니체는 자기 구성적 힘들의 우선성을 통해 진화에 대한 개념화를 정식화하는 지점인 『도덕의 계보』 해당 절에서 다윈을 언급하는 대신 허버트 스펜서를 지목한다. 그러나 그가 설령 복합적인 삶의 생성에 있어서 자발적이고 조형적인 것의 '능동성'(Aktivität)이 갖는 탁월성을 설명하기 위해, 또 '힘에의 의지'라는 개념에 대한 자신의 가정의 중심에 영국 다윈주의에 대한 부정확한 비판을 행한다 하더라도, 1886년의 말미에서 1887년 초에 이르는 기간 동안의 『유고』(카우프만 역본 『힘에의 의지』에서는 단지 1883~1888년이라고 언급되어 있다)에 드러난 이에 관한 결정적인 절은 학문적인 틀을 가진 것임을 명확히 한다 (스펜서가 아닌 다윈이야말로 니체가 이 구절에서 최초로 정식화한 인물로 언급된다). '외적 환경들'(ausseren Umstände)의 영향력에 대한 강조와는 대조적으로 그는 삶의 과정에 있어서의 본질적 현상이 정확히 "조형적이고, 형상을 창조해 내는 거대한 힘"(ungeheure gestaltende herformschaffende Gewalt)으로부터 작동하고 그 결과 '외적 환경들'을 이용하고 개발하는 것임을 강조한다(『힘에의 의지』, §647; 『전집』 12

권, pp.304~305).

대부분의 경우 그의 힘에의 의지라는 개념이 (특히 루Wilhelm Roux 와 같은) 1880년대 초기 실험 발생학 그리고 (특히 네겔리Carl von Nägeli 와 같은) 계통발생설에 대한 독해에 고무된 것임은 거의 강조된 바가 없다. 니체가 『도덕의 계보』 제2논문에 나온 결정적인 12번 절에서 모양 짓고자 한 그러한 생각들을 발전시킨 지점은 『유고』의 원 구절 중 하나에서 '다윈주의에 반하여'(Gegen den Darwinismus)라는 제목이 붙어 있었다. 니체가 그 작업에서 심화한 '진화'(Entstehung) 혹은 생성에 대한 이해의 근본, 바꿔 말해 그러한 '진화'를 설명해 내기 위해 결코 도입한 적이 없는 기관의 '사용'을 도입하고자 함은 바로 그러한 방법론적 원리를 따름으로써 시작된다(『전집』 12권, p.304). 이러한 원리는 진화에 대한 네겔리의 이론에서 정확한 대응물로 발견된다.[13] 네겔리는 진화를 분자적인 힘들(Moleculärkräfte)의 영향력 하에서 작동하는 외적 원인과 내적 원인 간의 종합에 따라 발생하는 것으로 파악

---

13) 네겔리는 진화에 관한 자신의 이론서 『기계-생리학적 진화론』(Mechanisch-physiologische Theorie der Abstammungslehre, Leipzig Oldenburg, 1884)을 출판하였다. 그것은 두 권짜리인데, 1권은 '과학 지식의 한계'(Die Schranken der naturwissenschaftlichen Erkenntnis)이고, 2권은 '분자 영역의 힘과 구조'(Kräfte und Gestaltungen im moleculären Gebiet)이다. 니체와 네겔리 사이의 이러한 대응은 오르수치에 의해 전문적인 주석이 붙어 있다. A. Orsucci, "Beiträge zur Quellenforschung", Nietzsche-Studien, vol.22, 1993, p.380 이하. 또한 A. Orsucci, Orient-Okzident: Nietzsches Versuch einer Loslo sung vom europa ischen Weltbild, Berlin and New York: Walter de Gruyter. 1996, pp.53~57을 보라. 나는 그의 가장 최근의 연구에 관해 사전에 발표된 복사물을 보내 준 저자에게 감사한다. 이 작업에 대한 영어 번역본인 C. von Nageli, A Mechanico-Physiological Theory of Organic Evolution, trans. V. A. Clarke and F. A. Waugh, Chicago: Open Court, 1898은 단순히 그의 연구에 대한 네겔리의 요약 번역본을 합쳐 놓은 것이다. 원래의 작업은 500쪽이 훨씬 넘는다.

한다. 그는 또한 외적 조건들에 대응시켜 (힘의 훨씬 더 발전된 '얼개들'인) 증가한 복잡성이라는 내적 요소들의 우선성에 따라 발생하는 적응에 의거해 진화를 설명한다. 자연도태는 계통발생학적인 나무의 가지를 쳐내지만 성장을 위한 새로운 가지들을 만들어 내지는 않는다. 계통발생학적 과정은 이중적인데, 힘들의 조합은 새로운 배치를 산출해 내고 새로운 배치는 힘들의 새로운 배치를 산출해 낸다. "내적 힘들의 행위에 의해 끊임없이 증가하는 복잡성"이라는 이러한 과정은 "그러한 자동적이고 완벽한 과정이자 …… 유기적인 물질의 엔트로피를" 구성해 낸다.[14] 네겔리에게 변이의 복합적인 실재성을 설명해 주는 것은 바로 내적인 것과 외적인 것 간의 이러한 이중적 과정과 그 결과적 행위이다. 즉, "그러한 동일한 외적인 원인들이 유기체 및 다른 것들이 갖는 환경의 본성에 따라 야기된다는 것은 결과로서의 변이와는 매우 상이한 것이라 할 수 있다. 그러나 그러한 내적인 재배열은 매우 한정된 변이들이라는 제한된 사례에서만 산출된다."[15]

니체에게 힘에의 의지는 "더 거대한 복잡성, 날카로운 차이화, 발전된 기관과 기능들의 우연성"의 결과를 낳은 해석과 연결의 무의식적 과정에 따른 복잡한 진화 하에서의 능동성이다(『힘에의 의지』, §502, §532).[16] 다만 니체의 주장은 힘의 변이들이 스스로 그러함을 느낄 수 없다는 데에 있다. 오히려 "거기에는 성장하길 원하는 가치라면 무엇이든지 성장하고 해석하길 원하는 어떤 것이 현존해야만 한다"

---

14) Negeli, *A Mechanico-Physiological Theory of Organic Evolution*, p.8.
15) *Ibid.*, p.20.

(『힘에의 의지』, §643). 참으로, 니체는 이러한 힘이 "훨씬 더 새로운(더 '힘있는') '물질'을 공급하길 욕망한다"고 주장할 정도로 조형적 힘을 특권화하는 데에까지 나아가며, 이와 관련하여 알[卵]로부터 유기체를 구축하는 '업적'에 관하여 말한다(같은 책, §660). 더욱이 거대한 복잡성이란 단순히 더 거대한 덩어리에 입각한 더 큰 힘을 의미하는 것이 아니다. 즉, 그 강조점은 질에 있는 것이지 힘의 양에 있는 것이 아니다. 최근 '복잡계' 이론가들이 강조해 온 바에 따르면 복잡계 하에서 진화의 이정표는 구성요소의 수가 아니라 구성요소들이 지닌 상이한 유형의 수에 있다.[17] 기계론주의에 대한 니체의 총체적인 공격은 힘과 형식에 대한 이러한 질적인 이해 속에서 그 원천을 갖는다(그는 기계론은 묘사만 할 수 있을 뿐, 진화의 과정을 설명해 내지 못한다고 말한다.—같은 책). 진화에 있어서 '유용성'의 개념은 명백히 문제적인 것이다. 니체는 스스로 복잡한 진화를 인식하는 '개인'이라는 관념을 정식

---

16) 니체는 유기적 기억을 정확히 무의식적 형성에 따라 이해한다. "우리는 기억에 관한 우리의 생각들을 개정해야만 한다." "여기에는 시간의 바깥이자 재생산이자 인식들인 '영혼'을 가정하고자 하는 주된 경향이 놓여 있다. 그렇지만 경험된 것인 그것은 '기억 안에서'라는 것 위에서 산다. 곧, 나는 만일 그것이 '되돌아' 온다면, 어떤 사유의 도래에 있어서도 그러한 의지가 이 경우에 있어서 나태한 것이라고 하지 않을 수 없다. …… 판단이 일어나기 전에, 동화의 과정은 이미 일어나 있어야만 하는 것이다. 그렇기에 여기서는 또한 의식에 들어가지 않는 지적인 행위가 존재하는 것이다. …… 아마도 내적 사건은 각각의 유기적 기능에 대응할지도 모른다. 또한 그렇기에 동화, 거부, 성장 등등……." (『힘에의 의지』, §502, §532)

17) 이 점에 관해서는 P. T. Saunders and M. W. Ho, "On the Increase in Complexity in Evolution", *Journal of Theoretical Biology*, vol.63, 1976, pp.375~384; "On the Increase in Complexity in Evolution II", *Journal of Theoretical Biology*, vol.90, 1981, pp.515~530을 보라. 이 저자들은 그것이 진화에 있어서의 성장을 의미하는 '유기체화'가 아니라 '복잡화'임을 말한다. 유기체화에 있어서의 점증이라는 것은 단순히 체계가 복잡성 하에서 발전할수록 유기체화는 생존을 촉진할 것을 요구한다는 것이 되어 버렸다는 점에서 이차적인 효과로 취급된다.

화하는데, 예컨대 "상이한 부분들을 갖는 '기관의 생성'"과 퇴화를 통한 과정 ── 먹을 것, 공간 등을 향한 ── 이랄 수 있는 부분들 간의 투쟁에 따른 개별적 진화를 말하는 지점에서 그러하다(같은 책, §647). 더욱이, 그는 그러한 '새로운 형식들'이 그 내부로부터 탄생되고 주조되었다는 점에서 어떤 목적과 더불어 형성된 것이 아니라고 주장한다.[18] 기관들의 자발적인 생성에 있어서 그러한 상이한 부분들 간의 투쟁은 결국 일정 부분 유용성과 관계되는 새로운 형식이라는 결과를 낳는데 이는 결국 그러한 사용에 대응하여 점점 더 그 자신을 완벽하게 발전시킨다. 따라서 유용성에 대한 다윈의 개념화를 논박하는 물음이 그리 중요한 것은 아닌 것이 되는데 이 지점에서 '유용성'은 다른 것들과의 투쟁 하에서 유리한 것으로 증명되는 것과 같은 뜻을 갖지만[19] 지위에 따른 질서를 구축해 냄으로써 결국 "진정한 발전"이란 "적자생존"으로서의 생명의 투쟁 하에 있는 어떤 유용성과는 동떨어진 "더 강해지고 있다는 느낌"인 힘의 증가라는 느낌 하에 위치하게

---

18) J.S. Wicken, *Evolution, Thermodynamics, and Information: Extending the Darwinian Paradigm*, Oxford: Oxford University Press, 1987, p.62와 비교하라. 즉, "적응은 목적이라기보다는 차라리 결과라는 의미에서 진화의 '종결'이다."

19) 실용주의적 접근에 관한 다윈적 정당화를 위해서는 C. Darwin, *The Origin of Species*, Harmondsworth, Middlesex: Penguin, 1985, p.227 이하를 보라. 실용성에 대한 다윈의 사유는 니체가 허용하는 것보다 훨씬 더 큰 주제이다. 그는 니체의 지적을 사실상, 그가 "수많은 변이들, 성장의 법칙에 대한 총체적 의무 그리고 무엇보다도 하나의 종(種)에 대해 결코 유리하지 않은 것들이, 결과적으로 이러한 종들의 더 변이된 후예들로 여전히 이점을 누려 왔다"고 말하면서 인정한다(p.232). 따라서, 모든 변이와 체계화가 자연도태를 통해 획득된다는 것이 다윈의 경우에 있어서는 그렇지 않은 것이다. 차라리, 도태는 생명을 향한 투쟁 하에서 변이에 '유리한 변이들'에 의해 만들어진 '보존적인 힘'으로서 작동한다.

된다(같은 책, §649).[20] 따라서 니체는 '보존을 향한 욕동'이 유기체적 생명의 진화에 있어서 가장 중요한 욕동임을 받아들이지 않는다.

> 우리는 자기 보존 의지에 대하여 원형질의 가장 기본적이고 원초적인 활동들의 탓으로 돌릴 수는 없는데, 왜냐하면 그것 자체가 보존되기를 요구받는다기보다는 모순되게 취해지는 것이기 때문이다. 따라서 무엇보다도 그것은 가장 기본적이고 원초적인 활동들과는 멀리 떨어져 "스스로를 보존한다". 이를 규제하는 그러한 욕동은 자기 보존을 향한 욕동의 부재로 정확하게 설명될 수밖에 없다. (같은 책, §651)

다윈주의는 외적 환경의 영향이 갖는 특권 때문에 진화에 있어서 유용성을 과대평가한다. 생명의 원리적 법인 '자기 보존'을 가정하는 일에 있어서 니체는 근대 자연과학이 (모든 살아 있는 것들이 자신의 존재를 스스로 유지하고자 한다는 생각과 같이) 실존의 특정한 조건인 진화의 일반원리로서 잘못 보편화된 "스피노자적 교의"에 얽매

---

20) 물론, 니체는 자신의 목적과 자신의 입장이 지닌 급진적 차이를 끌어내기 위해 고의적으로 다윈을 오독한다. 다윈에게 '적자'라는 것이 오로지 주어진 환경에 관련되어서만 만들어지는 의미임은 명백하다. 그것은 완전도의 절대적 규모를 지칭하는 것이 아니며, 그렇기에 니체가 사회 이론 혹은 문화 이론으로서 읽은 자연도태론에 대해 묘사한 것에는 목적론적 의도가 결여되어 있다. 그러나 니체는 '적자생존'이 만일 반응적인 것이 아닌 삶의 원리라면, 수동적인 것임을 뜻한다고 하는 주장을 바로잡는다. 유용성 혹은 적응도에 대한 유일한 비판은 자연도태 자체의 과정, 바꿔 말해 선택의 결과인 것이다. '적자생존'이라는 관용어의 명확화를 위해서는 R. Dawkins, *The Extended Phenotype*, Oxford: Oxford University Press, 1982, pp.179~194를 보라.

여 있다고 말한다.[21] 그는 "'실존을 향한 투쟁'이 갖는 불가해한 측면의 교의"에 대해 말하면서 맬서스는 본래적인 것이 아니라고 경고한다.[22] 이와 달리, 영국적 다윈주의는 "곤궁한 사람들의 냄새와 작은 사람들의 운집과 같이 영국의 인구과잉이 낳은 케케묵은 공기"를 호흡한다.[23] 따라서 그는 본래 지배적인 곤궁(Nothlage)과 결핍의 조건이

---

21) B. Spinoza, *The Ethics*, trans. R. H. M. Elwes, New York: Dover Publications, 1955, pp.136~137을 보라.

22) 1875년 초기에 니체는 생명의 경제 하에서 가장 중요한 원리로 가정될 수 있는 '존재를 향한 투쟁'에 대해 논쟁을 벌인다. '다윈주의에 대하여'라는 제목이 붙은 노트를 보라(『전집』 8권, 12[22], pp.257~259). 맬서스에 대한 다윈의 참조로는 Darwin, *The Origin of Species*, p.117을 보라. 거기에서 그는 진화에 대한 자신의 개념화가 "맬서스적 교의가 총체적으로 동물적이고 식물적인 왕국들에 대해 복수적인 힘과 더불어 적용된 것이다"라고 언급한다. 자연도태에 따른 진화는 자신의 개체수를 증가시키고자 하는 유기체적 존재들의 분발에 따른 무한하게 기하급수적인 증가와 유포상 자연의 감시와도 같은 것으로 이해된다. 즉, '자연의 얼굴'이라는 도식적인 구절에서 그는 "묶여 있는 만 개의 날카로운 쐐기들과 더불어 다산적인 외양에 비교될 수도 있을, 또한 부단한 타격들에 의해 내향적으로 충동질된, 때로 하나의 쐐기가 또 다른 더 큰 힘에 의해 타격받은 상태"라고 쓴다(p.119). 다윈이 비글호에서 발견한 5년간의 긴 여행 끝에 1836년에 고향인 영국으로 돌아가게 되었을 때, 그가 자신의 전기 작가들에게 "재활성화된 맬서스적 세계"에 대해 한 말에 따르면, 새로운 빈민구제법이 '중산 계급적인 맬서스적 가치들'인 자유방임적(Whig) 철학이라는 효과를 산출했다는 데로 되돌아간다. A. Desmond and J. Moore, *Darwin*, London: Penguin, 1992, p.196을 보라. 맬서스는 『인구론』(1798)이라는 고전적인 글의 서장에서 확고한 '자연법칙'에 따른 인구성장에 관한 자신의 견해들에 관해 명쾌한 설명을 제공한다. T. Malthus, *Essay on the Principle of Population*, ed. G. Gilbert, Oxford: Oxford University Press, 1992.

23) 어느 정도는 불가피하게, 그리고 아마도 불공평하게 니체는 진화에 관한 다윈의 개념화의 원천을 맬서스뿐 아니라 헤겔에게도 위치 짓는다. 즉, "헤겔 없이는 다윈도 존재할 수 없었을 것이다."(『즐거운 학문』, p.357) 헤겔과 다윈 간의 유대는 우선 1873년의 『반시대적 고찰』 I(§7)에서 슈트라우스(David Strauss)에 대한 그의 통렬한 공격에 의해 윤곽이 그려지고 탐색된다. 헤겔이 다윈과 연결되는 것은 합리적인 것으로서 헤겔을 '실재'적인 것에 대한 숭배자이자 '성공'에 대한 예찬자'라고 하는 것은 명백하다. 그가 슈트라우스를 혐오하는 것은 '진정한 다윈적 윤리학'을 가능하게 하는 진화론으로부터의 음흉한 시도 때문이다. 니체의 지적은 강한데, 즉 자연과학의 법칙들로부터 윤리적 가치들을 도출하려는 어떠한 시도도 "허용된 경계들을 넘어서는 극단적인 이성의 의인화"를 대표한다는 것이다. 슈트라우스에 반(反)하는 니체의 입장이 갖는 목소리는 스티븐 제이 굴드가 1990년 에딘버러 상

라기보다는 과잉(Überfluss), 낭비(Verschwendung), 심지어는 모순(Unsinnige)의 관점에 선 조건인 다윈주의에 반(反)하여 주장한다. 실존을 향한 투쟁은 "생(生)의지(der Wille des Lebens)가 갖는 일시적인 엄격함"으로 간주되어야만 한다는 것이다. 이는 "생의지"의 정식화된 원리인 "힘에의 의지"를 알아야만 하는 일이기도 하다(『즐거운 학문』, §349).

따라서 생명에 대한 기만의 대안으로서 니체가 정식화한 힘에의 의지로서의 삶에 대한 개념화는 '영국적 다윈주의'가 간과한 것을 제

─────────────

수상식에서 행한 연설에서도 들을 수 있다(S. J. Gould, *The Individual in Darwin's World*, London: Weidenfeld & Nicolson, 1995). 또한 다음을 보라. "칸트, 플라톤 그리고 라이프니츠로부터 우리를 분리시키는 것은 심지어 우리가 정신(Geistigen)의 범위에서조차 생성한다고(das Werden) 믿는 것이며, 우리는 속속들이 역사적(historisch)이라는 것이다. 이는 라마르크와 헤겔에 대한 거대한 반전이다.─ 다윈은 오로지 후속효과에 불과한 것이다."(『전집』 11권, p.34[73]) 물론, 우리는 다윈에게 가장 중요한 영향을 미친 것은 지질학자 찰스 라이엘(Charles Lyell)이었음을 알고 있다. 다윈이 그와 함께 한 비글호 여행에서 취한 오로지 의미 있는 과학적 보고가 라이엘의 『지질학 원리』(*Principles of Geology*) 제1권이었다는 것이다(제2권은 그가 후에 여행 중에 입수했다).
흥미롭게도, 역사(Geschichte)에 대한 니체 자신의 개념화는 헤겔주의의 영향이 아닌 차라리 지질학 그리고 '지층들'(die Schichten)의 개념 하에서 작동한다. 왜냐하면 그것은 그가 역사를 역사적 진화주의나 역사주의의 모든 형식에 반대한다는 지층화의 과정들에 따라 지질학적으로 읽기 때문이다. 지질학은 '역사'를 감추고 벗기는 일을 확립하는 **생성의 잠재면**(virtual plane of becoming)이라는 통찰력을 허용하기 때문이다. 이 점에 관해서는 니체가 지속 중인 과거에 대해 "백 개의 물결 속에서 우리 안에 계속 흘러간다"고 말하는 곳인 '우리는 어디까지 여행해야만 하는가?'라는 제목이 붙은 「잡다한 의견들과 경구들」의 탁월한 223절을 보라. 과거를 진정으로 발견하기 위해서는 우리가 이 장소에서 저 장소로 이동하고 광활한 거리를 끝없이 건너뛰는 수천 마일을 여행할 필요가 있다는 것이다. 그 과정은 차라리 새로운 생성 중에 있는 과거라는 시간의 묻힌 잠재성을 활성화하고 실재화하는 것들 중 하나인 것이다("따라서, 나는 그것을 의지한다!"는 것은 정확히 계보학적인 것이자 역사적인 시간의 순간적인 흐름을 짚어 내는 계기라고 하는 상태이다). 「잡다한 의견들과 경구들」의 구절은 '자기 인식'과 '자기 결정'이 보편적인 지식과 **보편적인 결정**이 되어 버렸다고 하는, 가능한 미래/미래적인 인간성(zukünftige Menschenthum)에 대한 시사와 더불어 종결된다.

공해 왔다. 니체에게 삶의 과정은 그 내부로부터의 작업에 따른 조형과 창조에 의거하여 발전한 것으로서, 사치스러운 실험을 행하기 위한 자신들만의 장(場)으로서 외적 환경들을 이용하고 착취해 냄에 따른 것이다. 그러한 '유용성'은 스스로를 이러한 복잡한 과정의 간접적 결과로서 확립해 낸다. 따라서, 예컨대 니체는 결핍이나 퇴보조차도 상이한 기관들을 자극하는 행위인 한에서 최고도로 유용한 것으로서 증명될 수 있다고 말한다(『힘에의 의지』, §647).[24] 그는 심지어 확장성이 아닌 강도에 따라 '힘의 최고조의 느낌'인 강함의 진화를 어림하는 일까지 나아간다(즉, 더 강해지고 있다는 느낌은 실존을 향한 다원적인 투쟁과 같이 다른 것들을 뛰어넘는 비교우위에 의존해서는 안 된다). 생명에 관한 자신의 이론에 있어서, 니체가 생명의 목표와 목적이라는 관점을 날카롭게 비판하는 대목은 (홉스, 스피노자, 애덤 스미스, 다윈류의) 자기보존인 반면, (이러한 극복의 결과인 보존을 동반한) 힘을 단지 거두어들일 뿐인 것으로부터 빠져나와 강조하는 것은 바로 살아 있는 것들이 향유하는 것이다(『힘에의 의지』, §650). 그러한 '보존본능'은 생명에 대한 완전한 이해에 있어서 피상적이고 목적론적인 원리에 불과하다.

---

24) 앞서 언급된 1875년의 『유고』(8, 12[22])는 존재를 향한 투쟁(Kampf um's Dasein)의 원리에 대한 본질적인 도입과는 대조적으로 '새로운 것의 감염'이 어떻게 받아들여지고 동화되는가에 대한 논의의 맥락에서 퇴화적 본성의 중요성을 강조한다. 1875년의 이 『유고』는 '퇴화를 통해 고상해짐'이라는 제목으로 『인간적인 너무나 인간적인』의 224절이 되었다. 부분적으로 다음과 같이 기술하고 있다. "퇴화해 가는 본성들은 진보가 이루어지는 모든 곳에서 지극히 중요한 의미를 지닌다. 대개 모든 진보에는 어떤 부분적 약화가 선행되어야 한다. 가장 강한 본성들은 유형을 **계속 지켜 나가고** 좀더 약한 본성은 유형을 **계속 형성해 가는** 것을 도운다. …… 저 유명한 생존경쟁이 개체나 종의 진보나 강화가 해명될 수 있는 유일한 관점이라고 여기지 않는다." 퇴화와 결핍에 의해 작용하는 되먹임 메커니즘에 대한 니체의 해석은 앞서 언급한 월리스의 글 결론에서 내린 주장에 가깝다.

부분 간의 투쟁이라는 문제에 대한 니체의 생각은 루(Wilhelm Roux, 1850~1924)와 그의 1881년 작품인 『유기체주의에 있어 부분의 투쟁: 기계론적 합목적성에 대한 강의의 충족에 관한 논고』의 영향 하에서 발전했는데, 여기서는 자연도태가 순수하게 외생적인 영향에 의존하기 때문에 **기관형성**(Organbildung)을 설명해 낼 수 없다고 주장했다.[25] 니체는 1883년에 기록한 저작에서 핵심적인 통찰들을 인용한다(『전집』 10권, pp.272~275, 302~304). 그가 '조형적 힘들'에 대한 정식화와 다윈에 대한 비판이라는 맥락이 갖는 중요성을 탐구하기 시작한 것은 바로 1886~87년 『유고』에서의 후기 몇 년에서만이다(『전집』 12권, p.304 이하를 보라). 니체는 '조형적 / 구성적 힘들'(혹은 '변형적 힘들')의 개념을 루에게서 빌려 온다. 그러나 그 개념은 니체에게 있어서 기관들의 진화에 대해 엄격하지 않았으나, 생물학적·생리학적·문화적 혹은 기술론적 영역들에 관계없이 다채로운 형태들을 적용해 볼 수 있는 '역사적 방법'의 원리인 힘에의 의지에 관한 가정에 있어서는 근본적인 역할을 행한다.

우리가 커다란 노력을 통해서만 도달할 수 있는 것만큼 모든 종류의 역사 연구에 있어서 중요한 점은 존재하지 않는다. …… 사물의 출현

---

25) 루의 작품에 대한 니체의 활용에 관한 충분한 세부사항들에 대해 『전집』 14권, pp.684~686에 제공된 편집자의 말, 그리고 W. Muller-Lauter, "Der Organismus als innerer Kampf", *Nietzsche-Studien*, Bd.7, 1978, pp.189~223을 보라. (힘에의 의지의 결과로서의) 기초적인 유기적 기능으로서 '살아 있는 것의 본질'에 속하는 것에 대한 '개척'(Ausbeutung)이 루에 대한 그의 독해에서 상당 부분을 차지한다는 니체의 주장은 의심할 것이 없다. 『선악의 저편』 259절을 보라.

과 그것의 궁극적인 유용성이 갖는 시원, 목적(Zwecken)을 지닌 체계로의 실용적 적용과 결합이란 **천양지차**(toto caelo)이다. 또한 실존 하에 있는 어떤 것이든 간에 그에 관련된 것은 끊임없이 새롭게 해석되고, 새로울 것이 요구되며, 그것에 비해 보다 강한 우월함에 따라 새로운 목적으로 변형되고 재설정된다. …… 유기체적 세계에서 일어나는 모든 일은 **압도적이고**(Überwältigen) **지배적인**(Herrwerden) 것으로 구성되어 있으며, 적응으로 재-해석된 압도성과 지배성, 또한 과거의 '의미'와 '목적'(Zweck)의 과정은 필연적으로 애매해지거나 완벽하게 제거된다. (『도덕의 계보』, II §12)[26]

니체는 나아가 역사 계보학적 방법의 주요 원리로서 사물이나 기관의 '발달'(Entwicklung)이 목적을 향한 '과정'에 따라, 가장 명확히는 '논리적 과정'이 아닌 것에 따라 다루어지는 하나의 길 안에 있다고 주장한다. 차라리 '진화'는 내재적이고 개방적인 역동성의 역할을 행하는 강력한 변형과 저항이 어느 정도는 심오하고 독립적인 압도적 과정을 띤 '계기'(繼起, Aufeinanderfolge)의 관점에서 작동하는 것으로 접근해야만 한다. 설령 그 "형식이 흐름이며 심지어 그 의미가 더 그러하더라도 말이다"(같은 책, II §12). 결국 니체는 총체성의 모든 시

---

26) 기능적인 불확정성에 관한 현대적 언급에 관해서는 D. C. Dennett, "Evolution, Error, and Intentionality", eds. P. K. Moser and J. D. Trout, *Contemporary Materialism: A Reader*, London: Routledge, 1995, pp.245~275. "생물학적 인공물들이 공식적으로 드러내는 진정한 기능들과 진정한 의미들이라고 하는 궁극적인 사용자 매뉴얼은 존재하지 않는다."(p.270)

간이 의미 있게 성장한다고 논함으로써, 루의 발생학적 작업 위에서 명백히 그려진 개별화된 유기체주의를 유추해 낸다. 이에 따라 개별적 기관들이 갖는 의미는 기관들의 부분적 파괴가 증가 중에 있는 생명력과 완벽함의 신호로 간주되어야만 한다는 결과와 더불어 이동하게 된다고 말한다. 따라서 그는 의미와 합목적성(Zweckmässigkeit, 바꿔 말해 '죽음')의 상실뿐 아니라 쇠퇴와 퇴보 모두가 실제적인 과정의 조건으로 간주되어야만 한다는 '낯선' 결론에 이르게 된다.

비(非)선형적이고 비(非)목적론적인 생성에 따른 '조형적 힘들'이라는 개념은 그의 **문화비판**(kulturkritik)의 형태학적 기초를 이해하는 데 있어서 결정적이다. ── 민주주의와 그러한 근대의 지배자 혐오주의(misarchism), 무리의 도덕이 지닌 헤게모니, 반동성(reactivity)의 승리 등. 니체가 '계보학'의 독자들에게 건네는 말에 따르면 그 강조점은 '**힘-의지**(Macht-Willens)론'이 발생과 전개 모두에 있어서 끝장을 내는 것이라기보다는 무작위성(우연성, Zufälligkeit)과 기계론적인 무의미성이 모든 사건들을 통할한다는 식의 기존의 경향과 싸우기 위한 역사적 방법이라는 주된 관점 위에 놓여야만 한다는 데에 있다. 따라서 니체가 '과학적 다윈주의'가 아닌 단지 다윈주의로부터 도덕적 정식이나 결론을 이끌어 내고자 한 반대자에 불과하다는 것은 다윈에 대한 니체의 비판 위에 놓인 한 명의 주석가로서는 안타깝게도 부적절한 것이라고 볼 수 있다.[27] 니체는 다윈주의가 지닌 기계론적 성격

27) W. Stegmaier, "Darwin, Darwinismus, Nietzsche: Zur Problem der Evolution", *Nietzsche-Studien*, vol.16, 1987, pp.264~288.

이 그 기초적 개념에 있어서 생리학과 생물학의 영향을 받아 왔다고, 곧 '능동성'(Aktivität)과 객관화된 학문에 관한 것들을 "유괴해 왔다"고 말한다. 진화에 대한 이러한 '수동적' 모델이 '적응', '생명의 본질'과 같은 개념들을 통해 전면에 부상하게 될 때, 바꿔 말해 그러한 힘에의 의지가 '변형적 힘들'을 재해석해 내고 재설정하는 생성으로 파악될 때 통찰력을 잃게 된다. 니체는 기계론적인 생리학과 생물학이 최후의 인간에 관한 정치철학인 근대의 민주주의적 특성을 야기하는 일에 조력하게 되었다고 주장함으로써 '자연과학'에 속한 투쟁을 **정치학화**하며, 이는 결국 보다 상위의 힘으로서 지배하길 원하는 모든 것에 대립된다고 말한다. 동시에 니체는 주권과 보편성으로 파악된 법칙의 체계가 생명의 근본적인 '능동성'과는 '반대'된다는 주장을 좇는 힘에의 의지론을 견지함으로써 정치학적인 물음을 **생물학화한다**. 법을 도입한 사회는 "힘의 결합체 간의 싸움에 필요한" 수단이 아니라 "일반화된 투쟁에 반(反)하는" 수단이자, 또한 마찬가지로 생명에 대해 적대적일 뿐 아니라 "무(無)로 통하는 비밀"을 감춤으로써 "인간의 미래를 암살하고자 하는" 대표적인 것에 불과하다(『도덕의 계보』, II §12).

그것은 단지 내재적인 다양성과 다채로움에 대한 니체의 찬사가 갖는 이론적 기초를 이해함에 따른 것으로서, 결국 그가 압도적이고 건축술적인 과잉의 잉여물을 통해 자발적이고 내생적으로 '발전함에 따르는' 바에 따라 이해한 것으로서, 우리는 다윈에 대해(그리고 확장해 보면 사회적 다윈주의에 대해) 그가 시도한 비판이라는 견지에서 이를 이해할 수 있다. 그는 규칙이라기보다는 예외인 '적자생존'의 수준에 대응하는 19세기와 20세기의 사회생물학적 사고 하에서 통속화된 '생명을 향한 투쟁'이라는 관점을 취한다. 그는 그러한 '생명의 일반화된 측면'이 결핍(열망)과 고통이 아닌 부(富), 사치, 방탕함(Verschwendung)이라고 주장한다(『우상의 황혼』, 「어느 반시대적 인간의 편력」, §14). 만일 우리가 본래 우세했던 대중화된 다윈-맬서스적인 생명에 대한 관점을 받아들인다면 결국 역사가 잘못된 이론으로 증명됨을 알아야 할 필요가 있게 될 텐데, 예컨대 인간이 번창해 온 것은 능동적 유형의 '강함'이 아니라 반동적 유형의 '약함' 때문이라는 것이다. 니체는 우리가 '마음'(Geist)의 진화에 따라 동물적 '인간'의 역사를 잘못 설명해 왔을 뿐이라고 말한다(나약함은 교활함, 인내, 근면, 자기조정, 모방 등을 통해 강해진다. 즉, 간단히 말해 도덕성을 통해). 본성의 일반경제로서 생명에 대한 다윈-맬서스적인 관점의 승리가 이를 통해 설명 가능하다는 것, 그리고 그것이 정확히 그러한 인간과 도덕성의 '역사'라는 것은 바로 역사와 문화의 수준에서일 뿐이며, 이는 결국 니체가 자신의 계보학에 그려 낸 것이기도 하다.

니체는 (예컨대, 무리의 이타주의와 같은) 도덕적 요소들을 생명의 논리에 도입하는 생물학자들을 공격한다. '종'(種)과 '자아' 모두 착각에 불과하다. 만일 우리가 그러한 '자아'라는 개념을 가정하고자 한다면, 그것은 고립되고 자기 충족적인 고독한 존재가 아니라 구성원들의 연쇄 속에서 복잡한 결합에 따른 것이어야만 한다는 것이다. 종 개념은 연쇄의 다양체로부터 추상화된 것에 불과하다. 니체의 관점에서 혈통론은 반드시 (하나를 둘로 쪼개 다양체, 차이, 이질성이 생성되는 것과 같은) 퇴화(degeneration)로서의 개별화로 파악되어야만 한다(『힘에의 의지』, §679). 그는 1881년의 유고에서 주장하길, "어떤 경우라도 종(Gattung)이란 존재하지 않으며 단지 상이한 종류의 개체들 (Einzelwesen)만이 있을 따름이다! …… 자연은 '종을 보존하길' 욕망 하지 않는다!"고 말한다(『전집』9권, 11[178]). 니체에게 진화의 미래는 종들에게 속한 것이 아니라 훨씬 더 거대한 복잡성의 수준들을 체화 해 낸 개체들에 속한 것으로서, 그에 따르면 "더 거대하게 통일된 요소 들의 합"을 뜻한다. 그는 더 거대한 복합성이란 상위의 유형이 붕괴에 더 민감하게 되어 버린 것임을 뜻한다고 평가한다("천재성은 가장 숭고 한 '기계'die sublistme Maschine로서, 거기에는 — 필연적으로 가장 깨지기 쉬움이 존재한다."『힘에의 의지』, §684;『전집』13권, p.315). 상위의 유형 에 대한 니체의 긍정은 진화의 입자(grain)에 반(反)하는 데에까지 나 아가는데, 이는 결국 그것을 감수해 내는 점진적 선별을 선호하게 된 다. 대조되게도 그러한 상위의 유형은 스스로 유랑길에 오른다. 그것 은 최후가 아니라 행운의 몸놀림(lucky stroke)인 것이다. 또한 그것 은 유전을 통해 번식하거나 유포될 수 없다. 니체가 나약한 것의 무리 적 욕망으로부터 (행운의 몸놀림, 깨지기 쉬운 복잡한 유형인) 강한 것의 보호를 위해 싸우는 것은 정확히 자연도태가 나약함과 평범함을 선호 한다는 사실 때문이다(『힘에의 의지』, §685;『전집』13권, pp.303~305). 자연은 장님이고 귀머거리이다. 또한 행운의 몸놀림이라는 지성이란 진화의 변종이자 급변이다. 만일 인간이 자연도태의 산물이라면, 진 화의 **미래**로 생각되는 초인은 총체적으로 상이한 종류의 발명품이 될 것이며, 다윈을 동반한 니체의 개입의 맥락에서 우리는 아마도 '강함 (과 야만성!!)'에 복무하는 대안적 선별의 원리를 가정하는 것으로서 의 영원회귀에 대한 니체의 가정을 가장 잘 이해할 수 있을 것이다.[28]

"나의 철학은 다른 모든 사유의 양상들이 궁극적으로 소멸함에 따라 영광스러운 사유를 가져다줄 것이다. 그것은 가장 위대한 사고의 육성(Züchtende Gedanke)인 것이다. 즉, 그것을 견디지 못하는 인종들은 비난받게 되고, 그것의 가장 위대한 가치를 발견한 이들은 지배자(Herrschaft)로 선택받게 될 것이다."(『힘에의 의지』, §1053; 『전집』 11권, p.250)

니체는 '다윈에 반(反)하는' 그의 가정이 다원주의적 관점이 발전시켜 온 진화의 기초를 전복하기 때문에 심히 문제적인 것이라는 것을 알고 있다(『힘에의 의지』, §684). (가장 "풍요롭고 복잡한 유형"을 뜻하는) 그러한 '최상위의 유형'의 획득은 오로지 매우 드물게 일어날 뿐이며, 한 번 획득되고 나면 극단적 배려와 관심을 통해 양육되어야만 한다. 문화에 존재 이유(raison d'être)를 주는 것과 마찬가지로 문화의 문제는 가장 상위의 유형들의 번창을 불러일으키는 조건들을 어떻게 육성해야 하는가 이외의 것이 아니다. 그러나 니체는 누군가가 천재를 만들어 낼 수 있다고 생각하지 않는다. 차라리 문화는 독특하고 특이한 존재들의 비예측적이고 계산 불가능한 섬광과도 같은 출현을 선호하는 조건들 위에 있을 뿐이다. 유형들이 유전되긴 하지만 그렇다고 해서 하나의 유형이 '행운의 몸놀림', '극단적인 무(無)'는 아닌 것이다(『힘에의 의지』, §684). 그러한 과업은 "더 섬세한 척도들과 양호한 사건들의 조력을 위한 희망"을 만들어 내는 상태를 말한다(『힘에의 의

---

28) 이 점은 수십 년 전에 L. Haas, *Der Darwinismus bei Nietzsche*, Ph. D. dissertation of Giessen University, 1929에서 지적되었다.

지』, §907; 또한 §933, §957, §960을 보라).

 니체는 자연도태가 생명과 (영원회귀의 실험에 의한 인위적 선별인) 선별에 대한 자신만의 개념화에 관한 근본적인 관심과는 대립된다고 보기에 단조롭게 다윈에 개입하길 강요받았다(『힘에의 의지』, §1053; 『전집』 11권, p.250). 그러나 다윈주의에 대한 니체의 평가는 서투르고 모호하다. 다윈의 사고에 대한 공세가 그 이론의 자연주의적 주장을 탈물화(dereify)해야만 하는 것인 반면, 그가 다윈주의를 '자연'도태의 수준에서는 옳다고 논한 것처럼 보이는 대목이 있다. 그는 적자생존, 심지어는 '힘에의 의지'의 **수준조차도** '행운의 몸놀림'과 '선별된 유형들'을 뛰어넘는 나약함의 조직화와 지배를 선호하는 문화사와 진화 내로 스스로를 환언(換言)하고자 한다는 점을 제기한다. 니체의 결론은 설령 누군가가 '도덕성'으로 '실재'를 환언한다 하더라도 결국 이러한 도덕성은 생명에의 의지를 뛰어넘는 무(無)에의 의지가 갖는 우선성을 단언할 뿐이며, 또한 희박하고 예외적인 것을 뛰어넘는 평범함의 가치를 상찬할 뿐이라는 것이다. 역사가 오로지 도덕성 하에 있는 노예반란의 승리라는 방향에서 자신이 행해 왔던 그 길만을 따라 발전해 올 수 있었다는 주장은 바로 니체가 행하는 주장과 마찬가지인데, 왜냐하면 '자연'과 같은 '역사'는 (떼 혹은 무리와 같은) 몰적인 형식들의 조직화와 도덕적 지성을 선호하기 때문이다. 이는 동물적 '인간'이 사회와 평화라는 벽 속에 갇히게 되자마자 나쁜 양심의 가책을 발전시키도록 운명 지어진 것이라고 말하는 『도덕의 계보』에서의 그의 논변에 가깝다(참으로, 이러한 거대한 사건 이전에 '인간'에 대해 말하는 게 가능할까?). 동질적 총체성과 평준화된 단일체라는 방향에 이끌려 온 자연도태의 경향에 고무되어 온 분자적인 힘들은 (전설적인 금발의 야수들 같은) 팩(packs) 무리의 지배 및 자연과 문화 모두의 수준에서 반응하는 힘들의 일반화된 승리라는 결과를 낳음에 따라 몰적인 집적에 포획되어 버린다. 니체가 인위적 선별을 양육하고 옹호하는 문화철학자가 되도록 강요받은 것은 바로 (진화에 관한 다윈적 이론이라고 부르게 된 바의) '다윈주의'와 맞닥뜨렸기 때문이다. 니체는 음의 되먹임의 유포를 자연도태 내에 위치시킨다. 실존을 향한 그러한 투쟁은 나약한 피조물의 소멸과 가장 강인하고 천부적인 것의 생존을 통한 완벽함의 지속적 성장으로 드러나지 않는데, 왜냐하면 이러한 투쟁에 있어서 기회와 우연은 강함뿐 아니라, 설령 더 나을 것이 없다 하더라도 나약함에 대해서도 복무하기 때문이다. 자연도태의 그러한 실재성은 자기 보존이라는 목적의 획득 하에 놓인 교활함, 인내, 위선 그리고 모방의 육성이라는 나약한 생명체들 간에 발전해 온 것이다.[29] "우리는 어디에서도

---

29) 진화에 있어서 모방의 역할에 관해서는 『아침놀』 26절을 보라. 그는 『우상의 황혼』 「어느 반시대적 인간의 편력」 14절에서 다윈이 마음 혹은 정신(Geist)을 설명하는 것을 고려하지 않았기 때문에, 진화가 나약함의 생존을 선호한다고 하는 가능성을 탐구할 수 없었다고 말한다. 나약함은 많은 수들(다수들)과 영리함을 통해 강함을 지배한다. 소크라테스적 덕을 포함하는 '도덕의 총체적 현상'이 동물적 기원을 가진다고 하는 그의 주장을 형성하는 것은, 바로 진화에 있어서 모방에 따라 움직이는 역할 하에서의 이러한 통찰인 것이다. 즉, 덕들은 인간적 생존을 용이하게 하는 데 종사해 온 적응적 특질들인 것이다. 『아침놀』 26절에서는 다음과 같이 쓴다. "동물들은 자신을 제어하고 위장하는 법을 배운다. 예컨대, 많은 동물들은 주변의 색에 자신의 색을 적응시킨다. …… 죽은 체하거나 다른 동물 혹은 모래, 이끼 그리고 곰팡이들의 형태나 색을 가장한다. …… 따라서 개인은 일반적 개념인 '인간'이나 사회 밑에 스스로를 숨기거나, 귀공자들, 계급, 당파 그리고 자신의 시대와 장소의 의견에 스스로를 적응시킨다. 또한, 모든 미묘한 방식들에 있어서 우리가 드러내는 행운, 감사, 정력 그리고 매혹을 가졌다는 것은 동물적 세계 하에서 쉽게 벗겨지는 유사점들(parallels)을 갖고 있다는 것이다." 들뢰즈와 가타리는 진화가 모사를 통해서가 아니라 그들이 '횡단적 소통'(transversal communications)이라고 부른 것을 통해 일어남을 평가하는 데 실패했다고 하

무의식적인 선별의 사례를 발견할 수 없다. 가장 이질적인 개별성들이 다른 것들과 결합하고, 가장 극단적인 것들이 대중 속에서 침몰한다. 모든 것들은 그러한 유형을 보존하기 위해 경쟁한다.”(『힘에의 의지』, §684; 『전집』 13권, p.315 이하)[30] 니체는 모든 유형이 더 이상 진화할 수 없음을 뛰어넘는 고유치의 한계를 갖는다고 주장한다. 그는 노예적 가치와 반동적 힘들의 승리를 '반(反)생물학적인' 것으로 파악하길 거부하며, 차라리 이러한 승리란 생명이 “나약함의 지배라는 방식”을 통한 그러한 유형의 “인간”을 보존함에 따르는 이해관계에 의거하여 설명되어야만 한다고 주장한다(『힘에의 의지』, §864; 『전집』 13권, pp.369~370). 그러한 문제는 궁극적으로 '경제학'적인 것으로서, 이는 결국 '지속'(종이라는 생명체의 장수長壽)이 니체적인 '정의'의 범위 하에서 스스로 일어나는 가치들에 대한 재평가의 관점으로부터 내적 가치를 갖지 못한다는 것을 말해 준다. 여기서 정의란 생명 그 자체를 “최고로서 대표하는” 것이자(『전집』 11권, p.141), 선과 악이라는 협소한 관점들을 뛰어넘는 기능인 “파노라마적 힘”으로 파악된다(같은 책, p.188).

는 일종의 모방의 논리에 의존하고 있다는 이유로 그것은 나쁜 개념이라고 말한다. 때문에 그들은 카멜레온이 환경의 다양성을 재생산한다고 말하기보다는, 악어가 더 이상 나무줄기를 재생산할 수 없다고 주장한다. '리좀'에 대한 안내서로는 G. Deleuze and F. Guattari, *Mille Plateaux*, Paris: PUF, 1980 / *A Thousand Plateaus*, trans. B. Massumi, London: Athlone Press, 1988을 보라.

30) 니체가 『종의 기원』을 포함하여 다윈의 작품과 직접적인 관계가 없다고 하는 관점을 지지하는 구절들은 수없이 많다. 다윈은 『종의 기원』의 '사육재배 하에서의 변이'라는 제목의 여는 장에서 '무의식적 선별'의 예를 상세히 논한다(Darwin, *The Origin of Species*, pp.93~95를 볼 것). 다른 예로 “전이 형태는 존재하지 않는다”(『힘에의 의지』, §684; 『전집』 13권, p.315 이하)라는 니체의 잘못된 관점, 그리고 다윈이 『종의 기원』에서 말한 대단히 흥미로운 주제(특히 Darwin, *The Origin of Species*, p.206 이하를 보라)를 들 수 있다.

자연도태에 대한 다윈적인 개념화가 갖는 몰적인 측면은 『종의 기원』「생존투쟁」장에서 증명되는데, 여기서 다윈은 설령 보존의 목적이 획득된 상태라 하더라도 "적(敵)의 수에 관련하여 동일한 종류의 개체들이 이룬 커다란 군체(群體)"의 필요성에 대해 언급한다.[31] 니체 철학에서 선별의 문제가 갖는 중요성에 관해 지적한 유일한 작가들은 ── 자연도태가 다수를 선호하여 작동한다는 ──『안티 오이디푸스』마지막 장에서의 들뢰즈와 가타리이다. 사유와 실재 자체의 분자화를 위해 결정적인 핵심적 통찰이 다수, 즉 (종들, 유기체들 그리고 완벽하고 총체화된 인격들과 같은 몰적인 동일성인) 군체라는 것은 독자적 선을 이끌어 내는 도태압(selective pressure)에 선행하여 그것이 존재하지 않음을 말해 준다. 대조적으로, 다수는 특이성들을 규제하고 그것들을 한꺼번에 소멸시켜 버리는 도태압으로부터 일어난다. '무리적 본능'과 '도덕성'은 선별의 압력이 낳은 소산물인 것이다. 들뢰즈와 가타리는 문화란 그것이 분투해 온 이해관계들 속에 있는 다수의 '기입'을 통해 동일한 방식으로 작동한다고 말한다. 몰적인 형식들은 다수의 법칙을 따르는 통계적 축적을 통한 분자적인 힘들의 통합화와 총체화에 일단 감응되고 난 뒤일 때에만 결여로서 나타나는 분자적인 질서의 부분적이고 '기계'적인 대상들이 된다(따라서 도덕성 하에서의 노예 반란은 주인들이 도덕성을 결여했다는 것과 노예로부터 자유롭게 제공받은 동일성에 대한 인식이 필요하다는 생각에로 주인들이 조종당하게 될 때 성공한다).[32] 들뢰즈와 가타리에게 그것은 단지 욕망이 결여로서 굳

---

31) Darwin, *The Origin of Species*, p.122.

어질 때에만 집합적이고 인격적인 목적과 의도를 획득한다.[33] 우리는 몰적 관점에서는 욕망이 더 이상 욕망들이 아니라고 말할 수 있을 것이다.[34] 그것은 동일성에 저항하는 단일체적 주체에 의거한 힘을 향한(for) 의지가, 또한 생산이 아닌 재현에 의거하여 내면화된 욕망이 되어 버린다.

니체는 명백히 다윈에 대해 응답하도록 강요받았고, 또한 근본적인 문화 비판의 수준에서 자신의 이론에 대한 어떤 진정한 도전도 결여되어 있는 것에 좌절감을 느꼈다. 즉, "다윈학파의 오류는 나에게는 문제가 되어 버렸다. 즉 어떻게 이 점에 있어서 그렇게 맹목적으로 나쁘게 볼 수 있단 말인가?"(『힘에의 의지』, §685; 『전집』 13권, p.305) 니체는 만일 종의 진화가 평범하고 예외적이지 않은 것들의 생존에 의해 보장된다면, 결국 얄궂게도 그러한 종들은 아직 존재하지도 않을 뿐더러 엄격히 말한다면 심지어 '종'도 아니라고 쓴다. 이러한 열림과 완벽한 실험은 "20세기의 **야만족들**"을 향해 쓰는 니체적 약속의 일

---

32) 도덕성 하에서의 노예 반란과 '실천가'와 '행위'의 분리에 따른 주체의 허구에 대한 발명에 관해서는 『도덕의 계보』 제1논문 13절을 보라. "이러한 인간 유형은 선택의 자유가 있는 편견 없는 '주체'를 믿을 **필요**가 있다. 왜냐하면 그는 모든 거짓말이 정화된다고 하는 자기 보존 본능과 자기 확신을 갖고 있기 때문이다. 주체가 …… 지금까지 대지 위의 최상의 교의였던 이유는 아마도 죽어 가는 수많은 인간 존재, 모든 종류의 약자와 억압받는 자로 하여금 약함을 자유로, 실존의 특정 양상을 **성취**로 이해하는 저 숭고한 자기 기만을 가능하게 했기 때문일 것이다."

33) G. Deleuze and F. Guattari, *L'Anti-Oedipe*, Paris: PUF, 1972, p.410 / *Anti-Oedipus*, trans. R. Hurley et al., London: Athlone Press, 1983, pp.342~343.

34) 그렇지만 '크고' '작은' 개념들이 분자적인/몰적인 구별 기능들을 크기와 규모라는 사안에 따라서만 생각되는 것으로 이끌려서는 안 된다. 훨씬 더 중요한 것은 조직화와 조성의 문제인 것이다. 더 풍요로운 통찰을 위해서는 Deleuze and Guattari, *A Thousand Plateaus*, p.217을 보라.

부인 것이다(『힘에의 의지』, §868).[35] 그러나 인간적인 것의 쇠퇴와 퇴보는 생명에 관한 탈인간적 전망이 한 번 획득되고 나면 진정한 **진보**(progressus)의 조건이 될 가능성을 만들어 낸다. 생명에 관한 니체적인 경제와 '기계'에 있어서, '진보'의 총량은 그것을 위해 얼마나 많은 것을 희생해 왔는가로 측정되어야만 한다. 따라서 그는 유일하게 더 강한 종인 인간의 번성을 위한 "인류의 **집단적 희생**"(die Menschheit als Masse)만이 진보하게 될 것이라는 데 대해 의문을 갖는다(『도덕의 계보』, II §12). 이에 관한 정식화에 있어서 니체가 말하는 중에 있는 것이 단순한 '종들'도, 단순한 '인간'도 아니라는 것이야말로 바로 이 장에서 내가 주장해 온 바이다.

다윈에 '반(反)하는' 니체에 관한 이러한 생각에는 여전히 비판적인 물음들이 남아 있다. 나는 내가 이해하는 바의 가장 두드러진 것들에 대해 강조하고자 한다. 다윈에 대한 니체의 비판이 일관되거나 설득력이 높다는 것은 결코 명확하지 않다. '선별'과 '가치'에 대한 대안적인 개념화를 추구하는 일에 있어서 니체는 자연과 생명을 의인화하는 죄를 범하고 있는 것이 아닐까? 이는 니체 스스로가 『즐거운 학문』 109절에서 훌륭하게 다루고 있는 중요한 논의거리로서 거기에서 그는 의인화된 자연에 반하여 경고한다. 그는 '살아 있는 상태'로서의 세계 그리고 '유기체'로서의 우주를 다루는 일, 그리고 동일하게 '기계'

---

35) 니체는 몰화의 과정, 평균의 우월함 그리고 강한 성원들을 포괄하는 하위의 유형들 및 부귀한 어린이들을 통한 보존의 힘들을 증가시킬 수 있을 뿐인 '종들'에 대해 지적한다(『힘에의 의지』, §685; 『전집』 13권, p.303을 보라).

로서 우주를 다루는 일을 경계하라고 말한다(그는 이것이 너무나도 영예로운 것이라고 말한다). 그는 "우리에게 경고하길" 자기 보존을 향한 욕동과 같은 '법칙들'을 좇는 본성이랄 수 있는, 즉 세계는 목적적이지도 우발적이지도 않다는 문제제기를 계속해 나간다. 그는 만일 당신이 이러한 개념들 중 하나를 강탈당한다면 당신은 즉각 다른 것들의 힘을 취소할 것이라고 주장한다. 그는 '죽음'이 삶에 대립되지 않는다는 것은, 그저 죽음이란 무엇인가라는 유형의 질문에 불과한 것이 아니라 그것에 대해 매우 희박한 무엇이라는 데에 있다고 쓴다. 세계는 단지 '존재할' 따름이지 우리의 '미학화된 의인화'에 적용되는 일과는 아무 관계가 없다는 것이다. 그는 새로운 사유를 향한 과업을 제기하고 결론에 이르는데, 이는 결국 "순수하게, 새로이 발견되고, 새로이 구원받은 본성에 따른 인류를 '자연화'(vernaturlichen)하기 시작하는" 한에서의 탈신격화에 관한 것이다(『즐거운 학문』, §109).

이와 같은 날카로운 구절을 통해 보듯이 다윈주의적인 기계론에 대한 대항마로서 힘에의 의지론에 관한 니체의 윤곽은 분명히 서툴지만 매우 문제제기적인 것으로 보인다. 만일 그것이 그 기저에 있어서 정당화와 함께, 생명과 우주가 자기 보존을 향한 욕망이나 투쟁의 명시를 위한 탈법행위에 불과하다면, 니체가 생명의 근본적인 본질이 '힘에의 의지'라고 감히 주장할 수 있겠는가? 이 또한 인간중심주의가 아닌가? 니체의 '철학적 생물학'에 있어서 그러한 진정한 탈법행위는 귀족적인 근본주의를 정당화하기 위한──여기서는 '기초적인 유기체적 기능'과 같이 살아 있는 존재의 **본질**에 속하는 '착취'(Ausbeutung)라는 관점으로 표현되는──힘에의 의지론을 도입하고자 하는 『선악의 저편』에서의 시도 위에 놓여 있다(『선악의 저편』, §257, 259).[36] 이는 자연도태에 관한 다윈의 원래 이론으로부터 사회적이고 정치적인 가치들을 도출해 내고자 하는 **사회적 다윈주의**의 시도만큼이나 철학적으로 의심스럽고 해로운 것이다.[37] 니체 자신도 자신이 처한 그러한 곤경을 알고 있음을 드러내지 않은 것은 이상한 일이다. 예컨대, 『우상의 황혼』에서 그는 다윈주의적인 '생물학' 이론 내의 결정적인 '사회적' 요소들과 역사적 규정들을 인식하는 날카로운 통찰력을 드러낸다. 따라서, 니체에게 '힘에의 의지'에 관한 자신의 이론이 이른바 '자연적 생명'의 배타적이고 독단적인 원리임을 주장하는 일은 어떻게 가능한가? 정당화 가능성과 더불어, 결국 그는 자신이 명백히 하는 사회정치 철학의 본성으로부터 파악한 것이 아닐까? 이러한 비판적 질문들에 대한 무시 속에서 니체는 그가 슈트라우스에 대해 발전시켜 온 초기의 날카로운 비판을 망각해 왔으며, 이는 결국 그가 이른바 자연법칙의 윤리적이고 지적인 가치가 "허용된 경계들"을 뛰어넘는 "극단적인 인간중심주의"의 죄에 관련되는 어떤 것을 주장하는 자연과학자나 철학자임을 말해 준다(『반시대적 고찰』, p.31).

결국, 『도덕의 계보』에서 역사적 방법에 관한 결정적인 절이 지적

---

36) "유형적 '인간'의 전적인 증대(Erhöhung)는 오랫동안 귀족적 사회의 작업이었던 것이다. ―또한 그것은 다시 한 번 더 그럴 것이다."

37) 스펜서 자신의 사회적이고 도덕적인 이론은 종종 제기되는 바와 같이, 그다지 사회적 다윈주의에 기반하고 있지 않으며 차라리 사회적 라마르크주의에 기반하고 있다는 것이 아마도 강조되어야만 할 것 같다. 이에 관해서는 P. J. Bowler, "Lamarckism", eds. E. F. Keller and E. A. Lloyd, *Keywords in Evolutionary Biology*, Cambridge, Mass.: Harvard University Press, 1992, p.193을 보라.

될 필요가 있게 되는데, 1886~1887년의 『유고』에 '다윈주의에 반(反)하여'라는 이름이 붙어 있다는 것은 자연도태에 관한 다윈의 이론으로서는 전반적으로 효과적이지 않다. 예컨대 기능적 미규정성에 관한 니체의 입장은 사실상 다윈 이론의 중심적 통찰에 대한 재정식화이다.[38] 자연도태는 사실상 '무의미한 기계론'이 아닌 (니체가 어느 정도 영향을 받은, 유기체의 부분들 간의 투쟁에 관한 루의 연구 제목에 관한 변이랄 수 있는) 복잡한 '기계론적 합목적성'에 의거하여 가장 잘 파악될 수 있다. 자연도태론의 이러한 측면은 "특성, 성향 혹은 유기체의 능력들 하에서의 탈세대적인(transgenerational) 변화들"에 의거한 —— 복잡한 일시적 역동성을 포함하는 —— 작동에 따라 정의된다고 한 주석가가 잘 포착한 바 있다.[39] 자연도태란 기계론적으로, 즉 알고리즘적으로, 기능적으로 작동하는데 이는 (예컨대 눈이나 날개 같은) 기관의 진화론적 역사가 현재의 유용성이나 현존하는 '목적'에 대한 분석이 아닌 기능의 통합에 의해서만 설명될 수 있는 것임을 뜻한다. 다윈의 모델에 관한 이러한 의미들은 거기에 '완벽한 적응'과 같은 사물은 가능하지 않음을 말해 준다. 자연도태란 상위의 적응적 가치들을 향한 특질과 기관을 의식적이고도 섬세하게 선별해 내는 일이 아니라 순수하

---

38) 이는 데닛의 최근 연구에서 설득력 있게 지적되어 왔는데, 이 연구를 나는 이 장의 초안을 몇 차례 거친 후에 읽게 되었다. D. C. Dennett, *Darwin's Dangerous Idea: Evolution and the Meanings of Life*, London: Allen Lane, 1995, p.461 이하를 보라. 거기에서 그는 니체와 사회생물학의 관련성에 있어서의 '당위/의무'(is/ought)의 문제에 관해 꽤 흥미로운 것들을 말한다.

39) R. M. Burian, "Adaptation: Historical Perspectives", eds. E. F. Keller and E. Lloyd, *Keywords in Evolutionary Biology*, Cambridge, Mass.: Harvard University Press, 1992, p.7.

게 기계론적인 일인 것이다. 이러한 모델 위에서 '능동적'이고 '반동적인' 개념은 생명에 태생적인 내적인 힘에의 의지의 표현으로서가 아닌 특정한 생명체 속에 거주하는 환경적 상황들 위에 있는 역사적이고도 가변적인 변덕스러운 '가치들'로 이해될 것이다. 이는 자발적인 자기조직화의 내생적 힘들이라는 진화상의 중요성을 부정하는 것이 아니라 다윈주의의 강조점이 복잡하고도 일시적인 요소, 즉 진정한 진화론적 변화를 포함하는 '행위자'로서 자연도태에 있다는 것을 말한다. 이는 통제적이거나 조정적인 진화의 '주체'라는 개념을 요구하지 않는 행위자이며, 대신 복잡한 조성을 가진 '기계'로서의 진화를 가리킨다. 다윈은 '인격화된 자연'의 위험성을 잘 알고 있었으며, 도태란 변이성을 강권하는 것이 아니라 단지 진화의 보다 넓은 맥락과 시공간하에서 생명을 가진 존재들의 조건에 '이득이 되도록' 작동하게끔 일어나고 증명되는 변이의 '보존'을 함축할 뿐이라는 주장을 통해 자신의 입장을 명확히 하고자 하는 것이다. 이는 참으로 유기체의 모든 특성을 적응으로 설명할 수 없는 사례라고 말하는 이들과, 반면 자연도태란 어떤 진화론적 변화의 잘 분절화된 개념이라고 하는 배타적인 작용으로 가정될 수 있다고 말하는 오늘날의 다윈에 관련된 양쪽의 투사들을 이끌고 있다.[40] 니체는 '힘에의 의지'가 지닌 자발적이고도 확장적인 힘에 관한 기능적 미규정성에 따라 기관들의 진화를 서술함으로써 이러한 자연선택적인 관점과 결별한다. 그러나 매우 인간중심주의화된 합목적적 모델에 말려든 자연도태의 기계론과는 대조되는

---

40) Dennett, *Darwin's Dangerous Idea*, p.277.

이러한 개념화에 관련하여 우리를 막아서는 것은 능동적 진화인가 아니면 생성인가? 니체는 자신이 '다윈에 반하는' 입장을 견지하는 데에 있어서 치명적이게도 그가 열렬히 파괴하고 극복하고자 했던 교수형 집행인과도 같은 형이상학 — 의도성, 의지, 목적론적 합목적성을 지닌 — 으로 추동되는 것처럼 보인다. 결국 최종적인 역설로서, 다윈주의적인 자연도태는 복잡한 삶의 이론인 '힘에의 의지'보다는 '생성의 순수성'이라는 교의에 훨씬 더 가까워 보인다. 이는 '변이를 동반한 혈통'에 관한 이론인 다윈의 진화론이 완벽하게 형이상학적 요소들로 깎아 낸 것이라고 믿게 할 만큼 순진한 것은 아니다. 그러나 그러한 대조는 형이상학을 극복하고, 그것들의 문제제기적인 생명 철학적 측면들에 따라 비판적으로 접근될 필요가 있는 신격화라는 근본적 자유 — 그것을 탈신격화하고자 하는 — 를 독해하려는 니체 자신의 노력을 보여 주는 일이라고 나는 믿는다.

'힘에의 의지'론의 (철학적, 정치학적, 생물학적 그리고 역사적) 힘에 의거하여, 이러한 비판적 물음은 선험적이고 경험적인 (계보학적) 측면들에 따른 니체의 모호한 개진으로부터 나타나는 어려움들을 시사하는 것처럼 보인다. '역사적 방법'이라는 원리와 마찬가지로, 힘에의 의지는 어떻게 가치와 도덕이 특정한 환경과 조건으로부터 일어나게 되었는가를 설명하는 일에 복무한다. 따라서 그것은 어떤 추상적이고 탈역사적인 (계보학적) 선별의 법칙의 가능성을 인정하지 않는다. '삶'의 선험적 원리로서, 그것이 압도적이고 자기 극복적인 역동성을 통한 기능적으로 미규정된 변화를 보여 주는 일이라는 것은, 이것이 곧 삶의 복잡한 생성에 대해 본질적인 구성요소라는 것이다. 이는 심지어

'반동적' 가치들조차도 그것들이 역사적으로 파악될 때 능동적인 영역으로 드러나게 됨을 보여 줄 수 있음을 뜻한다(『힘에의 의지』, §55). 그러한 문제들은 니체가 삶의 규범적 개념화인 역사와 문화에 대한 독해를 강요하고자 할 때 그리고 그러한 능동적이거나 반동적인 조건화에 따라 삶의 기호들을 평가하고자 할 때 발생하며 ─ 삶이 힘에의 의지라는 것은 오로지 삶에 관한 철학의 시작일 따름이지 완료된 정의인 그러한 총체성은 아니라는 주장이다 ─ 이는 결국 여태까지 변화와 우연의 영향력으로 생각되어 온 역사의 목적에 관한 것을 가져오고자 헌신하는 새로운 정치학의 육성을 옹호하는 호소로부터라는 것이다(『힘에의 의지』, §1009; 『즐거운 학문』, §370). 도덕에 관한 니체의 계보학은 인간의 '선별력'이 적절하고도 충분하게 발전된 때에만, 그리고 그러한 과업이 계보학적 생성에 따라 설명이 취해질 때에만 가장 성공적인 것이 된다. 그러한 탈인간성은 인간적 생성의 총체성과 치명성에 대한 긍정을 포함할 때라야 비로소 의미 있고도 지성적인 것이 된다. 결국 이러한 사항들을 고려한 계보학이야말로 선별에 대한 단순하고도 자의적인 파악 그리고 잘못 육성된 시험을 위한 요청을 뛰어넘는 운동으로 이해될 만하다. 이전의 두 장은 영원회귀의 사유실험이 '초월'을 뛰어넘고자 하는 시도들, 즉 단순히 비난하고 부정할 뿐인 판단과 선별을 뛰어넘는 것으로 이해될 수 있다는 점을 보여 준 것이었다. 니체가 선별에 관한 다원적 모델에 '반하여' 새로운 회귀의 실험에로 되돌아가고자 한 것, 그리고 역사의 계기에서 '단번에' 강함과 나약함의 선별을 동반한 채로 키우고자 한 것은 바로 이 점 때문이지만, 그의 사유는 이 과업에 실패하고 만다.

2.

나는 이 장의 마지막 부분에서 어떻게 니체의 힘에의 의지를 생명의 비-인간적 생성들을 그려 내는 데에 관련되는 비인간중심주의적인 항목들로 —— 그리고 '다원주의에 반하는' 입장에서 —— 독해하는 일이 가능한가를 보여 주길 원한다. 이를 위해서는 니체에 대한 하이데거의 독해에 개입하는 일이 필수적인데, 특히 니체의 '생물학주의'에 대한 말썽 많은 논의에 대한 검토가 필요하다. 하이데거는 니체의 가장 내면적인 사유를 '심리학적'이고도 '생물학적인' 것과 같은 어떤 것으로 환원하는 것의 순수성을 보여 주길 원한다. 그러한 환원들은 그의 사유 내로의 흥미로운 통찰들을 산출하겠지만, 그것들은 니체가 무엇보다도 '형이상학적' 사상가라는 점을 깨닫는 일에 실패하는 것이다. 참으로 하이데거에게 그는 '마지막 형이상학자'이다. 이는 하이데거에게 힘에의 의지라고 하는 니체 사유의 기획이 서구 형이상학의 역사라는 맥락에서 읽힐 때에만 이해되고 의미 있게 될 뿐이라는 것을 뜻하기도 한다. 이는 그것이 단지 주어진 것이 아니기에 '역사적인' 것으로 드러나야만 하는 하나의 역사인 것이다. 하이데거에 따르면, 니체의 철학은 근대적인(데카르트적인) 형이상학의 주체중심주의와 인간중심주의의 '완성'을 가져다준다.

하이데거는 1930년대와 1940년대의 니체에 관한 강의에서, 니체의 사유가 생물학주의를 독단적으로 '전면'화한 상황에 처했다고 본다.[41] 그는 생물학주의에 의거하여 니체를 독해하는 일은 결코 그를 '독해하는' 일이 아니라고 말한다. 왜 하이데거는 니체를 생물학적으로 읽는 일에 그토록 적대적인가? 근대 생물학에 관한 문헌과 논쟁에 몰두한 니체와 관련하여 이는 무시할 수 없는 것인데, 그 중요성이 소극적으로 다루어지고 있는 것이 아닐까? 하이데거는 힘에의 의지에 관한 니체 철학의 생물학적 독해 경향에 저항하기 위한 좋은 논거들을 가지고 있다고 믿는다. 그러한 '생물학주의'적 사항들은 두 가지로 지적될 수 있다. 하나는 '살아 있는 존재들에 적합한' 것으로부터 다른 존재들에 이르는 아직 확립되지 않은 확장성과 개념의 이동에 관한 것이며, 다른 하나는 훨씬 더 중요한데, 생물학이라는 학문이 주장하는 형이상학적 특성을 인식하는 일에 실패하는 일에 관한 것이다. 하이데거는 "생물학적 사고 자체는 오로지 형이상학적 범주 하에서 근거 지어지고 결정될 수 있으며 결코 그것 자체로는 과학적으로 정당화될 수 없다는 사실에 대한 총체적인 무시인 것과 마찬가지로", "생물학주의는 생물학적 사고의 무한한 퇴행에 불과한 것이 아니다"라고 쓴다.[42] 생물학은 자신만의 가능성의 조건과 구성의 근거에 관한 탐구에 실패했다는 의미에서 형이상학적이다. 그것은 단순히 형이상학의 전통에 따라 그것 자체를, 그리고 그 역사적 규정성을 반영하지 않는다. 니체의 사유는 힘에의 의지에 관한 존재론 하에서 존재들의 존재성에 관한 규정을 추구하지만, 그것이 결코 존재로서의 존재에 관한 물음으로 스스로를 열어젖히는 일, 곧 인간중심주의적인 합리화의 자유

---

41) Heidegger, *Nietzsche* I, pp.526~527 / *Nietzsche: The Will To Power as Knowledge and Metaphysics*, p.47.

42) *Ibid.*, p.525 / p.45.

라고 하는 존재에 관한 물음을 가정하지 못한 채, 대신 '생명'의 부분에서 끊임없는 자기 극복을 향한 욕망에 대해 말하는 힘에의 의지의 자기선언과 자기 확장을 가정함으로써, 주체중심주의를 장착하게 된 형이상학이다.

하이데거는 자기 초월적 성취가 다윈의 이론 하에 있는 자기 보존이라고 하는 제1의 원리를 놓고 다투고 있다고 지적한다.[43] 그러나 그는 근본적 수준에 있어서 다윈주의와 니체주의 모두가 인간중심주의의 덫에 빠져 있기 때문에 그것들 간의 본질적인 차이란 존재하지 않는다는 입장을 견지하길 원한다. 인간중심주의가 갖는 그러한 곤경은 니체의 생명에 관한 사유에 있어서 중심이 되는 **가치**에 관한 물음을 산출해 낸다는 사실로 인해 더 유력하고 명확한 것이 된다. 하이데거가 지적하는 것과 마찬가지로, 니체에게는 유일하게 "삶을 성취하는 것 그리고 총체로서의 존재만이 가치를 갖는다. ── 더 정확히는 가치이다".[44] 니체의 입장이 지닌 그러한 역설은 '생명'에의 호소가 결코 최소한 '인간'의 수준이 아닌 자연도태에 따른 촉진에 대한 호소라는 데에 있다. 그에 관한 니체의 묘사에서 드러나는 점은 인간의 경우 삶의 성취와 극복에 관한 '본성'이란 존재하지 않는다는 것인데(반대로, 니체에게 본성이란 우리가 이해한 바와 같이 약자와 실패자를 선호한다), 왜냐하면 훈육과 양육의 방식을 통한 진화를 강조할 필요가 있기 때문이다. 우리가 역사의 '우발성'과 '무의미함'에 대한 '결론'에 관련

---

43) *Ibid.*, p.488 / p.15.
44) *Ibid.*, p.488 / p.16.

하여 니체의 선언이 갖는 힘을 평가할 수 있다는 것은 바로 '인위적 선별'이라고 하는 모델의 정식화라는 맥락 때문일 것이다(『선악의 저편』, §203). 하이데거의 지적에 따르면 '인간'의 힘에의 의지가 지닌 '완전한 순수성'은 "주체성 자체를 의지하는 데에 적합한 인간성의 한 종류를, 그리고 허무주의적으로 전도된 인간의 양육과도 같이 그것 자체에 대해 의도적이고 의식적으로 조형성에 따라서만 의지할 수 있을 뿐인 것을" 요구한다.[45] 양육과 계발의 새로운 정치학에 관한 철학적 정당화를 향한 니체의 요구가 예술적인 선별의 기예가 갖는 인위적 특성을 숨김 없이 인정한다는 것은, 결국 우발성에 대한 공포 및 혐오와 지금까지의 우연의 통치를 노출시켜 버림으로써, 시간에 반하는 그것의 복수를, 그리고 진화에 반하는 그것의 시간성을 드러낸다는 것을 말한다. 니체의 '고통'은 그러한 길과 쇠퇴로부터 길을 잃고 헤맴으로써 예외가 된 인간 존재의 관점에서 연유한다. 더욱이, "'인간' 자체의 **퇴보라는** 총체적인 위험을 향한 소수의 눈을 가진 이는 누구나, 인간의 미래에 의거하여 그 길과 놀이에서 멀리 나와 괴물 같은 우발성(ungeheuerliche Zufälligkeit)을 알게 된 우리와 같은 이는 누구나, …… 어처구니없는 순진함(Arglosigkeit, 혹은 순수함과 순진함) 속에 거짓을 숨긴 재앙이라는 심연을 지닌 이, '근대적 이상들'에 대한 자신감에 눈먼 이, 그리고 심지어 총체적인 유럽의 기독교적 도덕에 빠진 이는 누구나 —— 모든 비교 가능한 과거의 불안으로부터 고통받는다"(『선악의 저편』, §203). 그러나 니체는 (도덕화된) 인간중심주의

---

45) *Ibid.*, p.308 / p.230.

적 홍기와 이에 따라 가장 극단화된 선별인 (인간적) 진화에 따른 기독교-유럽적인 도덕성의 지배에 대해 응답 혹은 반응하고 있는 것이다. 따라서 초인(overhuman)에 대한 니체의 비전은 생성의 과정에서 '부러지고' 버려져 온 인간적 과거의 초인적 가능성인 '가장 고통스러운 기억들'(Erinnerung)에 의해 출몰해 왔다.

니체는 결코 인간에 대한 명시적이고도 섬세한 양육을 향한 성숙의 상태인 시간을 사유하는 일에 있어서 홀로 서 있는 것이 아니다. 자연도태론의 공동창시자인 월리스와 같은 주요 다윈주의자들조차도 결국에는 다윈의 이론이 직면하게 되는 진정한 문제가 '인간'의 (인위적인) 본성에 대한 것이었음을 알고 있었다. 그는 "지구가 오로지 양육된 식물과 주류의 동물들만을 산출해 내게 될 때", 그리고 "'인간'의 선별이 자연도태를 이미 정해진 것인 양 가정하게 될 때" "우리는 시간을 예견할 수 있다"고 쓴다.[46] 월리스에게 인간의 진화란 자연도태의 법칙이 아니라 인간 자신이 만들어 내는 인위적이고 기술적인 특성에 의거하여 규정되어 온 것이다. 인간은 도구들, 무기들, 옷감들의 제조를 통해 "느리지만 외적 세계의 변화들에 조응하여 외적 형식과 구조를 영속적으로 변화시킴으로써 결국 다른 모든 동물들에 영향을 끼치는" 힘인, 본성으로부터 멀리 달아나는 일에 성공해 온 것이다.[47] 이에 따라 인간은 무기제조 기술, 노동의 분할, 미래의 예견, 도덕적·사회

46) A. R. Wallace, *Natural Selection and Tropical Nature: Essays on Descriptive and Theoretical Biology*, London: Macmillan, 1891, p.182.
47) *Ibid.*, p.175.

적·교감적 느낌의 육성을 통해 그들의 본성을 변화시켜 왔으며, 이는 결국 이 경우에 있어서 '선별'의 힘이 충분히 인공화되는 상태가 된다 하더라도, 자연도태의 실질성은 작동하게 될 것이라는 점이다.[48] 월리스는 다윈주의류 중에서 진기한 사례인데, 왜냐하면 그가 궁극적으로 진화를 이해하는 유일한 길은 —— 그가 이해한바, 인류라는 형식을 뛰어넘어 창조되어 왔다는 사실로 인해 —— 진화 내에서 작동하고 복잡성과 과정을 촉진하도록 복무하는 욕동적 힘의 개념을 바탕으로 '마음'에 관한 이론, 곧 그가 '의지-힘'(will-power)이라고 명명한 것에 호소하였기 때문이다.[49] 그러나 이러한 진기한 목적론적 다윈주의는 월리스에게는 낯선 것도, 19세기에는 엄격하게 제한된 것도 아니었다. 예컨대, 헉슬리(Julian Huxley)는 [제1차 세계대전] 이후 진화론에 관한 설명에서 인류는 스스로를 지구라는 별 위에서 더 앞서나간 진화론적 변화의 유일한 행위자로, 또한 "거시적으로 우주에서 몇 안 되는 가능성을 지닌 기계들"로 간주될 수 있다는 입장을 견지했다. 인류는 진화에 있어서 '순수하게 생물학적인 진보'가 목적이 되고 '인간적 진보'의 길을 제시해 준 것과 마찬가지로, 존재의 목자라는 역할보다는 '진화의 우주적 과정을 위한 사업 관리자'의 역할에 만족하는 자신을 발견한다.[50]

하이데거에 따르면 니체가 생각한 방식의 인간에 관한 문제제기

---

48) *Ibid.*, p.179.
49) *Ibid.*, p.213을 보라.
50) J. Huxley, *Evolution in Action*, London: Chatto & Windus, 1953, p.132.

는 하나의 '심연'(abyss)으로 인해 생물학주의로부터 이탈되어 있다.[51] 그는 생물학주의로서의 형이상학이 지닌 명시적이거나 암묵적인 특성에 있어서, "아무것도 사유되고 있지 않으며, 모든 다윈주의적 사고 과정들은 반드시 추방되어야 한다"라고 완강히 주장한다.[52] 더욱이, 참으로 니체는 인간과 그의 세계를 육체성과 동물성의 관점에서 보는 것을 인정하는 반면, 결코 니체는 인간이 단순히 동물로부터 '기원한다'는 결정을 내리지 않았다고 주장하는데 — 혹은 "더 정확히는 '유인원'으로부터" — 왜냐하면 그는 기원에 관한 교의가 인간에 관련지어 말할 수는 없다는 생각을 견지했기 때문이다. 여기서 하이데거의 강조는 명백히 인간적 실존의 **현존재**(Dasein)적 특성 위에 놓여 있으며, 이 위에서 "인간은 존재의 열림과 은폐인 **지금이자 여기**(Da)에 직면하며 결국 그 안에 서게 된다".[53] 하이데거는 니체에게 그토록 '흥미로운' 동물인 인간을 만들어 내는 일이 그가 '확실히 정의되지' 않았다는 사실로 인한 것임을 보여 주길 원한다.[54] 물론, 니체가 **현존재**가 아니라 도덕의 계보학의 관점으로부터 인간의 '차이'에 관한 물음에 접근했다는 점이 지적될 필요가 있다.

생물학주의로부터 니체를 구하고자 하는 하이데거의 시도는 인간의 미래에 관한 니체의 '정치학적' 사유가 갖는 '형이상학적' 특성이

---

51) Heidegger, *Nietzsche* I, p.567 / *Nietzsche: The Will To Power as Knowledge and Metaphysics*, p.80.

52) *Ibid.*

53) *Ibid.*, p.55 / p.45.

54) *Ibid.*, p.573 / p.86.

라는 중요한 통찰을 산출해 내는 일에 실패한다. 그것은 힘에의 의지에 관한 교의의 의미도, 보다 복잡한 생물학에 대한 강조를 위해 제공된 개념들의 원천도 되지 못하는 소진에 불과하다. 이러한 가능성들이 탐구되기 이전에 진화에 관한 다윈 자신의 이론이 갖는 인간중심주의적 특성에 관련된 어떤 것이 언급될 필요가 있다.

니체에 대한 하이데거의 독해가 다윈을 적절히 읽는 일에 실패한 데 있어서 놓친 중요한 것, 자연도태의 일반법칙이라는 다윈의 정식화가 인간중심주의적 형식을 가정한다는 사실, 또한 그것이 너무나도 넘쳐나는 결과를 야기해 버렸다는 사실은 궁극적으로 진화에 관한 기술론적 모델에 기초한 것이다. 또한 그것은 자연 속에서 그리고 자연도태 속에서 작업함으로써 인위성을 발견한다. 자연도태에 대한 다윈의 강조가 갖는 인간중심주의적 특성은 '선택의 자연적 힘'에 의거한 그의 묘사 속에서 증명된다. 자연적 기제는 '늘 열심히 감시하는' '시각의 권력'을 향유한다. 자연도태는 '나쁜 것'을 거부하고 '좋은 것'을 '보존하고' '덧붙이는' '감시자'로 묘사된다. 그것은 생명의 유기적이고 비유기적인 조건들에 관련하여 각각의 상태를 '향상시키기' 위한 '기회들이 제공될 때에는 언제나 무엇이든' '조용히' 그리고 '느낌이 없을 정도로' 작동한다.[55] 다윈이 가축 사육자들(최고의 권력을 쥔 기술론적 개념인 '사육하는'breeding 존재)에 관한 논의와 더불어 『종의 기원』을 시작하고, 가축 사육과 문화적 계발(cultivation)을 유비시킴으로써 자연도태의 법칙을 확립하고자 했다는 것은 잘 알려진 사실이다. 다윈

---

55) Darwin, *The Origin of Species*, pp.132~133.

은 월리스의 주장에 '적자생존'을 덧붙임으로써 '자연도태'라는 용어를 선택하고 이를 고정시키는데, 왜냐하면 그는 사육에 있어서 반복적으로 작동해 온 사항들이 그것임을 발견했기 때문이며, 결국 인간적 조건의 영역 바깥에서 작동하는 하나의 작인(agency)으로서 그것을 보았기 때문이다. 그는 '자연적 보존'(natural perservation)이라는 용어가 선호될 것이라고 주장하는데, 왜냐하면 그것은 그러한 해석으로부터의 어떤 의지론적 함축을 말소시켜 버리기 때문이다.[56] 그가 가정하는 본성과 인위성 간의 '선택'이라는 원칙적 차이는 '시간'에 관한 것이다. 그것이 설령 미래에 대한 관점과 더불어 작동하지 않는다 하더라도 ─ 바꿔 말해, 그것은 목적론적으로 추동되지 않는다(혹은 최소한 이는 다윈주의자들의 주장에 불과하다) ─ 자연도태는 '행동을 향해 쉴 새 없이 준비된' 그리고 '인간의 가냘픈 노력에 비해 훨씬 우월한' 힘이라는 것이다. 그것은 섬세한 기획이라곤 없는 매우 광범위한 계보학적 시간의 확장을 뛰어넘는 비감각적이고 비지각적인 그리고 느리게 작동하는 것이기 때문이다. 그러나 그것은 여전히 기술론적 기능들이다(혹은 칸트가 말한 바와 같이 설령 '계획적이지' ─ 합목적적이지 ─ 않다 하더라도 '지성적이다'). 다윈에 대한 설명에 있어서 종종 잃어버리게 되는 통찰은 바로 이 점에 있다.[57] 그러한 자연의 산물은 그것들이 기술론적으로 산출되었기 때문이 아니라 전반적인 계보학적

---

56) Young, *Darwin's Metaphor: Nature's Place in Victorian Culture*, p.95 참조.
57) 예외를 보려거든 J. F. Cornell, "Analogy and Technology in Darwin's Vision of Nature", *Journal of the History of Biology*, vol.17, no.3, pp.303~344를 참조할 것.

기간들의 와중에 일어난 것이기에 인간의 그것에 비해 우월하다고 할 수 있다. 대조되게도, 양육에 있어서 인간적 산물의 시간은 짧으며, 그 것들의 내적인 질과 '계획'을 설명해 주는 것은 바로 이러한 요소들 때 문이다. 다윈은 자연의 '산물들'이 '참된 것들'과는 거리가 멀다고, 또 한 그것들은 "훨씬 더 상위의 솜씨가 박힌 도장을 만들어 낸다"고 쓴 다.[58] 인간이 단순히 자신만의 직접적 선(善)을 선별해 내는 것과 달리 자연은 "생명의 총체적 '기계'성 위에서" 행위한다.[59] 그러나 한 주석 가가 지적하는 바와 같이 시간에 대한 다윈의 호소는 확정적인 경험론 적 논변이 되지 못한다. 반대로, 그것은 자연 속의 진화라는 사건이 갖 는 낯선 인간중심성에 의존하며, 때문에 외적이고 환경적인 원인들에 의해 산출 가능한 것에 대응되는 자연의 효과들이라는 선입견을 가지 고 있다. 즉, "결국 시간은 심지어 그간 산출되어 온 자연적 현상에 대 한 재해석이라곤 없는 다윈적 기제에 인과론적으로 적합한 것으로 드 러날 수 없다."[60] 이런 면에서, 자연도태라는 일시적 기제에 대한 다윈 의 설명은 결정적으로 공리주의적인데, 이는 설령 그것이 유용성의 진 화라는 (기능적 미결정성인) 복잡성을 허용한다 할지라도 그러하다.[61]

다윈이 자연으로 향하는 기술을 독해해 온 것인지, 아니면 자연 과 인간적 양육 모두의 기술론적 진화에 공통 요소인 인공성을 드러 내 온 것인지에 대한 그의 해석은 불분명하다. 명백한 것은 자연도태

---

58) Darwin, *The Origin of Species*, p.133.
59) *Ibid.*, p.132.
60) Cornell, "Analogy and Technology in Darwin's Vision of Nature", p.333.
61) Darwin, *The Origin of Species*, p.227 이하를 보라.

에 대한 그의 관점이 전반적으로 유용성에 대한 고려들에 의해 조건 지어져 있다는 것이다. 그의 이론을 (자연도태는 진, 선, 미에 관한 이론 이라는) 인간중심주의적인 것으로 만드는 것은 다른 무엇보다도 바로 이 점 때문이다. 나는 이러한 문제제기가 인간중심주의적인 '순진한' 진화 모델의 주장을 넘어서는 기술의 발명, 발명의 과잉을 가능케 하는 자연과 예술(혹은 산업) 모두에 적용 가능한 인공성이라는 —— 기술 이라는 —— 개념을 필요로 한다는 점을 논하고자 한다. 생명공학의 인 공성이라는 특징을 갖는 근대성 하에서의 이러한 강조점은 인류만이 아니라 진화의 모든 총체가 미규정적인 것이자 열린 것이라는 발견에 기초하고 있다는 데에 있다. 그러한 생명의 탈영토화는 인류에게 낯선 '특성'이 아니다. 그러한 통찰은 '인간중심주의적이고 기술공학적인 신성(神性)'이라는 어떤 개념에 따라 행위하는 것으로서의 자연과 인 류 모두를 가정하는 오만한 관점을 약화시키고 혼란케 하는 데에 기 여하는 것으로서, 이는 발전적 창조나 진화가 지배와 통제의 개념 위 에 기초하고 있음을 말해 준다.[62] 그러한 물음은 기술 자체가 본질적이 고도 어쩔 수 없이 인간중심주의적인 것으로 다루어지는 상태이냐 아 니냐에 관한 것이다. 우리가 생각해야 할 것은 잉여의 기술들이며, 이 는 진화의 발명성이 공리주의적인 계산을 초과하는 것으로 이해될 것 이며, 결국 더 복잡하고, 비선형적이며 '기계'적인 진화의 모델을 생성 해 낼 가능성을 만들어 낸다는 데에 있다는 점이다. 자연과 기술, 예술 과 인공 간의 어떤 확고하고 고정된 대립을 인식하는 일이야말로 매

---

62) Cornell, "Analogy and Technology in Darwin's Vision of Nature", p.312.

우 문제가 될 수 있는 태도이기 때문에, 우리는 반드시 너무 빠르거나 성급하게 그러한 구별을 붕괴시키지 않도록 주의해야만 한다. 우리는 근원적인 기술성에 의거하여 생명의 진화를 가정할 수는 있겠지만, 이것이 진지하고도 역사적인 노력이라는 대가를 치러야만 하는 것은 아니다. 하여튼 이는 내가 이어지는 두 장에서 탐구하기 위해 열린 채로 작별하길 원하는 문제이다.

니체에 대한 하이데거의 독해에 있어서 의미심장하면서도 '막연한' 계기는 니체가 비록 모든 것을 '생명'에 관계 짓고 있지만 여전히 생명을 '생물학적으로' 생각하지 못한다는 주장이다. 그리고 그의 독해가 '인간적인' 것과 '비-인간적인 것', '생물학적인' 것과 '생물학 외적인 것'에 대한 명칭에서 뒤틀린 채 수행된다는 것은 매우 중요한 재평가와 변경을 필요로 함을 말해 준다.

> 니체는 '생물학적인 것' 즉 살아 있는 것의 본질을 명령하고 고안하는 성격을 갖는 것, 관점주의적이고 시계(視界)적인 성격을 갖는 것이라는 방향에서, 즉 자유의 방향에서 사유한다. 바꿔 말해 그는 생물학적으로는 살아 있는 것의 본질이랄 수 있는 생물학적인 것을 사유하지 않는다. 따라서 니체의 사유는 생물학주의의 위험에 빠져 있기는커녕, 오히려 반대로 본래적이고 엄격한 의미에서 생물학적인 것 ── 식물적이고 동물적인 것 ── 을 **비생물학적으로**, 곧 인간적으로 해석하려 한다. 관점주의적이고 시계적인, 명령하고 고안하는 규정들에 따라 탁월하게 …… 그러나 니체의 생물학주의에 관한 이러한 판단은 더 완전한 명료화와 바탕을 필요로 한다.[63]

이 구절에서 무엇이 '생물학적'이고 '비생물학적'인가 그리고 무엇이 '인간적'이거나 '비인간적'인가 하는 것이 생명에 관한 니체의 사색에 관련되는 질문으로서 수용된다. 그러나 대부분의 경우 하이데거는 니체가 인간중심주의의 새장 안에 갇혀 있다는 것을 발견한다. 그러나 그에게 이는 니체에 반하는 비난을 견지하려는 것이 아니라 자신의 반대의견에 스스로를 열어 놓고자 하는 것이다. 하이데거의 과제는 다윈에게서 증명된 것이자 니체에게서 극단적으로 취해진 '양육' 하의 실험에 따라 생명을 이해한 근대성 하에서의 강조점을 요구해야만 하는 일로서 이는 단순히 비조건화된 생물학주의에 대해서가 아니라 근대성이 근본적으로는 의지주의, 주관주의 그리고 인간중심주의에 의거한 형이상학적인 사실에 관한 것이라는 점이다. 따라서 니체에게서 확립된 그러한 '생명철학'은 근대성의 '진실'을 드러내고야 만다. 하이데거는 우리가 ⓐ 니체가 그의 글쓰기에서 광범위하게 과시한 "그의 근본적인 사고로 파고들어가는 데에 **주된 장애물로 나타나는**" 생물학적 언어를[64] 또한 ⓑ 니체의 사유하기에 대한 비판론을 결코 구성해 내지 못하는 '인간중심주의', 심지어는 근대성에 대한 비난을 부정할 수 없다고 주장한다. 반면, 그것은 근대성과 그 불만이 가진 특성에 관한 진정한 통찰과 더불어 우리에게 제공된다.

---

63) Heidegger, *Nietzsche* I, p.615 / *Nietzsche: The Will To Power as Knowledge and Metaphysics*, p.122.

64) *Ibid.*, p.519 / p.41.

인간중심주의는 형이상학의 종말사의 본질에 관계된다. 그것은 **주체성**(subiectum)을 동반하는 **이성적 동물**의 '극복'(Überwindung)에 관련된 것을 가져다주는 이동인 한에서 그러한 이행(Überganges)을 간접적으로 규정한다. …… 세계의 이러한 무자비함과 극단적인 인간 중심성은 근대적이고도 형이상학적인 입장이라는 최후의 환상을 폭로한다. 또한 그것은 진지하게 주체성으로서의 인간의 위상을 채택한다.[65]

니체에 대한 하이데거의 독해가 부딪힌 난관 — 결국 신을 기다리는 하이데거의 후기 작품에서 존재에 관한 질문이 갖는 경건한 애도로 이끌리는 인간중심성과 동물주의 모두 — 을 넘어서는 움직임은 생물학주의로서의 생물학이라는 하이데거 자신의 규정인 인간중심주의적 편견들에 대해 물음으로써 가능해지게 된다. 그것은 동물성이 '환경'과의 교감에 있어서 확고하게 정의되고 닫히는 것이라는 점, 바꿔 말해 그가 견지하는 바와 같이 '세계 속에서의 빈곤'을 가정하고자 하는 하이데거 위에 놓인 고전적인 인간중심주의인 것이다.[66] 그것은 또한 나쁜 생물학이다. 내가 말하고 싶은 것은 그러한 문제는 하이데거가 (특히 칸트와 헤겔 하에서) 작업 중에 있다고 하는 근대적인 독일적 사고의 전통과 나란하다는 것이며, 이는 생명(과 죽음)의 '유기적

65) *Ibid.*, p.654 / p.155.
66) D. F. Krell, *Daimon Life: Heidegger and Life-Philosophy*, Bloomington: Indiana University Press, 1992, p.121 참조.

인' 개념화라는 덫에 빠져 들고, 결국에는 인간중심주의적인 순진성과 맹목성으로부터 생명의 논리를 자유롭게 할 필요가 있는 진화의 '기계'적 개념화를 강조할 수 없게 만든다는 점이다.

하이데거에게 유기체에 관한 가장 확장된 논의는 1929~1930년에 행한 그의 생물학 강의에서 발견된다. 생물학에 대한 하이데거의 생각은 이미 동물적 세계와 인간적 세계 간의 구별을 행했던 『존재와 시간』에서 표현했던 필요성을 지각함에 따라 동기화된 것이다. 그 문제로의 탐구는 본질적 '자연'을 구성해 내는 (하이데거가 '사로잡힘' Benommenheit이라고 불렀던) 운동이나 자동력(motility) 하에 있는 유기체의 구조적 통일성에 관한 헤겔의 강조와 유별나게 가까운 입장을 산출해 낸다(헤겔에 대해서는 지금까지 무시되어 온 『정신현상학』에서의 종種과 유類를 다루는 '관찰자적 이성'에 관한 절을 보라). 바꿔 말해, 그것은 유기체가 자동력을 이해하지 못한다는 것인데, 왜냐하면 이러한 자동력이 (유기체는 스스로를 운동 '안에서' 발견하지 못한다고 하는) 유기체적 상태를 규정하기 때문이다. 결국 하이데거가 동물의 자동력을 제기함에 따라 인간적 세계와 동물적 세계 간의 구별을 개척하는 데에까지 나아간다는 것은 '역사적인' 자력성이라고는 볼 수 없다. 여기서 결정적인 문제는 죽음에 관련된다. 즉, 하이데거는 『존재와 시간』의 분석에 모순되지 않게 인간성의 죽음이 늘 '죽어가는' 중에 있는 것인 반면 동물성의 죽음은 단순히 늘 '종말로 다가서고' 있다는 입장을 견지한다.[67] 따라서 그 책 해당 절에서 그의 주된 주장은 '동물적인 것은 세계 속에서 빈한하다'는 것이 되어 버린다.

나는 그러한 입장이 분자적인 것과 '기계'적인 것을 초월하여 몰적이고 유기체적인 것을 선호하는 현상학적 선입견에 기초하고 있음을 논하고자 하는데 이는 분명히 인간중심주의적이다. 이러한 선입견은 유기체에 대한 헤겔의 반영이 담긴 작품 속에서 이미 충분히 이해될 수 있는바, (이른바 '개별성' 혹은 '개별적임'Vereinzelung이라고 부르는) 분자적인 것이 특수성으로 **혈통**에 의해 재현되는 지점이 존재한다는 것이 그것이다. 따라서 헤겔은 그저 미규정적이고 보편적으로 전개되는 '동물과 식물, 돌과 광물의 혼돈(chaos)'에 대해 말한다. 유기적이고 비유기적인 생명의 거대한 장을 열어젖히는 일에 있어서의 측정 불가능한 풍요로움을 발견하는 대신, '우리는' 단지 고유의 상태의 결여와 우발성의 법칙이라는 '자연의 경계들과 그 자신만의 행위'를 발견할 따름이다. 헤겔은 그러한 '생명'은 묘사될 수조차 없다고 주장하는데, 왜냐하면 그것은 단지 '미발달된 미규정성'을 드러낼 따름이기 때문이라는 것이다.[68] 따라서 헤겔과 그를 따른 하이데거도 마찬가지로 우발적인 진화(zufällige Bewegung)에 따른 생성의 과정이 산출해 낸 전(前)역사의 영역에 대해 — 유기적 자연 — 생물학을 제한하고자 하는 것은 놀랄 일이 아니다. 그러한 분자성은 단지 실체가 주체가 되어 버린 것 하에서 자기 규정적이고도 조형적인 생성에 따라 파악된 역사(Geschichte)를 결여하고 있을 따름이다.[69]

---

67) M. Heidegger, *The Fundamental Concepts of Metaphysics: World, Finitude, Solitude*, trans. W. McNeill and N. Walker, Bloomington: Indiana University Press, 1995, p.267.
68) G. W. F. Hegel, *Phaenomenologie des Geists*, Frankfurt: Suhrkamp, 1970, p.189 / *Phenomenology of Spirit*, trans. A. V. Miller, Oxford: Oxford University Press, 1980, §245.
69) *Ibid.*, §295.

하이데거에게 동물성이란 자신에 대한 인식을 결여함에 따른 부족함일 뿐이다. 따라서 그는 꿀벌은 단순히 태양을 좇아다니는 것일 뿐이며 그것이 무엇인지를 이해하지 못하는 상태로 날아다니는, 곧 "어떤 이해된 것으로서 그것들을 반성하는 것이 아니"라고 쓸 수 있게 된다.[70] 하이데거는 그가 동물성이란 사물들에 의해 쫓겨나고 정복당한 것이기 때문에 '가능성'의 영역으로부터 보류되는 것이라고 주장하게 될 때 인간중심주의적인 편견으로부터 나쁜 생물학으로 이동한다. 따라서 동물성은 가능성과 '여타 관련되지 않은' 것 모두로부터 '배척당한다'.[71] 우리가 보게 될 바와 같이, 동물성의 생성에 대한 니체의 사색은 그러한 인간중심주의적 순진성에서 급진적이고도 멀리 나아간 전복을 포함한다.

유기체에 관해 묻는 하이데거의 전개는 굉장히 꼼꼼하기로 유명하다. 그는 탈선화된(delineating) '기계'와 유기체 내의 커다란 어려움들에도 주목한다. 그의 지적에 따르면, 유기체에 대한 물음이 가정되고 나면 이러한 것들은 우리가 어떻게 사물들, 설비, 장치, '기계', 도구, 기관, 유기체, 수성(獸性) 등과 같은 것들을 구분하는가라는 일련의 총체적인 문제들을 불러일으킨다는 것이다.[72] 게다가 그는 기계와 유기체 간의 구분을 만들어 내는 방식으로서 유기체적 생명의 '자기조직화된'(autopoietic) 특성 ── 즉, 자기 산출, 자기 규제, 자기 갱신에 관

70) Heidegger, *The Fundamental Concepts of Metaphysics*, p.247.
71) *Ibid.*
72) *Ibid.*, p.213.

련된 물음들 —— 을 비판적으로 바라본다. 하이데거가 저항하는 그러한 이동은 '기계'주의와 생기론 사이에서 선택을 강요하는 상태의 것이라 할 수 있다. 전자는 운동이나 생성이라는 적실한 개념을 갖지 않는 반면(여기서 하이데거는 베르그송에 매우 가까워진다), 후자는 내적이고 신비스러운 인과적 요소들의 하나에 관련된 생성에 대한 물음으로 환원되며, 결국 그러한 문제제기를 간단히 소거해 버리는 결과를 낳는다.[73] 궁극적으로, 하이데거는 "구조적 총체성으로서의 동물적 사로잡힘의 통일성"이라는 더 '근원적인' 동물성의 구조를 주장함으로써 생물학을 '초월하는' 운동을 만들어 내고자 한다. "어떤 견고한 생물학적 물음이랄 수 있는 전제된 기초가 맨 앞에 놓이는" 형식이어야만 한다는 것은 바로 '사로잡힘에 대한 근본적인 개념화'에 기인하기 때문인 것이다.[74]

사로잡힘/자동력에 대한 하이데거의 '특권화'에 관련하여 가장 흥미로운 것은 그것이 적응에 따른 진화 위에서의 다윈주의적 강조점에 도전한다는 점에 있다. 다윈주의에서 그 문제는 동물성이 마치 가까운 장래에 현존할 것인 양 파악한다는 데에 있는데, 결국 그것 스스로가 마치 그럴 것인 양 세계에 자신을 적응시켜 왔다는 것이다. 그것은 동물성과 그 환경 간의 '상관적 구조'에 대한 통찰을 상실하고 '환경'이란 유기체의 '운동'이라고 하는 내적인 생성적 특성임을 평가하는 일에 실패한다.[75] 생명의 '생성'에 관한 이러한 재고(再考)에 있어

---

73) *Ibid.*, p.223.
74) *Ibid.*, p.260.

서, 하이데거의 사유는 행동학에 관한 들뢰즈의 강조점에 매우 근접해 있는데, 비록 들뢰즈의 분석이 훨씬 더 분자적이고 '기계'적인 수준 위에서 발생하긴 하지만, 결국 이는 철학적이고도 정치학적인 것 모두에 대해 커다랗게 문제제기적인 유기체에 대한 개념화를 드러낸다. 힘에의 의지에 관해 들뢰즈적으로 고무된 독해는 그러한 강조점이 힘들의 탈중심화된 체계들 위에서 발생하는 역동적이고 과정적인 사항들 아래의 실재성을 파악하고자 하는 시도임을 지적해 줄 수 있을 것으로 보이는데, 이는 '진화'라는 것이 종(種)과 유(類)의 구분을 따르지 않는 비-선형적인 사항들 아래에서 발생함을 이해하게 해준다는 것이다. 복잡한 진화에 관련해 들뢰즈가 가장 흥미를 보이는 것은 —— 그가 '절화'로 부르고자 하는 하나의 과정인 —— 유기체적인 경계들을 가로질러 절단하는 탈영토화와 재영토화의 상호교환적 과정을 따르고 그에 대해 열려 있는 동물성의 생성이라는 방식에 있다. 모든 영토성은 다른 종들의 영역들을 에워싸고 가로질러 절단한다. 생명의 생성을 특징짓는 그러한 탈영토화와 재영토화는 들뢰즈가 근대 생기론자인 윅스킬의 작업(하이데거 또한 1929~1930년에 행한 자신의 현대 생물학 강의에서 가장 예민한 문제로 묘사하였다[76])을 좇아 표현한 '자연에 대한 선율적이고, 다성(多聲)적이고, 대위법적인 개념화'를 제공한다.[77] (창조적인 진화모델을 그리고자 하는 그의 시도에 있어서 베르그송에 관련되는 것인) 복잡한 진화라고 하는 음악적 특성의 사례는 새들의 노래, 거미

---

75) *Ibid.*, pp.263~264.
76) *Ibid.*, p.215.

줄, 갑각류가 죽고 난 뒤에 남은 껍질에서 숨어 사는 게와 진드기를 포함한다.[78] 들뢰즈에게 이는 목적론적인 자연에 대한 개념화를, 인공과 자연(자연적 기술technique)이 자의적인 것으로 드러나는 구분 속에서 선율적인 것으로 대체되어야만 함을 말해 준다. 그것은 죽은 갑각류의

---

77) 윅스퀼(1864~1944)은 1926년 함부르크 대학에 환경 연구기관을 설립했다. 동물들의 '비가시적 세계들'에 관한 그의 접근은 동물적인 것의 '현상 세계'(그것의 '자기-세계')를 매우 수준 높은 방식으로 탐구한 칸트에 의해 고무된 것인 반면, '자연'은 그 자체로 '지식의 도달처를 영구적으로 뛰어넘는' 데에 놓인 거대한 본체계(numenon)로 불리운다(J. von Uexküll, "A Stroll Through the Worlds of Animals and Men: A Picture Book of Invisible Worlds", *Semiotica*, vol.89, no.4, 1992, p.390). 그의 사고가 갖는 가장 급진적인 측면들 중 하나는 동물과 인간적 삶이 지닌 광경들, 망원경들, 송화기들(microphones) 그리고 선반들 등과 같은 기계들, 장치들 그리고 기술들이 살아 있는 사물들의 '세계들'이라고 하는 구성적인 특성인 '지각능력이 있는 도구들'이자 '작동체적인(effector) 도구들'로 이해된다고 주장함으로써, 기계와 유기체 간의 구별을 붕괴시키고자 한 데에 있다. 그렇지만 그는 이것이 동물적 생성의 역동적이고 조형적인 측면들, 즉 거기에는 '능동적'이고 '감응적'인 일들이 일어난다고 하는 점을 무시하기 때문에, '단지 기계들'에 불과한 것으로서 동물들이 기능한다고 주장하는 기계론자들의 이론을 수용하지 않는다. 바꿔 말해, 기계라는 것은 기계적인 것을 '작동시키는' 기술자의 투입 없이는 이해될 수 없다는 것이다. 기계와 유기체의 관계는 들뢰즈와 가타리에 의해 개진된 '기계'주의의 관계 하에서 다음 장에서 다소 길게 검토된다. 들뢰즈와 가타리는 『천의 고원』에서 다양한 동물적 세계들의 "연합된 환경들"을 형성하는 데 복무하는 "능동적이고 감응적이고 또한 정력적인 특성들"의 중요성을 강조한다. 예컨대, 그러한 작동들의 연합된 세계는 "그것의 떨어지는 중력의 힘, 감응적인 땀이 지닌 후각적인 특성 그리고 들러붙은 활동적 특성에 의해 정의된다. 즉, 그러한 움직임은 가지를 기어오르고 포유동물을 지나친다. 냄새에 의해 인식되어 온 그것은 그리고 나서 피부에 들러붙는다. 능동적이고 감응적인 특성들은 그것 자체로 어떤 이중적인 집게발, 이중적인 분절"이다 (Deleuze and Guattari, *A Thousand Plateaus*, p.51). 그들이 지적하는 바와 같이, 연합된 환경과도 같은 것은 '유기적 형태'에 매우 가깝다. 그렇지만, 그러한 형태는 단순한 구조가 아닌, 차라리 자동적인 거미줄과 같은 동물적 환경이 "유기체적 형식"이라고 불릴 "형태발생적인" 것으로 이해되어야만 하는 **구조화**인 것이다(*Ibid.*). 따라서 들뢰즈와 가타리는 서로에게 개별적인 동기로 기여하는 "대위법적인 선율"인 생물학적인 체계적 행위의 조성이랄 수 있는 '탈코드 작용'에 관한 이론을 처음으로 발전시키고자 한 윅스퀼을 신뢰한다. 이는 "음악으로서의 자연"을 건설하고자 함이다(*Ibid.*, p.314). 반대로 하이데거는 윅스퀼의 통찰을 동물적인 "생태학"의 독단적인 지배로 제한한다. 동물적인 것은 그것이 "어떤 것**으로서의** 어떤 것을 이해하지" 못한다는 사실인 "심연에 의해" 인간과 분리된 것이라는 주장을 함으로써 말이다(Heidegger, *The Fundamental Concepts of Metaphysics*, p.264).

껍질과 그 껍질 속에 숨어 사는 게라고 하는 '대위법적' 관계로서, 이는 감각과 블록의 조성이 함께 결합하고 형성되는 것이며, 결국 '생성들'의 원리적 효과로 이해될 수 있다.[79]

우리가 동물의 세계에 대한 모욕이라는 결과를 빚은 하이데거에게서 발견하는 것이 '역사적인' 것에 관한 인간중심주의화된 특권화라는 것과는 대조되게도, 들뢰즈는 '지리학적' 용어로 생성을 파악하였는데, 이는 결국 기관, 유기체, 종과 그 기능성이 아닌 이질적인 신체들 간의 감응적 관계에 따라 진화의 운동을 이해할 수 있도록 해준다. 이는 규정된 기관들과 고정된 기능들도, 실체나 주체도 아닌 위도와 경도의 선에 따라 사물들을 정의한다는 것을 말한다. 들뢰즈의 지적에 따르면, 하나의 '신체'는 무엇이든 될 수 있다 —— 동물, 소리, 마음이나 관념, 사회체나 집합체 등.[80] 들뢰즈는 생성들이 감응을 가하고 받는 효과와 능력에 따라 일어난다고 하는 겹쳐진 영역들에 의거한 동물적 세계를 묘사하고자 했다는 점에서 이른바 윅스퀼 같은 생물학자의 '신비주의적 생기론'에 매혹되었다. 하나의 동물이 어떤 감응을 일으킬 수 있는지를, 또한 그것에 유익하거나 나쁘게 될 관련성을 미리 알 수 없기 때문에(내가 지금 먹고 있는 게 독일까 음식일까? 독이 음식이 될

---

78) 후자의 사례는 윅스퀼에게서 취한 것이다. 이에 관해서는 Heidegger, *The Fundamental Concepts of Metaphysics*, pp.263~264; G. Deleuze, *Spinoza: Practical Philosophy*, trans. R. Hurley, San Francisco, City Light Books, 1988, pp.124~125; Deleuze and Guattari, *A Thousand Plateaus*, pp.257~258을 비교하라.

79) G. Deleuze and F. Guattari, *What is Philosophy?*, trans. G. Burchell and H. Tomlinson, London: Verso, 1994, p.185.

80) G. Deleuze, *Spinoza: Practical Philosophy*, p.127.

수 있다! 등), 이는 '진화'가 반드시 '실험'의 형식을 가정해야만 한다는
것을 뜻한다.[81] 사실상 이러한 실험적 진화는 '절화'에 대해, 곧 형식의
와해와 기능의 미규정성뿐 아니라 시간과 속도의 자유로움에 대해서
도 말하는 것이다.[82]

들뢰즈와 가타리는 "이러한 정식의 부재야말로 인간중심주의를
가장 위협하는 일을 수행한다"고 단호히 말한다.[83] 생명의 낭랑하고
리드미컬하고 선율적인 특성이 '생성되는' 것은 바로 그러한 대위법
하에 있을 때뿐인 것이다. 유사하게 윅스퀼은 동물적 세계들의 인간
중심주의화를 가능케 하는 것에 의존하는 자연에 관한 새로운 낭만주
의적 철학을 개진하려다 자신의 젊은 시절 내내 고통을 받아 왔다(그
러나 그에게 그것은 단지 경험 연구의 문제일 뿐이었다). 들뢰즈와 가타
리는 그러한 심각한 오개념화와 함의 위에서 적용되고 가정된 작업들
에 반(反)한다는 부담을 안고서도 윅스퀼보다 훨씬 더 멀리 나아간다.
'비형식화된 질료', '탈유기적'이고 '비유기적인' 생명 및 비-인간적 생
성들에 대한 그들의 개념화는 그들이 내재적 창조만큼이나 그 강조점
을 물질에 놓음으로써 '초낭만적인 전회'를 이룬다고 묘사한 창조적
인 형상과 물질 간의 관계를 모색함에 따라, 결국 전통적인 질료형상
론 모델을 뛰어넘어 나아간다(이는 탈영토화되고 분자화된 물질을 생각
해야만 하는 일이다).[84] 우리는 더 이상 형식과 질료 혹은 주체와 객체

---

81) *Ibid.*, p.125.
82) Deleuze and Guattari, *A Thousand Plateaus*, p.267.
83) *Ibid.*, p.318.
84) *Ibid.*, p.343.

같은 형이상학적인 이분법, 이율배반, 대립을 다루지 않는다. (자연, 생명, 기술이라는) 내재면 위에서는 더 이상 주체나 객체란 존재하지 않는다. 유기체는 경계를 무너뜨려 왔다("유기체는 반드시 모든 부도덕성을 연구해야 한다." 『힘에의 의지』, §674). 참으로, '본질적 사물'은 더 이상 주체와 객체, 형상과 질료에 관한 물음이 아니라 힘, 밀도, 강도에 관한 물음인 것이다. 짧게 말해, 이는 '힘의 광대무변함'이 제어되어 왔다는 (기술, 배치 등의) 자연과 인공의 대립을 초월하는 '거대한 기계권(mechanosphere)'에 도달해야만 하는 일이다.[85]

동물적인 것의 생명성 위에서 행해진 니체의 가장 참신한 사유들이 안내한 것은 바로 감응과 능력의 영역이라고 하는 내재면으로서, 이는 결국 동물성이 인공을 '생성해' 내고 인공이 동물성을 '생성해 내는' 일이다. 여기서 그것은 진화의 힘들이라고 하는 니체적 인간화를 뒤흔드는 일을 가능케 하며, 기능적으로 미규정적이고 복잡한 생성이라고 하는 생명의 횡단적 특성으로 들어섬을 알려 준다. 힘에의 의지라고 하는 이러한 생성의 모델은 주체나 실체가 아닌 횡단성이 일어남을 보여 줄 수 있는 생명의 감응적이고 정념적인 영역을 기획하고자 하는 것으로 파악되어야만 한다. 이는 하이데거에 반하는 니체의 생물학이 진지하게 다루어질 필요가 있음을 말해 준다. 그것은 인간중심주의와 의인화가 극복되어야만 한다는 형이상학의 파괴를 통해서가 아니라, 오로지 '진화'의 복잡하고 비선형적이고 '기계적인'/남색적인 특성에 충실한 부적합한 생물학을 통해서만 그러하다.

---

85) *Ibid.*

니체에게 아폴론적이고 디오니소스적인 것 ── 꿈과 도취 ── 은 비전과 난교적인(orgiastic) 상태를 겪도록 강요함으로써, 마치 그것들이 인간 안에 있는 본성의 힘들인 양 나타난다. 전자는 우리 안의 비전, 교제, 시(詩)라고 하는 예술적인 힘들을 열어 주는 반면, 후자는 우리에게 제스처, 열정, 노래, 춤을 선사한다. 도취의 감정은 힘의 증가를 말해 주는데, 여기서 힘이란 생성 이상의 잠재력(potential)으로 파악된다. 이는 "새로운 기관들, 새로운 성취들, 색깔들, 형식들"을 향한 강력함이나 잠재력인 것이다(『힘에의 의지』, §800; 『전집』13권, pp.294~295). 이는 '위대한 스타일'로서 살아온 생명이자 고양된 '생성적 미(美)'가 강력한 욕망의 증가된 통일과 조화를 통해 의지함을 포함한다. 바꿔 말해, 힘에의 의지의 이러한 '생성'은 동물적인 것의 생성에 대해 말한다.

> 공간과 시간 감각이 대체되어 왔다. 즉, 무엇보다도 거대한 거리가 측정되고 이해된다. 거대한 덩어리와 광활한 공간을 뛰어넘는 비전의 확장, 정말 작고 덧없는 것에 대한 엄청난 이해력을 위한 기관의 정련 …… '지능적인' 관능─, 춤, 경망스러움, **급함**(presto)만큼이나 유연하고 쾌락적인 운동인 강함. (『힘에의 의지』, §800; 『전집』13권, pp.294~295)

니체는 좋은 예술가는 '힘이 넘치는 동물들'처럼 넘치는 에너지로 꽉 찬 이들이라고 주장한다. 참으로, 그는 실존의 변모와 충만함이 긍정적인 것에 이르는 '미적 상태'를 묘사하는 데에까지 나아간다. 그것은 쾌락 가능한 상태가 획득되고 동물적인 잘 삶(well-being)과 욕망이라는 섬세한 뉘앙스가 '섞일' 수 있는 모든 영역에서 흥분을 경험하는 동물성의 부분에 긍정적으로 반응하는 지점이다. 가장 중요한 예술적 힘은 정확히 이러한 이질적인 힘들의 흥분과 조화를 위해 준비된 동물적 잠재력이다. 니체는 예술이 도취의 상태를 경험하도록 파고드는 작업인 '특별한 기억'을 갖는 가공을 통해 강력함을 증가시키고 욕망을 타오르게 함으로써, 근육과 감각들을 지배하고 흥분케 한다고 말한다(『힘에의 의지』, §809). 따라서 니체에게 그러한 감성적인 상태는 '신체적으로 발랄한 충만함의 획득과 흘러넘침'이 가능한 본능에 의해서만 얻을 수 있는 것이다(같은 책, §801). 이는 냉철한 자, 세계에 싫증 난 자, 소진된 자 ── 바로 근대인 ── 가 왜 예술로부터 아무것도 받을 수 없는가를 말해 주는 것으로서, 그 이유는 그들에게 풍요로움이 부족하기 때문이다. 또한 니체는 줄 수 없는 이들은 받을 수도 없다고 덧붙인다. 어떻게 동물성이 예술에 대한 이런 식의 생각 속에서 향상되고 인간을 타락시키겠는가! 따라서 동물성은 니체의 사유 속에서 '힘의 최고도의 표지'라고 하는 비범하고도 심오한 것으로, 곧 폭력을 뛰어넘어 체험된 삶이자 순수하고도 잠재적인 생성에 따르는 것으로 형상화된다(같은 책, §803). 최고도의 힘이란 삶이 긴장과 지배 없는 대립을 뛰어넘어 살 때라야 비로소 획득되는데, 왜냐하면 순응은 단지 쓸데없는 짓에 불과하기 때문이다.

따라서 예술은 동물적인 발랄함의 상태에 대해 말하는 한편 이미지와 욕망의 세계로 들어서는 육체성의 과잉을 표현하고, 또 다른 한편으로는 강도 높은 삶의 이미지와 욕망을 통한 동물적 기능의 흥분을 도발한다(같은 책, §802). 발랄함과 육체성이라는 이런 맥락에서 고려된 예술은 삶의 완성과 자극 그 이상도 이하도 아닌 것으로서 파악될 수 있다. 예술은 단순히 삶을 모방하거나 그것에 대한 간증을 산출해 내는 것이 아니라, 스스로를 격려하고 흥분시키며 실재적인 생성을 표현해 낸다. 니체에게 예술은 정말 문자 그대로 삶의 횡단적 **생성**의 기능이랄 수 있는 "유기화된 기능"인 것이다(같은 책, §808). 니체는 누군가가 인간이냐 동물이냐에 관계없이 여기서 그것이 거의 다루어지지 않았다고 주장한다. 동물들에게 있어서 가치에 대한 전환의 경험은 "새로운 무기, 안료, 색깔, 형식 그리고 무엇보다도 새로운 운동, 새로운 리듬, 새로운 사랑을 부르고 유혹한다. 그것은 인간의 경우에도 차이가 없다"(같은 책, §808). 예술은 위대한 사용적 가치를 지닌 덕(德)이지 동물적인 '인간'의 특유한 특성이 아니다. 니체에게 있어서 세계가 빈한하게 된 것을 알게 된 이는 바로 근대인인데, 왜냐하면 그는 무(無)에의 의지만을 욕망함으로써 예술의 진정한 필요를 결여했기 때문이다. 동물적인 것은 세계 속에서 풍요롭게 남겨져 있는데, 이는 결국 우리가 왜 감추어진 원한과 시기로부터 그것을 더럽혀야 할 필요가 있는가를 말해 준다. 최대의 위험에 처한 우리의 본질은 '진리'의 소멸이다. ── 바꿔 말해, 소진되고 넌더리 난 진리라고 하는 인간의 진리가 예술적 생성의 아름다운 환영과 조형적 힘을 어떻게 긍정할 수 있겠는가를 더 이상 알지 못하게 될 것이라는.

하이데거는 1964년에 쓴「철학의 종말」이라는 글에서, 진화에 관한 '기술론적인'(technologistic) 모델링을 특권시함으로써 동물성과 '기계'성의 조정과 소통의 학문인 인공두뇌학(cybernetics)에서 발견되는, "사회적으로 능동적인 인간성을 지닌 학문적 태도"라는 철학적 근대성의 완성과 성취에 관해 고찰하였다.[86] 그러나 또 다시 그는 이러한 새로운 학문과 물리학, 생물학에 대해 사유하기를 너무나도 기꺼이 서구 형이상학의 잘 알려진 인간중심주의적 기획으로 동질화시켜 버린다. 그것은 이제 내가 이어지는 두 장들에서 방향을 돌려 주목하길 원하는 ── 진화와 엔트로피에 관계된 물음들인 ── '기계'와 기술에 관한 물음이다. 나의 목표는 자기조직화 및 복잡계 이론과 같은 새로운 생물학 하에서, 그리고 이른바 유럽철학에서 무시되고 주변화된 갈래인 들뢰즈와 가타리의 혁신적 작업 모두에서 출현해 온 새로운 '기계적' 패러다임의 '탈인간적' 가능성들을 탐구하는 것이다.

---

86) M. Heidegger, "The End of Philosophy and the Task of Thinking", *On Time and Being*, trans. J. Stambaugh, New York: Harper Torchbooks, 1972, p.58.

5장 _ 바이로이드적 생명
기계들, 기술들 그리고 진화에 관하여

> 은유의 가능성은 모든 분야에서 드러나지 않는 중에 있다. 이는 ……
> 자신들의 특수성을 잃고 감염의 과정에 참가하는 것과 마찬가지의
> 모든 원리들을 감응케 함에 따른 — 우리를 엄습하는 모든 새로운
> 사건들 중 가장 핵심적인 사건성이라고 하는 규정의 바이러스적 상
> 실인 — 일반적인 경향의 한 측면이다.[1]

이것이 진화이다. 즉, 새로운 기술들의 사용이. 거기에는 '생물학적
진화' 따위는 존재하지 않는다. …… 19세기의 가장 잔인한 실수는
바로 이것이다. 창조론의 단념은 기술적-인공적 발견에 있기보다는
차라리 생물학적인 것에 기초하였다. 우리는 이러한 실수의 결과가
낳은 자식들인 것이다. 기술적 실행들 대신, 우리는 우리의 신적-기

---

1) J. Baudrillard, *The Transparency of Evil: Essays on Extreme Phenomena*, trans. J.
Benedict, London: Verso, 1993, p.7.

능과 같은 지배자인 인류를 상속받았다. 지배자인 인류라는 아비의 좋은 자식들로서, '우리'는 (오로지 기술들만이 파시즘을 무효화할 수 있다고 깨닫는 대신) '자연'과 함께인 파시즘에 반(反)하여 (마치 싱싱하게) 스스로를 보호할 수 있다고 믿는다.[2]

최근의 유럽철학은 인간이 시원적인 기술성(technicity)에 필연적으로 묶여 있다고 주장한다. 즉, 기술은 인간이라는 동물을 구성하는 인공기관이자, 시원적인 상태를 향유하는 위험한 보충물이라는 것이다.[3] 즉, 그것은 종(種)으로서의 그리고 **현존재**(Dasein)로서의 '인간'의 시원은 그것을 만드는 것이 **결여** —— 누군가의 관점에 따라서는 과잉 —— 이기 때문에 근본적으로 해결하기 어렵게 되었다는 것이다. 역사는 더 이상 확장된 표현형으로서의 기술이, 우리의 유전자들의 욕망을 표현하는 것인지 아니면 자연의 문화적인 공모의 신호인지를 결

---

2) K. Theweleit, "Circles, Lines, and Bits", eds. J. Crary and S. Kwinter, *Incorporations*, New York: Zone Books, 1992, p.260.

3) 그렇지만 일찍이 1907년에 베르그송은 발명의 기술들뿐 아니라 기계론적 발명이 지능적인 생명체의 한 종류를 구성해 내는 것으로 이해되어야만 한다고 주장했다. 우리는 "최초의" 기술들이 "그 본질적 특성"을 가지게 된 이래로 "인간"이라고 부른다(H. Bergson, *Creative Evolution*, trans. A. Mitchell, Lanham: University Press of America, 1983, p.138). 19세기 학파인 네오 헤겔주의적인 드보르(Guy Debord)의 상황주의와 같이, 인간의 기술발생에 관한 망각을 향해 있는 인간주의에 대한 강력한 비판이 인간 존재의 본질과의 최종적 화해에 관한 공상이랄 수 있는 최근의 이러한 '본질주의적 존재론들'을 논하는 드브레(Regis Debray)에 의해 표명되어 왔다는 것은, 기술론적 규정의 소거뿐 아니라 집단적 존재가 구조적인 구체적 예화로 파악되는 '정치적 중재'와 같은 '진짜 중재들과 같은 험한 일', 또한 인간화 과정의 구조적인 구체적 예화로 파악되는 '기술적 중재'에 대한 그들의 부인에서 연원하는 역사적 투명성이라고 하는 기만과 효과적인 역사적 행위에 기초해 왔다. R. Debray, "Remarks on the Spectacle", *New Left Review*, no.214, 1995, pp.136~137을 보라.

정할 가능성이란 없다고 하는 지점에서 무시무시한 것에 이른 것으로 보인다. 리오타르는 이를 다음과 같이 말한다. 즉, 기술들의 시간이 가진 '진리'란 '계시'(revelation)가 아닌 '배신'(betrayal)인 것이다.[4] 새로운 기술들의 책무는 인간적 삶에 따라 지구상에서 구성된 '장애물'을 무너뜨리는 일이다. 그렇지만, 이러한 생명계와 기술계 상호 간의 붕괴는 자연의 목적에 관한 진정한 행위와 (비)인간적인 역사로서의 기술이라고 하는 물화된 거대서사를 완벽하게 생산해 내는 정치적으로 순진한 것이다. 또한 인간중심주의에 역사를 결부시키는 동시에 인간의 탄생이 동일하게 중요한 기술의 생성이자 **생명-기술의 생성**이기도 하다는 간단한 사실을 간과함으로써 기술들을 인간계에 엄격히 제한한다. 공생(symbiosis)이라는 현상은 관조적 사고라는 전반적인 서구적 전통에 진정으로 도전하고 리좀적으로 실천해야 할 긴급성을 제기함으로써 이러한 논제들에 가장 가까운 증거를 제공한다. 나무의 이미지는 "식물학에서 생물학 및 해부학, 영지주의, 신학, 존재론, 그리고 철학에 관한 모든 것에 이르는 서구적 사유……"[5]를 지배해 왔다. 역사에 관한 이러한 새로운 인간중심적 독해는 컴퓨터의 도래, 그리고 행성에 도착한 로봇과 더불어 현재 [우리가] '실리콘 시대'(silicon age)에 접어드는 중에 있다고 하는 총체적으로 잘못된 주장으로 이끈다. 이것이 등한시한 것은 거의 300억 년 동안이나 자철광에 둘러싸인 박

4) J. F. Lyotard, *The Inhuman: Reflections on Time*, trans. G. Bennington and R. Bowlby, Oxford: Polity Press, 1991, p. 52.

5) G. Deleuze and F. Guattari, *A Thousand Plateaus*, trans. B. Massumi, London: Athlone Press, 1988, p. 18.

테리아를 활용해 온 인간의 금속노동을 동반한 야금술이라는 고대의 전(前) 인간적 시간이다.[6] 더욱이, 공생은 우리를 가르치기에는 외설스러운 교습이다. 즉, 인간은 마치 아메바와 같은 존재자들(최초의 존재들)이 박테리아 군체를 통합해 온 것처럼, 아메바 같은 존재자들의 통합된 군체인 것이다. 좋건 싫건 우리의 시원은 **진흙탕**(slime) 안에 있다. 생물학자들은 진핵생물의 핵세포가 라마르크적인 진화 모델의 특성들을 상속받은 것이 아니라, 영구적인 '병'의 결합에 따라 활기를 되찾고 감염된 주변화된 존재자들인 세포들 사이의 탐욕스럽고 유산된 전이들이라는 박테리아적 공생자들의 상속에 의해 진화해 왔음을 확고히 해왔다.[7]

진화 체계들에 관한 일반론을 발전시키고자 하는 시도는 존재자에 관해 제시된 종류의 문제들에 전반적으로 의존하고 있다. 이론적인 탐구에 관한 인과적인 틀짜기와 사상(寫像)과는 독립적으로 종들, 유기체들 그리고 진화의 본성을 그 자체로 고려하는 일은 ─ 또한 모든 이론은 실천으로 이해될 필요가 있다[8] ─ 물화(reification) 이외의 다른 것을 생산해 내는 것이 아니다. 1907년 『창조적 진화』에서 베르그송이 지적한 바에 따르면, 우리의 과학은 그것이 선택하는 변수들이 문제들을 배치하는 순서 모두에 대해 상대적으로 우발적이라는 것이다.[9] '진화'에 대한 개념화는 오로지 그것들을 틀 지어 주는 한

---

6) L. Margulis and D. Sagan, *What is Life?*, London: Weidenfeld and Nicolson, 1995, p.194.
7) *Ibid.*, p.90.
8) F. Reuleaux, *The Kinematics of Machinery: Outlines of a Theory of Machines*, trans. A. B. W. Kennedy, New York: Dover, 1876/1963의 서문.

에서의 시간-단위들에 관련될 때에만 이해된다. 예컨대, 종들과 유기체들의 "보편적 진화"의 관점으로부터는 고정된 또는 정적인 참조점들이나 발명이라고 하는 생명의 참신한 활동성의 종결점으로 해석될 만한 것을 다룰 수 없다. 지리학적 지표들은 오로지 개체군들 사이에서 일시적인 것으로만 간주되는 어떤 평형성인 생태학적 질서의 외적인 조화들만을 품을(harbour) 수 있을 뿐인 반면, 종들 간의 경계들은 지속적으로 이동하고 움직이며 또한 침투한다. 실로, 특정한 모델 위에서 우리는 종들의 '성공'이란 존재 그 자체에서 진화하는 속도에 의해 측정된다고 정당하게 주장할 수 있게 된다. 들뢰즈와 가타리의 가장 급진적인 태도는 '진화'란 기술 이외에 아무것도 아니기에 순수하게 '생물학적인' 진화란 결코 존재해 온 적이 없다고 제시한 점이다. 즉, "거기에는 생물권이나 정신권이 아닌 어디에서나 동일한 '기계'권(Mechanosphere)이 존재할 따름이다."[10] '생물학적인' 것에서

---

9) Bergson, *Creative Evolution*, p.219.

10) G. Deleuze and F. Guattari, *Mille Plateaux*, Paris: PUF, 1980, p.89 / *A Thousand Plateaus*, trans. B. Massumi, London: Athlone Press, 1988, p.69. '정신권'(noosphere) 이라는 말은 콜레주 드 프랑스에서 베르그송의 계승자였던 르 루아(Edouard Le Roy)에 의해 사용되었다. 그것은 고생물학자이자 사제이기도 한 샤르댕(Teilhard de Chardin)에 의해 채택된 것으로서, 생물권과 겹쳐지는 생명의 의식적 층위이자 '인간적 문(phylum)'의 진화에서 근본적인 구성요소를 대표하기도 한다. T. de Chardin, *The Phenomenon of Man*, London: Fontana, 1965, p.211 이하를 보라. 러시아의 과학자인 베르나츠키(Vladimir Vernadsky)의 작품에서 '정신권'은 살아 있는 물질과 인간적 기술 간의 창발적 공생에 의해 조직된 물질의 출현을 설명하는 데 이용된다. 베르나츠키에게 플라스틱과 금속 산업은 훨씬 더 빨라지게 된 표면상의 지리학적 흐름을 위해 새로운 물질들을 흡수하는 과정인 고대적 생명으로부터 유래한다. V. Vernadsky, "The Biosphere and the Noosphere", *American Scientist*, vol.33, 1945, pp.1~12를 보라. 그의 입장에 선 현대적 판본으로는 Margulis and Sagan, *What is Life?*를 보라. 여기서는 자기-조직적이고(autopoietic) 광합성적인 지구적 현상으로서 '생명'에 접근하는, 또한 에너지학적인 것에서 정보적이고 전지

'사회적'이고 경제적인 것에 이르는 모든 계(界)들은 '기계'적 배치들
(Mechanic assemblages), 복잡한 주름들, 그리고 그것들의 층화를 가
르고 흩뜨리는 탈영토화의 운동들을 형성해 낸다. 이는 왜 그것들에
게 '프래그머티즘'(혹은 '분열분석')이 다른 모든 것들이 거기에 의존하
게 되는 근본적인 요소가 되어 버렸는지를 설명해 준다. 들뢰즈와 가
타리는 가장 열정적으로 비형식화된 질료들과 비형식적인 기능들-함
수들로 구성된 추상기계들의 면(面) 위에 위치할 때에만 효과적으로
나아가고 사상(寫像)될 수 있는, 비유기적 생명의 '비가시적인' 생성들
인 진화의 미분적인 율동들과 감응적인 강도들에 관심을 보였다.[11] 이
장에서 나는 '기계'적 생명의 '창조성'에 관한 들뢰즈와 가타리의 사상
(寫像)이 어떻게 지능적인 것의 자연적 경향과 주요한 과학적 습관들
모두에 근본적인 의문을 던지는가를 보여 주고 싶다.

『차이와 반복』에서 들뢰즈는 내적인 차이의 철학에 복무하는 생
물학적 사유를 선보인다. 그는 "'오로지 절화된 것만이 진화한다'는
이유로 진화는 열린 공간에서 일어나지 않는다"고 주장함으로써 ("세
계는 알이다"라고 하는) 철학적 발생학의 수준 위에서 '진화'에 접근
한다.[12] (칸트는 전성설에 대한 '개체적이고', '유적인'generic 개념화들에
대한 논의에서 '진화'론으로부터 '절화'론으로 이동할 필요가 있다고 말

구적인 시장 등에 이르는 계들을 이동시키는 인간이 구성해 낸 생명의 '감성적 교향곡'을 설
명하기 위한 '초인간성'을 신비롭게 끌어낸다(pp.189~195). 이러한 '초인간성'은 음식뿐 아
니라 석탄, 철, 석유 그리고 규소까지도 빨아들인다.

11) Deleuze and Guattari, *Mille Plateaux*, p.637 / *A Thousand Plateaus*, p.511.
12) G. Deleuze, *Difference and Repetition*, trans. Paul Patton, London: Athlone Press,
1994, p.118.

하고, 동시에 '잠재성'의 개념을 그려 나간다.[13]) 예컨대, 발생학은 오로지 배아만이 견딜 수 있고 만일 성체라면 찢겨져 버릴 생생한 운동들과 비틀림들일 수 있다고 주장한다. 이는 생존 가능한 경계들에서만 경험될 수 있을 뿐인 '공간적-시간적인 동적과정들'(spatio-temporal dynamisms)이 존재함을, 또한 "어떤 것이 경계들 사이에서 '이동한다'"는 것을 뜻한다. 그는 "천둥 번개와도 같이 사건들이 파열하고, 현상들이 번쩍인다"라고 쓰고 있다.[14] 더욱이, 이 작품에서 들뢰즈는 이미 '분자적인 다원주의'의 한 종류를 강조하는데, 이는 가타리와의 공동작업 및 근대 생물학의 개체군적 사유에 있어서 전형적인 본질주의에 대한 공격과 함께 이루어진다는 특징을 갖는다. 들뢰즈는 자연도태를 '종들'의 진화에 관한 이론으로 독해하지 않는다. 차라리 그에게 핵심적인 것은 개체의 활동과 개별화의 과정에 있고, 이에 비해 종들의 진화는 오로지 선험적인 '착각'에 불과하다.[15] 『천의 고원』의 들뢰즈와 가타리에 따르면, 유형들을 넘어선 개체군들 및 정도를 넘어선 미분적 비율들과 관계들에 관한 네오다위니즘적 강조는 다양체들

---

13) I. Kant, I. *Kritik der Urteilskraft*, Frankfurt: Suhrkamp, 1974 / *Critique of Judgement*, trans. J. C. Meredith: Oxford, Oxford University Press, 1982, §81.

14) Deleuze, *Difference and Repetition*.

15) *Ibid.*, p.250. 다윈에게 있어서 도태의 경우 "개별적인 차이들"의 중요성에 관해서는 C. Darwin, *The Origin of Species*, Harmondsworth, Middlesex: Penguin, 1985, p.101 이하를 보라. 네오다위니즘에 관해서는 "개체의 중요성에 대한 발견이 다윈의 자연도태론의 핵심이 된다"고 하는 E. Mayr, *One Long Argument: Charles Darwin and the Genesis of Modern Evolutionary Thought*, Harmondsworth, Middlesex: Penguin, 1991 (인용은 p.42). 근대적 종합을 특징짓는 진화론 하에서의 개체군적 발생으로의 이동에 관해서는 N. Eldredge, *Reinventing Darwin: The Great Evolutionary Debate*, London: Weidenfeld & Nicolson, 1995, pp.10~30을 보라.

(multiplicities)의 과학이라는 방향 하에서 생명의 논리를 추동하는 유목주의로 생물학을 이해하는 일에 실질적으로 기여한다. 들뢰즈는 전자의 작품에서 개체발생이 단순히 계통발생을 복제한 것이 아니라 개체발생이 계통발생을 **창조**해 낸 것이라고 주장함으로써, 헤켈의 생물발생적(biogenetic) 법칙과 마찬가지로 잘 알려진 생물학적 사고에서 고전적으로 묘사되는 둘 간의 관계를 전복하고자 한다.[16] 반면, 후자의 작품에서 그들은 창조적인 '보편적 진화'의 잠재적 생성을 포함하는 배아발생과 계통발생 간의 관계에 대해 말하면서 동일한 점을 지적한다. 즉, 그들은 '배아'가 "닫힌 환경 하에서 사전에 확립된 절대적 형식으로는 증명되지 않으며, 오히려 개체군들의 계통발생은 열린 환경 하에서 사전에 확립된 것이 없는 선별로부터 상대적 형식들이랄 수 있는, 전반적인 범위에 걸친 자신만의 배열을 갖는다"고 쓴다.[17] 우리는 단지 주름접힘이라는 형식들의 환원 불가능성만을 주장할 수 있을 뿐인 것이다.[18] 근대 생물학적 사유의 이율배반은 —— 개체/종들, 선별하는 자/선별되는 자, 유기체/환경, 변이/선택 등 —— 충분히 부르주아적 사고의 이율배반으로 작동하기도 하지만, 동시에 들뢰즈의 '배

---

16) 헤켈의 법칙에 대한 전도는 1920년대로 거슬러 올라가는 작업이다. 더 많은 정보를 위해서는 개체발생 하에서 일어나는 '반복'이 계통발생이 아니라 또 다른 개체발생과 같은 단순한 것임을 말하는, 즉 "조상들의 일부 배아적 특성들은 배아적 발달 하에서 드러난다"고 말하는 Wolpert, *The Triumph of the Embryo*, Oxford: Oxford University Press, 1991, p.185를 보라. 그러한 문제에 관한 포괄적인 역사적 도입으로는 S. J. Gould, *Ontogeny and Phylogeny*, Cambridge, Mass.: Harvard University Press, 1977을 보라.

17) Deleuze and Guattari, *A Thousand Plateaus*, p.48.

18) 들뢰즈는 DNA 이중나선이 '초주름'(superfold)의 작동에 따라 다루어져야만 한다고 주장한다. G. Deleuze, *Foucault*, trans. S. Hand, London: Athlone Press, 1988을 보라.

르그송주의' 하에서도 작동한다. 나는 『차이와 반복』에서 들뢰즈가 지나치게 성급하게 자연도태를 철학적 발생학과 형태학의 수준에서 차이와 반복을 사유하는 기획에 근접시키고 있음을 논하고자 한다. 그는 선별이 가장 발산적인(divergent) 것의 생존에 대한 보장을 선호하여 작동한다고 주장한다.[19] 들뢰즈는 이 작품에서 그 비판점이 '적합도'(fitness)에 관한 물화된 개념이라는 지점에서 다윈에 대한 니체의 비판을 자신이 편할 대로 무시한다. 니체적 이해 하에서 자연도태는 진화의 '기계'로 바람직하게 다루어질지도 모르지만 그것은 특정한 엔트로피적 원리에 상응하는, 바꿔 말해 '적자생존'의 기능을 한다(『힘에의 의지』, §684~685를 보라).[20] 따라서 들뢰즈에게서 그랬던 것

---

19) Deleuze, *Difference and Repetition*, p.248.
20) 니체는 '다윈학파의 오류'가 그에게 '심각한 문제'가 되어 '다윈에 반(反)하는' 입장에 섰을 때 자신이 고립되었음을 느꼈다. 우리가 어떻게 자연을 '그렇게 나쁘게' 볼 수 있단 말인가?라고 그는 묻는다. 간단히 말해, 니체는 다윈주의가 사회성과 도덕성에 관한 가정들을 끊어 낸 생물학적인 이론적 저격임을 주장하는 것이다. 그는 "나는 도덕성 하에 있는 실재성의 번역에 반하여 반역을 일으킨다"라고 쓰는 동시에(『힘에의 의지』, §685), 맬서스는 자연스러운 것이 아니라고 주장한다(『우상의 황혼』, p.75). 궁극적으로, 그러한 논쟁(Auseinandersetzung)은 니체에게 소위 엄격하게 '생물학적인' 가치들에 대한 재평가(transvaluation)의 문제가 되어 버린 것이다. 예를 들어, 『도덕의 계보』 제1논문의 '비판적' 결말을 보라. '적자생존'이라는 문구는 『종의 기원』 제5판에서 나타났다. 그것은 스펜서의 작업과 연합한 것이자, 자연에 대한 인간중심주의적 인격화와 더불어 잘못 인도된 '자연도태'라고 하는 진화에 대해 더 나은 묘사를 행한 월리스의 주장에 선 다윈에 의해 채택된 것이다. 『종의 기원』 내내 다윈은 자연의 '경제'와 '정치'에 대해 말하고, 또한 거기에는 그가 '자연'에 대해서건 산업 사회에 대해 이야기하건 간에 관계없이 미규정적인 것들이 일어난다는 것이다. 맑스는 '자연'에 대한 다윈적인 모델 하에서 중요한 역할을 하고 있는 홉스적인 만인에 대한 만인의 투쟁(bellum omnium contra omnes)을 '시민 사회'에서 보았다고 한다. 우리는 또한 짐승 같은 영국에 대한 그의 묘사에서 '선과 악'의 특성들에 관한 철학을 지적할 수밖에 없으며, 그럴 때에 그는 인간중심주의적인 감상주의의 눈을 통해 자연이라는 문헌의 독해에 위험스럽게 가까워지게 된다. 이에 대한 최선의 사례로는 자연도태가 각각의 기관들에 의해 야기된 선함과 악함 사이의 '공정한 조화'를 부단히 공격함으로써, 각각의 존

과 마찬가지로 ('차이의 분화자'differenciator로서의) 차이의 긍정적인 힘으로 그렇게 쉽게 간주될 수 없다. 실로, '자연도태'라는 말은 ── 자연이 결국 선택하지 않기에 ── 어떤 잘못된 명칭이며, 오히려 그것은 절멸(extermination)의 자의적인 역능으로 작동함으로써 상이하게 구성된 개체들의 차별적인 상실이라는 결과인 것이다. 자연은 최적자를 선택하기보다는 차라리 전반적으로 기계론적이고 알고리즘적인 경향하에서 느리고 지각 불가능하게 환경에 생명체들을 적응시킴으로써 적합치 않은 것을 절멸케 한다.[21] 따라서, 우리는 『차이와 반복』에서 들뢰즈가 '복잡성'과 '도태' 간의 경쟁적인 주장들 사이에서 만들어 내는 편치 않은 낯설음으로부터 나오게 되는 주된 긴장들을 보게 된다. 가타리와의 작업에서 가장 우선시되는 것은 명백히 '진화'를 넘어선 '절화'이자 탈영토화의 양태들, 즉 외생(exogeny)이라는 것을 넘어선 내생(endogeny)의 힘을 부여하는 데에 있다. 즉, "내적 환경인 유기체가 …… 자신의 자율성을 확신하고, 외적인 것과 일련의 우발적인 관계를 가지게 되면 될수록 그것은 더욱 탈영토화된다."[22] 들뢰즈가 『차이와 반복』에서 그러한 참신한 용어들을 통해 강조하고 있는 것, 그리고 철학적 생물학에서 최근의 복잡계 이론과 연관지어 작업하는 것은 정확히 탈영토화의 '창조적인' 실재성 때문이다. 예컨대, 『차이와

재자들의 선함을 위해 독자적으로 행위한다고 주장하는 것을 들 수 있다. 그것이 도태 때문이라는 것이 완벽하지는 않지만, 자신의 창자를 떼어내면 죽어 버림에도 불구하고 공격을 위해 사용할 때에는 망설임이라고는 전혀 없는 말벌의 독침과 같은 예기치 못한 현상을 설명하는 일이 가능한 것이다(Darwin, *The Origin of Species*, p.230).
21) 이상의 진술로 인해 이 책에서는 '자연선택' 대신 '자연도태'라는 용어를 택하였다.─옮긴이
22) Deleuze and Guattari, *A Thousand Plateaus*, pp.53~54.

반복』에서는 '진화'를 위한 '공식'이 다음과 같이 주어진다. "계가 복잡해질수록 함-축(implication)에 대해 특유한 가치들이 그것 하에서 더욱더 드러난다."[23] 어떤 주어진 계(界)의 복잡성에 대한 '판단'이자 차이의 분화자 모두로서의 기능이라는 것은 바로 '함축(envelopment)의 중심'에 있다. 예를 들어, 우리는 오늘날 인간과 침팬지 간의 차이는 최소한적인 그들의 유전적 차이에서가 아닌 공간적 조직화와 세포들의 주름접힘(folding)에서 구성된다는 것을 알고 있다. 그러한 통찰은 유전자들의 결정성을 강조하고 유전적 미결정성의 흔적을 소거해 버리는 일군의 생물학자들의 환원주의와는 대조된다. 들뢰즈가 『차이와 반복』에서 선별의 엄격하고도 외생적인 메커니즘을 넘어서 '진화'의 모델로 중시하는 것은 정확히 시·공간적인 리듬들과 강도들의 내적 역능이다. 이러한 논의는 현재 카우프만과 같이 개체발생에 관해 매우 고도화되고 질서 잡힌 선별의 성취가 아니라, 차라리 복잡한 조절계들의 자기조직화된 행동들(self-organized behaviours)로 간주된다고 말하는 복잡계 이론가들의 선도에 따라 지지되고 있다. 더욱이, 자기조직화의 특징들이란 "도태가 그러한 질서를 피할 수 없다"[24]고 하는 복잡한 망(網)에 있어서 굉장히 내재적인 성격을 띤다. 이러한

---

23) Deleuze, *Difference and Repetition*, p.255. 1964년 프랑스에서 출판된 개체발생에 관한 시몽동의 문헌은 들뢰즈의 내적 차이의 철학에 중요한 영향을 끼쳤다. "살아 있는 존재는 스스로 적응함으로써, 즉 환경과의 관계를 변화시킴으로써 …… 새로운 내적 구조들의 발명과 유기적 문제들의 공리성 하에 완벽하게 자신을 삽입시킴으로써 스스로를 변형시켜 그러한 문제들을 해결한다."(G. Simondon, "The Genesis of the Individual", eds. J. Crary and S. Kwinter, *Incorporations*, New York: Zone Books, 1992, p.305)

24) S. A. Kauffman, *The Origins of Order: Self-Organization and Selection in Evolution*, New York: Oxford University Press, 1995, p.xvii.

모델상에서 도태는 결코 진화적 질서와 조성의 유일하고도 우선적인 산출자로 간주될 수 없다. 들뢰즈에게 『차이와 반복』에서의 발생학에서 무엇이 근본적인가는 부분적인 알의 분할이 아닌 "자유로운 표면들에 대한 논구(論究), 세포질 층위의 잡아당김, 주름접힘에 의한 함입(invagination)"과 같은 형태발생적(morphogenetic) 운동들이다. 또한 "수송이 국소적인 이동이기 이전에 디오니소스적이고, 신(神)적이고, 착란적인 것이 되는" "알(卵)의 운동학"을 소환할 때,[25] 그는 패권주의적인 네오다위니즘적 틀을 뛰어넘는 생물학자들 가운데에서 시도되는 흐름들의 특성인 배아발생적이고 형태발생적인 질문들로의 전환을 예견하는 중에 있다. 여기서 그 초점은 세포들에 포함된 구성요소들의 본성에 따른 것이 아니라 (그것들의 상대적인 질서랄 수 있는) 시간과 공간 하에서의 분자적인 상호작용 방식에 의거해 설명되는 공간적 반복유형들의 산출이다. 들뢰즈는 이러한 과정들이 현실화에 대해 **낯선** 공간과 시간을 창조한다고 주장하는 데에까지 나아간다. 이러한 철학적 발생학의 모델 위에서, 시간과 공간은 더 이상 단지 감각적인 통찰에 관한 보편적이고 **선험적인** 형태들이 아닌, 변이와 차이를 **산출하는** 구성요소로 이해된다. 발생학에 관한 작업을 행하는 한 탁월한 신경과학자의 최근 발언에 따르면, "다양성은 불가피하게 국소생물학적(topobiological) 사건들의 역동적인 본성이라는 결과를 낳을 수밖에 없다"는 것이다.[26] 간단히 말해, 들뢰즈가 적절히 드러내지 못한 것은 네오다위니즘적 종합의 핵심적 교의들 일부에 대한 근본적인 의심

---

25) Deleuze, *Difference and Repetition*, p.214.

을 드러내는 철학적 발생학과 형태학의 선들과 나란한, 새로움과 차이
의 창조에 관한 사유에 따른 차이와 반복에 관한 사유에 있다.[27)]

현대 생물학의 한 가닥은 초(超)-다윈주의로의 유전자적 환원주

26) G. Edelman, *Bright Air, Brilliant Fire: On the Matter of the Mind*, Harmonsworth, Middlesex: Penguin, 1994, p.64.

27) 『차이와 반복』에서 다윈을 피상적으로 다룬 이후에 나타나는 이가 베어(Karl Ernst von Baer)임을 지적하는 일은 흥미롭다. 들뢰즈가 개별적이고 전(前)-개체적인 특이성들의 방향 하에서, 종들과 유들을 뛰어넘는 살아 있는 지점에 관한 최상위의 일반성들을 주장하기 위해 활용하는 것이 바로 베어의 생각이기 때문이다(Deleuze, *Difference and Repetition*, pp.249~250). '개별화'와 '독특한 것의 미분화'의 과정으로서의 발달에 관한 베어의 이해에 관해서는 Gould, *Ontogeny and Phylogeny*, pp.52~59를 보라. 다윈이, 자신의 자연도태론을 근본적으로 대체하게 된 이래로 계통발생을 뛰어넘는 개체발생에 관한 베어의 강조가 갖는 충분한 의심을 떠맡을 수 없었음은 명백하다. 혈통발생론에 관한 다윈적 글쓰기의 시대는 현대적인 후성설의 방향 하에서 자연철학(Naturphilosophie)과는 멀리 떨어진 스스로의 '진화' 내에서, 의미 있는 변형이 이루어지는 중이다. 배아발생에 관한 다윈의 입장은 ─ 배아들은 비록 형태들에 있어 구별된다 하더라도 어른과 유사한 상태로 인해 인류의 역사라는 거울이 된다 ─ 헤켈이 자신의 생물발생 법칙에서 나중에 진척시킨 것이자, 오늘날에는 불명예스러운 것으로 남게 된 것들 중 하나에 해당한다. 이러한 결정적인 문제에 관한 추가적인 통찰로는 J. Oppenheimer, "An Embryological Enigma in the Origin of Species", B. Glass et al., *Forerunners of Darwin: 1745-1859*, Baltimore: Johns Hopkins University Press, 1959, pp.292~323을 보라. 더 최근의 논의로는 다윈이 베어와는 대조되고 심지어 대립하는 선택을 한다는 데까지 나아가는 S. Lovtrup, *Darwinism: The Refutation of a Myth*, London: Croom Helm, 1987, pp.150~165를 보라. 다윈의 작업과 소위 그의 '전(前)-다윈적' 선배들이라고 불리는 퀴비에, 조프루아 생틸레르, 베어와 같은 이들은 진화론자가 아님에도 불구하고, 더 복잡한 '진화'에 관한 개념화를 함께 제공할 수 있었다는 것이 바로 들뢰즈가 제기한 작업의 독창성이다. 분기하고자 하는 경향들이 주름 접힘의 내적 과정들을 통해 산출됨을 말하는 곳으로는 Deleuze, *Foucault*, p.129를 보라. 러브트럽과 같은 현대 발생학자들의 동일한 결점은, 또한 다윈 하에서 발견된 현대적 종합(네오다위니즘)의 주요한 약점으로도 인정되어 오고 있다. 예를 들어, 한 주석가는 현대적 종합이 근본적 가정으로 개별성을 상정한 이래로 개체발생론을 산출해 낼 수는 없다고 말한다(L. W. Buss, *The Evolution of Individuality*, New Jersey: Princeton University Press, 1987, p.25). 다윈주의에 의해 방해받고 결국에는 묻혀 버린 베어의 작업이 갖는 의미에 대해서는 하이데거를 참조하라(Heidegger, *The Fundamental Concepts of Metaphysics: World, Finitude, Solitude*, trans. W. McNeill & N. Walker, Bloomington: Indiana University Press, 1995, p.260).

의 — 리처드 도킨스의 쇼펜하우어적인 스타일의 이기적 유전론에서 가장 잘 유형화된 — 와는 멀리 떨어진 운동을 모색해 왔는데, 이는 유기체가 스스로의 통합성과 자율성을 향유하고 자기 조직적인 구조적·기능적 단일체로 다루어져야만 한다는 이유로 형식에 대한 질문들은 단순한 적응에로 환원될 수 없다고 주장한다.[28] 그렇지만 복잡계 이론에 있어서 유전자 환원주의에서 유기체적인 총체론(holism)에 이르는 이러한 운동은 결코 직선적인 진보적 운동이 아니다. '유기체'란 항상 층화 이전의 흐름들, 강도들 그리고 전(前)-생기적인 특이성들로부터 규격화, 위계화, 그리고 조직화의 기술들 및 훈육된 신체, 통제된 주체, 그리고 통제'의' 주체를 위해 산출된 비(非)-유기적 생명을 추상화해 낸 것이다. 생물학과 사회학 양자라고 하는 유기화된 신체는 이러한 포획과 조정의 기술들에 대한 발명인 것이다. 그것은 신(神)들에 대한 판단에 있다. 즉, "당신은 조직될 것이고, 유기체가 될 것이며 또한 당신의 몸을 분절하게 될 것이다 — 그렇지 않다면 당신은 곧바로 타락하게 된다."[29] 이는 왜 '기계'들에 관해, 총체의 부분들이 갖는 실재성에 관해, "진화"의 '기계'적 양태들에 관해, 그리고 "'기계'적 잉여"가 바깥에 놓임으로 인해 "주체"가 그 안에 자리 잡을 수 없게 된 잉여를 낳았는가에 관해 생각하는 일이 필수적인 것이 되어 버렸는가를 설명해 준다.

---

28) B. Goodwin, *How the Leopard Changed its Spots: The Evolution of Complexity*, London: Phoenix, 1995를 보라.

29) Deleuze and Guattari, *A Thousand Plateaus*, p.159.

알(卵)처럼 진화는 열린 공간에서 일어나지 않는다. 즉, 진화에서 발명이란 단순히 덜한 것에서 더한 것으로의 분화된(differentiated) 복잡화의 과정이 아닌, 들뢰즈와 가타리가 '창조적 절화'라고 부른 과정에 따라 일어난다. '절화'라는 말은 예컨대 프로이트에서처럼 퇴행과 혼동되어서는 안 되지만, 작용 중인 상태의 분리 불가능한 사물들 간의 지시 관계들을 용인하는 공생적 영역의 출현을 제시해야만 한다. 리좀을 생성해 내는 이종적인 개체군들과 계층화되거나 계보학적 수목이 아닌 것 사이에서의 '횡단적 소통'을 대표하는 것은 바로 이러한 '생성/되기의 블록'인 것이다.[30] 진화의 '수목적' 모델은 계보학적

---

30) 진화론적 수목들은 1860년대 헤켈에 의해 계통발생을 위한 표준적인 도해로 도입되었으며, 진보의 사다리와 점증하는 다양성의 원뿔에 기초한 생명과 관련된 인간중심적 관점을 지지해 왔다. 여기서 진화는 천천히 '도덕적인' 의미를 획득한다. 그렇지만, 그것은 확실히 '인간'에서 절정에 이른 분투적이고 수직적인 완벽함을 향한 역사 이후의 의식과 더불어 고취되게 된 것이다. 스티븐 제이 굴드는 캄브리아기의 버제스 혈암(the Burgess Shale)에 대한 독창적인 연구에서 생명에 관한 이러한 수목적 모델의 인간중심적 기만을 드러내고자 해왔다. S. J. Gould, *Wonderful Life: The Burgess Shale and the Nature of History*, London: Hutchinson Radius, 1989, p.240 이하 참조. 특히 pp.263~267.
'진화'(evolution)와 구별되는 특성을 설명하기 위한 '절화'(involution)라는 말은 샤르댕에 의해 『인간현상』(1955년 프랑스에서 처음 출판)에서 탁월하게 사용되어 왔다. 즉, "복잡성의 축과 나란한 총체성 및 그러한 것들 각각 모두의 보편성은, 그 자체로 유기적인 이중적 회귀인 지속적 긴장 하에 있으며, 이를 따라 내면화된다(T. de Chardin, *The Phenomenon of Man*, London: Fontana, 1965, p.330). 샤르댕은 자기인식과 영혼에 우선성을 두는 유사-하이데거적 경향을 통해 주어진 진화론을 지지하기 위해 정향진화/계통발생설(orthogenesis)을 도입한다(p.176을 보라). 따라서, 그에게 유기적 진화의 물리화학적 과정은 ── '복잡성'의 진화 ── "내면화에 있어서의 상관적인 증가와 실험적으로 묶여 있는, 다시 말해 정신(psyche)이나 의식에 묶여 있다"(p.329). 짐작건대, 이러한 도식에서 본질적인 역동성과 의식의 파악을 통해 핵심적 관점이 된 우주적 절화로서의 '생물학적' 진화는, "우주와 더불어 그리고 우주가 평형성과 일관됨 하에서, 사유의 형식 하에서, 또한 내면화에 관한 극단점 위에 있음을 동반하는 공외연적인 것인 셈이다"(p.338). '거대한 인간적 "기계"'는 오로지 '마음의 엄청난 풍요로움'을 산출할 때에만 '작동'하고, 또 작동되어야만 한다(p.282). 들뢰즈와 가타리의 논점은 그 지점에는 '생활권'도 '생물권'도 아닌 '기계권'만이 존재할 뿐

인 (가족 나무인 인간), 그리고 인류와는 특별히 관계없음을 보여 주는 비(非)-인간적 본성을 지닌 나무 모두에게 있어서 매우 애매모호하다. 한 주석가의 지적에 따르면, 그것은 억압적인 식민지적 이미지와 유기적 이미지 모두이기도 하다.[31] 생성은 관계들이나 동일성들 간의 상호 대응으로도, 계열들과 나란한 진보나 퇴행으로도 파악되어서는 안 된다.[32] 따라서 '생성'에 특유한 실재를 사유하는 것은 필수적인 일인 것이다.

이전의 탈구되고 절연된 기술들이 상호 융합되어(merge) 온 기술의 역사에 있어서, 그 주요 역할이 공생에 의한 것임은 광범위하게 받아들여지고 있다.[33] 그렇지만, 생물학에서 공생은 주체에 대한 인간

이며 또한 그러한 것으로 이해되어야만 한다는 데에 있다. 특히, '진화'와 '절화'의 과도하게 정신적이고 우주적인 상호개입적 지향성은 샤르댕에 의해 옹호된다. '창조적 절화'로서의 진화에 관한 들뢰즈와 가타리의 개념화는 진화론적 생명의 정점인 특권화된 인류라는 어떤 길에 있지 않다는 점에 있어서, 샤르댕의 그것과는 근본적으로 다르다(그럼에도 불구하고 샤르댕의 절화에 대한 그들의 활용은 여전히 의식과 정신에 관한 고양을 지지하기 위해 생명에 관한 '수목적' 모델에 의존한다). 그들에게 '인간'이란 매우 몰적인 범주이며, '인간 존재' (human being)는 오로지 그것이 기계적인 것으로 파악될 때에만 흥미로운 현상이 될 뿐이다. 들뢰즈는 1960년대에 베르그송에 대한 연구에서, 인류는 자연이 오로지 기계주의를 뛰어넘는 '기계'를 창조해 왔을 뿐이라는 베르그송의 생각을 만족스럽게 인용한다. 즉 인간적 조건이란 그러한 조건을 '뛰어넘어' 나아가야만 한다는 것이며, 곧 '인간'은 '궁극적으로 본성화된 자연을 표현하기 위해' 자연의 면들을 마구 뒤섞을(scrambing) 수 있다(G. Deleuze, *Bergsonism*, trans. H. Tomlinson and B. Habberjam, New York: Zone Books, 1991, p.107). Bergson, *Creative Evolution*, pp.264~265를 보라.

31) G. Beer, "The Face of Nature': Anthropomorphic Elements in the Language of The Origin of Species", ed. L. J. Jordonova, *Languages of Nature*, London: Free Association Books, 1986, p.239.

32) Deleuze and Guattari, *Mille Plateaux*, p.292 / *A Thousand Plateaus*, pp.238~239.

33) D. Sahal, *Patterns of Technological Innovation*, Reading, Mass.: Addison-Wesley, 1981.

중심적 규정에 관해, 또한 오염에 대한 인류의 공포에 관해 많은 것을 드러내는 기묘하게도 일그러진 역사를 가져왔다. 생물학에서 그것은 유기체의 경계들을 의심해 온 이래로 전복적인 역할을 해오고 그 활동을 지속해 왔다.[34] 실로 발생학자들이 미시-유기체들에 대한 연구 영역을 확장하게 된 1950년대에 이르러, 생물학이 감염들과 공생적인 복합체들과 같은 유전자들을 전달하기 위한 성(性) 이외의 수단들을 인식하게 된 것은 바로 한 주석가의 논의에 따른 것이다. 그 전에 공생에 대한 종합적 평가를 막아 온 것은 바로 동물학, 식물학, 박테리아학, 바이러스학, 발생학, 병리학 등과 같은 제도화된 생명 과학의 경계들 자체인 것이다.[35] '종의 기원'에서의 공생적 박테리아가 갖는 중요성 ── 반복되는 박테리아적인 공생들은 새로운 유전자의 출현을 낳는다고 하는 ── 은 현재 광범위하게 평가되고 있지만, 궁극적으로는 생명(과 죽음)에 대한 우리의 인간중심적 주장들을 뒤흔들고 있음에 틀림없다. 이러한 세포기관들에서 미토콘드리아 같은 진핵생물 세포

---

34) 독창적인 문헌으로는 L. Margulis, *The Origin of Eukaryotic Cells*, New Haven: Yale University Press, 1970이 있다. 또한 L. Margulis, *Symbiosis in Cell Evolution*, San Francisco: W. H. Freeman, 1981; F. Jacob, *The Logic of Living Systems*, trans. B. E. Spillman, London: Allen Lane, 1974, pp.311~312를 보라. 마굴리스는 자연도태가 진화론적 생명에 관한 핵심적인 설명을 제공한다는 관점을 의문에 부치는 공생에 관련된 자신의 작업을 이용해 왔다. 화석 기록과 여타 증거는 박테리아로부터 핵을 가진 세포 생명체에 이르는 진화가 무작위적인 변이에 의해 단독으로 일어난 것이 아니라, 원시적인 이동성들 간의 공생을 통해 일어난 것임을 주장한다. 진화론적 현상에 관한 다양한 범주에 관해 설명하고자 하는 공생의 모델에 관한 탁월한 안내서로는 L. Margulis and R. Fester, *Symbiosis as a Source of Evolutionary Innovation*, Cambridge, Mass.: MIT Press, 1991에 실린 글들을 보라.

35) J. Sapp, *Evolution by Association: A History of Symbiosis*, Oxford: Oxford University Press, 1994, pp.208~209.

들 내에서의 세포기관들, 그리고 DNA 조성과 같은 세부 구조는 결정적인 진화론적 과정들이 조상의 원핵생물적 세포들이 갖는 유전자들에 있어서 무작위적인 변화들(변이들)의 느린 축적이라는 결과가 아님을 보여 준다. 차라리 그것들이 상이한 신진대사 능력들을 갖춘 다른 종류의 자기 세포 내용물을 가진 짝 세포들(partner cells) 하에서 결합된 세포내 공생(intracellular symbiosis)이라는 결과를 낳았다는 것이 매우 적절할 것이다. 시간이 흐르면서 숙주 세포와 기생 세포의 유전자적이고 신진대사적인 조직화들은 하나의 세포가 시작되고 끝나는 곳이 어디인가를 구분하는 일이 불가능하게 된 지점에서 융합된다. 이러한 가정의 강점은 미토콘드리아와 엽록체들이 자신의 리보솜들[세포 중의 RNA와 단백질의 복합체]과 DNA를 왜 포함하고 있는가에 관한 가장 설득력 있는 설명을 제공한다는 사실이다. 다세포 유기체들의 사례는 현재 현대 생물학에서 '정통'의 일부이긴 하지만, 거기에는 예컨대 바이러스들('독毒들')과 같이 유전자적인 선들에 대해 횡단적인 특성을 갖는 더 혼란스러운 사례들이 존재한다. 현대 생물학은 일종의 신진대사적인 과정들에 있어서의 공생체들로서 중요한 역할을 해온 '박테리아들'뿐 아니라, 공생적인 'RNA 병원체들'(viroids)을 확인해 왔다. 실로, 1940년대에 이 분야의 선도적인 연구자는 병원체들, 원세포조직(the Archetista) 같은 구분되는 계(kingdom)를 주장하였는데, 진화에 있어서 그것들은 매우 적응력 높은 세포 내 공생자들처럼 분자적인 조성에 따라 움직여 옴으로써, 그 과정에서 '아메바에서 인간에 이르는' 잠재적인 '저수조'(reservoir)를 공급하게 되었다고 말한다.[36] 더 최근에 데닛은 '매크로 명령어들'(macros)과 같은 진화의 선도자들을 지목해 왔는데, 그러한 명칭은 특정한 과업을 수행하는 코드화된 명령어들을 가진 울퉁불퉁한(cobbled-together) 파편들에 컴퓨터 프로그래머들이 붙인 것으로서 '자연적인' 바이러스들 및 컴퓨터 바이러스들과 같이 '인공적인' 바이러스들 간의 유사성에 주목하기 위해 끌어낸 것이다. 둘 모두는 '프로그램적이거나 알고리즘적인 기본단위들이자 극소의, 최소한도의 자기 재생산적 작동원리들'을 갖는다.[37] 그것들이 '살아 있는' 것과 '살아 있지 않은' 것, 그리고 **잠재적으로** 실재인 경계에 서 있음으로 인해 바이러스들은 생명의 논리에 관한 우리의 사유에 있어서 거의 모든 지배적 교의에 도전하며, 또한 예컨대 우리가 칸트에게서 발견한 유기체들, 비유기체, 그리고 가공된 인공물들이라는 물질적인 것을 거부하는 [의미에서의] 어떤 질서를 갖춘 구분을 할 수 있게 한다.[38] 지구상에서 창조적 진화는 병원체적 생명이라는 특성을 띤 유전자적 가공작업의 개입 없이는 불가능했다고 할 수 있을 것이다.

1950년대에 수행된 유전자 가공작업은 오늘날 DNA 재결합 기술의 기초가 되며, 박테리아 내에서의 재결합 기제들에 대한 관찰로부터 연원한다. 그 강조점은 '접합'(conjugation)과 '횡역'(橫繹, transduction)과 같은 '변형들'에 있으며, 이는 바이러스에 의해 하나

---

36) Sapp, *Evolution by Association*, pp.151~152.
37) D. C. Dennett, *Darwin's Dangerous Idea: Evolution and the Meanings of Life*, London: Allen Lane, 1995, pp.156~157.
38) 더 깊은 통찰을 위해서는 M. Eigen, *Steps Towards Life: A Perspective on Evolution*, Oxford: Oxford University Press, 1992를 보라.

의 세포에서 또 다른 세포로의 유전 물질의 이동을 포함한다.[39] 그렇지만 이러한 연구는 필연적으로 진화에 관한 지배적인 모델들의 근본적인 재개정으로 이끌려야 한다. 만일 병원체적 생명이라는 것이 유전정보의 이동성을 가능케 하는 핵심적인 수단들 중 하나임이 확실하다면, 결국 정보의 이동이 더 고도로 진화된 종들에서 덜 진화된 것들로 이행해 가거나 혹은 더 진화된 종들의 선조였다고 필연적으로 생각할 수밖에 없게 된다. 이는 망상적(reticular) 도식이 생명의 논리에 관한 거의 대다수의 사고를 지배하고 있는 수목적 도식을 대체하는 결과를 낳는다. 그 결과 더 진화된 종들의 선조들이라는 생각을 필연적으로 받아들일 수밖에 없는 것이다. 상이한 선들 간의 횡단적 소통은 "계보학적인 나무들을 흔드는"[40] 데에 기여한다. 유기체들에 있어서 복잡한 표현형적 특질들의 존재는 오랫동안 자연도태에 따른 다윈의 진화론을 위한 문제로 인식되어 왔지만 생물학에서의 최근 연구는 공생이라는 이론 틀이 상이한 종들인 유기체들의 연합을 통해 어떻게 참신한 표현형들을 생겨나도록 하는가를 설명하고자 한다. 하나의 예로는 레그헤모글로빈[콩과 식물의 근립根粒에 있는 헤모글로빈] 단백질을 들 수 있는데, 이는 형질들이 오로지 짝들의 결합을 통해서만 존재하게 되는 공생적인 표현형들로서, 부분적으로는 **리좀적인 게놈**(Rhizobium genome)에 의해, 다른 한편으로는 콩의 숙주에 의해 암호화된 것이다.[41] 분리된 동일성들의 진화를 보장하는 경계들은 붕괴되기 시작했

---

39) Sapp, *Evolution by Association*, p.158.
40) Deleuze and Guattari, *A Thousand Plateaus*, p.11.

으며 진화의 '기계'적 양상이 활동을 시작한다. 이는 들뢰즈와 가타리에 의해 제안된 리좀적인 진화론적 도식의 완벽한 예증으로서 그들은 비비의 DNA와 집고양이의 DNA에 이중적으로 연결된 C유형 바이러스라는 사례를 제시한다. 여기서 우리는 모방도 닮음도 아닌 '비평형적 진화'(aparallel evolution)가 일어나는 중임을 경험한다. 고양이의 특성을 갖는 비비-되기가 고양이가 비비를 모방함을 뜻하지 않음은 오히려 (모방과는 대조되는 발명의 영역인) 이질적인 지대에서, 또한 이미 변별화된 선들의 연접을 작동시키는 리좀적 생성을 가리킨다. 즉, "우리는 자신의 바이러스들과 함께 리좀을 형성해 가며 혹은 차라리 우리의 바이러스들이 다른 동물들과 더불어 우리로 하여금 리좀을 형성해 내도록 한다."[42] 혹은 **유기체는 경계가 없다**(the organism unbound). 기계의 자율성을 진지하게 요구하는 기계들을 취하는 일은 탈물화로서, 이는 복잡한 기계적 생성들에 대한 분석을 선호하는 기계적 발전의 선형적-진화론적인 모델을 동반한다.

철학과 마찬가지로 생물학 분야는 태생적인 플라톤주의자들로 가득 차 있지만 공생은 유전자들, 플라스미드들[Plasmid, 독립적으로 복제·증식이 가능한 유전 인자], 세포들, 유기체들 그리고 게놈들과 같은 '유기적 단위들'의 탈선화(delineation)가 결코 절대화되거나 이상화된 모델이 아니라 오히려 연구의 한 양상에 관한 도구임을 보여 준

---

41) R. Law, "The Symbiotic Phenotype: Origins and Evolution", eds. L. Margulis and R. Fester, *Symbiosis as a Source of Evolutionary Innovation*, Cambridge, Mass.: MIT Press, 1991, p.58.

42) Deleuze and Guattari, *A Thousand Plateaus*, p.10.

다. 그것은 순수하고 자율적인 존재들과 단위들이라는 개념에 도전하는데, 왜냐하면 혈통이 아닌(즉, 혈통의 계속이나 선들이 아닌) 결연을 통해, (이질적인 항들에 의해 만들어진 다양체들인) 작동하는 배치들을 통해 기능한다. 배치들 하에서 유일한 단일체는 복수적인 기능을 하는 공생 혹은 '공명'(sympathy)인 것이다.[43] 예컨대, 하나의 동물은 유들, 종들, 기관들 등에 따른 표준적인 생물학적 분류화가 가능한 것과 마찬가지로, 그것이 들어서게 된 (인간-동물 공생, 동물-동물 공생, 식물-동물 공생이라는) 배치들에 따라 오로지 새로운 말을 만들어 냄으로써만 정의될 수 있을 따름이다. 공생을 따르는 입장에 설 때 구분되던 계들의 명백한 확립이 문제시되는 반면, 중요해지는 것은 '기계'적인 계통발생적 생성이다. 또한, 공생은 형식적으로 닫혀 있는 계들이라는 개념에 도전하는 동시에 들뢰즈와 가타리의 작업에 나오는 '리좀'이 갖는 기능에 대응되는데, 이는 진화가 혈통관계에 의해 강제된 한계들로부터 벗어난 것임을 말한다. 한 주석가의 말에 따르면 리좀은 그것들이 문화적·언어적인 것이건, 혹은 과학적인 선들이건 혹은 생물학적인 배종-선들(germ lines)이건 간에 상관없이, '독립적인 비공식적 연계조직들 사이의 구성적인 되먹임 회로'인 엔트로피적이고 형상적인 것 모두로 기획된 열린 계들로서 작동한다는 것이다(공생의 역사의 본질적인 부분은 단순히 '병을 유발하는' 것이 아닌 '생명을 부여하는' 존재들로서의 배종들을 형성해 내게 될 것이다.[44] 합의된 문(門)적인 선들과는 대조적으로, 리좀적 선들은 진화의 배타적인 혈연적 모델

---

43) 공명적 관계들의 중요성에 관해서는 Bergson, *Creative Evolution*, pp.173~174를 보라.

이 진화의 진정한 창조적인 한 측면(기계적 생성들)을 이해하지 못한다고 할 만큼 물리 외적인(exophysical) 계에 의존함을 주장하고자 한다. 만일 유기체가 그것을 코드화하는 생물학이라는 과학의 기능적 틀에 불과하다면, 결국 그 틀은 오로지 배치들이 표현해 낼 수 있는 가능한 형태화의 일부분만을 포착할 수 있을 뿐임을 필연적으로 인식해야 할 것이다. 곧, 하나의 코드는 탈코드화 작업의 고유한 과정과 분리되지 않는다(들뢰즈와 가타리가 그것을 핵심적으로 표현한 바에 따르면 발생적인 흐름 없이는 발생들도 없다고 하는). 변이에 관한 현대적 작업은 개체군에 필연적으로 관련되는 하나의 코드가 탈코드화의 여백을 포함한다는 것을 보여 준다. 이러한 탈코드화는 자유로운 변이가 가능한 '대리-보충'을 통해서만이 아니라, 변이로부터 자유롭게 나오는 제2의 복사물을 동반하는 코드의 통일된 조각에서도 발생한다. 한 종(種)의 세포로부터 다른 것에 이르는 코드조각의 이동을 설명해 내기 위한 —코드들은 늘 배리적이면서, 늘 가까이에 있다 — '코드의 잉여가치'라는 개념을 사용하면서, 들뢰즈와 가타리는 이것이 '번역'의 과정으로 이해되는 것이 아니라(바이러스들은 번역자들이 아니다), 오히려 '측면 소통'(communication d'à-coté)의 특이한 과정을 따른다고 주장한다.[45]

기계적인 진화라고 하는 이러한 새로운 모델에 합치하여, 되기는

---

44) M. Eardley, "Deleuze and the Nonformal Function", unpublished dissertation, University of Warwick, 1995.

45) Deleuze and Guattari, *Mille Plateaux*, p.70 / *A Thousand Plateaus*, p.53.

관계들의 대응선과 나란한 것으로도, 혹은 닮음이나 모방에 따른 용어들로도 이해되어서는 안 된다. 이는 되기/생성을 사유하는 것이 아니라 오히려 그것을 주어진 것으로 환원시키는 일이다. 거기에는 퇴행이건 진보이건 관계없이 되기/생성에 관여된 계열들이나 단계들이 존재하지 않는다. 무엇이 되기에서 실제적인가는 '되기/생성의 블록 그 자체'이지 생성하는 이행들을 통한 고정된 항목들은 아닌 것이다. 이는 "되기/생성은 진화가 아니다"[46]라고 하는 들뢰즈와 가타리의 생각 뒤에 숨은 힘이다. 즉, 만일 진화가 선적이거나 계보학적인 생성의 축과 나란한 단순한 퇴행, 유전, 혹은 결연이라면 그것은 진화가 아닌 것이다.[47] 진화에서 나타나는 유일하게 정당한 되기/생성은 새로운 규모들과 새로운 왕국들을 가져다주는 공생들에 의해 탄생한다. 오로지 관통하고 자유롭게 생성하는 사물들만을 허용하는 절화만이 형성적 '블록들'에 의한 혈통적 진화와의 관계를 끊어 낸다. 절화는 혈통이나 유전의 질서에 입각한 차이가 아니라 오히려 잉여로서 사유된

---

46) *Ibid.*, pp.291~292 / p.238.

47) 『종의 기원』에서 진화에 대한 다윈의 설명이 '공통적인 혈통'에 관한 이론임이 재확인되어야만 하는데, 그가 '변이와 함께인 혈통'이라고 부른 것은 차이 내에서의 계보학적인 동일성이다. 그 책의 마지막 장에서의 발생학과 형태학에 관련된 문제에 관한 논의는 '요약과 결론' 이전에 '계층화'에 대한 검토라는 맥락에서 벌어진다. 그렇기에, "발생학적인 구조 하에서의 공동체는 타락의 공동체임이 드러난다"(Darwin, *The Origin of Species*, p.427). 다윈은 선형적 항목들에 따르는 것이 아니라 "하나의 거대한 체계 하에서 모든 살아 있고 멸종한 존재들이 복잡함, 발산, 그리고 친화성이라는 우회적 선들에 의해 통합된다"(p.433)고 하는 '가지치기'에 따라 발생학을 이해한다. 그렇지만 다윈은 그가 계보학에 관한 이러한 모델과 더불어 확립한 것이 피의 혈연들임을 명백히 하며, "유기적 존재들 간의 차이들에 관한" 총량 혹은 가치는 진화의 도정에서 훨씬 더 광범위하게 차이 나게 되지만, "그것들의 계보학적인 배열은 엄격하게 진리로 남게 됨"을 말한다(p.405).

것이다. 절화는 진정한 자유이며, 그 리좀은 계보학적인 수목과는 대립된다. 리좀이 가져다준 되기/생성의 모델은 동일성의 토착적 정치학의 계보학적 편견들을 뛰어넘기 위해 여성주의와 탈식민화 이론에서 최근에 시도된 것들과 확실한 친연성을 보인다. 그렇지만, 잡종화(hybridization)는 오로지 수목형 도식들과는 멀리 떨어진 것들만을 가져다주었을 뿐이다. 잡종들은 점들의 연결을 포함하지만 점들 사이를 용이하게 통과하지는 못한다. 하나의 점은 **시원점**과 맺어진 채로 남아 있다. 리좀적으로 양식화된 되기들 하에 있을 때에만 그것은 그 점으로부터 스스로를 자유롭게 하는 선들을 따르는 운동이 되며, 또한 식별 불가능한 점들이 된다. '**기계**'적 '진화'는 혼종성들의 종합을 가리키는 반면, 잡종화는 여전히 잡종주의 아래에서 수행되는 혼합 이전의 순수하고 오염되지 않은 요소들이 존재한다는 생각에 묶여 있다. 그러한 차이는 결정적이며 들뢰즈와 가타리가 어떻게 가장 다양한 조성들이 ── 유전되고 획득된 생화학적인 것으로부터 사회적인 것에 이르는 ── 질서들 간의 구별을 무시하는 배치들로 규정될 수 있는가를 주장하는, 특정한 **몰적인**(molar) 영역인 '행동학'을 가정하게 되는가를 보여 준다. 다양한 구성요소들 모두가 취하는 것은 '횡단자들'이며 그러한 '횡단성' 자체는 복잡 적응계(complex adaptive system) 내에서 **탈영토화된** 조성, 즉 복잡성의 진화라고 하는 비 주관적인 '행위'로 이해된다.[48] 행동학에 대한 이러한 참신한 개념화 하에서, '배치'(assemblage)는 '행동'(behavior)에 관한 고전적인 강조들을 뛰어넘

---

48) Deleuze and Guattari, *A Thousand Plateaus*, p.336.

는 특별함을 얻는다. 이는 외적 환경에 대한 적응을 강조하는 다윈주의자들에 의해 촉진된 것에 비해 훨씬 더 복잡한 '진화'를 이해해야만 함을 뜻하는 것으로서, 궁극적으로는 물화되거나 매개되지 않은 '환경' 개념에 의존하는 것이다. 들뢰즈의 행동학적 모델에서 하나의 동물과 생명체는 결코 '세계'를 동반하는 관계 및 그것이 맺고 있는 관련성과 분리될 수 없는데, [여기서] 세계는 결코 단지 '주어지거나' 단순히 수동적으로 적응된 것이 아닌 것이다. '진화'는 배움(learning)을 포함한다. 또한, 자연에는 (기술들의) 발명이 존재한다. 즉, "인공물은 충분히 자연의 일부인 것이다."[49] 따라서 시원적 기술은 들뢰즈가 **자연철학**(Naturphilosophie)이라고 부른 것을 형성해 낸다.

철학에서 기계는 고전적으로 다음의 계열들과 나란히 유기체와는 대비되는 것으로 정의되어 왔다. 곧, 유기체는 그 부분들이 '집합체'나 '배치'가 아닌 '단일체'를 형성해 내는 총체성을 갖는 상호적 원인과 결과로서의 자기 조직적 존재라는 것이다. 칸트에 따르면 유기체들만이 '합목적성'(proposiveness), 곧 자기조직화된 능력을 보인다(예컨대 그 유類,Gattung에 있어서). 즉, 나무는 자신 이외에는 아무것도 생겨나게 하지 못하며 따라서 스스로를 '유(類)적으로' 보존한다. 반대로, 기계는 (자기 번식적인) **조형적 힘**(formative power, 즉 번식력fortpflanzende bildende Kraft)이 전반적으로 부족하기 때문에 자가복제도, 생식도, 그리고 자기조직화도 해낼 수 없다. 기계의 운동인(efficient cause)은 그

---

49) G. Deleuze, *Spinoza: Practical Philosophy*, trans. R. Hurley, San Francisco: City Light Books, 1988, p.124.

것을 발명한 이의 안에 있는 기계성 바깥에 놓여 있는 것이다. 기계에 대해 주어진 유일한 힘은 '원동력의 힘'(움직이게 하는 힘bewegende Kraft)인 것이다.[50] 칸트의 모델에서 '유기화된' 존재는 각각의 부분이 '다른 것을 위해' 존재하도록 숙달되고 훈육된 것으로서, 이는 모든 상호작용적 부분들이 존재론적으로 우선적이고 가장 먼저인 총체성을 위해 존재하는 것이다.[51] 형이상학의 역사를 구성해 온 것은 기계와 유기체의 이원론을 뒤집는 것에 관한 단순한 질문일 수는 없다. 차라리, '기계'들에 대한 사상(寫像)은 기술-존재론적인 경계들과 구별들의 고정성과 확실성이, 진정한 '기계'적인 방식들에 있어서 탈안정화되고 붕괴되기 시작하는 지점까지의 참신한 방식들 하에서 구성될 수 있다. 우리가 '기계'들과 같이 살아 있는 것들에 대해 말할 때 단지 은유적으로만 논의될 필요가 있다고 하는 생각은,[52] 그러한 관점이 다시 인간중

---

50) I. Kant, *Kritik der Urteilskraft*, Frankfurt: Suhrkamp, 1974 / *Critique of Judgement*, trans. J. C. Meredith, Oxford: Oxford University Press, 1982, §65; G. W. F. Hegel, *Phaenomenologie des Geistes*, Frankfurt: Suhrkamp, 1970, pp.198~202 / *Phenomenology of Spirit*, trans. A. V. Miller, Oxford: Oxford University Press, 1980, §256~260과 비교하라. 그곳에서 유기체의 구성은 자기인식의 구성에 비교되는데, 이는 "어떤 구별을 산출해 내지 않고도 자기로부터 자기를 구별해 내는" 것과 같다. 기능적이고 구조적인 단일체로서의 유기체에 대한 이러한 비기계적 개념화는 탁월한 생물학자인 굿윈이 언급한 자기조직화로부터 연유한다(Goodwin, *How the Leopard Changed its Spots*, pp.182~184). 기계들과 살아 있는 유기체들 사이의 차이에 대한 또 다른 설명으로는 M. Serres, *Hermes: Literature, Science, and Philosophy*, Baltimore: Johns Hopkins University Press, 1982, p.81을 보라. 들뢰즈의 행동학과 철학 전통(특히 헤겔과 하이데거) 사이의 관계에 관한 또 다른 통찰로는 K. Ansell Pearson, "Life Becoming Body: On the 'Meaning' of Post Human Evolution", *Cultural Values*, vol.1, no.2, 1997을 보라.

51) I. Kant, *Opus Postumum*, trans. E. Forster and M. Rosen, Cambridge: Cambridge University Press, 1995, p.60.

52) C. Emmeche, *The Garden in the Machine: The Emerging Science of Artificial Life*, trans. S. Sampson, New Jersey: Princeton University Press, 1994, p.50.

심적인 편견들 위에 놓인 것에 불과하기 때문에, 그것 자체로는 '자연적인' 것이 아닌 '인공적인' 것이며 인간적 동물/'기계'의 어떤 역사적인 형성과 변형의 산물인 것이다.

그러한 바람직한 의미를 위해, '기계'에 대한 이러한 철학적 규정은 단일성과 목적성이라는 개념들의 특권화에 의존하며 결국 유기체적이고 비−유기체적인 생명 사이의 엄격한 분할을 허용한다. 도킨스는 유기체라는 개념이 그것에 대해 만족할 만한 정의에 도달하기가 매우 어렵다는 점에서 정확히 모호한 단일체임을 인정한다. 많은 것들이 우리가 확립하고자 하는 생명의 위계에 의존하고 있는 것이다. 예컨대, 식물학자들에게 잎은 초목에 비해 더 두드러지게 '개별적인' 존재일 것이며, 때문에 초목은 "우거지고 막연한 존재"인 것이다. 그들에게 재생산은 동물학자들이 기꺼이 "성장"이라고 부르는 것과의 구별을 매우 어렵게 하는 일일지도 모른다.[53] 니체에게 유기체는 단자적인 존재로 물신화된 것이 아니라 "복잡계들이 힘이라는 느낌에서의 증가를 향해 투쟁 중에 있는" 것으로 이해된다(『힘에의 의지』, §703). 더욱이, 거기에는 오로지 "중심을 벗어난 계들"만이 존재할 따름이다(같은 책, §488). '유기체'는 거대하게 기호론적인 상태를 향유하며 계들에 대해 우리가 인식하는 바의 사상(寫像) 그리고 그것들의 경계들과는 독립적으로 생각될 수 없는 것이다. 칸트 이래의 목적론에 관한 니체의 1867년 고찰은, 칸트가 자연에서 "또한 기계는 근본적인 최종 원인들에 이끌린다"고 말함으로써 유기체들만이 자연의 목적으로

---

53) R. Dawkins, *The Extended Phenotype*, Oxford: Oxford University Press, 1982, p.253.

이해될 수 있음을 주장하는 데 대해 질문한다. 인간적 사고는 살아 있는 것들을 단지 그들의 형식에 따라 독단적으로 파악함으로써 생명의 '영원한 생성'(ewig Werdende)을 물신화할 뿐이다. 그는 창조적 진화에 대한 베르그송–들뢰즈적 이해를 예견하는 통찰력을 보인다.

> 우리의 지성은 지속적인 변형을 지각하기에는 너무나도 우둔하다. 즉, 그것이 알게 된 바에 대해 형식을 부여해 버린다. 참으로 형식 없음으로 인해 각각의 점은 무한성(무한함) 위에 안착한다. 모든 사고 단일체들(점)은 선에 부대한다. 하나의 개념이 형식과 유사하다는 것은 개별적인 것에 대해 그러한 것이다. 우리는 목적의 중심들(Zweckcentren)로서의 단일체들을 유기체들이라고 부른다. 그렇지만 단일체들은 오로지 우리의 지성을 위해서만 존재할 따름이다. 각각의 개체는 스스로 살아 있는 개체들의 무한성을 지니고 있다.[54]

칸트가 목적론이라는 개념과 더불어 추구한 모든 것에도 불구하고, 니체는 반성적 판단의 관점이 전적으로 즉흥적이고 제멋대로라고(willkürlich) 주장한다. 칸트가 만들어 낸 이동들은 자연의 '진정한' 실존의 목적이 오로지 자연을 넘어서 볼 때에만 벗겨질 수 있다는 것이

---

54) 이 구절은 니체의 1867년 논문인 「칸트 이래의 목적론」(Die Teleologie seit Kant)에서 발췌한 것으로서 『전집』 3권, pp.371~394에 있다. 이러한 흥미로운 초기의 단편이 갖는 독일어 본래적이고 도움이 될 만한 영어 번역으로는 C. Crawford, *The Beginnings of Nietzsche's Theory of Language*, Berlin and New York: Walter de Gruyter, 1988의 부록에서 발견된다. 그렇지만 나는 이 장에서 스스로 번역한 것을 사용했다.

며, 이는 인간 이성에 대한 자연의 폭력적인(도덕적인) 경시에 이르게 된다는 것이다. 니체는 오늘날 우리가 도덕성의 자기 극복(진리에의 의지에 대한 자기 극복)에 대한 경험을 하는 것과 마찬가지로 우리는 인간이 "제멋대로이고 빈약하고 또한 그다지 중요하지 않은" 것으로 보이는 사물들의 시각적 질서 하에 존재하는 동물이 되어 버렸음을 인식할 수밖에 없게 되었다고 말한다(『도덕의 계보』, II §25). 목적론이라는 논의거리가 종종 촌스러운 인간적 이해관계들에 의해 굴절된 영향 이외의 것이 아닌 것처럼 보이는 일에 놀랄 일은 없다는 것이다.

그러한 초인간적 상상력은 '기계'들(machines)에 관한 인간중심적 편견들에 만족하는 것이 아니라 그것들에 대한 비인간적 선언이 쳐놓은 덫을 고안해 내는 방식들을 추구한다. '기계'의 철학은 그것이 '존재하지' 않는다는 주장과 더불어 출발하기 때문에, 그것은 스스로 존재하는 것이 아니라 오로지 소외를 통해서만 존재한다. 들뢰즈와 가타리가 지적하는 바에 의하면, 추상기계는 자신의 무형식과 더불어 탈층화되고 탈영토화된다. 즉, 추상기계 자체가 내부에 상응하는 것에서부터 지적인 (잠재적) 특성으로 이해된다는 것은 물리적인 것도 물체적인 것도 아니다. 그것은 기호론적인 것이 아니라 **디아그람적**(diagrammatic)인 것이며, (너무나도 딱딱한) 실체에 의해서가 아닌 질료에 의해서, (너무나도 융통성 없는) 형식에 의해서가 아닌 기능에 의해서 작동한다. 바꿔 말해, 추상기계는 그것이 활동하고 할당되는 형식들과 실체들에 독립적으로 존재하는 '순수 질료-기능'(pure Matter-Function)인 것이다. 자기 복제와 생식의 무능력함에 따른 기계에 대한 비판은 '기계'적인 이형발생(heterogenesis)의 문제를 언급하기 위해 시작되는 것은 아니다. 버틀러가 지적했듯이, 붉은 토끼풀은 생식이 이뤄지기 전에 벌의 도움과 꼬드김이 있어야만 하기 때문에 붉은 토끼풀이 생식 체계가 없다고 주장하는 것은 정당화될 수 없다. 그는 "우리들 각자는 우리의 실체와는 완전히 구별되는 수많은 미소동물(animalcules)에서 생겨났으며, 이 미소동물은 우리가 어떤 생각을 하든 아무런 생각이나 주의를 기울이지 않고 자신의 종류대로 행동한다"고 쓴다. "이 미소동물은 우리 자신의 생식 체계의 일부인 것이다."[55] 따라서, '기계'적 진화라는 개념은 인간적인 고안물, 장치들 혹은 도구들을 특정하게 혹은 배타적으로 가리키는 것이 아니라 공생이나 감염과 같은 특정한 진화의 양상들을 가리키며, 또한 인간-기계 관계에 대해 특정적이거나 낯선 것은 아닌 것이다. 때문에 그것은 또한 기계-기계의 유대와 개조에 대해 말한다. '기계'적인 것이란 외계적(alien) 생명의 '되기'에 특정적이거나 낯선 진화의 양태이다. '기계'는 오로지 외부적 요소들을 통해서만 존재할 수 있다. 따라서 그것은 상보성의 상태에 따른 존재를 향유하지, 단순히 인간적 기획이나 기획자와의 관계에 의하는 것은 아니다. '기계'는 '비인간적 선언인 원(原)주체적 다이어그램'을 제시함으로써 상이한 잠재적이고 실제적인 '기계'

---

55) S. Butler, *Erewhon*, Harmondsworth, Middlesex: Penguin, 1985, p.211. 심지어 리처드 랭이 제시한 기계에 관한 견고한 논문조차도 신중하고도 분명한 설계가 자기 복제와 자기 회복과 같은 복잡한 행동을 보여 주는 유일한 수단이 아니라고 주장한다. Richard Laing, "Machines as Organisms: An Exploration of the Relevance of Recent Results", *Biosystems*, 11, 1979, pp.201~215. 이 장에서 나의 목표는 우리가 부분보다는 전체, 다양성보다는 통일성, 그리고 이형발생(heterogenesis)보다는 자생성(autogenesis)을 통해 기계와 유기체에 대해 말하는 방식에 도전하는 것으로 제한된다.

들과 연접된 채로 살고 죽는다.[56] 배치들은 발명을 통해 작동하지, 그것의 구성요소들 사이의 접합(anastomosis)의 관계를 함축하는 것은 아니다. 차라리 그것은 유와 종의 관계들에 충실하지 않은 채 존재론적 문턱들을 횡단함으로써, 잠세적(potential) 장들과 잠재적 요소들에 따라 사물들을 연결하고 뒤엉키게 한다.[57] 생명의 논리는 무한한 기교를 선보이지만, 참으로 일어나는 중에 있는 모든 것은 무한정한 선들에 있어서 겉으로는 한정된 것으로 보이는 점들의 변형인 것이다. 버틀러는 그의 '기계의 책'에서 탈취(unnerving)가 동물-기계 유대와 인간-기계 유대를 통찰하는 데에 있어서 어떻게 누가 주인이고 누가 기생체인지, 어떤 존재론적인 확신을 주장하는 일은 사실상 불가능하다고 말한다.

마투라나(Humberto Maturana)와 바렐라(Francisco Varela)는 「살아 있는 것들의 유기화」(*The Organization of the Living*)라는 글에서 '기계'들로서 살아 있는 체계들인 비(非)애니미즘적 관점을 정의하고자 한다. 그들은 자신들이 명백하고 역동적인 함축들로 인해 '기계'라는 말에 매력을 느낀다고 고백한다. 존재들은 생식을 위한 힘과 더불어, 그리고 그것들의 자율성에 의해 단일체로서 정의된다. '자율성'(Autonomy)은 "탈형식화들이라는 능동적인 보충을 통해 그것들의 정체성을 유지하기 위한 살아 있는 계들의 자기주장 능력"으로 이해

56) F. Guattari, *Chaosmose*, Paris: Galilee, 1992, p.59 / *Chaosmosis: An Ethico-aesthetic Paradigm*, trans. P. Bains and J. Pefanis, Sydney: Power Publications, 1995, p.37.
57) *Ibid.*, p.56 / p.35.

된다.[58] 이러한 정의는 되먹임이 결정적인 역할을 하는 자기 규범적 체계들이 지닌 본질적으로 사이버네틱한 본성을 포착하는 데 성공한다. 그렇지만 그러한 질문은 마투라나와 바렐라의 개념화에 있어서 단순히 주어진 것으로서의 '단일체'를 요구하건 아니건 간에 순진하고 본질주의적인 항들 내에서 가정된, 사전에 정의된(underdefined) 탈형식화 및 '재생산'과 함께인 것이다(그렇기 때문에 사물들은 단지 스스로를 재생산하는 것이 아니다). '살아 있는 계'를 정의하는 데 있어서, 마투라나와 바렐라는 진화론적 사고가 살아 있는 존재들의 자율적인 본성을 무시해 왔다고 주장한다. '유기화'란 살아 있는 계들의 '통합적인 특성'을 가장 잘 설명해 낼 수 있는 원리이다. 만일 살아 있는 계들이 '기계'들이라면, 결국 그것들은 '관계들'에 따라 이해될 필요가 있는 것이지 구성요소적인 부분들에 따라 그러한 것은 아니다. 동력설(dynamism, *entelecheia*)이 욕망한 개념을 탄생케 한 것은 바로 이러한 방식을 통해 가능했다. '기계'들에 대한 통상적인 관점은 그것들이 견고한 설비 체계들로서 그 구성요소들의 본성에 의해, 또한 인간이 만든 인공물들과 같은 조작들을 충족시키는 목적들에 의해 정의된다. 그러나 이러한 관점은 그것들이 어떻게 구성되었는가에 관해 말해 주는 것이 아무것도 없다. 마투라나와 바렐라는 관계들과 더불어 사고한 것이지, 구성요소들과 더불어 사고한 것은 아니다. 또한 후자가 어떻든 가능하다면 결정적이고 구성적인 것은 바로 조직화가 된다. '기계'

---

58) H. Maturana and F. Varela, *Autopoiesis and Cognition: The Realization of the Living*, London and Dordrecht: D. Riedel, 1980, p.73.

들의 조직화는 결국 자기창조적인(autopoietic) 것으로 묘사될 수 있다. 그러한 '기계'들은 항상적(恒常的)이며, 모든 되먹임들은 그것들에 내적인 것이 된다. 그렇지만, 그러한 '기계'들에 낯선 것이 무엇인가는 이러한 특징들이 아니라 그것들이 지속성을 유지한다고 하는 기본적 변수(fundamental variable)에 있다. 그러한 '기계'는 ⓐ 연속적으로 재생산되는 구성요소들을 산출하는 (구성요소들의 변형과 파괴인) 생산의 과정들이라고 하는 네트워크로서 조직된 것이자, 또한 그것들의 상호작용들과 변형을 통해 산출해 낸 (관계들의) 과정들이라고 하는 네트워크를 깨닫는 데에 있다. 또한 ⓑ 구성요소들이 존재하는 공간에서 견고한 단일체로서 '기계'를 구성해 내는 것이기도 하다.

따라서, 자기창조적인 '기계'는 자신의 구성요소들의 생산체계로 작동함으로써, 자기조직화를 지속적으로 탄생케 하고 특징을 부여한다. 그것은 바로 지속적인 요동들(perturbation)과 그것들의 보충이라는 조건들 하에서 구성요소들의 무한한 전복에 의거한다. 조직화는 그것이 지속성을 유지해 나가게끔 하는 기본적 변수인 것이다. 바꿔 말해, 자기창조적 '기계'는 구성요소들이나 정적인 관계들에 따라서가 아닌, 생산의 (관계론적인) 과정들이라고 하는 특정 네트워크에 의해 정의된다. 구성요소들의 생산 관계들은 오로지 **과정들**로서만 주어진다. 또한, 그 과정들이 '멈춘'다면 결국 그 관계들 또한 소멸된다. 따라서 '기계'들은 그것들이 생산해 낸 구성요소들에 따른 재탄생을 요구한다. 자기창조적인 '기계'가 투입과 산출을 가지지 않는다는 것은 비록 내적인 구조적 변화를 수행하기 위해 그것을 야기해 낸다 해도 바로 독립적인 사건들에 의해 '동요될' 수 있다는 것이다. 자기창조적 계들이 조직적으로 '닫혀 있음'을 주장하는 것은 만일 이러한 계들이 환경과 상호작용하지 않음을 함축할 것을 요구한다면 잘못 인도될 수 있다는 것이다. 계들은 그러한 조직화의 산물이 그것 자체로 조직화라는 의미에서 단순히 닫힌 것인 셈이다. 내적 변화들이 일어났다는 것은 항상 '기계'적인 조직화의 유지에 부수적이다. 이러한 변화들과 요동 과정 사이의 관계는 기계가 관찰되는 영역에 속함을 지적할 수는 있지만, 그것의 조직화를 지적해 낼 수는 없다. 자기창조적인 '기계'는 타자-창조적(allopoietic) '기계'로 다루어질 수 있지만, 이는 자기창조적인 '기계'로서의 특정한 조직화를 보여 주지는 못할 것이다. 따라서, 자기창조적인 '기계'는 지속적인 흐름이나 변화에 있는 구성요소들 간의 어떤 지속적인 관계들로 유지되며, '동역학적 안정성'의 하나로서 절차(modus operandi)를 구성해 내는 것은 바로 이것인 셈이다. 자기창조적 조직화라는 실제 방식이 물리적인 공간 내에서 수행됨은 본성이나 특성들에 따라 변화되며, 미심쩍은 '기계'의 구조를 체화한 물리적 질료들에 대해 그러하다. 비록 물리적 공간 내에 있는 수많은 상이한 종류의 자기창조적인 '기계'들이 존재한다 할지라도, 그것들 전부는 보충의 영역 바깥에서 탈통합화를 낳게 될 조작과 함께인 어떤 '방해'라고 하는 방식으로 조직화된다. 마투라나와 바렐라는 '기계'에 관한 두 가지 원칙적 결론에 다다른다. 즉, 첫째로 만일 살아 있는 계들이 (물리적인 자기창조적) '기계'들이라면, 이는 그러한 조작의 산물이 항상 그들 자신의 조직화라는 방식으로 스스로를 질료로 변형시키며, 결국 그러한 역관계 또한 참이라는 것이다. 즉, 만일 그것이 자기창조적인 것이라면, 결국 물리적인 계는 살아 있는 것이 된다. 둘째로, 이로부터 (자동장치인) '기계'와 (자발적으로) 살아 있는 것 사이의 구별은 지지될 수 없게 되며, 붕괴되어야만 한다는 것이다. 그러한 고전적인 관점은 '기계'들이 완벽하게 결정론적인 특성들과 더불어 인간이 만들어 낸 인공물들이자 완벽히 예견 가능한 것임을 말한다. 이에 반해, 살아 있는 계들은 아프리오리한 자동적이고 예견 가능한 체계들로 간주되게 된다. 그러한 선입견은 인간이 살아 있는 계를 제조할 수 있다는 것이 아닌 '단지' '기계'일 뿐이라는 것이다. 그렇지만 이러한 재정의의 결과와 마찬가지로, 확실한 구별들은 붕괴되기 시작했고 어떤 선입견들은 대체되게 되었다.

과거의 통찰이 갖는 진보적인 특징에도 불구하고, 근본적인 형이상학적 대립은 소위 오토포이에시스(autopoiesis) 학파의 '기계'적 사고 내에서 깊숙이 작동한다. 자기 지시적이고 자기 재생산적인 단자적 존재인 '기계'에 대한 마투라나와 바렐라의 개념화는 (자기 유지와 자기 보존이라고 하는) 순수한 자율성 간의 대립에 의존하지만, 다른 한편으로는 (전이적인invasion) 불순한 타율성에 기대고 있기도 하다. 그것들은 진정으로 '엔트로피/진화'를 문제화하는 '기계'적인 사고가 '안쪽'과 '바깥쪽' 사이의, 자율성과 타율성 사이의 그리고 자연과 인공 사이의 유연한 관계를 이해하는 데에로 이끌림으로써, 몰적으로 조직화된 단일체들과 동일성들의 쇠퇴로 이끌려야만 함을 이해하지 못한다. 자기창조는 경직된 이것 혹은 저것의 선택, 곧 엔트로피이거나 완벽한 수행성만을 우리에게 보여 줌으로써, 매우 엄격한 경제로부터 제외된 변형을 허용하지 않는다. 그것은 살아 있는 계들의 총체적이고 보수적인 형이상학에 인도되어 왔으며, 편집증적인 '기계'를 가정한다. 이는 무엇보다도 안정성의 유지에 의해 인도되어 온 것이 바로 폐쇄적이고 귀납적인 단일체들로서의 체계들 위에 놓여 있음을 강조하는 증거인 것이다. 그들의 주장을 따른다는 것은 조직화에 있어 요소적 계들의 불변성이 단순한 파괴와 더불어 변화가 평균화되는 상태이자, 그에 '비해' 물리적 실재성을 '뛰어넘는' 어떤 것으로서 조직화되는 상태를 가리킨다. 마투라나와 바렐라와는 뚜렷이 구별되게, 차니(Vilmos Csanyi)와 캄피스(George Kampis)는 만일 새로운 구성요소들이 부여한 새로운 기능들이 계 내의 존재가 된다면 결국 그러한 계들의 조직화는 불변성을 유지할 수 없다고 주장한다. 더욱이, 새로운 구성요소들의 출현이라는 결과인 계들의 조직화 내에서의 변화는 그러한 계의 탈통합의 결과는 아닌 것이다. 이는 개별적 유기체의 '자율성'이 '항상 상대적'이어야만 함을 뜻한다.[59] 그들에게 진화의 자기창조적 모델과 함께 주된 문제는 만일 하나의 계가 완벽한 자율성을 추구하는 욕망에 의해 추동되는 것이라면 그것이 진화론적 교착의 덫에 걸려들게 될 것이며, 추가적인 관계들과 연접들을 형성하지 못할 것임을 평가하는 데 실패한다는 점이다. 정확히 동일한 점이 베르그송에 의해 상이한 맥락에서 지적된바, 그는 자연이 순수하게 내적인 목적성과 절대적으로 구별되는 개별성들에 따라 진화한다고 가정하는 생기론적 입장에 반대한다.[60] 그는 '개체' 혹은 자율적인 '기계'의 살아 있

---

59) V. Csanyi and G. Kampis, "Autogenesis: The Evolution of Replicative Systems", *Journal of Theoretical Biology*, vol.114, 1985, p.306.
60) Bergson, *Creative Evolution*, p.42.

는 원칙이 시작되거나 끝나는 지점에서 어떤 고정성의 정도와 더불어 이를 규정하고자 하는 것은 불가능하다고 말한다.

새뮤얼 버틀러는 1872년 자신의 소설 『에레혼』의 「기계의 책 III」에서 '기계'적인 생명과 동물적인 생명 사이에 선을 긋는 방식에 도전한다.

의식은 어디에서 시작해 어디서 끝나는가? 누가 선을 그을 수 있겠는가? 그 누가 선을 그을 수 있겠는가? 모든 것은 서로 엮여 있지 않던가? 기계와 동물이 무한하면서도 다양한 방식으로 연결되어 있지 않은가? 달걀 껍질은 정교한 백색 용기로 이루어져 있으며 계란-컵만큼이나 기계이다.

들뢰즈와 가타리에 따르면 버틀러의 반성은 두 개의 공통적인 논변들과 단순히 대조되는 것이 아니라, 하나는 유기체들이 오로지 더욱 완벽한 '기계'들을 따르는 반면 다른 하나는 '기계'들이 결코 더 이상 유기체의 확장이 될 수 없다고 말한다는 것이다. 버틀러는 단지 '기계'들이 (사전에 확립된 단일체로서의) 유기체를 확장하거나 유기체들이 '기계'들임을 주장하는 일에 만족하는 것이 아니라, 차라리 ⓐ 진화의 장이 그 발단으로부터 '기계'적인 것을 관통한다는 점, ⓑ 유기체들은 (욕망이 설계되는 중에 있다고 하는) 구분되는 부분들을 통합하는 정교한 공학에 따라 '기계'들과 비교될 수 있음을 보여 주길 원한다는 것이다.[61] 결과적으로 버틀러는 잘 알려진 유기체의 인격적 단일성에 의문을 던짐으로써 생기론적 논변을 파괴하고, 마찬가지로 잘 알려

진 '기계'의 구조적 단일성에 의문을 던짐으로써 기계론적인 입장과
도 단절한다. 만일 '생명'이 '욕망-공학(engineering)'의 선들과 나란
히 이해될 수 있다면, 결국 거기에는 유기체들이나 '기계'들과 같이 개
별화된 존재들의 한계나 동일성들을 구성하는 것에 대해, 사전에 확립
된 경계들과 사전에 고정된 규정 또한 있을 수 없는 것이다. 그러한 오
류는 개별화된 존재가 사전에 주어진 것이라는, 단일한 존재들로 복
잡한 '기계'들을 바라보는 것이다. 참으로, 버틀러는 모든 복잡한 '기
계'가 도시 혹은 사회로 간주되는 상태에 있다고 주장한다. 마찬가지
로 유기체들, '기계'들은 (잘 알려진 붉은 토끼풀과 호박벌 사례와 같은)
공진화(co-evolution)의 통합된 네트워크를 통해 스스로를 재생산한
다. 우리는 버틀러의 추론을 통해 원동력이 되는(motive) 것과 형성적
인(formative) 힘들 사이의 칸트적인 구별이 갖는 고정성에 의문을 던
지지 않을 수 없다. 들뢰즈와 가타리에게 기술적(technical) '기계'의
목적론적 힘은 현실화와 재생산을 위한 사회적 '기계'의 형성적 힘을
요구한다. 인간적 동물은 자연과 기술로부터 누릴 자율성이 없다. 다
른 모든 것들과 마찬가지로 그것은 너무나도 '코드의 잉여가치'에 몰
두하는데, 이는 또 다른 '기계'의 코드 조각인 '자신의' 코드 하에서 '기
계'의 일부가 포착될 때의 과정을 가리킨다는 의미의 잉여를 뜻하며,
결과적으로는 또 다른 '기계'의 일부를 위한 재생산에 빚을 지는 것이
다. 따라서 모든 현상들의 진화론적 선들을 탈영토화시키는 것은 바

---

61) G. Deleuze and F. Guattari, *L'Anti-Oedipe*, Paris: PUF, 1972, pp.337~338 / *Anti-Oedipus*, trans. R. Hurley et al., London: Athlone Press, 1983, p.284.

로 항상 '기계'적 생성들의 잉여적 욕망이며, 이는 우리가 혈통을 넘어선 결연을, 자율적 존재들을 넘어선 이질적 배치들을 앞세우는 일이 가능하도록 한다. 그것은 들뢰즈와 가타리의 '욕망하는 기계들'에 대한 정식화가 갖는 복합적 본성을 평가하는 일이 가능하게 된다는 것이며, 이는 '기계'가 욕망의 중심을 지나가고, 그것이 욕망하는 중에 있는 욕망이라고 하는 '기계'화된 것임을 말한다. 즉, "욕망이 주체 내에 있는 것이 아니라 욕망 안에 '기계'가 있는 것이다." 욕망-기계들은 진실로 형성적인 '기계'들이지만 그것이 가진 형성성은 오로지 기능적인 점화의 실패(misfiring)를 통해서만 가능하다. 즉, 형상화는 탈형상화를 요구하며, '기계'적 과정이라는 진화를 만들어 내는 것은 절단들, 파괴들, 미끄러짐들, 붕괴들 등을 통해 일어난다는 사실이다. 구조적 단일체들과 (몰적인 집합체들과 같은) 집단적 현상들은 (해석, 직접적인 소통이라는) 특정한 복수성들의 내적인 방향을 숨기며, 우리로 하여금 모든 유기체들에서 발산되는 작은 '기계'들의 다수성이라는 시각을 잃을 수밖에 없게 하며, 또한 그것 자체로는 '분자적인 '기계'들이라고 하는 조(兆) 단위의 집합체'에 불과한 것이 되게 한다.[62] 궁극적으로, 기술-존재론적 경계들이 붕괴되는 지점인 '분산'(dispersion)의 점에서, 그것은 기관들로서의 '기계'들이거나 '기계'들로서의 기관들이거나에 상관없이 비(非)물질적인 것이 된다. "하나의 도구 혹은 '기계'는 하나의 기관이고, 기관들은 도구들이나 '기계'들인 것이다."[63] 또한 캉길렘은 신체의 '기계'적인 개념화가 데카르트주의에 따라 가정된다

---

62) Dennett, *Darwin's Dangerous Idea*, p.206.

는 것은 물리적 세계에 대한 목적론적인 개념화에 불과한 의인화임을 지적한다. 그는 '기계'들이 그들의 행동과 행위에 있어서 목적론적인 것으로 생각될 수 있다고 하는 니체의 관점을 공유한다. 실로, '인간'은 유일하게 스스로를 주인으로 만들어 낼 수 있으며, 그가 자연이나 '기계'들과 같이 자신의 '바깥'에 놓인 바에 대해 어떤 목적성이나 목적을 부정하는 만큼 자연의 소유자가 될 수 있다는 것은, 결국 자신의 불손한 의도(Zwecken)에 복무하는 수단들로서 독자적으로 다루어짐을 말한다. 자연과 기술들은, 우리가 취하는 '정신'(spirit)적 상태가 실제로는 의식과 이성, 바꿔 말해 신체에서 드러나는 바와는 완전히 상이한 어떤 것의 되기(생성)로 실재화되어 나타나기 시작할 때 복수를 감행한다. 즉, "장기적으로 그것은 결국 인간의 문제가 아니다. 그는 극복해야 한다."(『힘에의 의지』, §676) 그동안 이 책에서 우리는 니체가 이러한 극복하기를 인간적인 것의 폐기가 아닌 인간중심적 규정의 파괴의 관점에서만 생각하는 정도를 진화의 우월한 점으로서 이해해 온 것이다.

만일 오토포이에시스(autopoiesis)에 관한 생각이 어떤 유용한 기능을 보유하는 상태라고 한다면, 그것은 진화론적이고 집합적이며 다양한 종류의 대안적 관계들을 떠받치는 존재들에 관계되는 것으로 생각되어야만 한다. 그런데, 이는 자신들 안에 깊숙이 닫혀 있고, 또한 내던져 버린 대가를 치른 자율적 실존을 유지하는 것이자 (아름다운 영혼

---

63) G. Canguilhem, "Machine and Organism", eds. J. Crary and S. Kwinter, *Incorporations*, New York: Zone Books, 1992, p.55.

과도 같은 기계인) 그들의 내적 순수성(inner purity)을 오염케 할 어떤 외적인 난봉과는 대조된다. 기계의 경우 엔트로피와 진화는 공(共)외 연적이고 상호정보교환적인 것으로 이해될 필요가 있다. '인간-기계적 변환성'은 '기계-기계적 변환성'과 얽히고설켜 연결된다. 가타리의 지적에 따르면, 기계들은 이미 그들이 우리에게 말하기 전에 서로 '대화'한다고 한다. 기계들의 재생산능력은 순수하게 프로그램화된 반복이 아니라 [그럼에도 불구하고] 정확하게 진화론적인 것이다. 차이는 붕괴/진화라는 바로 이 지점에서 도입되며 개체발생적인 것이자 계통발생적인 것 모두에 대해 그러하다. 거기에는 단순하거나 직선적이고 일의적인(univocal) 역사적 인과란 존재하지 않는데, 왜냐하면 진화론적 계통들은 그것 자체가 '리좀들'로서 나타나며 이는 '날짜들'이 동기(同期)적인 것이 아니라 이기(異期)적인 시간성(heterochronic)임을 뜻하기 때문이다.[64] 역사의 축조(築造)적 운동들은 그것들 자체가 리좀적이고 연합적인 되기라고 하는 잠재적인 면에 입각해 사상(寫像)되는 특이성들(singularities)에 따라 이해되어야만 한다. 그러한 되기들은 역사 '내'에서 일어나지만 그것으로 환원되거나 그것과 동일시되지는 않는다. 예컨대, 가타리는 기계의 계통발생적 진화에 대한 질문이 '기계적인 우주들에 대한 자본주의적 이해의 선적 인과들'로 환원되지 않는다고 적절히 지적한다.[65]

---

64) 개체발생의 발달 과정들에 있어서 이질적인 시간성에 따른 결정적 역할에 관해서는 R. A. Raff and T. C. Kaufman, *Embryos, Genes, and Evolution*, New York: Macmillan, 1983, p.173 이하를 보라.

65) Guattari, *Chaosmose*, p.79 / *Chaosmosis*, p.52.

기계적인 이질생성에 있어서 그것은 이질적인 직조를 유지하는 동시에 상이한 구역들을 가로지르는 존재의 동일성에 대한 물음 이하의 것이면서, '동일한 과정적 존속' 이상의 물음이기도 하다. 우리는 플라톤적인 총합체에 대해서, 또한 아리스토텔레스적인 부동의 원동자에 대해서 말하는 것이 아니라 오히려 "기계적인 하이퍼텍스트(hyper-text)와 유사한 것으로 보이는" 횡단적 창조들에 대해 말한다.[66] 가타리의 기계적인 이질생성에 관한 이러한 우주에 대한 통찰은 존재론에 대한 근본적인 재형상화를 요구한다. 존재론이 기계에 대한 평가에 의해 형성되어 왔음은 실체와의 관계에서 이차적인 특질들이나 속성들에 놓이지 않고, 혹은 도래할 모든 가능적 양상들의 순수하고 텅 빈 용기로 간주되지도 않을 것이다. 차라리, 그것은 우선 무엇보다도 변환성(alterity)이라고 하는 잠재적이고 다양한 관계를 통해 스스로를 현실화하는 제1의 또한 최우선의 '자기 긍정'과 '자기 일관성'으로 이해될 것이다. 이는 우리가 인류(mankind)와 같은 '종들'의 특권화를 통해 대자 존재(existence-for-itself)와 타자 존재(for-others)의 관점에서 보기를 그만둠을 뜻하며, 어디에서나 "기계적인 상호접촉들이 불균형을 생산해 내는, 곧 그것에 의해 만들어짐을" 인정하게 될 것이다.[67] '존재'(Being)는 일반적인 존재론적 등가상태를 중단하고 '이질성과 복잡성의 발생적인 실천들(generative praxes)'의 선들과 나란히 모델화된다.[68] 공생에 의한 진화 —— 바이로이드적 생명의 활

---

66) *Ibid.*, p.151 / p.109.
67) *Ibid.*, p.152 / p.109.

력 — 와 리좀적 되기들은 이러한 이질성과 복잡성의 본질적인 부분을 구성한다.

기술(technology)에 대한 질문에 의거하여, 들뢰즈와 가타리의 작품 속에 있는 기술적 기계들(technical machines)의 물화란 존재하지 않는데, 왜냐하면 그들은 이미 기술적 기계들이 오로지 사회적 '기계'가 결정적인 역할을 하게 됨에 따라 질료적 힘들의 공진화적 활동을 가져오게 된다는 더 복잡한 배치들의 지표들일 뿐이라고 인정했기 때문이다. 우리는 기술-기계에 의해서가 아니라 무엇이 기술적 요소들을 사용, 확장 그리고 이해하는가라고 하는 어떤 계기 하에서 규정된 사회적 '기계'에 의해 '억압된다'.[69] 기술적 기계들은 경제적 범주가 아니라 항상 그것들과는 구분되는 사회체(socius, social body) 또는 사회적인 '기계'를 가리킨다. 이는 '기계'가 쟁기를 끄는 황소가 아닌 것과 같이 '경제적' 범주도 아니라고 하는 맑스의 관점과 유사하다. 들뢰즈와 가타리는 배치들이 결코 순수하게 기술론적인 것이 아님을 주장한다. 도구들은 항상 하나의 '기계'로 이미 정해지며, 기계는 항상 그것이 기술적인 것이 되기 '이전에' 사회적인 것이 된다.[70] 한 주석가의 지적에 따르면, 새로운 사이버네틱 기계들과의 관계에 있어서 기술

---

68) *Ibid.*

69) F. Braudel, *The Structures of Everyday Life: The Limits of the Possible*, London: HarperCollins, 1981, p.431과 비교하라. 즉, "기술 자체 내에는 그것이 존재하지 않는다."

70) J. Ellul, *The Technological Society*, trans. J. Wilkinson, London: Jonathan Cape, 1965, pp.4~5와 비교하라. 거기에서는 기계에 대한 질문이 전반적으로 기계화된 '기술'에 대한 질문으로 환원된다.

들 자체는 어떤 무대에 있어서도 결정적이지 않을 것이다.[71] 바꿔 말해, 사이버네틱 기술론에 관계되는 질문들은 오로지 그것들이 힘에 관한 미시물리학적인 사회이론에 따라 강조될 때에만 적절히 입증될 수 있다. 들뢰즈와 가타리에 의해 사회적 기계의 최우선성으로 받아들여진 논거들 중 하나는 기술-기계들이 그것들의 재생산을 위한 조건들을 포함하는 것이 아니라, 오히려 그것들의 발달을 조직화하고 제한하고자 하는 사회적 기계를 요구한다는 것이다. 그들의 작품 속에는 기술-사회적인 것을 노골적으로 생물학화하고자 하는 시도가 존재하지 않으며, 또한 인간의 역사에 대한 생물학적 독해와 자연사에 대한 인간중심주의적 독해 두 전략 모두 너무나도 명백히 위험한 전략이라는 이유로 회피되어야만 한다는 것이다. 사회적인 것은 이미 인위적으로 생물학화된 것이다. 예컨대, 정치이론에 관한 용어들은 포획과 규제의 용어들인바, 사회들의 진화는 '태생적인', '발생기의', '미발달된' 것에 관한 것을 가리켜 왔으며, 또한 제3세계 사회의 진화는 문화와 문명화에 관련한 '태아'이자 '미숙아'로서 일컫는다. 두서없는 실천들의 변종 속에서 발견되는 유기체의 물화된 개념에 도전하는 데 있어서, 우리는 전(前) 사회적인 생물권으로의 후퇴를 옹호하는 것이 아니라, 무수하게 직면한 것들에 대해 작동하는 도전을 보게 된다. 욕망의 정치학들 ── 새로운 연대들과 형상화들의 '기계'적 배치 ── 은 (사회적 기계의 기능요소인) 기술관료와 행정관료가 단순히 사이버네틱한 기계를

---

71) B. Nichols, "The Work of Culture in the Age of Cybernetic Systems", *Screen*, vol.29, 1988, p.45.

완벽하게 작동하는 선들과 나란히, 결코 기술-기계들의 작동이라는 상태로 환원될 수 없음을 인식하게 될 때에 활동에 들어선다. 1960년대에 바네겜은 "완벽한 역학 구조적 기반을 따르는 인공두뇌학자들은 오로지 그에 대한 거부의 완전함만을 촉발할 뿐이다. 기술들에 대한 그들의 프로그래밍이 동일한 기술들에 의해 산산이 부서질 것임은 또 다른 종류의 조직화에 의해 그것 자체를 이용하는 것으로 되돌아간다"고 말한다.[72] 참으로, 그러한 상황이 바네겜이 그러했던 것에 비해 현재 무한히 더 복잡한 것임은 훨씬 이전부터 생각될 수 있었던 것인데, 왜냐하면 그러한 '바깥'이 ─ 모든 종류의 잠재적 미래들이 ─ 그간 포획되어 왔기 때문이다. 자본주의가 내부 식민지화의 기획에 착수해 왔다는 것은 우리가 불안하다고 생각하는 모든 수준 위에서의 선물 시장(*futures* market)이 되어 버렸다. "어떤 것도 진리가 아니며, 모든 것이 허락된다"는 것은 더 이상 혁명론적 허무주의자의 슬로건이 아니라 단지 확립된 포획권력들의 슬로건일 뿐이다. 혁명적인 것은 TV로 방송될 것이며 (이미 그렇게 해왔다). 예컨대, 이는 (포스트) 모던적 테러리즘에 대한 움베르토 에코의 예리한 통찰 뒤에 숨은 힘이다. 즉, 테러리즘은 거대한 체계들의 적(敵)이 아니라 그들의 자연스러운 평형추가 수용되고 프로그램화된 것이다.[73] 만일 목이 잘린(headless) 체계들로서의 기능인 거대한 체계들이 우두머리들을 가지고 있지 않

---

72) R. Vaneigem, *The Revolutionary of Everyday Life*, trans. D. Nicholson-Smith, London: Rebel Press, 1994, p.85.

73) U. Eco, "Striking at the Heart of the State", *Travels in Hyper-reality*, trans. W. Weaver, London: Pan, 1986, p.116.

은 데다 개별적인 이기심 위에서 살고 있지도 않다면, 결국 그것들은 왕을 살해한다고 해서 충격을 받지는 않는다. 즉, "만일 거기에 완벽하게 자동화된 공장이 존재한다면, 그것은 소유주의 죽음에 의해서가 아니라, 오히려 그곳을 움직이는 컴퓨터들을 위해 열심히 일하는 여기저기에서 삽입된 잘못된 정보 비트들에 의해 전복될 것이다."[74] 그는 그것이 더 이상 맑스를 숙고하는 것으로는 충분하지 않으며, 노버트 위너[75]도 숙고해야만 한다고 주장한다. 자본은 역사에 대한 맑스의 위대한 통찰이 무효이며 공허한 것이 되게 하는데, 왜냐하면 모든 실존하는 사회의 역사는 (후기의, 여전히 후기의) 자본의 '역사'만을 제외한 계급투쟁의 역사이기 때문이다! 항구적인 거대한 냉소인 자본은 모든 부정성[비판정신]을 잡아먹고 "자기모순들을 뛰어넘어 희화화하며 가버린다."[76]

독립성에 대한 기술의 엄청난 착각은 그러한 거대한 엔트로피적이고 제국주의적인 성공의 일부인데, 왜냐하면 기술의 본질은 전혀 기술적인 것이 아니라 마치 그것이 그러한 것처럼 보여지는 데에 있을 뿐이기 때문이다.[77] 기술의 물신화는 본질적으로 ── 또한 **생생한** ── 자

74) *Ibid.*, p.115.
75) 노버트 위너(Norbert Wiener, 1894~1964). 미국의 확률통계 수학자이며 사이버네틱스 창시자. ── 옮긴이
76) J. Baudrillard, *The Illusion of the End*, trans. C. Turner, Oxford: Polity Press, 1994, p.52.
77) 기술적 발전의 자율적 특성에 대한 이러한 착각은 J. Habermas, *Toward a Rational Society*, trans. J. J. Shapiro, Oxford: Polity Press, 1987, p.57 이하에서 교육적인 '비판적' 방식으로 드러난다. 그는 '기술' ── 객관화된 과정에 대한 과학적으로 합리화된 통제로 이해되는 ── 이 경제와 현대 사회 행정력의 되먹임과 결합된 연구와 기술이 있는, '체계'에 대한 지시를 요구받는다고 말한다. 기술의 '정치학'과 '민주주의적' 기술들을 발전시키고자 하는 몇 안 되는 시도들 중 하나로서 하버마스의 탐구는 기술(technology)과 기술력(technics)

본의 선험적 착각의 일부인 것이다. 그러나 무엇이 기술적으로 실현 가능하거나 바람직한 것인가에 대한 사회적 정의(definition)는 기술에 대해 외적인 것이 아니라 그것에 대해 내적인 것이라는 점이다. '경제적인' 것과 '기술적인' 것 사이의 구별은 자의적이고 비지성적이다.[78] 자본주의는 기술적이고 사회적인 기계들의 특정한 통접에 의존한다. 그것은 두드러진 사회 구성체로서 기술적 기계들을 ('인간-기계들'과는 대조되는, 기술-기계들 근방에 만들어진) 소키우스적 신체에 들러붙은 불변 자본으로 전환함으로써 기능한다. 사회적 공리는 행정과 등록이라는 '비(非) 기술적(technical)' 수단들을 통해 그 한계들을 확장한다. 문화는 그 행동에 있어서 이해관계에 따라 거대한 총합들을 ─ 유기체들과 완전한 총체적 인격들을 ─ 등록하고 코드화하는 발명을 통해 선별의 기제로 작동한다. 이 점은 왜 "부분적인 의존의 상태에서 이미 발생해 온 선별이라는 현상의 연쇄들인지를…… 이것이 심지어는 유전적 코드로 이해될 수도 있는지"에 관련하여 "통계학이 기능이 아닌 구조인지"를 설명해 준다.[79] 그러한 상태는 자본주의의 분열적 경향들에서 해방된 탈코드화된 흐름들을 규제하기 위해 존재

에 관련된 질문들을 현대적으로 탈정치화하는 데 적절한 것으로 남겨지게 되었다. 하버마스에 따르면, 선진화된 자본주의적 사회가 '살아 있는 활동성'(life activity)이라는 목적들에 관한 기술적 변화와 자유로운 의사소통의 잠재성이 갖는 탈영토화적인 충격에 저항하여 그것 자체를 '면역되게' 하는 방식들 중 하나는 대중의 탈정치화라고 말한다(p.120). 이에 관해서는 랜던 위너의 도움이 될 만한 역사적 연구인 L. Winner, *Autonomous Technology: Technics-out-of-Control as a Theme in Western Political Thought*, Cambridge, Mass.: MIT Press, 1977을 보라.

78) A. Hornborg, "Machine Fetishism, Value, and the Image of Unlimited Good: Towards a Thermodynamics of Imperialism", *Man*, vol.27, 1992, pp.1~18.

79) Deleuze and Guattari, *Anti-Oedipus*, p.343.

한다. 반면 자본은 모든 굳어져 있고 세속적인 것, 바꿔 말해 신성하고 부르주아적인 사회적 보증들을 전부 녹여 버리는데, 이는 곧 변화의 생산적인 힘들이 근대국가적인 영토적 고정성과 사법적 불변성이라는 구조를 통해 등질화된 것이다(또한 그것의 죽음이라는 뉴스는 시기상조이다).[80] 더욱이, 국가를 통해 과학과 기술들의 탈코드화된 실천들을 규제하고 조정하는 것은 엄격하기보다는 오히려 어떤 추정에 불과한 '과학적' 공리인 사회적 공리에 복속된 것이다. 포스트모더니티의 사회적이고 문화적인 혁명은 근대 자본주의 국가를 특징짓는 몰적인 포획의 힘들에 따른 독점적이고 과학적인 통제로부터 기술-기계들의 잠재적인 해방에 관한 것이자, 자본주의라는 분기점이 더 이상 그러한 사회적 집합체에 들러붙은 불변 자본으로서 기술-기계들 자체를 독점할 수 없게 됨을 말한다. 따라서, 새로운(alien) 사고-실천의 중대한 책무는 사회적 '기계'들을 통한 자유로운 에너지와 지식의 흐름을 전제적으로 막아서서 현재를 규정하고 제한해 온 지배적인 행정적·규제적 기계들 —— 국가, 철학, 과학 그리고 문화와 정보 내에서의 —— 을 탈코드화하고 탈영토화하는 것일 때라야만 가능하다.

거대서사들은 두드러지게 비-인간적 특성을 띤 채 복수심을 동반하는 방식으로 되돌아올지도 모르며, 이는 우리가 진화의 '상위' 수준이 기계적 지능 위에 근거한다고 하는 새로움으로의 잘 알려진 국면 공간적 이동에 관련하여, 과잉된 묵시록적 시나리오를 제공받게 된다

---

80) G. Balakrishnan, "The National Imagination", *New Left Review*, no.211, 1995, pp.56~57.

는 것이다. 이는 결국 (로봇과 컴퓨터라는) 유연한 기계들에 의해 탄소
생명(carbon life)을 유전적으로 대체하는 결과를 낳는다.[81] 그러나 이
러한 음-엔트로피적인 운명들에 대한 묘사는 인간이 복잡화라는 비-
인간적 과정에 있어서 단지 수도관에 불과한 역할을 행한다는 것으로
서, (사건the event을 애도하는, 대문자 사건the Event을 증언하는) 새로운
윤리적 순수주의, 무익한 러다이트주의[기술혁신 반대운동] 혹은 공허
한 사이버 찬양주의에로 후퇴하는 것과 같이, 선택권이라곤 전혀 없는
단순한 선택지들만을 제공할 수 있을 뿐이다. 생물학과 기술이 합성
되는 그러한 위험성은 막대하다. 오늘날 고인류학자들은 지구상에서
생명이 '지능'과 생물학 간에 계발된 양의 되먹임 회로들의 가속화된
진화라는 결과를 낳은, 기술 유기체적 생명의 진화에 따라 생겨난 것
이라고 말한다. 더불어, 자연적 생명을 뛰어넘는 인공적 생명의 점증
하는 지배는 맹목적인 다윈주의적 자연도태에 대한 라마르크적 침략
이자 탈취로 이해되고 있다고 한다.[82] '기계'에 대한 새로운 신화는 기
술이 단순히 생명 이외의 수단들을 통해 생명을 추구할 뿐이라는 오
늘날의 주장들에서 떠오르는 중에 있으며 그 표현을 찾고 있다.[83] 이
렇듯 의심스러운 네오라마르크주의는 진화에 대한 [중세적인 위계성
을 띤] 라마르크적 양식의 장점들이 **자연 스스로** 그러한 방식을 만들

---

81) 우리의 음-엔트로피적인 운명에 대해 굉장히 다르게 설명하는 이들로는 J. F. Lyotard, *The Inhuman: Reflections on Time*, trans. G. Bennington and R. Bowlby, Oxford: Polity Press, 1991; F. Tipler, *The Physics of Immortality: Modern Cosmology, God, and the Resurrection of the Dead*, London: Pan, 1995를 보라.

82) K. D. Schick and N. Toth, *Making Silent Stones Speak: Human Evolution and the Dawn of Technology*, London: Weidenfeld & Nicolson, 1993, pp.315~316을 보라.

어 내온 위대함이라는 켈리(Kevin Kelly)의 주장에서 정점에 이르는데, 이는 철학적 정신박약일 뿐 아니라 정치적으로도 순진한 것으로서 생명기술론적 진화의 매우 수직적이고 완벽주의적인 모델에 의존하고 있다. 그는 "어떤 진화를 진정으로 원하는가"에 대해 일관되게 말하며, 우리가 비록 전지구적인 존재자에 따라 '진화'에 대해 쉽게 말할 수 있을지라도, 이어지는 엄청난 주장에서와 같이 "진화는 날마다 더 적합한 유기체들만을 위해 세계를 면밀히 조사하는 것이 아니라, 자신의 능력을 증가시킬 방식을 찾고 있는 것이다. …… 진화는 속도 자체를 증가시킬 방법을 찾기 위해, 스스로 더 민첩해지고 진화하기 위해 행성 표면을 탐색한다. ── 그것이 의인화되었기 때문이 아니라 적응의 속도를 높이기 위한 것이라는 것은 그 주변을 맴도는 탈주로 인

---

83) D. Deleule, "The Living Machine: Psychology as Organology", J. Crary and S. Kwinter, *Incorporations*, New York: Zone Books, 1992, pp.205~206과 비교하라. 들뢰르(Didier Deleule)는 이 책에서 "생명은 기계를 모방하지도 기계적인 구성에도 환원되지 않는다. 실제로 삶을 흉내 내는 것은 기계인 것이다. …… 기계들은 맹목적인 과업들로부터 자유로운 인간들이 되기 위해 만들어지지 않았다. 기계들의 기능은 생명의 힘 자체를 증가시키는 데에, 또한 지배와 정복을 향한 생명력을 강화하는 데에 있다. 기계는 어떤 의미에서도 생명을 대체할 수는 없다"라고 쓴다. 기계에 관한 이러한 소위 포스트모던적 테제는 새뮤얼 버틀러의 충격적인 제목의 1863년 글 '기계들 가운데에서의 다윈'에서 핵심적으로 도입되는 곳에서 포착된다. 거기에서 그는 의사-니체적인 항목들 하에서 기계에 관련된 주장을 펼치며, 지구의 패권을 점하는 데에 성공하게 될 인간이라고 하는 '창조의 한 종류'에 관한 의문으로 그것을 가정한다. 놀랄 것도 없이, 그의 결론적인 생각은 "죽음이 그것들에 반하여 곧바로 선언되어야만 한다는 데 대해 투쟁"한다. S. Butler, "Darwin among the Machines", *A first Year in Canterbury Settlement*, London: A. C. Fifield, 1914, pp.179~185를 보라. 버틀러를 흔들어 놓은 것은, 기계가 기계적인 지능적 인간의 미래 패권적인 진화에 있어서 ── 그는 "인간의 영혼은 기계들이 되어야만 한다. 왜냐하면 그것은 기계로 만들어진 것이기에"라고 쓴다 ── 인간 실존의 독립적인 한 측면으로 증명되어야만 한다고 할지라도, 그것은 아마도 기계들이 관련되는 욕망들인 한에서 철저하게 의존적인 것으로 증명되어야만 할 것이다(Butler, *Erewhon*, p.207).

해서이다".[84] 진화라는 영역 위에서의 그러한 '탐색'은 우리가 말해 온 바, 인간의 두뇌는 어떻게 진화가 미리, '직접적인 진화의 도정'을 응시하기 위한 복합적인 필연성을 획득할 수 있는가라는 문제에 대해 '답'을 제공하게 되었는가라는 결론을 낳는다. 이런 우스꽝스러운 과정에서, 인간중심주의가 한 생명의 활용과 남용 및 그것을 위한 생명공학에 관련하여 질문한다는 것은 관심 밖의 일이 되어 버리는데, 왜냐하면 이는 베르그송이 지적한 바와 같이 "모든 것이 주어져 있기" 때문이다. 결국, 진화에 대한 이러한 종류의 묘사에 있어서 무엇이 일어나고 있는가라는 것은 현대적인 초(超)-식민주의적인 자본주의의 역동성 —— 켈리가 단순한 가속화로 속도를 동일시한 것이 이를 보여 준다 —— 을 맹목적으로 읽어 내어 (압도적인 속도의) 가장 제국주의적인 외양 하에서 엔트로피적인 현대화의 생물학적 정당화라는 결과를 낳는 생물권의 기제들로 돌아가는 것이다.[85] 거기에는 기계적 지능의 흥기에 대한 최근의 찬가에 있어서 활동 중인, 다른 반동적인 힘들도 존재한다. 보드리야르의 지적에 따르면 형이상학적 유토피아를 잃어버림으로써, 우리는 지금 불멸성을 보장받게 된 (당신은 당신의 뇌를 다운로드 할 수 있다!) 예방약을 구축하게 되었다는 것이다. 만일 과거에는 그것이 영원성을 방부처리한(emblamed) 망자(亡者)였다면, 오늘날

---

84) K. Kelly, *Out of Control: The New Biology of Machines*, London: Fourth Estate, 1994, p.361.
85) 물론, 켈리의 입장이 갖는 역설은 그가 지배욕이 강한 사람(control freak)이라는 것이다. 자연도태에 대한 그의 반대는 그것이 시간을 요구한다는 사실에 근거한 것이며, 시간은 그가 가지고 있지 않다고 우리에게 말한다. "누가 100만 년을 기다릴 수 있겠는가?"(Kelly, *Out of Control*, p.359)

그것은 생존의 상태에서 방부된 상태인 산자인 것이다(생명은 죽지 않을 권리를 나에게 빚지고 있다!).[86]

현재 포스트모더니티의 식별 논리 하에서 우리가 목격하는 것은 산업자본주의의 열역학적 '기계'들로부터 지능적 관리를 통해 지배되는 현대정보사회의 사이버네틱한 '기계'들로의 이행이다. 그러나 이는 여전히 생산의 새로운 힘들의 발전성이 생산의 실존적 관계들을 능가하는 것이며, 결코 사회적 통제와 몰화로부터의 근본적인 변형이나 해방을 보장해 주지 않는다. 사회 ─ 그리고 바깥에 존재하는 '우리' ─ 는 오히려 날마다 뱀들에 가깝게 생성하는 중에 있다. 사유(를 통제하는) 위대한 제국들을 포함하여 위대한 제국들의 붕괴를 동반하는 '정치적인' 것은 죽었는가? 오늘날 위대한 제국들의 생명은 종양 바이러스적인(retroviral) 형태, 파편화되고 주변적인 그리고 유전자적인 감염을 가정해 왔으며, 그들의 쓰레기들과 부산물들, 그들의 기초 세포들과 추한 성장들은 더 이상 정치적인 것이 아닌 **탈정치적인** 질서 위에서 작동한다. 이는 보드리야르가 무한한 애도작업이라고 지적한 열정을 소유한 것이며 '동종요법적이고 항상적인 계들의 우울함'에 빠져 있는 것이다. 이는 정치적인 것의 죽음에 대한 증거가 용인될 수 없다는 것인데, 왜냐하면 그것은 '탈정치적인 것의 잠재적인 불멸성 하에로 치명적인 바이러스를 재도입하는' 것일 것이기 때문이다.[87] (인간적인, 너무나 인간적인) 포스트모더니티는 "생태적인 미시 노예상

---

86) Baudrillard, *The Illusion of the End*, pp.87~88.
87) *Ibid.*, p.51.

태랄 수 있는 자발적인 노예상태의 바이러스를 펼쳐 보이는데, 이는 어디에나 전체주의적인 억압에 성공한 이(그 나치들의 계곡은 얼마나 푸르렀나)가 존재한다는 것이다." 거기에는 오로지 기술들의 감염과 (스스로를 성나게 하고 잠복케 하고 뒤틀리게 하도록 배운) 지각 불가능한, 보이지 않는 그리고 비천한 생성의 자유만이 존재할 따름이다.

6장 _ 탈인간적 조건에 관한 시대적 고찰
허무주의, 엔트로피 그리고 그 너머

자연의 탐구에 있어서, 인간 이성은 형이상학에서 자연학에 이르는 이행에 만족하지 않는다. 즉, 거기에는 후자를 훨씬 초과하는, 초물리학 내에서 몽상하는 하나의 본능(비록 무익할지라도 불명예스러운 것은 아니다)이 놓여 있다.[1]

다시 한 번, 우리는 거대한 전율에 사로잡힌다. 하지만 누가 이 미지의 세계의 괴물을 낡은 관습 뒤에 다시금 즉시 숭배하려는 마음이 생겼는가? …… 아, 너무나도 수많은 사악한(ungodly) 해석의 가능성들이 미지적인 것 안에 포함되어 있다. 너무나도 엄청나고 극악한, 우둔하고 어리석은 해석이 ── 우리 자신의 인간적인, 너무나 인간적인 어리석음조차도. (『즐거운 학문』, §374)

---

1) I. Kant, *Opus postumum*, trans. E. Forster and M. Rosen, Cambridge: Cambridge University Press, 1995, p.17.

이 세계에서, 이 삶에서 어쩌면 우리의 가장 어려운 과업은 믿는 일이거나 혹은 실존의 양상에 대한 과업이 여전히 오늘날에도 내재면 위에서 발견되는 일일 것이다……. (우리는 인간적 세계를 믿지 말아야 할 수많은 논거들을 가지고 있다. 즉, 우리는 진정한 세계를 잃어버렸다…….) 그러한 문제는 진실로 변화해 왔다.[2]

우연으로서의 역사는 인간정신이 낳을 수 있는 것보다 더 가망 있다.[3]

1. 오늘날, 미래를 탐구하는 존재는 우리를 탐구하고 있는 미래이지, 우리 자신은 아니라고 할 수 있다. 미래는 수많은 기호들 하에서 그러한 도달을 알리기 위해 드러난다. 만일 메시아가 도달한다면 그는 단지 자신의 도달이 뒤늦었기 때문이 아니라 미래의 섬광이 지각 불가능하기 때문에 인식되지 않을 것이다. 미래는 꽤 오랜 시간 전에 도달했었는지도 모르며, 탄소 연대 측정 실험은 아마도 그러한 도달을 5억 7천만 년 전쯤으로 볼 것이다. 그렇지만, 이러한 연대 측정조차도, 현생누대(Phanerozoic Eon)에 경질의 몸을 가진 식물들과 동물들의 출현을 가리키며, 우리는 캄브리아기적인 우월주의라고 부르는 것으로부터 고통을 받는다. 보다 덜한 인간중심적 시간선은 최초의 진핵생물의 출현과 종의 탄생을 동반하는 현생누대 동안인 17억 년 전으로 그

---

2) G. Deleuze and F. Guattari, *What is Philosophy?*, trans. G. Burchell and H. Tomlinson, London: Verso, 1994, p.75.
3) R. L. Heilbroner, "Technological Determinism Revisited", eds. M. R. Smith and L. Marx, *Does Technology Drive History?*, Cambridge, Mass.: MIT Press, 1994, p.77.

것을 고칠 것이다. 미래를 결정하려는 이러한 시도가 요점에서 비껴나 있음은 의심의 여지가 없다. 우리가 미래와 그것의 도래에 관해 그렇게 눈먼 이유 중 하나는 기술(technology)의 시간에 관한 매우 인간중심주의적인 고찰에 빠져 있다는 사실 때문이다. 영구적인 종(種)들과 기계화에 반대하는 이들(Luddites)이 자신들은 기술 '하에 있지 않다고' 주장할 때, 그들은 자신들의 인간적인 좋음과 싫음에 대해 그다지 질문하고 있지 않음을 상기할 필요가 있지만, 기술에 대한 훨씬 더 많은 질문이 그들 '안에' 존재하고 있다. 관점적인 종류의 기술에 대한 질문을 가지는 일은 필수적이다. 우주는 기술과 기술론에 대한 광범위한 체계를 제공하는 반면 인간성은 그것[기술과 기술론]을 도입하고 탐구하는 방식들을 발견해 왔다. 융거가 1932년 자신의 연구서인 『노동자』에서 지적한 바에 따르면, 인류는 그러한 통제를 뛰어넘는 힘들을 불러내 온 마법사의 수련으로 자신을 이해하는 것과 인공적인 낙원들을 향해 서두르는 멈출 수 없는 진보의 창조자들 사이에서 진동해 왔다는 것이다.[4] 인간적 환상은 우주를 예견 가능한 산출물들과 계산 가능한 에너지들로 완벽하게 관리되는 거대기계로 변형함으로써, 미래의 힘을 무효화하는 전지전능한 기술론적 체계를 고안해 낸 상태에 불과하다. 우리가 생각하길 좋아하는 기술론은 순수한 무매개성과 총체적인 투명성 하에서 살아온 생명에의 '약속'에 집착한다. 그러한 과업은 이제 생명이 착각을 '뛰어넘어' 살아온 상태라고 하는 이러한 고통(hell)에 대한 비판을 어떻게 육성해 내는가를 아는 일 중에 하나

---

4) E. Jünger, *Der Arbeiter: Herrschaft und Gestalt*, Stuttgart: Klett Cotta, 1982.

이다. 우리는 보드리야르가 '기술의 주관적 착각'이라고 부른 것 하에서 작업을 지속해 온 것과 마찬가지로, 기술론의 도래가 지닌 진정한 역설적인 특성을 확인하는 데 실패한다.[5] 보드리야르에게 그러한 제안은 형이상학의 최종 국면으로서의 기술에 대한 하이데거적인 비전으로부터, 존재(Being)에 대한 어떤 향수로부터, 또한 모든 불행한 비판이 소외와 미몽에서 깨어남(disenchantment)이라는 낡은 개념들에 기초하고 있다는 것으로부터 우리를 구하는 일인 것이다.[6] 만일 그것이 기술의 발명에 따른 인간에 대한 질문이라기보다는 인간을 발명해 냄에 따른 기술에 대한 질문이라면, 결국 이러한 **발명**(invention)을 진지하게 다루는 일은 필수적인 것이다.

2. 기술의 시간은 (미래와 시간 자체에 대한) 발명의 시간이라는 이유로 그것 자체를 늘 초과한다. 기술에 대한 질문을 불러일으키는 데에 있어서, 우리는 하이데거가 결국 (독일어 **기술**die Technik이라는 말을 썼음에도 불구하고) 기술'의' 발명에 관해 말했건 혹은 단순히 인류와는 소원하게 되고 또 이방인이 된 기술의 인간적 세계에 관해 말했건 간에 궁금해할 수밖에 없으며, 거대하게 비-인간적인 어떤 것으로 현재 드

---

5) J. Baudrillard, *The Perfect Crime*, trans. C. Turner, London: Verso, 1996, pp.82~86에서 보드리야르는 '기술의 역설'에 관해 숙고한다. 그렇지만, 그 조건은 이미 자크 엘륄의 기술에 대한 고전적 연구에서 지적되고 생각되었던 바이다. J. Ellul, *The Technological Society*, trans. J. Wilkinson, London: Jonathan Cape, 1965; L. Winner, *Autonomous Technology: Technics-out-of-Control as a Theme in Western Political Thought*, Cambridge, Mass.: MIT Press, 1977, p.61 이하를 보라.

6) Baudrillard, *The Perfect Crime*, p.83.

러나고 있다. 기술에 대한 질문은 기술의 복잡한 진화를 거의 다루지 않아 온 것으로 드러나게 될 것이며, 질료적 힘들의 흐름에 대한 인간적 보존과 정치적 통제라는 목적을 향해 모든 종류의 기술을 통제하고 지배하는 데에 더 골몰하게 될 것이다. 기술이 우리를 '덜 인간적이게' 만듦을 주장하는 것은 우리가 기술의 과잉을 측량할 수 있게 됨에 따라 거기에 어떤 인간적인 고정된 본성이 존재함을 주장하는 것이며, 따라서 어떤 형이상학적인 비용-이익 분석에 따른 발명들을 평가한다는 것이다. 인류가 그 본성에 고유한 공간(Wesensraum)의 충만한 숨결로 되돌아가는 길을 발견하는 일이 필연적인 것으로 드러나게 될, 기술의 '진실'을 지향한다는 하이데거의 주장은, 인간적 동물의 기술론적 발명, 그 본성, 그리고 인류가 투자한 것을 굉장히 과소평가한 것으로 드러나게 될 것이다.[7] 하이데거 자신의 실수는 기계의 생산성에 대해 말하는 대목일 텐데, 그가 생각하는 것은 기술과의 동일시가 아니라, '객관적인 날것의 소재에 있어서 기술의 본질'을 '깨닫는' 데에 있다. 여기서 기술의 '본질'은 총체적인 동원과 통제를 향한 기술의 욕망을 가리킨다. 그러나 기술을 향한 이러한 욕망은 인간적인, 너무나 인간적인 욕망으로 생각될 수밖에 없으며, 특정한 사회적 형태와 생산

---

7) M. Heidegger, *Die Technik und die Kehre*, Pfullingen: Neske, 1991. 인류와 기술 간의 이러한 분리는 인류가 기술 '바깥'의 어떤 방식 위에 있다는 가정에 근거한 것으로서 1955년 메스키르히 기념 연설에서 증명된다. 그곳에서 그는 기술에 대한 '적절한' 관계는 우리가 "기술적 도구들이 사용되어야만 할 때 이용할 수 있고, 또한 우리의 내적이고 진정한 핵심에 영향을 끼치지 않는 어떤 것일 때에만 허락된다"고 주장한다. M. Heidegger, *Discourse on Thinking*, trans. J. M. Anderson and E. Hans Freund, New York: Harper Torchbooks, 1966, p.54.

양식 하에서만 실현된다. 기술에 대한 하이데거의 질문은 스스로에게 낯선 역설을 포함한다. 그는 도구주의적이고 인간중심주의적인 질문을 전복하고자 하는 데에 있어서, 이러한 사건을 인간의 발명이 아닌 존재의 선물로 파악하고자 함으로써 더 '도구적인' 것으로, 단지 기술의 시간이 가진 하나의 기관(organ)에 불과한 것으로 인간을 되돌리며, 이제 인류는 자기포기적인(self-withdrawing) 존재의 제단 위에 제물로 바쳐진다. 우리가 일컬어 온 '존재'는 '틀에 끼워지는 데에로 스스로를 몰아 왔다'. '인간'으로부터 달아나고자 하는 하이데거의 일체의 주의주의(voluntarism)는 현재 '존재'로의 회귀로 받아들여진다. 그가 오로지 신만이 우리를 구원할 수 있다고 하는 입장에 도달해야 함을 강조하는 것은 놀랄 일이 아닌 것이다.

3. 미래에 대한 어떤 사유도 반드시 시원과 종말에 관한 물음과 더불어 신학과 목적론에 관한 물음을 함축할 것이다. 그렇지만, 그것은 소위 '포스트모던' 시대에 낯선 것으로 보이는데, 이에 반해 우리는 (그 어떤 것도 시원에 대한 질문에 비해 오늘날 더 지적으로 불신되고 있는) 전자[시원]를 고려하는 일을 방해받아 왔으며, 그것은 후자를 완벽하게 피하지 못한다. 따라서 오늘날의 탈인간화(inhumanization)에 대한 가장 급진적인 도입은 헤겔적인 절대적 상승에 대한 뒤집힌 판본으로 독해될 수 있으며, 이러한 절대지는 아도르노 이후 혐오스럽다(the horror)! 혐오스럽다! 라고 공언되고, 지금은 기쁘구나(delight)! 기쁘구나! 라고 비명을 지르는 중에 있다. 그것이 ─미래─ 외부로부터 내부에 맞닥뜨리고 그 영역을 침범당했을 때, 인간은 스스로를 초월하

며 낯선 경험들과 탈인간적 사유들에 굴복당하게 된다. 미래를 그리려는 시도는 미래학자들에게는 별난 취미가 아니다. 그것[미래]은 허무주의가 문 앞에서 두드리기 시작한 이래로 사상가들의 선취사항이 되어 왔다. 근대의 경우, 이는 아마도 칸트 시절로 되돌아가게 될 것이다. 니체는, 칸트가 그것이 자연과 역사에서 증명되기 때문이 아니라 양자가 지속적으로 모순됨에도 불구하고 근대적 특성을 통찰하는 데에 있어서 가장 불안한 것인 동시에 어려운 것이라는 점에서 근대성 내에 존재함을 믿었다고 안쓰러워한다. 만일 목적의 왕국이 지닌 도덕성이 역사 내에 위치 지어질 수 없다면 —— 과연 어디에서 그것을 구체화할 수 있단 말인가? —— 결국 도덕성을 향한 제한 없는 진전이랄 수 있는 도덕적 진보의 가능성에 관한 이야기로 역사를 독해하는 일이 어떻게 가능한가를 보여 주고자 하는가야말로 칸트에게 필수적인 일이 되어 버린다. 인간적 지성과 지식의 모든 원천들은, 우리가 역사란 —— 인간적 동물의 병-되기(becoming-sick)에 관한 이야기 —— 철저하게 대속을 뛰어넘는 것이라는 깨달음 위에서 만족하기 시작하는 것, 바꿔 말해 그것은 사악함과 부도덕함의 장소가 아님을 확증하기 위해 축적된 상태라는 것이다.[8] 이는 도덕적 기획을 반드시 취소한다는 것이 아니

---

8) 『힘에의 의지』, 12 (A); 『전집』 13권, p.46 이하를 보라. "허무주의는 결국 우리가 스스로를 너무 오랫동안 기만해(deceive) 온 것과 마찬가지로 강함(strength)의 기나긴 소모에 대한 인식이며, '공허함 속에서의' 고통이자, 자신을 부끄러워하는 …… 불안한 상태이다. 이것의 의미는 도덕적 세계 질서라는 모든 사건들에 있어서의 어떤 가장 위대한 윤리적 규범에 대해 '만족'해 온 것이다. 혹은 존재자들 간의 상호교제에서 사랑과 조화의 성장, 또는 보편적인 행복의 상태에로의 점진적인 접근, 또는 보편적인 멸종의 상태를 향한 엄청난 발전이다. —— 최소한의 어떤 목적도 어떤 의미를 구성해 낸다는 것은 …… 현재 무(nothing)를 목표로 하고 무를 성취하고자 하는 상태를 깨닫는 일인 것이다."

라 재평가를 통해 그것을 다시 불러낸다는 것이며, 특히 인간의 자율성이 언젠가 한 번은 질문에 부쳐지게 됨을 말한다.

4. '역사철학'이라는 관념이 근대성 하에서 출현한 가장 낯선 것들 중 하나라는 것은 역사가 완전히 비합리적인, 몰도덕적인, 목적을 결여한 사건이 아니라는 것으로서, 사실 모순되는 모든 증거에 반(反)하여 제기된 것이다. 이를 니체는 허튼소리와 재난의 공포스러운 지배, 가장 '괴물스러운 우발성'이라고 불렀다(『선악의 저편』, §203). 오히려, 자연은 숨겨진 계획을 포함하고, 이성은 역사 내에서의 교활한 변장을 당연한 것으로 간주한다. 이는 인간의 등 뒤에서 작동함으로써, 신의 궁극적 승리에 복무하는 악을 드러냄으로써, 그것의 최종적인 지배자를 만들어 내기 위해 역사의 노예들이 된 인간을 만들어 냄으로써, 어리석은 짐승이 역사를 불러 온 궁극적인 정복의 약속을 담아 냄으로써, 그리고 내내 인간화된 세계로 구성된 것에로 이끌림으로써 그러하다. '보편사'라는 '관념'에 대한 칸트의 제안은 심히 역설적이다. 인간 종들은 자연의 가장 우월한 기획물로서 스스로를 생각하길 좋아한다. 그렇지만, 칸트는 사실 이러한 이성(intelligence)이 늘 우둔한 것임을 인정해 왔으며, 결국 모든 이성적으로 인도된 역사는 자연과 그 숨겨진 계획에 속하는 것으로 생각되어야만 한다는 것이다. 만일 인류가 역사의 목표와 목적을 생성해 내고자 한다면, 그것은 비인간적인(inhuman) 힘(자연)의 결과일 때에만 그러할 것이며, 인간적 의도나 기획에 의해서는 설명되지 않는다. 바꿔 말해, 인류의 궁극적인 인간성은 비인간화의 과정을 통해서만 실현될 수 있다.[9] 칸트에게 있어서

그 강조점은 인간의 완전성을 향한 자연과 그 숨겨진 계획들 위에 놓여 있으며, 동시에 자연의 완벽함을 보여 주는 것이기도 하다. 실제 역사는 급격한 반동(revulsion)에 의문을 품고 내쫓는 반면, 철학사는 아마도 허구적인 작업 그 이상일지도 모른다. 무엇이 칸트에 관하여 기묘한가는 역사에 대한 본체론적인 독해를 상정하고자 하는 그의 시도에 있는 것이 아니라, 역사의 숨겨진 생성이 갖는 신호가 도덕적 인간성에 대한 의지와 기원에 순응하는 한에서 해석될 수 있다고 하는 점에 있다. 인류를 향한 자연의 기획에 관한 그의 사유에 있어서 특히 인류에 대한 발명이 포함된다는 것은 진화에 대한 특정한 개념화로서, 이는 다윈과 니체 모두에 의해 도입된 기능적인 미결정성과는 어긋나는 기준들이다. 칸트는 하나의 기관이 '이용 혹은 배열을 뜻하는 것은 아님을, 또한 그러한 목적이 자연의 목적론에 모순된다는 것에 만족하지 않음을' 주장한다. 만일 이러한 원리가 포기된다면, 결국 우리는 법칙의 지배를 받을 뿐 아니라 목적을 향유하고 인식하는 자연을 '무목적적이고 무작위적인 과정과 변화의 우울한 지배가 이성의 인도적 원리를 대체함'을 동반하는 최종심급을 포함한 것으로 대체하게 된다.[10] 단지 우발성은 철학자가 참아내기에는 너무나도 끔찍한 진실일 뿐이다.

---

9) I. Kant, *Political Writings*, trans. H. B. Nisbet, Cambridge : Cambridge University Press, 1991, pp.41~42.

10) Kant, *Political Writings*, p.42. 또한 칸트는 자연은 신중하고 검소하게 행위한다고 하는 자신의 믿음에 있어서 니체와는 다른데, 이는 "아무것도 필연적으로" 하지 않고, 결코 "그러한 목적에 도달하기 위해 도입한 수단들을 낭비하지" 않는다(p.43).

5. 근대성의 상상력을 특징지어 온, 또한 현재 우리로 하여금 순진한 비판을 행하게 하는 것은 바로 생명의 힘에 대한 도덕화와 인간화이다. 진정한 위험은 허무주의가 자연과 역사의 감당할 수 없는 잡다한 힘을 뛰어넘어 인간적 의지와 자율성에 대한 재주장을 통해 극복될 수 있다고 하는 문제제기에 있다. 이는 많은 수의 비판적인 근대적 사유가 지닌 거대한 신화였으며, 아마도 바네겜의 『일상생활의 혁명』보다 잘 그려진 것은 어디에도 없을 것이다. 여기에서는 허무주의에 대한 총체적인 초월이 이전의 유대인 대학살과 이후의 새로운 순수성이라고 하는 둘로 갈린 역사에 대한 위대한 거부에 의해 예견되며, 이는 양도되지 않은 신체의 확립과 내내 인간적인 시간과 인간화된 세계에로 이끌림으로써 그러하다.[11] 바네겜은 인간적 의미를 동반하는 우주에 투자할 가능성을 사색함으로서 특유의 루소적인 방식으로 꿈을 꾼다. 이는 "모든 개별적 창조성이 구속을 자유롭게 함으로써, 세계는 모두가 조화를 이루는 각자의 꿈들에 의해 모양 지어지게 될 것"이라고 하는 순수한 '인민'과 새로운 사회조직을 달성한, 최초의 시간을 향한 결과를 낳은 역사에 관한 것이다.[12] 그는 현재 그러한 과업이 "주관적인 종결에 대해 역사를 전복하는 것"임을 주장한다.[13] 역사는 인간적 행위가 스스로에 대해 투명한 것이 될 때 진정 살아 있는 역사가 될 것이다. 이는 이른바 생명에 관한 자유주의적인 상황론적 철학이 텅 빈

---

11) R. Vaneigem, *The Revolution of Everyday Life*, trans. D. Nicholson-Smith, London: Rebel Press, 1994, p.179.

12) *Ibid.*, p.219.

13) *Ibid.*, p.232.

주관주의에 몰두한 것으로서, 생명과 형이상학적인 발육부전을 뛰어넘어 절대적으로 낡아빠진 공허한 인간적 권리들을 요구하는 것이자, 결과적으로 매우 권위주의적인 정치학이라는 운명을 낳는다는 것이다. 실로 이는 1980년에 출판된 바네겜의 『자유로운 정신의 운동』에서 명백해진다.[14] 만일 루소에 의해 고무된 바네겜의 도덕론이 1960년대 후반의 '혁명' 서적으로 생각된다면, 이는 최소한 현재의 중단된 조건이 갖는 모순들에 대한 어떤 변증법적인 이해를 향한 노력인 것이며, 그러한 도덕적 열광은 현재 너무나도 뚜렷하다. 그 책의 주제는 놀라울 정도로 단순한데, 곧 시장 경제는 모든 인간적 가치와 존엄성의 악마적 파괴자이며, 그것은 사랑의 윤리에 따른 것들에 반(反)해서만 싸울 수 있을 뿐이라는 것이다. 바네겜은 "나는 사랑을 요구한다", "모든 시간과 장소에서 시장 사회의 유일한 대안을 총체적으로 구성해 내기 위해"라고 쓴다. 이 구절은 그의 입장이 갖는 절대주의에 대한 단호한(unequivocal) 증거('총체적으로', '늘', '유일한 대안' 등)를 제공한다. 그는 조화로운 발전을 선호하는 조건인 시장에 반하여 진정한 인간 종을 창조하는 일에 대해 순진하게 말하며, 결국 단편적인 거짓말과 사기를 깔고 주장함으로써 시장의 병에 대한 해결책으로서의 프로그램을 기초하는 데에로 돌아서는 자신을 변호한다. 후기 근대의 시민들은 어떤 '먼 과거의 평이한 진리들'을 재경험하고 재가치화하기 시작하는 중이다. 낡아빠진(palaeolithic) 모든 것들에 대한 그의 향수는 경제학이란 "역사로 잘못 인정된 정확히 만 년 동안 가장 오래 버틴 거짓말

---

14) R. Vaneigem, *The Movement of Free Spirit*, New York: Zone Books, 1994.

이었다"고 주장하는 데에로 이끌린다. 조화와 정적인 평형에 대한 그의 개입은 역사적으로 장황한 이론적 패러다임에 속하는 것일 뿐 아니라 ── 근대 비판이론의 엔트로픽한 측면 ── 역사, 생성, 생명 등에 대한 깊은 혐오를 드러내는 것이기도 하다. 전지구적인 시장화에 직면하여, 그와 반대로 지구온난화에 직면하여 금성(Venus)으로 거주지를 옮겨야만 하는 에스키모인에 대한 충고만큼이나 커다란 실용적 가치와 관련성을 갖는다. 생명에 대한 이런 단순한(green) 비전의 이행은, 사랑이 아닌 미움이라는 상상 불가능한 정치학의 풀림이라는 결과를 낳음으로써 시장교환의 자발적인 출현을 강제로 멈추게 하는 매우 권위적인 정치학과 새로운 파시즘을 요구하게 될 것이다.

6. 후(後) 역사적인 관점에서 볼 때, 기 드보르의 『스펙터클 사회』 (Society of Spectacle)는 이후 자본과 기술의 비인간적 시간에 관한 고전적이고 근대적인 해석의 전형적인 예로 읽힌다. 드보르는 1968년의 이 작품에 대해 1988년에 되돌아보기를, 스펙터클에 대한 자신의 분석이 드러내고자 한 것은 ── **구축**(das Gestell)에 관한 하이데거의 테제를 맑스적으로 응용한 ── 역사의 의미에 대한 점진적인 경고였다고 주장했다. 역사적 초월성의 타락을 동반하는 이러한 관심은 최소한 1945년 이래 비판 이론의 다양한 갈래들이 갖는 공통적인 특성들로서, 드보르와 마르쿠제의 작품에서 정점에 달하며 멈퍼드의 작품 및 1957년 작이자 그의 무시된 고전 작품인 『인간의 전환』(The Transformations of Man)에서도 나타난다.[15] 스펙터클 사회는 '무책임한 통치'에 승복해 온 시장 경제의 '독재적 통치'를 상징한다. 스펙

터클 사회에서 생명은 더 이상 직접적이고 공명하여 사는 것이 아니라, 분리되고, 매개되고, 그리고 환상에 빠진 채로 산다(드보르는 그것이 철학적으로 되는 것이라고 말한다). 우리는 지금 재빨리 완벽하게 가상화된 실재 속에서 살고 있다. 여태까지 직접적으로 살아오던 모든 것들은 이제 재현의 영역으로 옮겨진다. 삶의 실제적인 전도와 마찬가지로 스펙터클한 것은 '비-생명의 자율적 운동'인 것이다. 드보르는 상품 물신주의에 대한 맑스의 분석에 호응하여 스펙터클이 이미지들의 집합체를 구성해 내는 것이 아니라 물화된 이미지들에 의해 매개된 실존을 갖는 사람들 간의 사회적 관계를 나타낸다고 주장한다. 그러한 전체성이 파악된다 하더라도, 그것은 생산의 현재적 양상에 대한 결과인 동시에 기획 모두인 것이다. 스펙터클은 그에 대한 보충물로 취급됨으로써 단지 장식에 불과한 것으로 다루어지는 것이 아니라 '진정한 사회의 반리얼리즘'을 가진 가슴과 영혼으로 분석되는 것이다. 자기 항목들 내에서 스펙터클은 깊이의 역사로서 역사의 목적

---

15) 프레드릭 제임슨은 (후기 자본주의의 문화적 논리인) 포스트모더니즘을 역사적 실천을 향한 사람들의 능력 하에 있는 역사성 —— 그들 자신의 종착적 완성의 주체이자 대상인 상태로서의 행위성 —— 의 붕괴로 정의하는 것이 다국적 자본의 세계적 공간에 의해 완벽하게 무효화되어 왔다고 한다(F. Jameson, *Postmodernism, or the Cultural Logic of Late Capitalism*, London: Verso, 1991). 그러나 후-역사적 인간은 이미 루이스 멈퍼드에 의해 1950년대에 '불완전한 괴물'로 묘사된 바 있다. 제임슨은 '전체성과 공모'에 관한 글인 「힘의 여행」(tour de force)에서 기술론적인 미래주의의 실현을 그려 냄으로써, 어떤 유용하고 시원적인 인식을 제시한다(F. Jameson, *The Geopolitical Aesthetic: Cinema and Space in the World System*, London: BFI Publishing, 1995, pp.9~87). 여기에서 그는 포스트모던적 주체들이 더 이상 자신들의 기억이 갖는 구조적인 한계들에 빗짐으로써 '과정적 역사'가 불가능하다는 것과, 인간적 유기체가 새로운 세계체제의 속도와 인구통계학을 대응시킬 수 없다는 사실에 대해 숙고한다(p.16).

을 축적해 넘으로써 현상 이외의 아무것도 아닌 모든 인간적 삶에 대해 '현상에 대한 긍정'을 대표한다. 스펙터클한 것은 착각에 의해 어디에서나 퍼지고 누구에게나 감염된 바이러스와도 같으며, 그 유일한 목적은 자기 영속(self-perpetuation)에 있다. 경제의 이런 자율적인 자기 복제는 "사물들의 생산에 대한 진정한 반성이자 생산자들의 잘못된 대상화"이다.[16] '스펙터클한 기술'은 인류가 새로운 실존으로 이끌려 온 종교적인 구름떼들을 내쫓아 버리는 것이 아니라, 단지 대지의 외투와 함께 제시한 것에 불과하다. "스펙터클한 것은 초월 내로 인간 권력에 대한 망명을 기술적으로 현실화하는 것이며, 인간의 내면 속에서의 완벽한 분리이다."[17] 드보르는 스펙터클의 천박한 진실을 드러내는 비판이 생명에 대한 총체적인 부정으로서 그것 자체를 드러내는 특권화된 통찰의 계기 하에 있다고 주장한다. 드보르와 더불어 우리는 비매개적이고 낯선 힘들로 가정된 역사와 생명을 동반하는 절대적인 반도덕주의와 반인간주의에 맞닥뜨림으로써, 절대적인 도덕주의와 인간주의인 마니교적(Manichean) 우주에서 다시 한 번 우리 자신을 발견하게 된다.

7. 역사의 시간을 열어야 할 책임은 바로 생산력에 있다. 역사는 늘 존재해 왔지만 역사적인 형태를 띤 것 속에 있지는 않다. 드보르에게 역사의 도래는 시간의 인간화에 비해 덜 축적된 것으로서, "시간의 무의

---

16) G. Debord, *The Society of the Spectacle*, Detroit: Black and Red, 1983, paragraph 16.
17) *Ibid.*, paragraph 20.

식적인 운동은 자신을 분명히 보여 주고 역사적 의식 하에서 진실이 되어 버린다".[18] 드보르는 그것이 영속적인 변화와 혁신의 법칙에 굴복됨으로써, 시간의 혁명을 수행하는 이가 바로 부르주아임을 지적한다(맑스에 따르면 부르주아적 사회는 오로지 생산력의 지속적인 개혁을 통해서만 존재할 수 있다). 역사적 시간은 존재의 시간이 아니라 자동생산(auto-production)의 시간이다. 농업 경제 하에서, 모든 운동성을 속박하는 전통의 유착적인 힘은 순환적 시간으로부터 양분을 공급받는다. 대조적으로, 되돌릴 수 없는 시간은 부르주아 경제가 박멸한 총체적인 세계를 둘러싼 모든 전통적 흔적들에 의해 이동을 시작한다. "역사는 지배계급의 개별화된 운동만이 존재하는 것으로 보이며, 따라서 사건들의 역사가 쓰여진다는 것은 이제 **일반화된 운동**(general movement)으로 이해된다. 한편 이러한 가차 없는 운동에 있어서 개인들은 희생된다."[19] 경제학적 시간의 전개는 인류가 '사물의 시간'에 종속되어 있음을 뜻하며, 그것들의 대량 생산은 상품 법칙에 따라 이루어진다. 그 결과는 매일이 역사의 발명이지만, 또한 살아 있는 시간의 상실이기도 하다. 그러나 이러한 역사는 역사적인 것이 아니라 단지 "삶을 전부 양적인 것으로 환원하는 추상화된 사물의 운동"이라고 하는 동일한 것의 반복에 불과하다. 드보르는 역사적 시간을 '가진' 주체인 역사의 **주체**를 가정함으로써 이러한 추상화되고 비인간적인 역사의 운동에 반대하는데, 노동자는 소외되지 않은 자기 구성과 실천적

---

18) *Ibid.*, paragraph 125.
19) *Ibid.*, paragraph 141.

인 변형을 통해 상품형식이라는 소외되고 자동적인 대상화에 맞서는 사람이다(당신은 스스로가 소외되고 있다는 것을 알지 않는가? 당신이 비참하다는 것을 알지 않는가?). 역사의 주체는 "역사라고 하는 자신의 세계의 주인이자 소유자"가 됨으로써 스스로를 만들어 내는 살아 있는 존재로 불린다. 그렇게 말해지는 이야기는 프롤레타리아가 역사적인 힘의 통제권을 쥐게 된 진보의 하나이며, 그 과정에서 부르주아지에 의해 달성된 역사의 발명은 변형을 겪는다. 만일 유물론적인 실존의 리듬 속에서 역사적인 시간을 풀어헤치는 것이 바로 부르주아 계급의 운명이라면, 그것의 정당한 소유권을 떠맡고 통제함으로써, 이러한 탈인간적인 풀어헤침을 인간화하는 것은 노동자 계급의 운명인 것이다.

8. 시간과 역사에 관한 이러한 생각은 진정성(authenticity)과 비진정성의 형이상학으로 가득 차게 된다. 드보르에 의하면 노동자는 자신에게 내재한 역사적 시간을 만들어 내거나 산출하는 욕망들뿐 아니라, 그것이 산출하는 시간을 살고자 한다. 세계라는 '보편적' 시간으로 변장한 부르주아의 '특정한' 시간은 노동자의 진정한 시간으로 대체될 것이다(하이데거, 마르쿠제 등과 마찬가지로 드보르 안에 있는 융거의 목소리들). 스펙터클한 시간은 반복을 통해 소모되는 유사 순환의(pseudo-cyclical) 시간 속에 존재하는 진정성이라곤 없는 상품성의 시간이다. 진정한 시간은 시간을 그 속에서 혹은 그것을 '가지고' 나타내며, 역사라는 것은 일제히 만들어지고 경험된다(그것은 소외된 역사가 아니다). 스펙터클의 실존은 역사를 만드는 주체에 대해 직접적이거나 투명하지 않은 시간을 소유한 우리로 하여금 그 오인 가능성

을 알도록 해준다. 드보르는 공산주의가 인간적 시간의 '총체적인 실현'을 약속한다고 하는 새로운 프롤레타리아적인 삶의 전망을 제시했음을 시적(詩的)으로 표현한다. 역사의 간지(奸智)는 또한 이러한 '황혼의 세계'가 "경험된 시간에 대해 주체적인 공간을 가질 수 있는 힘"이라고 으름장을 놓는다.[20] 드보르는 "세계 안에 내장된 진리에 관한 역사적 임무"에 대해 말하면서 역사와 지리의 운명에 관한 자신의 인간중심주의화된 고찰을 마무리하는데, 여기서 진리는 개인들이 역사의 진보적인 힘을 동반할 때에만 충만해질 수 있다. 신(神)은 드보르를 위해 죽은 것일지 모르지만, 그는 역사뿐 아니라 총체적인 생명의 진화를 지배하는 성스러운 인간성을 가장하여 자신의 피비린내 나는(bloody) 영혼을 부활시키길 열망했다.

9. 최근 드브레(Regis Debray)의 날카로운 분석은 청년헤겔학파의 입장에 대해, 드보르의 스펙터클 사회에 관한 선언과 비교되어 왔다. 그는 무엇보다도 어법의 섬세함이랄 수 있는 상황주의 담론이 전도(轉倒, reversal)의 전도를 통해 극에 달하는 방식으로 헤겔적 선취인 소외, 대상화, 부정 그리고 전도를 보여 줌으로써, 스펙터클에 대한 드보르의 묘사와 포이어바흐가 자신의 1841년 작 『기독교의 본질』(The Essence of Christianity)에서 종교적 환상에 대해 비판한 것 간의 인상적인 평행관계를 설득력 있게 끌어낸다. 드브레는 드보르가 전통이 안전하게 지켜진다고 했음에 주목한다. 전도의 전도라는 '인식'에 따

---

20) *Ibid.*, paragraph 178.

르면, 인간은 '능동적이고 감각적인 인류가 지닌 사랑' 안에서 신, 이데올로기, 국가, 스펙터클에 대한 사랑으로 전환하여 자신들의 소외된 하늘로부터 지상으로 귀환할 것이다.[21] 드브레는 '인간의 기술발생(technogenesis)'을 성취하고자 한 드보르의 독특한 실패 ── 그가 가진 실패는 인본주의적 맑스주의의 넓은 흐름과 공통된다 ── 에 대해 날카롭게 지적한다(그것은 인류 형성의 시원에 놓인 시원의 결핍이다). 인간적 본질의 신학적 공리는 인간적 본질과 더불어 실존의 최종적 화해를 꿈꾸는 드보르와도 같이, 네오-헤겔주의적인 무신론적 인본주의를 모양 짓는 일을 계속해 왔다. 결국, 19세기 중반 이래 인간적 동물과 진화에 관해 발견된 모든 흔적의 드보르적인 삭제와 같은 본질주의적 존재론들은, 흡사 다윈, 프로이트, 르루아-구랑 그리고 시몽동의 경우와 같이 결코 존재했던 적이 없었다. 탈인간적 조건에 관한 드보르의 본질화는 그가 자신의 분석 '틀'로 택한 용어들 하에서 위치 지어질 수 있다. 바로 스펙터클 사회가 그것이다. 이는 모든 사회적, 역사적 그리고 기술론적 규정을 삭제하는 것으로서, 하나의 분석이 집합적 존재의 구조화된 구체화라는 형식을 띤 '정치적' 중재냐 또는 인간화(hominization) 과정의 구조화된 구체화라는 '기술론적인' 중재냐와는 무관하게 모든 중재를 부인하는 결과를 동반한다는 것이다.[22] 비판적 이론에 직면한 그러한 논의는 더 이상 정치적 '올바름'의 하나가 아니라 지적인 시대착오(anachronism)라는 것이다. 기술의 역설적인

---

21) R. Debray, "Remarks on the Spectacle", *New Left Review*, no.214, 1995, p.136.
22) *Ibid.*, pp.136~137.

조건 하에서, "실로 변증법은 자신에게 만족해 왔으며…… 비판적 사고라는 꿈에서와 마찬가지로 부정성(the negative)이 아니라 돌이킬 수 없는 확실성인 총체성 하에서 취해진 것"임을 인식하는 일은 필수적이다.[23] 그것은 더 이상 우리가 자신의 소외에 대항하는 것이 아니라 투명성(transparency)에 대항하여 투쟁하는 중에 있다는 것을 말한다.

10. 사실, 현재의 포스트모던적 분위기(Stimmung)를 지배하는 역사의 종말에 관한 주장은 1950년대의 감수성과 비슷한 것이다. 블랑쇼(Maurice Blanchot)의 작품에서 그것은 특히 기술(technology)의 시간에 연결된다. 블랑쇼에 따르면 역사는 종말에 이르는 것이 아니라 어떤 원리, 질문 그리고 정식화가 이해를 멈추게 됨을 뜻한다. 독특하고 단일한 시원이라는 관념이 생기고 나면 그것에 수반된 보편적이고 역사적인 서사의 관념은 포기되며, 결국 우리는 더 이상 그간 지지해 왔지만 현재는 무용지물이 되어 버린 범주들 하에서의 언어(단일성, 동일성, 동일자의 우선성primacy of the Same, 자기 주체의 요청the exigency of the self-Subject 등과 같은)를 향유할 수 없게 된다.[24] 기술의 시간은 모든 것의 종말을 뜻하지 않는데 왜냐하면 블랑쇼의 지적과 같이 모든 것의 종말은 그렇게 대단한 것이 아니기 때문이다. 기술의 지배와 인류의 멸망을 통한 세계의 붕괴에 관한 묵시록적인 선언이 거대한 일

---

23) Baudrillard, *The Perfect Crime*, p.75.
24) M. Blanchot, *The Infinite Conversation*, trans. S. Hanson, Minneapolis: University of Minnesota Press, 1993, p.272.

이라고 말할 수는 없는데, 왜냐하면 그것은 허무주의라는 복수적인 사건에 의해 탄생한 분위기와는 맞지 않는 전적으로 종말론적인 언어에 속하기 때문이다. 엔첸스베르거(Hans Magnus Enzensberger)에 따르면, 포스트모던 하에서 탈역사적인 세계적 묵시록은 규칙적이고 거의 일상에 가까운 사건이 되어 버림으로써 독특하고 단일한 사건이 되기를 멈춘다는 것이다.[25] 블랑쇼가 견지하는 바와 같이 이제 사유를 향한 모험은 근대기술의 도래와 같은 거대한 변화라는 결과로 드러나며, 철학자는 모호한 과학의 끔찍한 혼합, 교잡된 비전 그리고 의심스러운 신학을 조합하게 될 것이다. 그는 과학의 이름으로 말하는 동안 과학소설 작가가 되어 쓴다. 이는 비인간적인 미래를 그리고자 하고 또한 (아주 오래전부터 존재해 온 의인화된 진술인) 인간의 죽음에 찬사를 던지는 조로의(premature) 절규에 탐닉하고자 하는 피상적 시도들에 대항하는 건강한 경고를 포함한다. 우리는 허무주의를 탈인간적(transhuman) 조건의 피할 수 없는 특성으로 인식할 때라야 비로소 '종말'의 난국으로부터 빠져나오는 길을 찾기 시작할 수 있다. 그 물음은 우리가 인간중심주의적인 자만심의 **몰락한**(Untergang) 자유 경험으로부터 출현하는 능력과 원천을 가지고 있는가 없는가이다.

11. 자연이 비인간화(unhumanized)되고 인류가 인공화될 때에는 무슨 일이 벌어지는가? 허무주의가 문 밖에서 모든 손님들 중 가장 기분

---

25) H. M. Enzensberger, *Political Crumbs*, trans. M. Chalmers, London: Verso, 1990, pp.151~160.

나쁜 이로서 두드리고 있지 않은가? 반면 허무주의는 보편사라는 **아프리오리함**일 수도 있을 것 같은데 — 혹은 그것은 사람들을 광대로 만드는 역사에 대한 패러디일지도 모른다 — 그것은 모든 인간사가 만나게 될 잠재적 진실로 인식될 수도 있다. 니체가 허무주의의 원인들이 이성이라는 범주 하에 있는 우리의 신념임을 주장한 것은 바로 이런 이유 때문이다. 우리는 순전히 허구적인 세계를 가리키는 범주들로 세계의 가치를 측정해 왔다. 심리학적으로 생각해 보건대 — 즉, 심리학적인 **아프리오리함**의 관점에서 — 인간적 가치들이란 인간이 자연과 외부세계를 통제하고 지배하기 위해 기획해 온 실용주의적 관점들의 결과이긴 하지만, 그 과정에서 사물들의 본질을 잘못 투사해 왔다는 것이다(『힘에의 의지』, §12B). 진화의 의미와 척도로서 자신들을 가정하는 일은 허무주의의 도래를 드러내는 인간중심주의적인 오만이다. 이제 인간은 마치 의미의 총체적인 지평을 훔쳐 오기라도 한 것처럼 매우 작고, 난쟁이만 하다고 느끼며, 더불어 지구가 태양의 족쇄로부터 풀려나 이른바 지상의 생명의 봉우리가 날마다 점점 추워지게 되는, 태양으로부터 멀어지는 그리고 뒤, 옆, 앞과 같은 모든 방향으로 뛰어드는 세계를 발견하게 된다(『즐거운 학문』, §125). 그것은 허무주의라는 병으로부터 회복됨으로써 단순히 인간에 관한 질문이 아닌 것이 되는데, 왜냐하면 그 적응력은 혹독하게 시험되어 왔기 때문이다. 그것들의 하드웨어와 소프트웨어는 미래에 의해 맹공당하고 침범당해 왔다. 인간에 관한 문제와 그것들의 아픈 상태에 대한 하나의 해결책은 인간의 비(非)인간중심주의화된 미래의 비전으로서 초인(overhuman)을 상상하는 일이다. 이는 단언도, 특히 ('인간'man과 같이) 이미 만들어진 주체에 속하는 특성도 아닌 것으로서의 '인간/탈인간'(human/transhuman)에 대해 이해하는 일일 것이다. 이는 "그것들의 개별화의 문제 및 인격성과는 독립적인 식물과 동물일 뿐 아니라 인간들을 횡단하는 자유롭고 자율적이고 노마드적인 특이성(singularity)"으로 가장 잘 이해되는 '주체'이다.[26] 이는 진화의 '가치'에 대한 근본적인 재개념화를 요구한다. 니체가 보기에 우리는 삶의 총체적인 현상에 대한 목표와 이유로서의 인식을 가정하는 권리를 결여하고 있다. 생성 중에 있는 인식이란 전개되고 확대되는 삶의 힘에 의한 단순한 수단들인 것이다. 그것은 정신성이나 도덕성을 가정하기 위한 인간중심주의적인 편견 이외의 것이 아니거나, 혹은 최고도의 가치이자 이러한 수단들로 세계의 정당화를 추구하는 의식의 또 다른 영역에 불과하다(『힘에의 의지』, §707). 그러한 반대는 신학과 철학에서 가장 최고의 가치들에 대해(그것이 철학 내에서 지배받아 왔다는 것은 신학적인 편견이다), 또한 모든 우주적인 변신론들(theodicies)이 만나고자 하는 것에 반(反)해 자리 잡게 된 상태로서, 힘의 생명력과 그 성취가 그저 수단에 불과하다는 결과를 동반하는 종말(the end)로 오해되어 온 ──의식과 인간적 실존── 수단들의 한 종류에 불과하다. 수단과 목적에 관한 우리의 논리는 삶의 과정들에 대한 비뚤어진 오해에 근거하고 있다. 염세주의와 허무주의라는 모든 인간적인 철학들이 설명해 낼 수 있는 것은 바로 이러한 삶의 경직된 논리로서, 쇼펜하

---

26) G. Deleuze, *Logic of Sense*, trans. M. Lester and C. Stivale, London: Athlone Press, 1990, p.107.

우어에게서 발견되는 삶에 대한 부정(denial)이 진화의 목표로 가정되는 지점이기도 하다. 만일 삶이 인간적 요구와 욕망의 의지와 염원을 충족해 주지 않는다면, 결국 그것은 부정되고 끝난 것이나 다름없다! 니체는 그러한 '미치광이적인 해석'만이 가능할 뿐이라고 말하는데, 왜냐하면 삶은 의식의 측면들에 의해 측정되는 상태에 처해 있기 때문이다. 이 경우 탈인간적 삶의 방식들은 인간적 목적이 염원하는 것에 반하여 서 있게 된다. 그러한 오류는 목적이 그러한 방법들을 설명해 낼 것으로 확정되는 상태 대신에 있는 것이며, 그러한 방법들을 실질적으로 배제하는 목적들은 사전에 예상되고 가정된 것에 불과하다. 니체는 기술과 목적론에 관한 칸트의 사유가 갖는 오류를 확인한다. 예컨대, 우리는 무엇이 희망할 만한가라는 일반화된 목적을 가정한 결과에 근거하여 —— 바꿔 말해 유쾌한, 합리적인 그리고 잠재적인 것들 —— 기준으로서의 어떤 수단들이라는 측면에서 희망을 요구한다. 칸트의 궁극적인 해결책은 (신학적인 선입견인) 신을 가정하는 것이지만, 그것은 정확히 괴물성으로 삶을 전환한 신이다. 신의 실존에 반하는 가장 위대한 비난은 바로 신의 존재 그 자체이다. 인간적 조건과 운명(lot)에 관한 염세주의로부터의 해방은 수단과 목적이 소외된 것임을 가정하는 총체적인 인식일 때라야 가능하다. 원동자(prime mover)의 한 종류로 행위함으로써 총체적인 힘에 도달하고 지배 형태의 필요성에 호소하는 것은 바로 생성에 대한 개념화를 가정하는 어리석음인 것이다. 즉, "거기에는 생성에 대한 총체적인 인식이 존재하지 않는다."(『힘에의 의지』, §708) 만일 궁극적인 목적과 같은 세계의 총체적인 가치가 평가될 수 없는 것이라면, 결국 염세주의는 우스꽝스러운 일이 되어 버린다. 거기에는 진화 뒤에 숨은 '그 자체'(in-itself)란 존재하지 않는다(진화는 '정신'spirit이 아니다.— 같은 책, §709). 세계는 '유기체'가 아니라 모든 면에서 볼 때 '혼돈'이다(같은 책, §711). 만일 탈인간적(overhuman) 가치의 관점이 강조되려면 "생성의 흐름 하에 있는 상대적인 지속으로서의 생명(life-duration)이 지닌 복잡한 형식들을 위한 보존과 성취"(같은 책, §711)라는 조건들에 관련되어야 한다. 이는 니체가 인간중심주의라는 덫에 걸려들지 않았음을 부정하는 것이 아니다. 영원회귀의 교의를 괴롭히는 역설들은 니체가 다른 근대 철학자와 마찬가지로 순진함과 오만이라는 유혹 속에 빠져들었다는 명백한 증거이다. 그것은 영원한 허무주의를 도입하는 방편으로서 영원한 무의미함을 의지(will)하도록 우리를 부추기는 요소에 관련된 무게감 있는 모순을 제공하는 정확한 하나의 사례이다(같은 책, §55; 『전집』 12권, p.212 이하).

12. 탈인간적 조건이란 인간적 상태의 초월에 관한 것이 아니라 '인간중심주의적인 탈규범화'의 내재적 과정에 있는 비목적론적인 생성에 관련된다.[27] 니체가 자신의 '위대한' 질문을 던질 때 여전히 인간이 된다는 것은 무엇이겠는가? 그는 인간성을 취하하거나 유산하는 것이 아닌 비인간(inhuman) 및 탈인간(transhuman)과 필연적으로 묶여 있

---

27) 나는 인간화된 유전공학에서 현재 진행 중인 유전자 변형에 대해서만 그 의미를 엄격하게 제한해야 한다고 말하는 J. Baudrillard, *The Illusion of the End*, trans. C. Turner, Oxford: Polity Press, 1994, p.97의 놀랄 만한 표현 —— 불필요하기도 하고 근시안적이기도 한 —— 에 빚지고 있다.

는 미래에 대해 말하는 중이다. 무엇이 인간성의 생성 ─ 기술적이고 존재론적인 범주로서 그 의미와 활용을 포괄하는 ─ 을 의지하는가 는 바로 미래에 '대한' 질문인 것이다. 미래의 자식인 우리는 "이렇듯 깨지고 부서진 이행(Übergangszeit)의 시간"이라는 니체의 본질적 통찰이 지닌 무게를 느낄 수 있다. 즉, 오늘날 사람들을 떠받치고 있는 냉혹함은 매일 지나가는 날과 더불어 점점 더 두터워지고, 결국 "우리는 냉혹함과 너무나도 두터운 '현실들'(realities)을 부수고 여는 힘을 갖춘 홈리스들인 것이다"(『즐거운 학문』, §377).

13. 따라서 니체는 허무주의의 불가피한 논리에 따라 미래로의 도달을 그리는데, 이는 일찍이 우리의 위대한 가치와 이상들에 대한 논리적 결론을 대표한 이래로 더 이상 다르게 될 수 없는 사건이다(『힘에의 의지』, 서문 §4). 오늘날 우리를 규제하고 있는 것이 바로 미래임을 주장하는 니체를 가능케 하는 것은 바로 허무주의의 도래라는 논리적 불가피성에 대한 통찰이다. 허무주의라는 사건의 출현과 더불어 현재는 부러진 시간, 쪼개진 시간이 되어 버렸으며, 이는 '인간'(man)과 인간성의 미래에 관한 질문이 의혹에 처해 있다는 것이며 또한 비판적으로 다루어져야 함을 말한다. 허무주의는 현전(the present)이라는 관습을 거슬러 오르고 역사에 관한 인류의 인간중심주의적 주장 밑을 파고드는 데 이른다. 왜 니체는 기술에 대한 언급에서와 같이 도덕적 의미와 목적을 자연과 역사에서 일어나는 모든 것으로 볼 필요가 있다고 질문한 것일까? 그러한 과업은 우리 '뒤에 숨은' 경험이 남긴 완벽한 허무함으로 스스로를 변하게 함으로써, 그것의 깊이에 대한 탐구

를 통해 허무주의에 관한 피상적인 상태가 되어 버린다. 곧, 허무주의에 대한 경제적이고 경제학적인 독해가 요구되는 것이다. 우리는 일반화된 사회적 골칫거리와 고통의 잉여적 무게를 제시해서는 안 되는데, 왜냐하면 모든 협소한 관점의 과장은 그것 자체가 이미 '그렇다'를 능가하는 '아니오'와도 같은 병의 신호이기 때문이다. '적극적인 부정', 확고한 '아니오'는 긍정적인 '그렇다'에 대한 가공할 만한 힘과 긴장으로부터 나온 것이다(같은 책, §1020). 선험적 착각을 드러내는 데에 있어서 ── 허무주의란 가능성의 창조적 조건들과 잉여적인 생성 혹은 항상 그것 '너머'에 있다는 사실로는 설명될 수 없음을 보여 줌으로써 ── 니체는 어떤 수동적인 운동과 엔트로픽한 생성의 개념화로부터도 자유로운 허무주의의 시간을 향유한다(같은 책, §708).[28] 그러한 위험은 허무주의를 패퇴시키거나 정복하는 데에 실패했다기보다는, 그것이 일어나서도 또한 일어나는 것이 '허용되어서도' 안 된다는 주장 하에 놓여 있다. 허무주의는 그것 자체보다는 어떤 도래를 예고함으로써 늘 미래에 대해 말하며, 그러한 사건이 없이는 성장이 불가능하다. 허무주의는 우리가 가정하는 모든 가치들과 나란히 내재해 온 필수적인 학습경험으로서 우리에게 도달한다. 따라서 허무주의

---

28) '모든 손님들 중 가장 낯선' 허무주의의 도래에 대한 니체의 해석은 생물학적 문헌으로서의 목소리를 담고 있다. 이 지점에서 엔트로피는 죽음, 쇠퇴 그리고 퇴락을 보여 주는 '초대받지 않은 손님'으로 종종 이해된다. 19세기 후반부터 사회적이고 문화적인 생각들의 대다수는 허무주의를 엔트로픽한 힘으로 파악하며, 그것이 낳는 유해한 효과들은 사회적인 구조와 기제들의 유지와 수행에 치명적인 것이 된다. 허무주의와 엔트로피를 비판적으로 긍정하는 유일한 방식은 양자의 초월적인 환상을 드러냄으로써 가능하다. 즉, "나는 이러한 사실이 설명으로 취하는 세계에 대한 개념화를 추구한다 ── 생성은 반드시 최종적인 의도라는 원천 없이 설명되어야만 한다.……"(『힘에의 의지』, §708)

가 인간에게 그렇게 낯선 문제란 말인가? 니체는 "근대의 가장 보편적인 신호는 인간이 터무니없는 범위의 것에 대해 자신만의 관점을 가진 채로 위엄을 잃어 왔다"는 사실에 있다고 쓴다(같은 책, §18). 우리가 쌓아 온 덕의 장중한 중심을 잃어버림으로써, 그리고 이천 년 동안 기독교인들이 속죄해 옴으로써 우리는 "인간이 인간을 낳아 왔다는 극단적인 과잉평가에 모든 에너지를 쏟게 된" 대립적인 가치들에 급작스레 빠져들게 되었다(같은 책, §30). 이러한 극단적인 수준의 허무주의는 병리적인 조건이 된다. 즉, 인류가 삶의 진화에 있어서 궁극적인 목적의 부재를 향유한 이래로, 그러한 추론은 결국 거기에 아무런 의미도 없음을 끌어낸다. 바로 그 점이 허무주의가 "자신만의 고유한 길과 방랑"(『즐거운 학문』, p.125)을 행하는 '섬뜩한 사건'(ungeheure Ereigniss)이라는 외양을 가정하는 이유이다. 미래——그리고 과거——로부터의 내적인 붕괴, 멸망 그리고 변형의 신호로서 허무주의라는 사건은 두 가지 의미에서 괴물이다. 첫째로, 규모의 측면에서 '인간'은 그것과 동일한 것으로 증명되지 않을지도 모른다는 정말 거대한 어떤 것일 수 있다는 점, 그리고 둘째로, 잉여의 측면에서 새로운 의미의 지평을 펼치는 사건의 잉여적 시간, 곧 그러한 지평은 '다시 자유롭게' 되어 왔다(같은 책, p.343). 도덕의 계보학은 삶에 대한 새로운 병리학을 세워 온 것이다.

14. 후기 모더니티에서 실천적인 역사적 행위자(agency)의 공인된 쇠퇴를 포함하여 장중한 무게중심의 상실을 애도하는 일은 무익할 뿐아니라 심히 비지성적이기까지 하다. 얄궂게도 그러한 역사적 행위자

의 실천이야말로 어떤 진정 흥미로운 생성의 죽음을 보여 주는 것이 아니겠는가? 역사에 관한 '기계'적인 철학은, 남근중심주의적인 역사의 대상이자 목적인 인간을 제거해 버림으로써, 기계들이 역사를 만드는 인간과 대비된다고 주장하지 않는데, 왜냐하면 거기에는 역사의 주체나 행위자가 존재하지 않기 때문이다. 기계들이 인류의 발명품이라고 말하는 것은 단순한 이야기이다. 그러한 발명의 시간을 말하기 위해서는 탈인간이 되어야만 하는데, 왜냐하면 그것이 잉여의 논리를 좇는다는 것은 (선과 악에 대한 긍정을 포함하여) 선과 악을 뛰어넘어 도덕 외적으로 사고하기 시작한다는 것이기도 하기 때문이다. 비판적 근대성에 의해 고려된 것으로서의 역사의 목적은 그러한 복합성에 충분한 정당성을 행사하는 더 급진적인 생성 개념을 우리가 이해할 수 있도록 해준다. 예컨대, '리좀'이라는 개념은 복잡한 진화의 과정에 있어서 거기에 어떤 중심적인 조정 행위나 지배적인 자기 가정적 주체가 존재하지 않음을 주장하는 데 기여한다. 따라서 그것은 더 이상 고립적이고 개별화된 역동적 체제들(regimes)을 통해서는 자연 혹은 공업을 막론하고 진화를 생각하는 것은 더 이상 불가능하다. 리좀은 우리가 체제들과 적응계들 간의 뒤섞임에 따른 혼합(intricate)에 따라 진화를 이해할 수 있도록 한다. 리좀은 (어디에서나 다가올 수 있는) 미래를 예견하고 경직화와 석화(石化)에 근본적으로 접근하는 삶의 관습들이 지닌 혼란에 대한 경고랄 수 있는 계열화된 역사적 시간을 가로지른다. 목적론에 대한 질문을 던지는 일과는 먼 우리의 진화인 리좀적 카르토그라피(cartography, 지도제작법)는 모든 종류의 자연, 기계 그리고 기술을 넘어서는 총체적인 통제를 향한 편애를 동반한 목적론이라는 파우스트적인 개념화 ── 토플러가 '마초 유물론'이라고 부른 것[29] ── 로부터, 기술의 생성을 동반하는 우리의 '기계'적 노예화와 그에 연루된 (들뢰즈와 가타리가 전개한 의미에서의) '지각 불가능성'과 '계산 불가능성'으로의 이동을 긍정하고 참여시킨다.

15. 현재 우리는 유럽철학의 한 갈래인 사이버 이론을 포함한 광범위한 담론들과 신(新)생물학과 같이 전(前) 다윈적인[목적론적인] 진화개념들의 급속한 회귀라는 거대서사들의 부활을 목격하고 있다. 이러한 회귀에 대한 우리의 반대는 부분적으로는 취향의 문제이며 ── 그들은 불쾌하게 대중화된 헤겔주의의 냄새를 풍긴다 ── 부분적으로는 지적 인식의 문제이기도 하다. 스티븐 제이 굴드의 지적에 따르면, 기술론적 라마르크주의(techno-Lamarkism)의 모습으로 바뀐 모든 고전적인 형태의 진화론적인 견해의 수정은 진화에 대한 다윈주의적인 탈인간중심주의화, 즉 인간은 예견 가능한 진화론적 진보의 결과가 아니라 단지 "우발적이고 우주적인 결과론"이라는 원치 않은 결과들을 피하기 위해 계획되었다는 것이다.[30] 짜맞추기(Spin doctoring)는 두 개의 상이한 주제들을 둘러싸고 전개된다. 첫째, 이론과 메커니즘으로 고려된 진화의 '과정'이다. 둘째, 생명의 역사에 관한 묘사인 진화의 '통로'이다. 전자에 대한 견해의 수정은 특정한 계열을 띤 진보에 따라

---

29) A. Toffler, *Powershift: Knowledge, Wealth, and Violence at the Edge of the 21st Century*, London & New York: Bantam Books, 1990, pp.69~84.

30) S. J. Gould, *Dinosaur in a Haystack*, London: Jonathan Cape, 1996, p.327.

유기체들이 더 낮게 계획됨으로써 태생적으로 진보하는 것이자 (예컨 대 종種과 같이) 어떤 상위의 것들을 향해 작동하는 진화를 설명하기 위한 시도로 판명 났다. 또한 두 번째에 대한 견해의 수정은 거대한 두 뇌를 갖춘 존재들과 같은 점점 더 복잡한 방향성을 띤 지속적인 흐름 에 따라 생명을 독해하기 위한 시도로 판명 났다. 이러한 견해의 수정 들은 진화에 관한 수많은 포스트모던적인 개념화라는 특성을 갖는 기 술론적 라마르크주의 하에 존재하며, 그러한 승격(elevation)이 자연 을 지배할 정당한 권리를 지닌 인간에게 이전에, 그리고 인간중심주의 적으로 할당되었다는 것이 현존하는 기계들에게 제공되고 있다는 것 이다. 그러나 여기에는 엔트로피이자 음(陰)-엔트로피에 관한 이야기 인 기계들의 도래에 관한 흥미로운 이야기가 존재한다.

16. 리처드 블랙번(Richard Blackburn)은 역사철학에 관한 참신한 개 정에 있어서 미시기생론(microparasitism)과 같은 자연의 엔트로피적 이고 해체적인 힘들을 말해 왔는데, 이는 인간 종(種)과 그 인공환경을 침식시키는 데 기여해 왔다. 인공적 진화에 관한 인간적 발명이 불러 일으킨 것은 자신들의 인공성을 지속적으로 달성하도록 그것들을 강 요하는 일이기도 하다. 즉, 얄궂게도 그것은 인류의 **생산자**이자 **소비자** 이며 두드러지게 인공적인 거주지가 된다.[31] 따라서 우리의 총체적인 문명은 열역학적인 불안정성에 따라 자유로운 에너지를 방출하기 위

---

31) R. J. Blackburn, *The Vampire of Reason: An Essay in the Philosophy of History*, London: Verso, 1990, p. 20.

해 안정된 계들을 불안정한 계들로 변형시켜 진화해 왔다. 비(非)이성의 교활함—이성의 흡혈귀인—은 인간적 행위를 흡수하고 인간의 피가 마르도록 빨아들이는 파괴적인 힘들을 동반하는 인간적 동물과의 공생적(symbiotic) 관계 하에 존재한다. 그러한 목적의 달성을 향한 더 우월한 수단들의 고안을 위해, 시도와 오류를 통해 지성을 계발하고자 하는 합리적 종들과 마찬가지로, 호모 사피엔스는 "이성의 흡혈귀랄 수 있는 이러한 합리성의 탐욕스러운 적(敵)으로 계획될 집단적 부정성을 띤 흡혈귀적인 대상들과 행위자들에 의해 집요하게 공격당해 왔다".[32] 이는 그러한 그림 속에 들어선 기계들의 도래에 관한 고찰이 발생하는 지점이다. 이성의 생물학적인 계략의 본질적 일부로서 독해될 수 있는 것은 바로 기계들인 것이다. 로봇 연구자인 한스 모라벡(Hans Moravec)과 탁월한 수학자이자 물리학자인 프랭크 티플러(Frank Tipler) 같은 최근의 과학자들은, 우주의 식민화를 포함하여 무엇이 기계가 지배하고 통제하는 미래로 진화론을 추동하는가라는 것은 궁극적이고 최종적인 열사(熱死)의 '선물'인 엔트로피에 의해 주어진 생명의 문제라고 주장한다.[33] 자신을 반(反)헤겔적인 인공두뇌학자라고 고백하는 티플러는 지성적이고 자기 복제적인 기계들에 의한 우주의 식민화는 열역학 제2법칙의 우울한 손에 있는 우리 태양계의 불가피한 종말에서 살아남는 생명권의 유일한 기회라고 말한다. 그는 미

32) *Ibid.*, p.22.

33) H. Moravec, *Mind Children*, Cambridge, Mass.: Harvard University Press, 1988, p.147 이하; F. Tipler, *The Physics of Immotality: Modern Cosmology, God and the Resurrection of the Dead*, London: Pan, 1995, p.109 이하.

래의 보증된 불멸성에 관한 음-엔트로피적 약속을 지지하기 위해 샤르댕의 개념인 '오메가 점'(Omega Point)을 부활시킨다.[34] 오메가 점은 초(超)지성적인(supersapient) 존재로 통합된 생활권이라는 지점을 가리킨다. 티플러는 제2법칙이 우주의 최종적인 용해 내에서 작동함을 부정하지는 않지만, "오메가 점 근방의 천체역학적인 전단변형(剪斷變形, shear)의 에너지는 열사를 피하기에 충분하다"라고 말한다.[35] 오메가 점이 자유로운 에너지의 근원에 접근되는 것과 마찬가지로——우주의 차별화된 붕괴라 할 수 있는——최종적인 죽음의 계기를 피함으로써 무한으로 분기된다는 것이다.

17. 만일 이러한 미래에 관한 비전이 과학소설과 매우 의심스러운 신학이라는 과학의 끔찍한 조합으로 들린다면, 결국 그것은 첫 번째 시각에서 나타났던 것에 비해 훨씬 더 당황스러운 것이 될 것이다. 이러한 음-엔트로피적인 미래에 관한 비전은 궁극적으로 자본주의적이고 우주적인 제국주의에 대한 생물학적 정당화 위에 놓여 있다. 이는

---

34) T. de Chardin, *The Phenomenon of Man*, London: Fontana, 1965, p.283 이하를 보라. 샤르댕은 '생활권'적인 관점에서 그 목표는 '인간화된' 시간과 공간이 아니라 그것들을 초인간화하기 위한 것이라고 말한다. 상호배제적인 존재와는 멀리 떨어진 '우주'와 (중심화된) '인격'은 동일한 방향으로 성장하고 비슷하게 동시에 정점에 달한다고 가정된다. 따라서, "미래의 우주는 오메가 점에서의 초인격성 이외의 것이 아닐 수도 있다"는 것이다 (pp.285~286).
또한 지적해야만 할 것은 음-엔트로피적인 미래에 관한 개념화에 부수적인 것이 아닌 것과 마찬가지로, 샤르댕은 도덕적이고 의학적인 요소들이 '자연도태가 지닌 날것의 힘'을 대체할 수 있기 위해서는 '우생학이라는 숭고한 인간적 형식'이 도래하는 세기의 활용을 옹호한다(p.310).
35) Tipler, *The Physics of Immortality*, p.109.

리오타르가 탈인간의 시간에 관한 그의 사유에서 미래의 괴물에 대해 분명히 묘사한 바이다. 리오타르는 '오늘날의 시간'이라는 제목이 붙은 글에서 몇십억 년 후의 불편한 —— 엉뚱하다고 생각할 수도 있는 —— 이야기를 들려준다. 당신이 이 글을 읽는 동안 태양은 점점 더 늙어 간다. 정확한 날짜를 고정할 필요는 없지만 45억 년 안에 그것은 지구를 뒤흔들어 놓을 불꽃을 튀며 폭발할 것이다. 지구가 기대 수명의 절반을 간신히 넘어 존재하는 지금 시기에, 지구에 내던져진 생명은 의심할 바 없이 중년의 위기에 내던져진 채로 죽음에 복무하는 생명이 되어 버린다. 그것에 대해 우리가 확신할 수 있는 유일한 미래는 끊임없는 자기 창조와 자기 파괴에 직면한 물질과 에너지의 배열에 관한 것뿐이다. 태양의 죽음 —— 신의 위축이라는 죽음에 비견되는 —— 이라는 한계점에서 역사는 진정으로 종료되고 우리의 불가해한 질문은 경건함 너머에 존재하는 것 이상일 수 없다. 물론, 그 한계는 인간적 맥락 하에서 이해될 때에만 말해진다. 태양이 한 번 폭발하고 나면 거기에는 더 이상 그러한 한계가 존재하지 않게 되는데, 왜냐하면 인간이 더 이상 그것의 이면을 경험하게 될 것이 '존재하지' 않게 되기 때문이다. 그러나 유일한 문제로 남게 될 것은, 우리를 **현존재**(Dasein)로 알고 있는 바의 문제가 더 이상 문제시되지 않는다는 것이다.

18. 리오타르에 따르면 생명이 지구상에 최초로 시작된 이래 진행되어 온 음-엔트로피의 과정에서, 우리는 초내생적, 외생적인 식민지 자본주의의 힘들을 모으는 시대에 있음을 목격하고 있다는 것이다.[36) 그

문제는 ── 이전과 마찬가지로 동일한 ── 시간에 관한 문제이거나 더 정확히는 우주가 그것을 다 써 버렸다는 사실에 있다. 모라벡은 다음과 같이 표현한다. 즉, 끊임없이 팽창하는 우주에 있어서 시간은 싸구려에 불과하지만 에너지는 주의 깊게 관리되어야만 한다. 반면 붕괴하는 우주에 있어서 우리가 불행하게 점유한 에너지는 싸구려이긴 하지만 거기엔 허비할 시간이 없다. 리오타르는 모든 생명체들이 유기체의 생존에 유용한 정보를 걸러 내기 위한, 또 자기 규제적인 항목들 하에서 이러한 정보를 처리하기 위한 기술적 도구들로 간주될 수 있다고 말한다. 이제 인간 존재는 그러한 하드웨어와 소프트웨어라는 측면들 속으로 들어갈 수 있게 된다. 그러한 신체는 우리가 '사유'라고 부르는 복잡한 기술적 도구를 가진 하드웨어인 것이다. 그것의 소프트웨어는 인간 언어의 상징적이고 순환적인(recursive) 힘이다. 기술론의 운명은 지구라는 행성 위 생명의 엔트로픽한 조건들과는 독립적인 하드웨어를 가진 인간적 소프트웨어를 제공받음으로써 결정되는 상태에 처해 있다. 새로운 컴퓨터 기술들은 기억작용과 같은 정보의 프로그래밍과 통제를 가능한 것으로 만드는 중에 있으며, 지구라는 경계의 조건들에 점점 덜 의존한다. 따라서 인류는 시간에 반하는 종(種)과 같이 점점 더 '미래적인 충격'을 경험함으로써 폭발적인 증가속도를 보이는 정보의 시대에 의해 스스로를 앞쪽으로 ── 하지만 위쪽은

---

36) L. Margulis and D. Sagan, *What is Life?*, London: Weidenfeld and Nicolson, 1995, p. 23 을 보라. "우리는 오로지 인간만이 미래에 정향된 것으로 가정해서는 안 된다. 생존과 번영을 위한 우리 자신의 광란적인 시도(와 삶의 안정)은 특별한 것일지 모르지만, 40억 년이라는 오랜 길에서 우주는 스스로를 열역학 제2법칙에 순응하는 '데에로' 조직되어 왔다."

아닌 —— 끌어당기고 있음을 발견하게 된다. 시간은 우리 편에 섰던 적이 결코 없다. 인간의 두뇌는 이제 이러한 우주적 과정의 복잡화에 기여하는 산파로 묘사될 수 있다.[37] 인공두뇌학은 그러한 새로운 학문에 의해 철학의 유산을 떠맡게 된 하이데거적인 예언자적 통찰을 확인해 줌으로써, 거대한 우주정신의 음-엔트로피적인 진화에 기여하는 일에 스스로를 기꺼이 갖다 놓는 조정과 소통에 관한 (탈)인간적 과학으로 모습을 드러낸다.[38] 이러한 자동적인 복잡화의 과정에서, 그 목표는 점점 더 많이 정보를 축적하고 역량을 향상시키고 (고철과도 같은 늙은 이의 몸의) 능률을 높이는 것이며, 수행성을 극대화하고 미래의 악마적인 힘들에 반하여 성공의 기회를 늘리는 데에 있다. 이러한 맥락에서 볼 때, 리오타르의 주장은 자본이 인간사 내에서의 수많은 특성이 아닌 고대의 우주적인 운명의 효과로 더 잘 이해되는 본질을 갖는다는 데에까지 나아간다. 인간 존재는 이러한 과정의 주체들이었던 적이 결코 없었으며, 비록 그들이 그것에 대해 얄궂은 행위자들이었다고 하더라도 자신들의 잉여를 만들어 내는 데에 있어서 어리석은 조력자들이라는 것이다(기술의 역설은 치명적인 것으로 드러나게 될 것이다).

19. 리오타르가 해방과 계몽의 거대서사들의 종말을 알리는 포스트모던의 조건을 정의하는 일에서 고심한 것은 바로 미래의 시간에 대

---

37) 이러한 현상에 대한 가장 이른 설명들 중 하나는 '생물학의 거대한 법칙'인 '복잡화의 법칙'에 대해 말하는 T. de Chardin, *The Phenomenon of Man*, p.53에서 발견될 수 있다.

38) M. Heidegger, "The End of Philosophy and the Task of Thinking", *On Time and Being*, trans. J. Stambaugh, New York: Harper Torchbooks, 1972, p.58.

한 이러한 역설적인 — 인간 혹은 비인간? — 반영의 맥락이 존재하기 때문이다.[39] 이제 그는 우리가 그것을 두 과정의 분열에 따라 생각한다고 말한다. 한편으로는 계몽이라는 근대적 기획과 자기 투명성 및 사회적 내재성이라는 꿈으로, 다른 한편으로는 비인간적인 음-엔트로피적 포스트모더니티의 '프로그램'으로. 계몽의식의 성숙을 통한 해방의 근대적 기획은 과거에 의해 지배되는 상태가 아닌 본질적인 미래성 하에 있는 참신함이었다. 그것은 얄궂게도 이 과정에서 자신의 종말로 이끌리는 복잡화의 과정에 기여해 왔다. 그렇지만 그것이 견뎌 온 착각은 시간의 엔트로피와 음-엔트로피적인 진화가 인간의 역사에 굴복될 수 있다고 믿고 있다. 불행하게도, 최소한 휴머노이드(humanoids)로서의 우리의 실존적 관점에서 볼 때, 엔트로피에 의해 생명에 대한 전도된 질문을 더 잘 던질 수 있는 것으로 증명된 것은 바로 '프로그램'이다. 리오타르와 같이 그것을 이해한다는 것은 프로그램의 지배가 독특한 인간적 기획에 속하는 자유와 우발성에 의해 탄생한 비예측적인 효과들을 가능한 한 중화하고자 하는 시도를 동반한 채로 관철됨을 뜻한다. 몸체가 없는 정보의 통치는 (시간이라는) 사건의 종말 이외의 것을 뜻하지 않는다. 오늘날 철학의 과업은 단지 사건의 비(非)사건성에 대한 공표를 산출하는 데에 있을 뿐이다. 만일 리오

---

39) J. F. Lyotard, *The Postmodern Condition: A Report on Knowledge*, Manchester: Manchester University Press, 1989를 보라. "이는 포스트모던적 세계란 무엇인가에 관한 모든 것이다. 대부분의 사람들은 잃어버린 서사를 향한 향수를 잊어 왔다. 그것은 결코 잔학성에로 환원되지 않는다. 과학은······ 사실주의라는 혹독한 엄격성을 그것들에게 가르쳐 왔다."(p.41)

타르가 『포스트모던의 조건』에서 향수와 한탄을 넘어 살고자 한 것이었다면, 지금 그는 확실히 시간의 잔여를 위해 잃어버린 사건의 시간을 경건하게 애도함으로써 그러한 조건을 확립했을 것이다.

20. 사실, 리오타르 자신이 알지 못했던 것은 19세기 후반의 사고를 특징짓는 기술에 관한 낡은 이론을 비인간의 시간에 관한 거대서사로 부활시킨 것으로서, 특히 헨리 애덤스의 글에서 두드러지고 더 최근에는 1950년대에 자크 엘륄에 의해 다시 다루어졌다. 예컨대, 애덤스는 의식적 지향이나 대립에 관한 모든 시도들에 도전하는 에너지의 증가과정, 조직화 그리고 복잡성을 포함하는 가속의 법칙(law of acceleration)에 따라 지배되는 역사를 믿었다. 기계들이 발을 딛게 될 때 우리 인간들은 단지 그들의 뜻에 따라 움직이게 될 뿐이라는 것이 바로 '가속의 법칙'으로서, 그는 "인간의 편의를 위해 그러한 에너지를 완화하자는 것을 지지할 수는 없다"고 쓴다.[40] 비인간의 시간에 관한 이러한 모델에 있어서, 역사는 열과 물리적인 에너지의 관계에 관한 학문인 열역학의 지배에 따라 설명되는 물리학으로 환원된다. 에너지와 조직화된 복잡성의 증가는 무엇이 질료적 실재의 반(反)엔트로피적인 생성을 구성해 내는가에 관한 것이다.[41] 거기에는 음-엔트로피적인 진화로 잘 묘사한 것을 괴롭히는 여러 가지 문제들이 존재한다(그것에 관해 포스트모던적인 것은 없다). 그럼에도 불구하고, 복잡성 혹

---

40) H. Adams, *The Education of Henry Adams*, New York: Modern Library, 1931, p.493.
41) Winner, *Autonomous Technology*, pp.48~49.

은 복잡화에 대해 이야기한다는 것은 그것이 계열적이고 합리적이며 또한 부가적인 축적에 의존한다는 것으로,[42] 이러한 모델에 관한 결과 기술은 정신(Geist), 오로지 정신에 불과한 정신이 되어 버린다. 그러한 현상에 관해 한 주석가가 지적한 바에 따르면, 엔트로피와 열역학 법칙들은 모든 과학적 구성물들과 마찬가지로 생명의 진화에 관한 인간 중심주의적 개념화를 보증하기 위한 것으로 활용될 수 있다.[43] ('완벽한 동물'로 이해되는 인간 유기체에 관해, '자발적이고 자기 산출적인' 음-엔트로피적인 '종말'이라는 이유로, 그리고 그 결과 자연이 영혼으로 신격화하기 때문에.)[44] 제임슨은 그가 포스트모더니티 하에서 우리가 간단히 세계 체제의 역동성을 동반하는 일관성에 비해 인격적 행위자라는 개념을 중심에 놓는 낡은 의인화나 인간주의적인 새로운 종류의 서사가 출현함을 목격한다고 말할 때 잘못 이해하고 있다.[45] 그러한 새로운 거대서사들은 지옥에 못지않은 의인화에 불과하다. 엔트로피적 사고에 대한 이런 식의 인간중심주의화된 활용이 지닌 위험성은, 도구적 합리성과 기술론적 지배라는 현상이 생물학적 논증과 기술의 진화가 훨씬 더 복잡한 형태의 생명을 선별해 넘으로써, 자연도태의 과정과 문제없이 비교될 수 있다는 주장을 동반한 채로 제시된다는 데에 있다. 예컨대, 이는 복잡화의 과정을 선호하는 목적론적인 욕동(drive)

---

42) *Ibid.*, p.63을 보라.

43) J. Rifkin, *Entropy: A New World View*, New York: Bantam Press, 1981, p.260.

44) G. W. F. Hegel, *Hegel's Philosophy of Nature*, ed. and trans. M. J. Petry, London: Allen and Unwin, pp.108~109를 보라.

45) Jameson, *The Geopolitical Aesthetic*, p.56.

이랄 수 있는 다윈주의에 잘못 기여하는 블랙번의 입장이기도 하다.[46] 그러나 자연도태는 복잡화를 선호하는 고유의 경향을 포함하고 있지 않다(참으로, 그것이야말로 이를 설명하는 데에 있어서의 진정한 어려움들이다). 자연도태 이론 내에는 복잡화를 향한 욕동들을 포함하여, 어떤 목적론적인 진보주의를 드러내는 주장을 가능케 하는 '법칙'이란 존재하지 않는다. 달리 제기해 보면 그리고 인간화된 기술론적 진화모델에 적용해 보면, 이는 우리의 기술론적 생성이 지닌 우연적, 비선형적, 리좀적인 특성들을 중화하고 물화하는 것이나 다름없다.[47] 그것은 또한 사회적 다윈주의에 입각한 기술론적 진화를 제공하고자 하는 것으로서, 이는 '적자임'(fitness)이라는 매우 정제되지 못한 개념에 의존하는 것이다. 참으로, 이는 정확히 어떻게 새뮤얼 버틀러가 최적자라는 후일의 계열과 마찬가지로 멀리 1860년대로 되돌아가는 기계에 대한 이해를 보여 주는가에 관한 것이다. 그러한 관점은 필연적으로 '기계들 가운데에 다윈을'(그리고 우리가 추가할 수 있다면 인간도) 위치시키고자 하는 어떤 시도에 따른 결과이다. 역사철학을 향해 드러낸 다윈주의에 대한 도전을 인식하는 일 대신, 블랙번은 자연도태와 더불어

---

46) Blackburn, *The Vampire of Reason*, p.211.

47) 우리는 자연이 훨씬 더 복잡하고 확장적인 질서를 향하는 경향을 명백히 보여 준다고 하는 블랙번의 주장을 위한 다윈주의적 이론 하의 증거가 거의 존재하지 않음을 발견하게 될 것이다. 그는 하나의 질서가 "상위의 실존적 형식이라는 방식을 따라 자연도태와 인간 존재라는 사례에서 살아 있는 사물들의 경우로 발전해" 왔음을 주장한다(Blackburn, *The Vampire of Reason*, p.160). 물론, 복잡성을 향한 욕동을 가정하는 일이 진화에 관한 라마르크적 도식 내에서 전반적으로 인식 가능한 것이기는 하다. 이에 관해 더 알고자 한다면 R. W. Burkhardt, *The Spirit of System: Lamarck and Evolutionary Biology*, Cambridge, Mass.: Harvard University Press, 1995, p.151 이하를 보라.

칸트적이고 헤겔적인 고찰에 공감한다.[48] 우리의 비인간적 미래에 관한 최근의 이론화에 수반되는 그러한 문제는, 우리가 탈신비화하기 시작한 악마적인 힘들을 물화해 버림으로써 종결되게 된다는 것이다. 오늘날 시간에 관한 리오타르의 사유의 경우, 자본주의의 흉측한 논리는 그것이 향유하지 못하는 실재성 내의 자율성이라는 논리로 받아들여지고 있다. 우리의 음-엔트로피적 운명의 비인간적 시간에 관한 그의 문제제기는 한편으로는 순수한 윤리론인 동시에 다른 한편으로는 멈출 수 없는 — 왜냐하면 광대무변(cosmic)하기에 — 축적적 과정이라는 둘 사이의 추상적이고 탈역사적인 대립이라는 결과를 낳는다. 이는 모든 변화와 혁신의 선험적 기반으로 스스로를 구축하고자 하는 자본 자체의 욕망에 따를 것을 부추기는 것이 아니고 무엇인가?[49] 자본은 엔트로피도 음-엔트로피도 아닌 독점을 즐길 따름이다. 들뢰즈와 가타리에 따르면, 자본주의는 정확히 그것이 내재적으로 작동한다는 이유로 인해 '공리'로서 다루어질 수 있다. 바꿔 말해, 그것은 내재적인 것 이외의 다른 전개법칙을 가지고 있지 않은데, 이는 자신의 한

---

48) "헤겔에게 있어서 인간사 내의 이성의 간지와 칸트에게 있어서 정치사 내의 자연의 간지는 자연도태라는 진보적 형태의 작동과 친밀한 것으로 이해될 수 있다."(Blackburn, *The Vampire of Reason*, p.161) 여기서 유일한 문제는 동일한 상태의 것이 아닌 총체적으로 상이한 과정이 바로 '자연'도태가 아니라고 하는 점이다.

49) 거기에는 제임슨이 새로운 종류의 우상숭배자들이라고 부른, 최근의 '자본주의적 책략가들'에 관해 주장하는 것에 관련된 '제국주의'가 존재하지 않는다. 대조적으로, 그들의 주장은 순수하게 '철학적'이다. 즉, "헤겔이······ 절대정신이라고 부른 것은 이제 자본 자체보다는 우리의 관점으로부터 존재하며 그러한 연구야말로 우리의 진정한 존재론인 것이다······. 우리에게 총체성의 부재, 스피노자의 신 즉 자연, (참으로 유일할지도 모를) 궁극적인 지시 대상, 우리 자신의 시간의 존재에 관한 진정한 기반 따위의 것들 말이다."(Jameson, *The Geopolitical Aesthetic*, p.82)

계들 이외에는 어떤 것으로도 증명되지 않는 한계들에 맞닥뜨려 있기 때문이다.[50] 핵심적인 측면에서 리오타르는 1960년대의 역사적 예리함의 정도와 더불어 진화해 온, 일차원성에 관한 마르쿠제의 잘 알려진 지지가 철회된 주장에 관련하여 근대적인 갱신을 제공해 왔다. 리오타르의 도식에서 일차원성은 엔트로피와 더불어 싸우는 생명의 기나긴 싸움의 일부이다. 리오타르의 허구적인 설명에 수반되는 진정한 문제는 그것이 생기론과 목적론을 자본의 탓으로 돌린다는 데에 있다. 따라서 그는 얄궂게도 자신이 포스트모던적 조건에 관한 초기의 글에서 보여 주고자 했던 거대서사의 한 종류를 우리에게 제시함으로써 현재는 불신을 받게 된 것으로 끝마친다. 음-엔트로피적 미래에 관한 거대서사들은 스스로의 기획과 마찬가지인 통제의 체계라는 이미지들과 더불어 공모하길 멈추는데, 즉 그것은 단지 자연사의 연속에 불과한 것처럼 진화한 기술론적 생명을 그려 낼 뿐이다. 하버마스의 지적처럼 자기 규제라는 잠재적이고 본능적인 기계의 인공두뇌학적인 꿈은 "어떤 비용을 치르고서라도 생존이라는 생물학적인 기본가치, 즉 궁극적인 안정성"에 상응하는 가치를 갖는다.[51] 우리가 진화에 대

---

50) G. Deleuze and F. Guattari, *Mille Plateaux*, p.579 / *A Thousand Plateaus*, p.463. 여기서 들뢰즈와 가타리의 차이(difference)는 '공리'와 '코드' 사이를 가리킨다. '규정된' 것인 자연과 같이 전자는 기능적인 요소와 관계들을 직접적으로 동반한다는 의미에서 내재적으로 작동하는 반면, 후자는 선험적으로 작동하고 특별하게 표현되며 선험적인 방법들을 제외한 상위의 형식적인 단일성에 포함될 수 있는 요소들 간의 관계들을 규정한다(*Ibid.*, p.567 / p.454). (선험적인) 신적 권리에 따른 정치적 의무로부터 (합의에 따라 약정한) (내재적인) 합리적 자기 결정적 행위자에 따른 의무에 이르는 그러한 이행은 정치적 근대성으로 이동하는 수준에서의 차이를 그려 낸다.

51) J. Habermas, *Toward a Rational Society*, trans. J. J. Shapiro, Oxford: Polity Press, 1987, p.60.

해 끝없는 **정치화**(와 인공화)를 요구해야만 하는 것은 바로 정확히 이러한 이유 때문인 것이다.

21. 기술론적 발전의 자율적 특성에 관한 주장은 사회적 '기계'에 의한 결정적인 중재 역할을 행하는 것뿐 아니라, 사적 재산과 같이 생산물에 관한 특정한 관계 하에 있는 자기 규제적인 자본의 시원 또한 무시한다. 비록 엄청난 인공두뇌학적 자본이 자율성이라는 스스로의 논리를 좇아 추상적이고 탈인간적으로 물화된 형태의 괴물이 된다 할지라도, 이는 그것이 생산의 특정한 사회적 관계 내에 있는 시원들을 초월해 온 것임을 의미하지는 않는다. 그것은 단지 그러한 선험성의 출현 혹은 착각을 줄 뿐이다. 기술에 관한 질문과는 동떨어진 정치의 종말을 제기하는 일이 고려해 온 것은 —— 기술이 '통제를 벗어나는' 중임을 주장하는 지적으로 나태한 기반 위에서 —— 단지 전지구적인(planetary) 진화의 문제에 관한 자본주의의 실질적인 탈정치화에 따라 타락하게 된 것이다. 특정한 권력 관계는 운 좋게도 그러한 탈정치화에 복무해 왔다. '기계'들 자체를 취한다는 것은 아무것도 설명하는 것이 없는데, 왜냐하면 그것들은 늘 기술적인 것만큼이나 너무나도 사회적이라고 하는 장치와 배치의 일부이기 때문이다. 더욱이, 기술의 진화는 어떤 합리적인 목적에 따라 일어나지 않으며, 그것의 구체적인 세부사항에 있어서 그 역사는 선형적이라고도, 운명에 관한 문제라고도 말해질 수 없다. 차라리, 전지구적 체계로서의 기술을 포함하는 기술론적 '기계'들의 발전은 우발성에 관한 이야기이자 역사적인 속박의 상황들인 것이다. 예컨대, 특정한 에너지의 원천 및 동력원의 활

용과 개발은 그러한 역사적 우연성과 속박의 결과로서, 이는 자본주의적 세계 경제라는 사회적 '기계'의 '결정요인'(decision)이 핵심적이다. 오늘날의 경제와 정치에 관한 새로운 교훈은 자기조직화의 영역에 있어서 분배된 통제의 생물학과 복잡계라는 '비형식적' 질서의 출현 과정으로부터 배울 수 있다. 전지구적인 문화와 정치의 수준에서, '발전'의 제국주의적-엔트로피적 논리는 이러한 현상의 관찰로부터 얻게 된 지식이라는 측면에서의 경쟁을 필요로 한다. 지배적인 단일농업 정치는 제3세계 농업이 단지 자본의 축적논리에 따라 추동된 기술에 의한 발전이라고 하는 엔트로피적 논리의 한 사례에 불과함을 강요할 뿐이다. 이러한 지역적 문화의 농입 기술은 이미 학습되고 적응된, 또한 혁신이 시도되고 시험되어 온, 매우 복잡하고 지능적인 기제들과 체계들이라는 되먹임을 포함하고 있다. '제3세계' 경제학자들과 다른 이들은 종(種)다양성에 입각한 농업이 낮은 생산성을 보여 왔다고 하는, 서구의 '전문가들' 간에 널리 퍼진 관점에 대체로 도전해 왔다.[52] 유전공학에 의해 생성된 농업에서 새로운 발전은 양적 환원주의를 선호하여 종다양성의 질적 비옥함을 무시하는 단일농업적인 사고의 산물로서, 이는 다양성과 차이(diversity)가 소로부터 나온 우유, 씨앗으로부터 나온 종자 등과 같이 산출량이 매우 높은 생산물을 제공하기 위해 극대화된 특정한 종적 특질의 계발을 선호하는 경향에 희생되어 온 것이기도 하다. 이는 자연으로의 의문스러운 회귀를 선호하는 공학

---

52) B. Goodwin, *How the Leopard Changed its Spots: The Evolution of Complexity*, London: Phoenix, 1995, p.213 이하.

과 인공성에 반(反)하는 주장이라기보다는 차라리 공학의 유형과 농업의 양태에 관한 논변인 것이다. 엔트로픽한 자본의 경제학적인 힘에 관한 정당화들은 적자생존이라는 정제되지 않은 다윈적 모델의 적용에 기반하고 있지만, 그러한 설명에 있어서 적자의 '시험'(test)은 자연화되고 탈정치화된 것에 불과하다. '발전'에 관한 논의는 자연에 관한 논의가 아니라 정치에 관한 논의인 것이다. 리오타르처럼 엔트로피의 교훈에 호소함으로써, 우주적으로 승리한 것이 명백한 자본주의적 발전을 설명한다는 것은 단지 정치적 조건들, 기회들 그리고 투쟁들에 관한 사유의 과업을 피하는 것이다. 그것은 진화의 힘들에 대한 생물학화를 통해 미래의 비인간성에 대한 쇠락한 비전을 우리에게 제공하는 것이자, '인간적' 영향력을 뛰어넘는 상태라는 운명의 출현을 가짜로 떠맡는 것에 불과하다.

22. 오늘날 시간에 관한 리오타르의 반성과는 대조되는 수많은 것들이 존재한다. 그는 자본이 우리가 대담하게 허용했던 것에 비해 훨씬 더 탈인간적인 힘을 갖춘 존재라고 올바르게 주장한다. 그가 지적하는 바와 같이, 자본주의는 아무도 지배하지 않는 사회-경제적인 발전 과정에 주어진 유일한 이름이다.[53] 그러나 이러한 통찰은 잘 알려진 진화체계가 '통제를 벗어나게 된' 상태에서 묵인하도록 북돋우는 것만큼의 저항공간을 열어젖힌다. 여기서 그러한 관습화된 파시스트적이

---

53) J. F. Lyotard, *Political Writings*, trans. B. Readings and K. P. Geiman, London: UCL Press, 1993, p.96.

고 편집증적인 이미지들로부터 자본에 대한 사변적인 이해와 결별하는 일이 필연적이다. 보드리야르의 지적에 따르면, 자본은 사회적 관계를 지닌 '악마적 마술'(sorcery)로서, 도덕성이라고 하는 어떤 탈역사적 기준이나 경제적인 합리성에 따라 고발당하지 않는, 바로 그러한 응답을 필요로 하는 사회에 도전한다.[54] 자본은 영원한 반복이라고 하는 생산논리의 덫에 걸린 잠재적인 '기계'로 작동한다. 브라이언 마수미에 따르면, 자본은 그 행위가 대상에 뿌리를 둔 것이라기보다는 근본적으로 내적 동력(energetic)이라고 하는 미래적 과정에 생산물을 변형시킨다는 의미에서 잠재적으로 작동한다. 예컨대, 그것은 단순히 생명체(life-forms)를 포획하고 팔기 위한 외적 기제를 강요함으로써 생명체를 자본화하는 후기 근대사회의 문제가 아니다. 차라리, 인공적인 제조의 산물에 불과한 상태인, 이전에 결코 존재한 적이 없었던 생명체들은 그것들이 출현하게 된 지점에서 상품화하게 된다. 포스트모던 자본주의 하에서 인간의 삶은 잠재적인 양식과 변형적 경향이라는 견지로부터 존재하게 되는 것이다.[55] 즉, "자본주의 '기계'는 생명을 관통하도록 하고 그것의 전개를 방향짓는 지각 능력들을 발전시켜 왔다. 그것은 자신의 양태라는 코드에로 직진할 수 있으며, 그것의 구성적인 부분 대상들(이 경우 유전자들)에로 그것을 용해시키며 (성숙한 개체들이라고 하는) 특정한 질서를 산출하도록 그것들을 재조합해 내며 최종

---

54) J. Baudrillard, *Selected Writings*, ed. M. Poster, Oxford: Basil Blackwell, 1992, p.174.
55) B. Massumi, *A User's Guide to Capitalism and Schizophrenia*, Cambridge, Mass.: MIT Press, 1992, p.135.

산물을 시장에서 거래한다 ── 혹은 어떤 단계에서도 스스로를 변형시키는 과정이다."[56] 들뢰즈와 가타리는 근대사회 '기계'의 특징적인 몰적인 조직화 양식이 '더 강해지게' 되면 그럴수록 그것의 요소들과 관계들의 분자화(molecularization)에 영향을 주는 결과를 낳는다고 본다. 그러한 소형화(miniaturization)의 과정은 후기 근대 자본주의 하에 있는 '대중적' 개인인 인간의 실존을 정의하는데, 이는 인간을 완벽히 이용하기 위해서는 개인을 어떻게 분자화하는가를 배워 온 것이자, 사소한 두려움들에 대한 총체적인 미시적 관리를 도입하여 불안에 관한 미시정치학에 의해 지배되는 사회의 거대정치를 창조해 내는 일인 것이다.[57] 만일 정치학이 자본주의적 탈영토화의 경제론에 직면하여 피상성을 드러내게 된 것이 바로 그러한 사례라면, 이는 행정과 관리의 프로그램이 낳은 효과화에 따라 생성된 것에 불과한, 바꿔 말해 반(反)생산성이 '기계'적인 잉여가치를 흡수해 낸 것에 불과하다. 결국 의미심장한 거부는 '주체'이자 진화의 목적 없는 목적성이자 최초와 최후의 말인 자본에 응하지 않는 데에 존재한다(왜냐하면 목적 없음은 살아 있는 체계와 같이 육성된 엔트로픽한 죽음으로서의 영원회귀인 인공두뇌학적인 자기 안정성에 의해 움직이기 때문이다). 자본은 '기계'적 배치의 한 유형으로서, '기계'적 진화를 통제하지도 조종하지도 않는 '기계'적 필룸(문門, phylum) 위에서 작동하는 특수한 사회적 '기계'이다. 근대국가의 출현과 더불어, 변화는 제국이라는 기표(Signifier)가 '사

---

56) *Ibid.*, pp.133~134.
57) Deleuze and Guattari, *A Thousand Plateaus*, p.216.

회적 주체화'의 체제에 의해 대체되게 된 특성을 띤 '기계'적 노예화의 체제 하에서 발생한다는 것이다. 모던/포스트모던의 조건은 애매모호한데, 왜냐하면 에너지와 질료의 자본주의적이고 탈코드화된 흐름 하에서는 하나의 흐름을 중단시키거나 새로운 흐름을 낳는 일을 멈출 수 없기 때문이다. 노예화와 주체화 간의 차이는 다음의 계열들을 따라 이해될 수 있다. 즉, 전(前)자본주의적 조건인 전자에 있어서 인간 존재는 그들 자신과 동물이나 도구처럼, (거대'기계'인) 매우 높은 단일성 하에 있는 다른 사물들과의 관계에서 형성되는 '기계'의 구성 부품으로 존재한다.[58] 하지만, 자본주의적 조건인 후자에 있어서 인간 존재는 더 이상 거대한 '기계'의 구성요소가 아니라, 노예라기보다는 사회적으로 종속되고 중개된 노동자들이자 소비자들인 것이다. 자본주의는 동력화된 '기계'들의 승리와 기술 '기계'들의 탈영토화를 동반하는데, 맑스 또한 자본을 창조해 내는 것은 기계가 아니라 거꾸로 기계를 창조해 낸 것이 바로 자본임을 주장한다.[59] 거대'기계'에 대해서 고대 노예제를 단지 이상한 것으로 [취급하여] 우리의 근대적 조건 하에서 바라보는 일은 아마도 오류일 텐데, 왜냐하면 그것을 내재성의 공리라는 수준에서 발생하는 것에 관해 본다면 근대야말로 두드러지는 것인데다가 형식적인 단일성이라는 선험성 하에도 있지 않기 때문이다. 더욱이, 인공두뇌학과 정보 '기계'들의 흥기는 더욱 일반화되고 음흉한

---

58) L. Mumford, "The First Megamachine", *Diogenes*, vol.55, 1966, pp.1~15.
59) K. Marx, *Capital: vol.1*, trans. B. Fowkes, Harmondsworth, Middlesex: Penguin, p.492 이하.

양상의 주체화를 수행한다. 즉, "순환적이고 가역적인 인간-'기계' 체제는 두 가지 요소들 간의 주체화라는 낡은 비순환적이고 비가역적인 관계들을 대체한다. 즉, 인간과 '기계' 사이의 관계는 내적인, 상호적인 소통에 기반하고 있으며 더 이상 활용이나 활동에 기반하지 않는다."[60] 후기 근대 자본의 진화와 더불어, (인간적 잉여가치의 원천인) 자본의 유기화된 구성과 '기계'적인 구성 사이의 어떤 구별은 흐릿해지게 되었고 실제로 단단하거나(tenable) 유용한 구별로서는 쇠퇴하게 되었다.[61]

23. 자본주의 체계의 '진화'는 그것이 불가피하게 일으키는 총체적인 통제가 착각이라는 '기계'적 분석을 통해 드러날 때 탈물화될 수 있다. 그것 자체가 내재적이고 인위적으로 산출해 온 변화무쌍한 '환경'에 직면하여 실용주의적인 적응성을 실험·시험하고 활용하는 복잡

60) Deleuze and Guattari, *Mille Plateaux*, p.572 / *A Thousand Plateaus*, p.458.
61) H. Marcuse, *One Dimensional Man*, London: Abacus, 1968, pp.27~37. 인간적이고 '기계'적인 잉여가치의 발전에 관한 추가적인 통찰을 위해서는 Deleuze and Guattari, *Anti-Oedipus*, p.232 이하를 보라. 그들이 말한 바와 같이 자본주의적 생산양식에 의해 과학과 기술에 있어서 자유로워진 코드의 흐름은 '기계'적인 잉여가치를 산출해 내고, 이는 지식, 정보 그리고 특정한 교육은 노동자들의 가장 기본적인 노동만큼이나 자본의 커다란 일부('지식자본')가 되었다. 토플러는 이를 '제3의 물결'인 사회의 경제학적이고 정치학적인 동역학을 이해하는 데에 있어서 결정적인 것으로 간주하여 '전지구적인 K-요소'라고 불렀다(Toffler, *Powershift*, p.391 이하). 실로, 토플러는 K-요소가 조직화된 노동과 반(反)자본주의적인 정치적 이해관계 집단과 정당들에 비해 조직화된 금융력에 대해 거대한 장기적 위협이 된다고 주장하는 데에까지 나아간다(*Ibid.*, p.89). 그러한 통찰은 리오타르의 '포스트모던의 조건'에서도 제기된 개념으로서, 컴퓨터화된 '기계' 세대들에게 있어서 "지식에 대한 질문은 정부에 대한 질문을 훨씬 능가한다"고 지적한다(Lyotard, *The Postmodern Condition*, p.9).

한 진화에 굴복한 것은 바로 생산의 체계로 이해되어야만 한다. 공리의 기능은 —— 우리가 정치, 도덕성, 과학 혹은 기술이라고 부르는 것은 무엇이든 간에 —— 탈코드화된 흐름들을 멈추게 하고, 그 계기들을 묶어 두며, 모든 방향에 있어서 반통제적이고 비예측적인 궤적들에로 이끌리는 일이 일어나지 않도록 보장하는 것이다. 들뢰즈와 가타리는 세계경제의 중심화된 힘들을 몹시 귀찮게 여기며 저항하는 주요한 네 개의 흐름 목록을 제시한다. 그것은 질료-에너지의 흐름, 개체군(population)의 흐름, 먹이의 흐름 그리고 도회적(urban) 흐름이 그것이다.[62] 이러한 흐름들과 연합한 문제들은 공리에 의해 탄생하지만 그것에 의해 해결되지는 않는나(명백한 예로는 세계의 총체적 개체를 먹이는 일을 가능케 할 순환과 분배라는 것이다). 따라서 우주를 채우는 모든 상이하고도 위풍당당한 '기계'들을 표현하는 것은 바로 불멸성에 있어서 생명에 이득이 됨을 반드시 말하는 일이다. 들뢰즈와 가타리에 따르면 국가장치, 그리고 전쟁'기계'의 포획을 가능하도록 하는 조건들, 즉 (도구, 기술, 설비 등의) 불변자본과 (인간의 발명과 창의성인) 가변자본은 "혁명적이고 대중적이며 소수적이고 상호적인 '기계'들을 규정해 냄으로써 역습적이고 비예측적인 발기들을 향한, 그리고 새로운 비유기적인 사회적 관계들의 창조를 향한 기대하지 않았던 가능성들을"[63] 끊임없이 재창조해 낸다. 그것은 (음-엔트로피적 자본인) 외부공간으로부터 온 괴물의 손에 있는 불가피하고 비극적인 죽음에 직면

---

62) Deleuze and Guattari, *Mille Plateaux*, pp.584~585 / *A Thousand Plateaus*, p.468.
63) *Ibid.*, pp.526~527 / pp.422~423.

하게 됨으로써, (후-)역사적 창조 —— 인간적 동물 —— 에 관한 질문이 되지 않는다. 이제 그것은 인간 존재가 스스로의 '기계'적인 실존적 조건을 추상적으로 부정하는 힘을 동반하는 '기계' 바깥에 서게 되었음을 생각하는 일과 대립되는 것으로서, 우리의 탈인간화에 있어서 '기계'적으로 생성하고 능동적으로 참여하게 됨을 긍정하는 문제가 된다.

24. 월러스틴의 지적에 따르면, 지리정치학적 세계경제 체제인 자본주의의 위기(crisis)는 '도덕'이 아니라 '구조'이다.[64] 그에 따르면 복잡한 역사적 체계란 '제도적 패턴' 하에서의 적응을 통해 딜레마를 해결해 온 시스템이 더 이상 기능하지 않는다는 의미에서의 내적 모순이 가진 축적 효과가 발생하는 지점에서 발전한다는 점에서 상당히 특정한 상황 하의 '위기'이기도 하다. 자본주의적 세계경제는 역사적 생명과 더불어 '역사적' 체계와 —— 기원, 순환적 리듬 그리고 세속적인 유행 —— 그것의 종말이라는 궁극적 신호와는 모순되는 일련의 것들을 구성해 낸다. 월러스틴은 모순이 단순한 대립으로 볼 수 있는 것이 아니라 특별한 전이(transition)의 사례임을 강조하는 입장을 견지한다. 후자는 늘 체계 안에서 존재하는 반면 전자는 결정화된(crystallized) 변형적 지점에서 출현하고 특정한 특이성들 혹은 이동적 국면을 갖는다. 모순들은 동시에 대립적인 방향으로 이동하고자 하는 집단들을 굴복케 하는 '구조적 압력들'을 가리킨다. 그것들은 어떤 본성적인 정신

---

64) I. Wallerstein, *Geopolitics and Geoculture: Essays on the Changing World-System*, Cambridge: Cambridge University Press, 1991, p.111.

분열증 때문이 아니라 자신들의 장기적인 이해관계와 대립되는 즉각적인 이해관계 때문에 그렇게 한다. 결과적으로 사회적 집단들은 결국 역사적 체계의 생존 가능성을 침식케 하는 세속적인 경향들을 창조해 내는 딜레마들을 해결하기 위해 기획된 행위에 개입하게 되는 것이다. 그는 조직화된 대립이 체계의 진화에 내생적인, 즉 체계의 구조를 특징짓는 동일한 세속적 발전의 일부로 이해될 수 있다고 주장한다. 월러스틴은 단기적 모순들이 결국 점근선(漸近線)에 접근하여 장기적인 계열적 곡선으로 번역되는 중기적인 해결책들을 이끈다고 말한다.[65] 마찬가지로 이러한 점근선들은 체계 내에서 진동과 분기의 증가에 이끌리게 됨으로써 평행적 조건의 축소로 회귀하도록 하는 압력에 근접하게 된다. 그 결과는 거대하고 무작위적인 변동(fluctuations)으로부터 출현하는 곡선 하의 작은 변화가 아니라, 조그만 변동들로부터 기인하는 커다란 변화들이다. 후기 자본주의와 같은 적응적 체계에 있어서 '복잡성'이라고 하는 이러한 조건은 왜 위기의 감각(sense)이 경제에서 도덕적, 정치적 그리고 문화적인 것에 이르는 모든 수준에서의 체계에 고유한 것인가(endemic)를 설명해 줄 수 있다. 경제적 수준에 있어서 그러한 위기는 첫째, (지금은 포스트모던적 조건에 관한 표준적인 정의로 폭넓게 수용되고 있는) 완벽한 상품화라는 세속적인 경향에 의해, 둘째, 장기 이익률(profit margins)을 짜내기 위한 정치적 경향에 의해 탄생한다. 만일 이러한 경제적이고 구조적인 위기가 그것 자체로 문화 정치의 수준에 관해 가장 눈에 띄는 것임이 명백하다면 그것

---

65) *Ibid.*, p.14.

은 문제가 되지 않는다. 월러스틴의 지적에 따르면, 1968년으로 거슬러 올라가는 세계적인 반체제 운동들의 배치는 더 강해지고, 대담해지고 또한 더 다양해졌으며 억누르고 관리하기가 힘들어지게 되었다. 위기의 감각이 "통제를 벗어난 지점으로 보이는 경향들의 개화"[66]라는 침투성의 실망감 일반을 반영한다. 그렇지만 만일 분기점들이 그 결과에 있어서 비예측적이라면, 안정되게 '진보'라고 말할 수 있는 인간사의 어떤 불가피한 세속적 계열들을 자리 잡게 하는 일이 불가능해질 것이다. 모든 위대한 역사적 체계들과 마찬가지로, 자본주의는 그것의 실패보다는 성공이라는 결과로 인해 더 잘 무너질(perish) 것이다. 따라서 월러스틴은 들뢰즈와 가타리가 『안티 오이디푸스』에서 자본주의 '와' 분열증에 관해 악명 높게 분석한 것과 마찬가지로, 그것은 오로지 현존하는 체계의 쇠락을 가속화할 뿐이고 통제된 변형 하에 있지 않으며 결국 새로운 세계 역사적인 체계를 창조해 내기 위한 거짓말을 할 가능성이 있다고 말한다.[67]

25. 들뢰즈와 가타리 자신들은 널리 퍼진 공리에 의해 계산 불가능한 것에 관한 힘과 겨루는 다양체(multiplicities)의 정치학을 제기한다.

---

66) *Ibid.*, p.110.

67) I. Wallerstein, *Unthinking Social Science: The Limits of Nineteenth-Century Paradigms*, Oxford: Polity Press, 1991, p.36. "그래서 해결책이 뭔가? 혁명적 길은 어디인가? …… 세계시장으로부터 물러선다는 것은 …… 파시스트적인 '경제학적' 해결책의 외설적인 부활에 불과한 것이 아닌가? 혹은 그것은 대립되는 방향으로 가지 않겠는가? 여전히 더 나아가기 위해, 즉 시장이라는 운동 하에서 탈코드화되고 탈영토화되기 위해?"(Deleuze and Guattari, *Anti-Oedipus*, trans. R. Hurley et al., London: Athlone Press, 1983, p.239)

소수자-되기에 대한 주장은 단순히 적은 수를 가리키는 것이 아니라 '해'(resolution)를 허락하지 않는 사물들에 대해 말함으로써, 통계학적인 포획과 규제를 피하는 것에 관한 것이다. 그것들은 이것이 제3세계에서의 투쟁, 여성의 권리에 대한 투쟁, 낙태에 관한 투쟁 등과 같이 패권적인 공리들에 대해 일어나는 투쟁과 저항을 모략하고자 하는 것이 아니라고 주장한다. 그 강조점은 또 다른 생성의 지표들인 이러한 투쟁들 위에 존재하는데, 목표이자 대상이기도 한 우리는 공리에 의해 동질화되거나 흡수될 수 없다. 그것은 다수적 체계를 뛰어넘어 선택된 '소수자성'에 관한 질문이라기보다는 차라리 비가산적인(non-denumerable) 힘을 산출해 내도록 하는 것이다. 만일 소수자성이 조직화된 몰적 정치학에 대비되는 무정부상태나 중심주의에 대비되는 탈중심화를 따르는 것으로 가정된다면, 그러한 논의는 바람직하지 않게 고려된 것이라고 할 수 있다. 오히려, 소수자성은 동일성의 정치학이라는 논리에 따라 계산해 낼 수 없는 차이의 미분에 관한 문제인 것이다. 동일성을 주장하는 일은 자본주의와 그 외부 혹은 여타의 것들에 관해 들뢰즈와 가타리가 말한 것 전부를 무시하는 일이나 다름없다. 그들은 의심할 여지가 없는 과학으로써 이론을 다루거나 일차원적인 최종목표를 만들어 내는 초(超)통치성의 세계를 좇는 실천을 다루는 굳어 버린(reifying) 정치학에 반(反)하여 올바르게 경고한다. 그들의 지적에 따르면 자본주의적 '기계'의 분열증적 논리 하에서 산출된 분자적 흐름들과 '기계'적인 변형들을 단번에 통제함으로써, 통화 공급을 단번에 조절할 수 있는 입장에 있는 이는 아무도 없다. 그들은 다음과 같은 규정 불가능성의 정치학을 명백히 한다.

우리가 '규정 불가능한 제안들'에 관해 이야기할 때 우리는 해결의 불확실성에 대해 지적하는 것이 아닌데, 이는 모든 체계의 필연적 특성 때문이다. 반대로 우리가 가리키고 있는 것은 체계들이 접합되는 (conjugates) 공존과 분리 불가능성에 대한 것이며, 이는 결코 그것 자체의 연결 가능성이라고 하는 탈주선(lines of flight)을 좇음으로 인해 그것을 회피하도록 하는 중단이 아니다. 규정 불가능성이란 탁월한 혁명적 규정요인들의 근원(germ)이자 중심(locus)이다. 일부 사람들은 고도로 노예화된 세계 체제적 기술을 끌어들이지만 더 특별하게는 이러한 '기계'적 노예화가 전문가들에 의해 보장된 지식의 영역에 속하는 것과는 동떨어진 규정 불가능한 제안과 운동 안에 풍부하게 갖추어져 있으며, 이는 모든 것/모든 이의 되기를 향한 많은 수의 무기들, 라디오-되기, 전자기기-되기, 분자-되기를 제공한다.[68]

26. 대다수의 근대적 사고는 실재에 관한 평형적 모델에 특권을 부여해 왔다. 이는 19세기의 실증주의적이고 독일 관념론적 전통이라고 하는 모두에 있어서 참이다. 예컨대, 고전주의 경제학은 보텀-업 (bottom-up) 방식의 출현과 시장의 무제한적 활동력이 지닌 힘을 통해 자기 규제적 체계에 대한 때이른 평가에 직면했음에도 불구하고, 안정적이고 조화로운 질서가 보이지 않는 손의 힘을 통해 탄생된다고 하는 가정에 의존하고 있다. 간단히 말해, 고전 사회 이론과 같은 고전 경제학은 실증적 되먹임이라는 개념화를 해내지 못했으며 그 역할은

---

68) Deleuze and Guattari, *Mille Plateaux*, pp.590~591 / *A Thousand Plateaus*, p.473.

사회-기술적인 진화 하에서 수행된다. 관념론적 철학에서 평형론적 모델의 고전적인 사례는 헤겔의 사변적 변증론으로서, 이는 진화의 복잡하고 혼란스럽고 예측 불가능한 힘들을 뛰어넘어 마음이 가진 힘이 승리했다고 하는 인식론적 믿음에 대한 표현을 제시한다. 세대에 걸친 삶에서의 다툼, 부조화 그리고 불평등에 대한 인식에도 불구하고, '이러한 총체성에 있어서의 각각의 본향인 정신'을 동반하는 헤겔의 총체론(holism)은 '대립물의 소외'를 통해 발전하는 '모든 부문의 안정적인 평형상태'에 따른 총체성의 기능성만을 파악할 수 있을 뿐이다.[69] 이 모델 위에서 (무엇이 낯선가 혹은 바깥인가라는) 모든 '부정성'은 오로지 이성의 거대한 자기 회복적인 힘들을 확증하기 위해서만 존재하며, 이는 심지어 "사물들의 안쪽을 들여다보고 그것들 안에 있는 정맥을 열 수" 있으며 나아가 스스로를 우주라는 집 속에서 찾게 된다.[70] 오늘날 카오스의 과학과 복잡계 이론은 실재가 더 이상 '합리적'이지 않으며 역으로 차라리 가장 우선적으로 기회가 주어질 법한 가능성으로는 특이성과 국면 공간적인 이동에 대해, 그리고 긍정적인 되먹임 위에서의 번성이랄 수 있는 비(非)선형적인 역동적 체계들에 대해서이다. 즉, "모든 지식은 우리가 가지지 않은 정보에 관련된 것에 의해 경계를 형성하게 된다."[71] 헤겔이 그의 사변적 제안과 더불어 (지구상에

---

69) G. W. F. Hegel, *Phenomenology of Spirit*, trans. A. V. Miller, Oxford: Oxford University Press, 1980, §462, 486.

70) G. W. F. Hegel, *Phaenomenologie des Geistes*, Frankfurt: Suhrkamp, 1970, p.186.

71) M. Serres, *Hermes: Literature, Science, and Philosophy*, Baltimore: Johns Hopkins University Press, 1982, p.83.

서의 신의 행진에 관한 이야기로) 역사를 신격화하려 할 무렵, 사디 카르노(Sadi Carnot)라는 이름이 알려지지 않은 프랑스 군 기술자가 신(新)관념론의 평형론적 가정들과는 동떨어진 열역학과 폭발(blast)과 관련된 증기기관(steam engines)에 관한 작업을 수행하고 있었다. 그는 『불의 동력에 관한 반향』이라는 책에서 (보일러라고 하는) 높은 범위의 온도로부터 (콘덴서라고 하는) 낮은 범위의 온도로 흘러드는 ─ 라부아지에(Lavoisier)에 뒤이어 그가 '열소'(熱素)라고 부른 ─ 증기기관의 열에 대해 강조하였다. 카르노는 에너지가 그 체계로부터 잃는 것은 없다고 하는 잘못된 결론에 이르렀지만, 그럼에도 불구하고 체계가 더 효과적일수록 에너지는 그것을 움직이는 데에 덜 필요하고, 에너지가 산출해 낸 것이 보일러와 콘덴서 간의 차이임을 깨달았다는 것이다.[72] 카르노는 생명이 자신의 시원과 진화를 위해 빚진 동력이 열이라고 주장함으로써, 자연적인 열에너지와 합성적인 것 사이의 유비관계를 열정을 다하여 그려 냈다. 카르노가 이해할 수 있도록 해준 것은 인간적 기술이 기본적으로 대참사(catastrophism)를 피해 나가도록 고안된 음-엔트로피적인 포획의 한 종류라는 것이지만, 그것의 발명은 늘 탈영토화적인 특성으로 인해 자체적으로 구성된 포획의 기구들을 초과한다는 것이다.[73] 어떤 기계론적인 체계로부터 열을 상실하는 것

---

72) S. Carnot, *Reflections on the Motive Power of Fire*, ed. E. Mendoza, New York: Dover Publications, 1960, p. 50.

73) 마누엘 데란다는 '추상기계'에 관한 카르노의 발명에 대한 설명에 도움을 제공한다(M. de Landa, *War in the Age of Intelligent Machines*, New York: Zone Books, 1991, pp. 141~142). 증기기관에 대한 카르노의 추상적인 묘사는 전도된 상태의 항목들을 위해서는 충분할 만큼 추상적이기에 그것은 증기 응축 장치(refrigerator)를 만들어 낼 수 있었던 것이다. 한 번

을 설명하기 위해 1865년에 '엔트로피'라는 말을 사용한 이는 바로 루돌프 클라우지우스(Rudolf Clausius)였다. 뉴턴적 모델 하에서, 에너지가 없다는 것은 모든 과정들이 역진 가능하고 우연(chance)이 기여하지 못한다는 체계 내에서의 상실을 뜻한다. 그렇지만 이러한 새로운 열역학적 모델 하에서, 에너지가 더 이상 기계론적으로 그리고 취소 불가능한 것으로 이해된다는 것은 구름의 불안정한 경계로부터 조수의 운동과 들쭉날쭉한 해안선에 이르기까지 어떤 체계에도 무작위성과 무질서를 도입하는 일에 복무함으로써, 시간의 원리적이고 직접적인 '법칙'이 된다는 것이다. 미셸 세르(Michel Serres)는 고정성과 평형 상태에 기반한 '규칙들'인 기계론적인 체계와, (역동적인) 운동을 창조해 내는 '원동력'인 동시에 혁신적인 에너지의 창조를 통한 힘들의 간단한 관계를 뛰어넘는 포스트-카르노적인 체계 사이의 관계를 묘사함으로써 두 모델 간의 유용한 구별을 끌어낸다.[74] 따라서, 우리가 역진 불가능한 열의 흐름이 갖는 방향성, 소용돌이들의 유사 안정성, 유전자적인 세포핵들의 보수적인 태생성, 우발적인 변형의 괴상한 깜박거림 그리고 복잡성 하의 순환, 거부, 기억, 성장과 같은 음-엔트로피적인 땅들의 역진적인 흐름 등을 포함하여, 다중 시간성의 살아 있는 체계들의 동역학을 이해하게 되는 것은 바로 제2법칙의 기반 위에서

추상'기계'가 되고 나면 그것의 물리적인 질료성과는 분리되고, 상이한 기술의 계열에 들어서게 된다. 카르노의 통찰에 관해 더 보길 원한다면 Serres, *Hermes: Literature, Science and Philosophy*, pp.54~65를 보라. 가소적인(plastic) 추상'기계'의 '실현'인 컴퓨터들에 관해서는 C. G. Langton, "Artificial Life", *Artificial Life: SFI Studies in the Sciences of Complexity*, Reading, Mass.: Addison-Wesley, 1988, p.11을 보라.

74) Serres, *Hermes: Literature, Science and Philosophy*, p.71.

만 가능한 것이다.[75] 따라서 엔트로피는 그 '시간의 화살'이랄 수 있는 체계 내에서 진화의 '표지'가 되어 버린다. 더욱이, 증가 중에 있는 엔트로피는 그러한 체계의 자발적인 진화를 가리킨다. 볼츠만(Ludwig Boltzmann)의 성취는 엔트로피에 있어서의 역진 불가능한 증가들이 성장 중에 있는 분자적 무질서와 불균형성이라는 최초 상태의 점진적인 침식에 대한 표현임을 보여 준다.

27. 프리고진은 생명이 "화학적 반응의 비선형성을 함유하고, 평형상태와는 동떨어진 조건들이 태양 방사(放射)에 의해 생물권(biosphere)에 짐을 지우는" 특정한 방식으로 생물권이 새겨넣어 둔 조건들을 표현한다고 말한다.[76] 과학 내에서 '시간의 재발견'은 ── 비가역적인 과정의 우선성을 뜻하는 바에 의한 ── 비평형론적이고 새로운 '진화'의 모델, 특별하고 복잡한 종류의 질서의 발생인 질료와 에너지의 흐름 하에서 발생한다. 예컨대, 이산적 성격의 '산일 구조들'은 그 내적 조직화가 최소한의 엔트로피적 생산을 떠받칠 수 있기 때문에 존재한다 (엔트로피의 과잉은 환경을 뚫고 나아간다). 차니(Vilmos Csanyi)는 에너지의 보존과 산일에 관한 열역학 법칙만이 오로지 실존을 위해 살아가는 체계들에게 필수적인 일반 조건들을 규정하고 있을 뿐이며, 그것들 스스로가 생물학적인 체계들의 기능, 복잡성 그리고 구조를 설명하기에는 불충분하다고 말한다. 바꿔 말해, 거기에는 살아 있는 세포

---

75) *Ibid.*

76) I. Prigogine and I. Stengers, *Order out of Chaos*, London: Fontana, 1985, p.14.

의 복잡성과 단순한 화학적 반응이 지닌 순서 사이의 근본적인 차이가 존재한다는 것이다.[77] 브룩스와 윌리는 만일 살아 있는 유기체가 증기기관과 마찬가지로 제2법칙에 '복종'한다면, 결국 엄밀한 열역학적 고려사항들은 증기기관 사이의 다양성의 결핍과 비교해 볼 때 유기체의 다양화를 설명하는 일과는 다른 것이 된다고 말하며, 이러한 관점에 지지를 표명한다.[78] 차니는 질서와 조직화 간의 질적 구별을 주장한다. 조직화의 복잡성을 설명해 낼 수 있는 것은 바로 복제라는 자기조직화된 현상인 것이다. 하나의 개별적인 박테리아 세포는 체계의 에너지 원천들에 대한 비용에 있어서 엄청난 수의 복사물들 하에서 자신의 구성 요소들을 생산해 냄으로써 조직화의 양상을 펼쳐 놓을 수 있게 된다. 박테리아 세포들은 "자기조직화를 유지할 수 있는 구성요소들의 최소한의 네트워크이자 이와 유사한 조직화 내에 있는 비조직화된 체계를 변형해 낼 수 있는" '체계화된 전조'로 이해될 수 있다.[79] 차니의 작업은 엔트로피에 대한 선험적 착각을 드러내는 데에 성공했지만, 그것은 자동 생산적(autopoietic)이거나 자동 산출적인 진화의 모델에 빠진 채로 남겨지게 되고 결국 살아 있는 체계들의 복잡한, 함축적인 생성이 지닌 '기계'적 특성을 설명하지는 못한다.

---

77) V. Csanyi, *Evolutionary Systems and Society: A General Theory of Life, Mind, and Culture*, Durham: Duke University Press, 1989, p.31.

78) D. R. Brooks and E. O. Wiley, *Evolution and Entropy: Toward a Unified Theory of Biology*, Chicago: University of Chicago Press, 1988, p.33.

79) Csanyi, *Evolutionary Systems and Society*, p.47.

28. 자연과학에 있어서 정적이고 평형론적인 모델로부터 비선형적이고 역동적인 것으로의 패러다임의 이동이 사회적이고 역사적인 실재를 이해하기 위해 함축하는 바는 무엇인가? 이에 대해 생각해 볼 수 있는 최선의 길은 과학에 대한 모던적인 모델과 포스트모던적인 모델 간의 대조라는 방식에 의해서이다. 고전과학은 모든 사건이 원칙적으로 절대적인 정확성을 동반하는 규정 가능성을 띤 최초의 조건들에 의해 결정되는 세계를 그려 낸다. 이러한 과학은 안정성, 질서, 조화, 단일성 등을 강조하며, 조그만 투입이 단일하게 조그만 결과들을 산출해 낸다고 하는 닫힌 계들 및 선형적 관계들을 동반한 채로 고려된다. 그것의 오만한 본성은 라플라스(Pierre Laplace)의 유명한 악령이라는 이미지로 가장 잘 포착되는데 이는 운동과 중력에 관한 뉴턴의 법칙과 극소량의 물질의 위상에 대한 지식을 동반하고 그것 자체로 총체적인 우주의 미래를 예견해 낼 수 있다고 믿는다(메테르니히가 항상 그의 유니폼에 한가득 라플라스의 원고를 부여쥔 채로 전투에 임했다는 것이 보고된 바 있다). 그렇지만 새로운 패러다임은 (우주에 대한 지구의 관계와 같은) 열린 계들과, 조그만 투입이 다른 일을 유발하는 거대한 변화와 혁신을 가능케 하는 비선형적인 관계들에 집중하여 주목한다. 혼란스런 체계는 단지 최초의 조건들에 대한 민감성을 보여 주는 것으로 정의될 뿐이다. 이는 고전과학의 성질에 완벽하게 반하여 나아가는 것으로서, 그것이 체계의 최초 상태 하에 있는 어떤 불확실성이라는 통찰에 기반하게 된 이래로 조그마해 보이건 사소해 보이건 관계없이 그 미래적 행위를 예견하고자 하는 어떤 시도 하에서 점증하는 오류들에 이끌릴 것이라는 점이다. 복잡계 이론은 그 안에 닫힌 계들이 존

재하고 있음을 알고 있지만, 이것들은 오로지 물리학적인 우주의 작은 일부를 구성할 뿐이라고 주장한다.

대다수의 생물학적이고 사회적인 체계들은 열린 계들로서, 자신들의 환경과 더불어 에너지 혹은 질료 그리고 정보를 상호교환하고 단순한 기계론적 평형과 예측 가능성에 영향받지 않는 진화를 위해 잠재성들을 향유한다(복잡성 하에서의 '진화'가 뜻하는 바에 대해서는 짧게 강조될 것이다). 모든 계들은 끊임없는 변동(fluctuation)을 경험하는 하위 계들을 포함한다. 때때로 단일한 변동이나 변동들의 결합은, 실존 중에 있거나 널리 퍼진 구조와 조직화가 산산조각 나게 되는 양의 되먹임의 결과와 마찬가지로 아주 강력한 것이 될 수도 있다. 이는 특이성과 분기화의 지점인 체계 내에서의 '혁명'의 계기로 정의될 수 있다. 최근 십 년 동안 분자 생물학자들은 양의 되먹임 회로 ─ 화학자들이 자동촉매작용(auto-catalysis)이라고 부른 바 ─ 가 평형론과는 동떨어지고 물질의 창발적인(dramatic) 재조직화를 산출하는 조건 아래에서 자연발생적으로 출현하는 자기조직화를 보여 줌으로써 역동적인 생명의 핵심적인 특성을 구성해 냄을 발견해 왔다. 분기화의 지점에 도달하게 되는 것은 바로 비선형적 과정들 위에 있는 이러한 강조점들 때문이고, 이는 경미한 변동과 일탈이 거대한 결과를 낳을 수 있다는 것으로서 월러스틴은 복잡계로서의 역사 계들에 대한 자신의 연구에서 그 풍부한 영향력을 전개해 왔다. 그에게 분기화라는 '해'가 미규정적이라는 사실은 그것이 진지한 연구나 사변적인 탐구로의 발돋움을 뛰어넘는다는 것을 뜻하지 않는다. 그는 힘들의 네트워크를 명백히 하고 가능한 진로들을 개발함으로써, '진정한 역사적 선택들'

위에서 빛을 던질 수 있어야만 한다고 말한다.[80]

29. 유전자 알고리즘, 유기적 형태(biomorph) 그리고 신경계 네트워크와 같은 인공적인 생명의 발전들은 자발적인 출현이라고 하는 실제적 과정과 자기조직화를 증명해 내는 컴퓨터 모델과 더불어, 진화론적 생명의 비선형적인 역동성에 대한 더 나은 이해를 산출하는 중에 있다. '인간적' 진화는 빠른 생성의 가능성을 가지며 합성적인 기술에 의해 다루어질 수 있다. 참으로, 공학은 더 이상 전기적이고 기계적인 모델들에 한정되지 않는데, 왜냐하면 그것은 역사적인 변화와 문화정치학의 영역에 대해 광범위한 결과를 동반한 채로 적용될 수 있기 때문이다. 인간의 사회적이고 기술적인 체계들을 포함하는 계들은 에너지와 정보의 변화자들이자 연결자들인 것이다. 인간의 역사와 지식을 모양 지어 온 것은 바로 이러한 적응적 계들인 것이다. 지능적 생명이란 정보이자 진화이기도 한 양자로부터 모인 것인 동시에 모으는 자들이기도 하다. 이는 불가피한 음-엔트로피적 회로에 대해 말하는 것이지만, 리오타르와 대조되는 점은 단일한 신학에 의해 지배되지 않는다는 것이다. 생명의 자기 이해와 계획은 톱-다운(top-down) 방식의 철학적인 규정(과 혼란)을 통해서가 아닌 실제적이고 특수한 공학에 대한 (디아그람적인) 기술론적 연구이자 자발적인 자기조직화라고 하는 보텀-업적인 과정들을 통해 가장 잘 수행될 수 있다. 무엇이 하나의 생명에 대한 새로운 실천인가를 보여 주었는가는 (다윈주의적인) 주류

---

80) Wallerstein, *Unthinking Social Science*, p.270.

생물학자들이 진화에 관해 풍요로운 이야기를 들려 주는 데에 실패했다는 것을 말한다. 패권적인 모델에 입각한 그러한 문제는 변화가 닫힌 우주 속에서 일어나는, 고정되고 기계론적인 과정들에 따라 이해된다는 것이다. 그러한 굳음과 단순함 하에서, '최적자'의 선택에 따른 진화는 고전주의적 통계학의 기제들 및 생산의 단위가 총체적인 진보를 가져다주는 것으로 이해되는 영국적 자유주의라는 정치경제학의 외적 성장과 유사하다. 자연도태와 멘델 유전학의 연합은 단지 19세기의 끝자락에서 통계학적인 역학에 통합된 고전적인 기계론의 전통에 앞서서 수행된 것일 뿐이다.[81] 그렇지만 진화의 기본적인 원소로서 유전자를 이해하는 개체군적인 유전학은 '이동을 만들어 내는 능력'으로 이해된 복잡한 진화를 설명해 내지 못하는데, 왜냐하면 그것은 열려 있고 경계가 풀려 있는 우주에서의 불확실성과 불안정성이라는 조건 하에서 자기 조직적이고 자기 규제적인 체계들을 거부하기 때문이다.[82] 복잡성 모델 위에서, 유기체들은 끊임없는 흐름을 경험하며 또한 생태학적이고 행동학적인 맥락 하에서 상호 간에 발달함으로써 외적일 뿐 아니라 내적이기도 한 자기 산출적 열린 계들로 이해되어야만 하는데, 이는 어떠한 변화도 그것들이 회귀할 수 있는 안정된 평형상태라고는 존재하지 않는다는 이유로 인해 단순히 비가역적인 것이기 때문이다. 시몽동은 살아 있는 계들의 '생성'을 사유하는 방편으로서 '준(準)안정적인 평형상태'라는 개념을 제안했다. 그에게 하나의 존

---

81) R. Wesson, *Beynod Natural Selection*, Cambridge, Mass.: MIT Press, 1991, p.35.
82) *Ibid.*, p.36.

재는 '동일성 하에서의 단일성'을 소유하지 않는데, 이는 변형이 가능하지 않다는 것이 안정된 상태일 수 있다는 것이지만, 그보다는 오히려 '자신이 처한 국면을 빠져나갈' 수 있다는 의미에서 '횡역적인 단일성'(transductive unity)을 향유하는 것이다. 이러한 이해에 있어서, 생성은 존재의 한 국면인 것이지 이미 주어지고 확립된 상태라는 효과를 낳는 사건들의 계기(succession)를 좇음으로써 그것에 대해 발생하는 단순한 어떤 상태는 아니다.[83] 이는 생생하고 역동적인 과정으로서의 복잡한 '진화'에 대해 말하는 것이다. 시몽동이 생물학이나 (지식에 관한) '인식론'에 관계없이 '발명'의 모든 과정으로 파악한 것은 내역적(inductive)이지도 연역적(deductive)이지도 않은 '횡역적인' 것으로 이해될 수 있는데, 왜냐하면 발명에 있어서 우선적으로 중요한 것이 무엇인가는 "문제제기적인 것이 정의될 수 있는 영역의 발견"이라는 것이다.[84] 바꿔 말해, 횡역성이란 자신의 개체발생 이외에 아무것도 아닌 것이다. 시몽동은 변증법에 반하여 힘주어 말하길, 그러한 '시간'은 개체발생의 '생성'과 더불어 조화를 이룬 채로 발명된다는 것이다 (변증법은 자동으로 탄생하여 전개되는 행위성이라는 이전 시간의 기간을 가정한다).[85]

30. 증기기관의 구성은 (어떻게 광맥으로부터 물을 뽑아 올리는가와 같

---

83) G. Simondon, "The Genesis of the Individual", eds. J. Crary and S. Kwinter, *Incorporations*, New York: Zone Books, 1992, pp.301~302, 311.

84) Ibid., p.313.

85) Ibid., p.315.

은) 특정한 기술론적인 문제를 다룸에 따른 이론적인 작업의 완성으로서, 이는 비예측적이고 총체적인 새로운 과학과 사고 패러다임, 즉 열역학으로 이끌린 결과이다. 그것은 기술과 이론 사이에 존재하는 되먹임 회로에 관한 고전적 사례이다. 증기기관은 경로의존성의 '법칙'과 조화를 이루어 전개되어 '단속적(punctuated) 평형상태'라는 현상을 묘사해 온 기술론에 관해 인간화된 기술을 소유하게 된 역사에 있어 좋은 사례인데, 이는 (자연적인) 생물학적이고 (인공적인) 인간적 진화 모두의 수준에서 혁신을 설명하는 데에 기여한다. 이러한 맥락에서 우발성은 역사적 사건이 비예측적인 가정들이라는 긴 연속성을 띤 결과로 발생하게 될 때 이른바 자연의 고정된 법칙이라는 결과와는 대조되는 우발적인 것이 되어 버린다.[86] 우발적 사건들은 그 시점에서 조그맣고 하찮은 것으로 보이는 과거로부터의 선택에 의존하고 있는데, "일찍이 그러한 과정에서 대수롭지 않은 요동(perturbations)은 새로운 통로로의 과정을 환기시키고, 어떤 대안적인 것과는 굉장히 다른 결과를 산출하는 일련의(cascading) 결과들"을 동반한다.[87] 이는 (생물학적인) 포유동물의 흥기와 (기술론적인) 쿼티 자판 체계의 지배 모두에 있어서 참이다. '적합성 지평'(fitness landscapes)에 관한 분석에 있어서, '적응'이란 경쟁적인 압박으로 꽉 채워진 체계를 최적화하기 위한 시도로 파악되며, 카우프만(Stuart Kauffman)은 생물권과 기술권, 즉 살과 금속의 점증하는 다양성이 동일하거나 비슷한 근본적인 '법

---

86) S. J. Gould, *Bully for Brontosaurus*, London: Hutchinson Radius, 1991, p.69.
87) *Ibid*.

칙들'에 의해 형성되어 왔음을 주장하는 데에 있어서 굴드의 의견을 따라왔다.[88] 그렇지만 굴드는 진화에 있어서 사고와 우연의 충격이 비(非)적응적이고 전(前)적응적인 효과들을 낳았다고 하는 만큼만을 강조한다. 고전적인 사례가 인간의 두뇌이긴 하지만 기술의 역사는 수많은 주요 발명들이 국소적인 문제들을 해결하기 위해 기획된 것이다. 그러나 그것은 총체적으로 상이한 어떤 것으로 급속히 번성하게 된 지점인 비적응성이나 전적응성의 사례로 인해 혼란스러운 상태라는 것이다.

31. 복잡성을 다루는 수많은 이론가들은 클라우지우스와 다윈, 즉 (총체적인 산일의 방향을 향해 최선두에 서고, 끊임없이 참신하고 창조적인 적응을 다르게 드러내는) 엔트로피와 진화를 화해시키기 위한 기회를 그것[복잡성 이론] 안에서 이해해 왔다. 아마도 프리고진은 에너지의 방출에 있어서 스스로를 보존해 나가는 적응적인 계들을 복잡화하는 표현을 제공하는 '산일적인 구조들'이라는 개념이 가진 화해적 성격에 관해 가장 잘 알려진 대변자일 것이다. 이러한 모델 위에서, 엔트로피는 복잡성의, 혼돈으로부터 질서의 선조로 기능한다. 그렇지만 고전적인 다윈주의의 점진주의적 윤리에 가장 크게 도전하는 것은 바로 우발성에 관해 진실로 급진적인 개념인 대지에 관한 우리의 이해를

---

88) S. A. Kauffman, "Cambrian Explosion and Permian Quiescence: Implications of Rugged Fitness Landscapes", *Evolutionary Ecology*, vol.3, 1989, pp.274~281; "Technology and Evolution: Escaping the Red Queen Effect", *The McKinsey Quarterly*, vol.1, 1995, pp.119~129.

중심에 놓는 새로운 지질학의 발전들로서, 이는 다윈에 의한 탈인간화보다 훨씬 더 낯선 것을 만들어 낸다. 오늘날의 선도적인 달과 지구에 관한 지질화학자들 중 한 사람이 지적한 바에 따르면, 만일 6,500만 년 전 지구상에 충격을 가한 소행성이 전지구적인 대참사를 통해 거대 파충류를 멸종시키는 데 실패했다면, 그것은 적어도 우리와 같은 인간 종과는 굉장히 상이하게 진화해 왔을 것이라고 한다.[89]

불연속이나 중단이라는 개념은 혼란스럽고 복잡하며 비선형적인 어떤 급진적인 진화에 대한 개념화에 결정적이다. 굴드와 엘드리지(Niles Eldredge)의 작업과 연계된 '단속적 평형상태'(약호 PE)라는 테제는 ('변이와 더불어 점진적으로 타락하였다'고 말하는) 다윈에 의해 우리에게 남겨진 '진화'라는 개념을 극적으로 개조해 냈다.[90] 이 모델 위에서 종들과 개별자들은 점진주의적이고 계통발생적인 진화가 드물게 방해받고 있는 항상적인 체계들로 파악되고 있지만, 더 심오하게는 급작스럽고 일시적인 종의 형성이라는 사건에 따른 것이다. 사실, '유물론적인 진화'는 수십 년에 걸쳐 PE 테제를 예견했던 이인, 1940년대에 중상모략을 당했고 유전학자이자 발생학 연구자이기도 한 골드슈미트(Richard Goldschmidt)에 의해 제안된 것이다. 골드슈미트는 지구상의 생명이 폭발적인 변화를 겪는 비약적인 기간들에 의해

---

89) S. Ross Taylor, *Solar System Evolution: A New Perspective*, Cambridge: Cambridge University Press, 1992, p.294.

90) N. Eldredge and S. J. Gould, "Punctuated Equilibria: An Alternative to Phyletic Gradualism", ed. T. J. M. Schopf, *Models of Paleobiology*, San Francisco: Freeman, Cooper, 1972; N. Eldredge, *Time Frames: The Rethinking of Darwinian Evolution and the Theory of Punctuated Equilibria*, London: Heinemann, 1985.

추동되어 기나긴 정체(stasis) 기간을 갖는다는 진화론을 향한 도약에 관한 논의인 '거대 돌연변이'(macromutations) 개념을 제안하였다(시간의 규모는 지질학적인 것이다). 이 모델에서는 두 개의 종별화된 유형이 존재하는데, 하나는 연속적이고 축적적이고 적응적인 것인 반면, 또 다른 하나는 불연속적이고 비적응적인 것이다. 거대 돌연변이에 관한 발생학에서의 효과들은 '직렬적인'(cascading) 상태로 이해된다. 평행(parallel)은 점진주의적인 모델이 꽤나 최근에 이르기까지지배해 온 기술철학 내에서 발견될 수 있다. 비록 존 스튜어트 밀과 애덤 스미스 같은 고전 경제학자들이 새로운 '기계'의 갑작스러운 도입과 점진적인 도입을 구별했다 하더라도, 기술론적인 변화에 대한 그들의 평가에 있어서의 우월한 개념화는 기술이 조그맣고, 점증적인 단계들에 따른 발전으로 이해된다는 것과 더불어, 새로운 생산방식의 점진적인 적용들 중 하나라는 것이다. 따라서 그 강조점은 중요한 혁신의 역할 및 사소한 개선과 변화의 느린 축적을 포함하는 설득력 있는 변화를 경시하는 것 위에 존재해 왔다는 것이다. 모키르(Joel Mokyr)는 거대변용의 평행론적인 과정이 기술론의 진화, 즉 그가 '거대발명'(macroinventions)이라고 부른 작업에 존재한다고 주장했다.[91] 그들이 비록 훨씬 이전에 만들어진 모든 창조의 사소함(minority)을 구성해 낸다 하더라도, 중요하지만 '폭포수 같은 효과들'은 바로 그 수(number)가 아니라는 것이다. 그것은 나선모양의 프로펠러, 화학비

---

91) J. Mokyr, *The Lever of Riches: Technological Creativity and Economic Progress*, New York: Oxford University Press, 1990, p.291.

료, 베서머 제강법(Bessemer process)과 같은 새로운 아이디어들의 출현과 거시적인 발명이라는 데에 있으며, 이는 감소적 회귀의 법칙에로 자맥질해 나아감으로써, 축적적이고 조그마한 발명의 흐름을 막아 선다는 것이다. 양의 되먹임의 조건은 — 비가역적이고 강렬한 기술론적 도약인 — 거시적인 발명의 '파도 효과'를 통해 도달한다. 따라서 기술론적인 혁신의 '폭포수 효과'는 카오틱 모델(chaotic model)에 대한 순응을 드러내게 될 것이다.[92] 그러한 모델은 맑스의 자본에 대한 분석에서도 발견할 수 있는데, 이는 그가 (도구들, 계산자, 자동화된 기계적 체계들 등의) 기계설비와 기계들의 통합체계에 영향을 주는 자본의 물리적인 특성들에 대한 평가를 통해 작고 혁명적인 변화들로 되돌아가는 기술들의 진화를 추적해 낸다는 점에서 그러하다. 맑스는 산업혁명을 일으킨 증기기관을 고립된 기술로 이해하지만, 오히려 증기기관이라는 형태를 필수적인 것으로 삼은 이 혁명성은 기계의 발명에 있지 않다.[93]

32. 간단히 말해, 진화에 관한 다윈적인 개념화는 뉴턴적이고 기계론적인 패러다임을 관통하고 있다. 데이비스(Mike Davis)는 최근의 논문에서 자연도태가 잘 규제된 기계론적인 체계에 따라 진화를 파악하고 있으며, 이에 관련하여 그것은 도태론의 점진적인 진화에 관한 다

---

92) 혁신과 발명의 차이에 관해서는 J. Schumpeter, *Capitalism, Socialism, and Democracy*, London: Allen and Unwin, 1976을 보라.

93) Marx, *Capital: vol.1*, pp.496~497.

원의 형식화와 강조에 있어서 결정적인 것으로 증명된 라이엘의 『지질학 원리』(*Principles of Geology*)의 영향임을 보여 주고자 했다. 라이엘의 균일화된 지질학은 지구상에서 벌어지는 여러 가지 방식의 비선형적이고 우발적인 진화로부터 파국(catastrophe)과 혼돈(chaos)을 추방해 낸다. 첫째로, 그것은 광범위한 시기들을 뛰어넘어 점진적으로 발생하는 축조적(tectonic) 변화로 파악된다. 둘째로, 그것은 어떤 지질학적인 시간의 횡단면이 동일한 과정들과 지면이라는 형식을 드러내게 될 것임을 주장함으로써, 행성의 진화에 있어서 정상 상태(steady-state)로서의 체계를 보여 주고자 한다. 셋째로, 그것은 현재가 과거와 대등한 것이라는 '진화론적' 결론을 필연적으로 그려 낸다는 것이다. 생물학적인 진화에 관한 다윈의 이론에서, 이는 적응이란 자연도태에 따라 끊임없이 잘 조화를 이룬 균일화된 규모와 비율이라는 결과에 불과한 사멸과 종별화에 관한 강조랄 수 있는, 도약적인 진화(saltation)의 추방에 따른 결과이며, 따라서 진화는 신비스럽고(subtle) 진보주의적인 논리에 따라 전개된다.[94] 대조적으로, '유성에 의한 충격'이라고 하는 새로운 지질학은 진화론적 변화를 낳은 주요 사건들이 중간중간 끊긴(punctuation) 사건들이라고 하는 지구상의 열린 체계로서, 나아가 단순하게 평면적인 축조의 결과가 아니라 탈영토화된 충격으로서 진화를 파악한다. 따라서 이 모델에 있어서 태양계는 근본적으로 '독특한 사건들과 배치들의 브리콜라주(bricolage)'

---

94) M. Davis, "Cosmic Dancers on History's Stage: The Permanent Revolution in the Earth Sciences", *New Left Review*, no.217, 1996, p.54.

랄 수 있는 (앞서 굴드적 의미의) '역사적인' 것이며, 은하계적인 섭동 (攝動)을 향해 열린다. 또한 급작스럽고 균일화된 과정들은 모든 일시적인 수준의 뒤얽힘이자, 과거란 미래를 위한 부분적인 유비로만 다루어질 수 있다는 것이다.[95] 더욱이 카오스와 복잡계 이론에 의해 고무된 새로운 지질학은 진화론적 변화의 실재적 '행위자'로서 단속적 평형상태(punctuated equilibrium)라는 테제를 지지한다. 데이비스에 따르면, "거대 멸종 사건들은 자연도태에 관한 비(非)다원적인 온상들이다. 그러한 극단성에 대해 진화론은 환경의 자율적인 역동성과 유전자적 변화 사이에 있게 된 단속적 평형상태인 것이다"라고 한다.[96] 지배적이긴 하지만 배타적이지 않은 자연도태에 따른 점진주의적 진화의 교의는 진화론적 변화의 원인(agent)이 진정으로 흔들린다는 것이다.[97]

---

95) Ibid., p.61.
96) Ibid.
97) 의심할 바 없이 데이비스는 PE 테제와 자연도태 간의 적대성을 과장한다. 정통 다원주의자들 또한 의심할 바 없이, 자연도태의 단계론적 점진주의를 동반한 규칙적인 소멸 현상을 화해시키는 일에 커다란 어려움을 느끼지 않을 것이다. 그들은 자연도태가 단기간의 이점을 지닌 짧은 주기의 도태에 의거하는 것으로 평가받고 나게 되면, 진화에 관해 반드시 양립 불가능한 논의를 낳지는 않는다고 말한다(어떤 '진보'도 짧은 시간 그리고 짧게 산 최후에 이를 것이다). 우리는 진화의 **템포**와 **양상**의 다양성을 허용할 필요가 있다. 예컨대, PE 테제는 **종분화**(speciation)라고 하는 수준 높은 설명으로서 가장 잘 기능한다. 필요한 것은 지질학적 파국론과 역사적 제약의 존재뿐 아니라, 어떤 잔류적이고도 선형적인, 그러면서도 (궁극적으로는) 기술론적인 선입견들이 갖는 파국적인 선택을 진지하게 고려하는 우발적 '진화'에 대한 완전하고도 다차원적인 평가이다. 비록 '지구 외적인' 것과 '지구적인' 것 간의 엄격한 구별이 애매모호하긴 하지만, 그것은 심지어는 지구적 수준의 발전에 있어서도 (우주로부터 오는 충격에 의해 직접적으로 야기되는) 자기장의 비일관성, 대륙의 이동, 그리고 지각 활동과 화산 활동과 같이 지구의 지질학적 성질이 지닌 주요 요소들에 따라 설명되는 지속적이고도 드라마틱한 변화에 의존하고 있다. 이러한 경우들에서 그러한 효과는 비예측적인데, 왜냐하면 지구는 성층권에 퍼붓는 먼지를 통한 화산 활동에 의해서도 추워지지도, 이산화탄소로부터 나오는 활동에 의해 따뜻해지지도 않기 때문이다. 따라서 진화의 '폭발'조차도

데이비스에 따르면 자연도태의 모델 위에 있는 진화의 특징이랄 수 있는 드문 쐐기와 미세 조정(fine-tuning)과 더불어 —— 페름기[98]와 같이 지구해양 종의 96%와 2억 4천 5백만 년 전의 모든 속(屬) 중 84%를 소멸시킨 —— 집단적 절멸에 대한 반박할 수 없는 증거를 만족케 하는 일은 어렵다는 것이다. 간단히 말해, 행성의 역사는 "반박 불가능하고 비예측적인 우발성"[99]에 관한 이야기로서, 이는 수많은 가능성을 가진 진화의 길들이 동일한 최초의 조건들로부터 규정될 수 있다는 것

지속적인 변화라는 배경에 반(反)하는 적절히 지질학적인 시간 규모상에 있게 될 때 일어나는 일로 이해되어야만 한다. (비진보주의적인) 골수 다원주의자들이 작동하는 것으로 이해하는 것은 바로 지질학적 변화라는 '환경' 내에서인 것이다. 그러나 의심할 바 없이 거시적인 진화의 수준에서 다원주의의 중심적인 교의에 대한 주된 개혁이 요청된다고 하겠다. 지질학의 영역에 대해 비선형적인 역동성의 적용에 따라 제공된 파국적 우발성의 모델에 있어서, '진화'는 '적자'에 대해서가 아닌 가장 '결핍된 자'에 대한 이야기인 것이다. Davis, "Cosmic Dancers on History's Stage", p.75에서 인용된 사례가 제시하는바, 6500만 년 전 공룡의 멸종기간 동안 포유동물에 의해 향유된 적응적 우월성은, 그것들이 최소한 저위도에서 일어난 칙술루브 효과[칙술루브(Chicxulub)는 마야문명기의 지방 이름으로서 거기에는 분화구(crater)가 있다. '칙술루브 효과'란 위성충돌이 낳은 여파를 말한다]에 영향을 받음에 따라 극한 지방에 집중되어 있었다는 사실이 낳은 결과로 간단히 이해될 수 있다. 데닛이 굴드를 공격할 때 때로 어리석어 보일 만큼 납득이 안 가는 것은, 설령 삶의 테이프가 되감기고 동일한 출발점이 다시 시작될 수 있다 해도 그것이 캄브리아기의 대폭발과 같은 동일한 현상을 만들어 내지는 못할 것이라는 굴드의 주장에 대하여, 특이하게도 우발성에 기초한 그[굴드]의 역사-지질학적 논제의 본성을 이해하는 일에 실패한다는 것이다(D. C. Dennett, *Darwin's Dangerous Idea: Evolution and the Meanings of Life*, London: Allen Lane, 1995, pp.299~312). 지구상의 생명체의 진화에 관련하여 굴드는 올바르게 주장한다. 즉, "초기에는 별다른 일이 없었다. …… 돌이켜 생각해 보면 특정한 미래가 불가피한 것으로 보이도록 만드는 연속되는 결과들이 촉발되었다. 그러나 가장 초기의 살짝 찌름(nudges)이 상이한 리듬을 낳고 그 시원에서부터 지속적으로 분기함으로써 역사는 또 다른 그럴듯한 수로로 방향을 틀었다. 결국 서로 다르게 되었으며, 최초의 동요는 그렇게 확실히 하찮은 것이 된 것이다."(S. J. Gould, *Wonderful Life: The Burgess Shale and the Nature of History*, London: Hutchinson Radius, 1989, pp.320~321)

98) 고생대의 마지막 6기로 2억 8천만 년 전부터 2억 3천만 년 전까지의 지질시대.— 옮긴이

99) Davis, "Cosmic Dancers on History's Stage".

이며,[100] "거시진화라는 비선형적인 폭발들을 동반하는 미시진화라는 선형적이고 일시적인 전율(creep)을 대체해 버린"[101] 대참사라는 것이다. 이러한 새로운 모델 위에서 영토화된 사건들은 탈영토화된 과정들을 동반하는 그것들의 연속체와는 분리될 수 없다. 혜성의 충격들은 지질학적이고 생물학적인 진화의 '여압(與壓)장치들'(superchargers)로서 행위한다. 역사는 그러한 타자를 만나고 오류의 선들에 따라 표시된 것뿐 아니라, 폭발적 에너지 혁명인 급변의 우발성에 따라 규제된다는 사실로 설명되는 생성들에 따라 만회된다.[102] 이는 평범하지 않은, 점진주의적인 적응이긴 하지만 괴물 같은 다양성과 다원성을 지닌 폭넓고 길들여지지 않은 종식에 해당하는 '신화'의 영역인 것이다. 자연사와 인간사는 미래가 변질되고 퇴락하고 괴물 같아지게 될 것임을 보증함으로써, 새로운 '충격' 이론의 수준 위에서 함께 이루어진다. 즉, 단속적 평형상태에 관한 최초의 철학자들 중 한 사람으로서 쓴 바에 따르자면,

> 이러한 역사적 전환점에서, 우리는 서로의 가까이에서 쳐다보며 종종 눈부시고, 다양하고, 정글 같은 성장에 서로 관련되고 얽혀 든다. …… 폭발할 지경에 이른 야만스러운 이기심과도 같은 거대한 폐허와 자기 폐허, '태양과 빛'을 향한 서로 간의 격투 …… 모든 새로운 종

---

100) Ibid., p.70.
101) Ibid., p.75.
102) 직립원인의 장기적 안정성에서 새로운 유형의 '인간'이라는 급작스러운 폭발에 이르는 '인간'의 진화에 대한 PE의 활성화에 대해서는 Eldredge, *Time Frames*, p.125 이하를 보라.

류의 이유와 원인들 …… 쇠퇴, 붕괴 그리고 모골이 송연하게 얽힌 최고도의 욕망들. (『선악의 저편』, §262)

33. 지구의 '진화', 그리고 그것 위에서의 삶과 죽음은 잔혹극으로 형상화될 수 있다. 자연히 생명의 배반에 대해, 복잡성과 우발성에 대해, 창조적 파괴를 향한 욕망에 대해 충실한 유일한 가르침은 그것이 악의 하나라는 것이다. "돌림병과 마찬가지로 거기에는 악의 시간이, 어두운 힘들의 승리가, 그것의 절멸에 이르기까지 영양분을 공급하는 강력한 힘이 존재한다."[103] 돌림병과 같이 잔혹극에서는 "어려움에 따른 낯선 빛을 가져다주고, 결국 우리의 자연스러운 중용(中庸)을 드러내는 일이 갑작스레 불가능해지는" 낯선 태양이 나타난다.[104] '우리'에게 이 삶과 죽음의 잔혹극이 낳는 효과는 단순한 '감염'이 아니라 돌림병 사건과도 같은 잔혹함과 사악함이라고 하는 잠복해 있는 암류(暗流)의 외화를 향해 재촉하는 '폭로'(revelation)인 것이다. 그 극(劇)의 '독성'은 주입되게 될 때 파괴되지만, '되돌아온 유행병'을 포함함으로써 그리고 '상위의 병'에 대해 말함으로써 돌림병과 같이 작동한다. 왜냐하면 그것은 삶과 죽음의 문제들이 (다시 또 다시) 끝나게 되는 '절대적인 국면' 이외의 것이 아니기 때문이다. 에너지는 강화되어 왔고 삶은 무아경(delirium)으로 추동되어 왔다. 부활을 향해 헐떡거리는 좋거나 나쁜 감염으로서의 삶. 곧, 나는 미래요, 나는 내일이며, 종말이다.

---

103) A. Artaud, *The Theatre and its Double*, trans. V. Corti, London: Calder, 1993, p.21.
104) *Ibid*.

수정(crystal), 식물, 동물로부터 나를 존재론적으로 구별해 주는 것
은 아무것도 없다. …… 우리는 우주의 시끄러움과 암흑의 심연을 향
해 함께 떠내려가는 중에 있으며, 다양하게 체계화된 복잡성들은 그
것 자체가 표류하는 것인 태양 같은 시원을 향한 엔트로픽한 흐름으
로 흘러가는 중에 있다. 지식이란 기껏해야 시간에 대한 낯선 전환이
랄 수 있는 떠내려감의 전도(轉倒)에 불과하며, 늘 추가적인 떠내려감
에 의한 비용을 지불한다. 하지만 이는 그것 자체가 복잡성인바, 이미
한 번 불려지고 난 뒤의 상태인 것이다. …… 현재로부터 존재한다거
나 안다는 것은 다음과 같이 번역될 것이다. 즉, 섬(island)을 보라, 드
물거나 운 좋은, 우연 혹은 필연의 작품을.[105]

---

105) Serres, *Hermes: Literature, Science and Philosophy*, p.83.

참고문헌

Adams, H. (1931), *The Education of Henry Adams*, New York: Modern Library.

Ansell Pearson, K. (1991/1996), *Nietzsche contra Rousseau*, Cambridge: Cambridge University Press.

Ansell Pearson, K. (1992), "Who is the Übermensch? Time, Truth, and Woman in Nietzsche", *Journal of the History of Ideas*, vol.53, pp.309~333.

Ansell Pearson, K. (1997), "Life Becoming Body: On the 'Meaning' of Post Human Evolution", *Cultural Values*, vol.1, no.2.

Ansell Pearson, K. (forthcoming), "Nature as Music: Animal Becoming Art/ Art Becoming Animal. On Deleuze and von Uexküll", ed. C. Boundas, *Deleuze's Becomings*, New York: Routledge.

Arendt, H. (1958), *The Human Condition*, Chicago: University of Chicago Press.

Artaud, A. (1993), *The Theatre and its Double*, trans. V. Corti, London: Calder.

Balakrishnan, G. (1995), "The National Imagination", *New Left Review*, no.211, pp.56~69.

Ballard, J. G. (1987), *The Drowned World*, New York: Carroll & Graff.

Bataille, G. (1985), *Visions of Excess: Selected Writings 1927-39*, trans. A. Stoekl, Minneapolis: University of Minnesota Press.

Bateson, G. (1978), *Mind and Nature*, London: Fontana Collins.

Baudrillard, J. (1992), *Selected Writings*, ed. M. Poster, Oxford: Basil Blackwell.

Baudrillard, J. (1993), *The Transparency of Evil: Essays on Extreme Phenomena*, trans. J. Benedict, London: Verso.

Baudrillard, J. (1994), *The Illusion of the End*, trans. C. Turner, Oxford: Polity Press.

Baudrillard, J. (1996), *The Perfect Crime*, trans. C. Turner, London: Verso.

Beer, G. (1986), "'The Face of Nature': Anthropomorphic Elements in the Language of The Origin of Species", ed. L. J. Jordonova, *Languages of Nature*, London: Free Association Books, pp.207~244.

Benjamin, W. (1979), *Illuminations*, trans. H. Zohn, London: Collins.

Bergson, H. (1960), *Time and Free Will*, trans. F. L. Pogson, New York: Harper Torchbooks.

Bergson, H. (1983), *Creative Evolution*, trans. A. Mitchell, Lanham: University Press of America.

Bergson, H. (1990), *Matter and Memory*, trans. N. M. Paul and W. S. Palmer, New York: Zone Books.

Blackburn, R. J. (1990), *The Vampire of Reason: An Essay in the Philosophy of History*, London: Verso.

Blanchot, M. (1993), *The Infinite Conversation*, trans. S. Hanson, Minneapolis: University of Minnesota Press.

Boothby, R. (1991), *Death and Desire: Psychoanalytic Theory in Lacan's Return to Freud*, London: Routledge.

Bowler, P. J. (1992), "Lamarckism", eds. E. F. Keller and E. A. Lloyd, *Keywords in Evolutionary Biology*, Cambridge, Mass.: Harvard University Press, pp.188~194.

Braudel, F. (1981), *The Structures of Everyday Life: The Limits of the Possible*, London: HarperCollins.

Brooks, D. R. and Wiley, E. O. (1988), *Evolution as Entropy: Toward a Unified Theory of Biology*, Chicago: University of Chicago Press.

Burian, R. M. (1992), "Adaptation: Historical Perspectives", eds. E. F. Keller and E. Lloyd, *Keywords in Evolutionary Biology*, Cambridge, Mass.: Harvard

University Press, pp.7~13.

Burkhardt, R. W. (1995), *The Spirit of System: Lamarck and Evolutionary Biology*, Cambridge, Mass.: Harvard University Press.

Buss, L. W. (1987), *The Evolution of Individuality*, New Jersey: Princeton University Press.

Butler, S. (1914), "Darwin among the Machines", *A First Year in Canterbury Settlement*, London: A. C. Fifield, pp.179~185.

Butler, S. (1922), *Unconscious Memory*, London: Jonathan Cape.

Butler, S. (1985), *Erewhon*, Harmondsworth, Middlesex: Penguin.

Canguilhem, G. (1992), "Machine and Organism", eds. J. Crary and S. Kwinter, *Incorporations*, New York: Zone Books, pp.44~70.

Carnot, S. (1960), *Reflections on the Motive Power of Fire*, ed. E. Mendoza, New York: Dover Publications.

Caygill, H. (1991), "Affirmation and Eternal Return in the Free-Spirit Trilogy", ed. K. Ansell Pearson, *Nietzsche and Modern German Thought*, London: Routledge, pp.216~240.

Chardin, T. de (1965), *The Phenomenon of Man*, London: Fontana.

Clarke, A. C. (1964), *Profiles of the Future*, New York: Bantam Books.

Conway, D. W. (1989), "Overcoming the Übermensch: Nietzsche's Revaluation of Values", *Journal of the British Society for Phenomenology*, vol.20, no.3, pp.211~224.

Cornell, J. F. (1984), "Analogy and Technology in Darwin's Vision of Nature", *Journal of the History of Biology*, vol.17, no.3, pp.303~344.

Crawford, C. (1988), *The Beginnings of Nietzsche's Theory of Language*, Berlin and New York: Walter de Gruyter.

Cronin, H. (1991), *The Ant and the Peacock: Altruism and Sexual Selection from Darwin to Today*, Cambridge: Cambridge University Press.

Csanyi, V. (1989), *Evolutionary Systems and Society: A General Theory of Life, Mind, and Culture*, Durham: Duke University Press.

Csanyi, V. and Kampis, G. (1985), "Autogenesis: The Evolution of Replicative

Systems", *Journal of Theoretical Biology*, vol.114, pp.303~321.

Darwin, C. (1985), *The Origin of Species*, Harmondsworth, Middlesex: Penguin.

Davis, M. (1996), "Cosmic Dancers on History's Stage: The Permanent Revolution in the Earth Sciences", *New Left Review*, no.217, pp.48~85.

Dawkins, R. (1976, revised edition 1989), *The Selfish Gene*, Oxford: Oxford University Press.

Dawkins, R. (1982), *The Extended Phenotype*, Oxford: Oxford University Press.

Dawkins, R. (1991), *The Blind Watchmaker*, London: Penguin.

Debord, G. (1983), *The Society of the Spectacle*, Detroit: Black and Red.

Debray, R. (1995), "Remarks on the Spectacle", *New Left Review*, no.214, pp.134~142.

Deleule, D. (1992), "The Living Machine: Psychology as Organology", J. Crary and S. Kwinter, *Incorporations*, New York: Zone Books, pp.203~233.

Deleuze, G. (1966/1991), *Le Bergsonisme*, Paris: PUF; *Bergsonism*, trans. H. Tomlinson and B. Habberjam, New York: Zone Books.

Deleuze, G. (1968/1994), *Différence et répétition*, Paris: PUF; *Difference and Repetition*, trans. Paul Patton, London: Athlone Press.

Deleuze, G. (1973), *Proust and Signs*, trans. R. Howard, London: Allen Lane.

Deleuze, G. (1983), *Nietzsche and Philosophy*, trans. H. Tomlinson, London: Athlone Press.

Deleuze, G. (1984), *Kant's Critical Philosophy*, trans. H. Tomlinson and B. Habberjam, London: Athlone Press.

Deleuze, G. (1987), *Dialogues: Gilles Deleuze and Claire Parnet*, trans. H. Tomlinson and B. Habberjam, London: Ahtlone Press.

Deleuze, G. (1988), *Spinoza: Practical Philosophy*, trans. R. Hurley, San Francisco: City Light Books.

Deleuze, G. (1988), *Foucault*, trans. S. Hand, London: Athlone Press.

Deleuze, G. (1989) *Cinema 2: The Time-Image*, trans. H. Tomlinson and R. Galeta, London: Athlone Press.

Deleuze, G. (1989), *Masochism: Coldness and Cruelty*, trans. J. McNeill, New

York: Zone Books.

Deleuze, G. (1990), *Logic of Sense*, trans. M. Lester and C. Stivale, London: Athlone Press.

Deleuze, G. (1993), *The Fold: Leibniz and the Baroque*, trans. T. Conley, London: Athlone Press.

Deleuze, G. and Guattari, F. (1972/1983), *L'Anti-Oedipe*, Paris: PUF; *Anti-Oedipus*, trans. R. Hurley et al., London: Athlone Press.

Deleuze, G. and Guattari, F. (1980/1988), *Mille Plateaux*, Paris, PUF; *A Thousand Plateaus*, trans. B. Massumi, London: Athlone Press.

Deleuze, G. and Guattari, F. (1994), *What is Philosophy?*, trans. G. Burchell and H. Tomlinson, London: Verso.

Dennett, D. C. (1995), "Evolution, Error, and Intentionality", eds. P. K. Moser and J. D. Trout, *Contemporary Materialism: A Reader*, London: Routledge, pp.245~275.

Dennett, D. C. (1995), *Darwin's Dangerous Idea: Evolution and the Meanings of Life*, London: Allen Lane.

Derrida, J. (1973), *Writing and Difference*, trans. A. Bass, London: Routledge.

Derrida J. (1982), *Margins of Philosophy*, trans. A. Bass, Hemel Hempstead: Harvester Wheatsheaf.

Derrida, J. (1992), *Acts of Literature*, ed. D. Attridge, London: Routledge.

Desmond, A. and Moore, J. (1992), *Darwin*, London: Penguin.

Diderot, D. (1963), *Diderot. Interpreter of Nature: Selected Writings*, trans. J. Stewart and J. Kemp, London: Lawrence & Wishart.

Eardley, M. (1995), "Deleuze and the Nonformal Function", unpublished dissertation, University of Warwick.

Eco, U. (1986), "Striking at the Heart of the State", *Travels in Hyper-reality*, trans. W. Weaver, London: Pan.

Edelman, G. (1994), *Bright Air, Brilliant Fire: On the Matter of the Mind*, Harmondsworth, Middlesex: Penguin.

Eigen, M. (1992), *Steps Towards Life: A Perspective on Evolution*, Oxford: Oxford

University Press.

Eldredge, N. (1985), *Time Frames: The Rethinking of Darwinian Evolution and the Theory of Punctuated Equilibria*, London: Heinemann.

Eldredge, N. (1995), *Reinventing Darwin: The Great Evolutionary Debate*, London: Weidenfeld & Nicolson.

Eldredge, N. and Gould, S. J. (1972), "Punctuated Equilibria: An Alternative to Phyletic Gradualism", ed. T. J. M. Schopf, *Models of Paleobiology*, San Francisco: Freeman, Cooper.

Ellul, J. (1965), *The Technological Society*, trans. J. Wilkinson, London: Jonathan Cape.

Emmeche, C. (1994), *The Garden in the Machine: The Emerging Science of Artificial Life*, trans. S. Sampson, New Jersey: Princeton University Press.

Enzensberger, H. M. (1990), *Political Crumbs*, trans. M. Chalmers, London: Verso.

Foucault, M. (1977), "Nietzsche, Genealogy, History", *Language, Counter-Memory*, Practice, Oxford: Basil Blackwell.

Foucault, M. (1990), "The Thought from Outside", M. Foucault and M. Blanchot, *Foucault/Blanchot*, trans. J. Mehlman, New York: Zone Books.

Freud, S. (1990), *The Origins of Religion*, Harmondsworth, Middlesex: Penguin.

Freud, S. (1991), *On Metapsychology*, Harmondsworth, Middlesex: Penguin.

Georgescu-Roegen, N. (1971), *Entropy and the Economic Process*, Cambridge, Mass.: Harvard University Press.

Goodwin, B. (1995), *How the Leopard Changed its Spots: The Evolution of Complexity*, London: Phoenix.

Gould, S. J. (1977), *Ontogeny and Phylogeny*, Cambridge, Mass.: Harvard University Press.

Gould, S. J. (1983), *The Panda's Thumb*, London: Penguin.

Gould, S. J. (1989), *Wonderful Life: The Burgess Shale and the Nature of History*, London: Hutchinson Radius.

Gould, S. J. (1991), *Bully for Brontosaurus*, London: Hutchinson Radius.

Gould, S. J. (1995), *The Individual in Darwin's World*, London: Weidenfeld &

Nicolson.

Gould, S. J. (1996), *Dinosaur in a Haystack*, London: Jonathan Cape.

Guattari, F. (1992/1995), *Chaosmose*, Paris: Galilée; *Chaosmosis: An Ethico-aesthetic Paradigm*, trans. P. Bains and J. Pefanis, Sydney: Power Publications.

Haas, L. (1929), *Der Darwinismus bei Nietzsche*, Ph. D. dissertation, Giessen University.

Habermas, J. (1987), *Toward a Rational Society*, trans. J. J. Shapiro, Oxford: Polity Press.

Hegel, G. W. F. (1970/1980), *Phaenomenologie des Geistes*, Frankfurt: Suhrkamp; *Phenomenology of Spirit*, trans. A. V. Miller, Oxford: Oxford University Press.

Hegel, G. W. F. (1970), *Hegel's Philosophy of Nature* (volume 3), ed. and trans. M. J. Petry, London: Allen and Unwin.

Heidegger, M. (1961), *Nietzsche* (2 volumes), Pfullingen: Gunther Neske.

Heidegger, M. (1966), *Discourse on Thinking*, trans. J. M. Anderson and E. Hans Freund, New York: Harper Torchbooks.

Heidegger, M. (1968), *What is Called Thinking?*, trans. J. Glenn Gray, New York: Harper Torchbooks.

Heidegger, M. (1972), "The End of Philosophy and the Task of Thinking", *On Time and Being*, trans. J. Stambaugh, New York: Harper Torchbooks, pp.55~74.

Heidegger, M. (1979), *Nietzsche: The Will to Power as Art*, trans. D. F. Krell, London: Routledge.

Heidegger, M. (1987), *Nietzsche: The Will to Power as Knowledge and Metaphysics*, trans. D. F. Krell et al., San Francisco: Harper and Row.

Heidegger, M. (1991), *Die Technik und die Kehre*, Pfullingen: Neske.

Heidegger, M. (1991), *The Principle of Reason*, trans. R. Lilly, Bloomington: Indiana University Press.

Heidegger, M. (1995), *The Fundamental Concepts of Metaphysics: World,*

Finitude, Solitude, trans. W. McNeill and N. Walker, Bloomington: Indiana University Press.

Heilbroner, R. L. (1994), "Technological Determinism Revisited", eds. M. R. Smith and L. Marx, *Does Technology Drive History?*, Cambridge, Mass.: MIT Press, pp.67~79.

Hornborg, A. (1992), "Machine Fetishism, Value, and the Image of Unlimited Good: Towards a Thermodynamics of Imperialism", *Man*, vol.27, pp.1~18.

Howard, J. (1992), *Darwin*, Oxford: Oxford University Press.

Huxley, J. (1953), *Evolution in Action*, London: Chatto & Windus.

Jacob, F. (1974), *The Logic of Living Systems*, trans. B. E. Spillman, London: Allen Lane.

Jameson, F. (1991), *Postmodernism, or the Cultural Logic of Late Capitalism*, London: Verso.

Jameson, F. (1995), *The Geopolitical Aesthetic: Cinema and Space in the World System*, London: BFI Publishing.

Jünger, E. (1982), *Der Arbeiter: Herrscheft und Gestalt*, Stuttgart: Klett Cotta.

Kampis, G. (1991), *Self-Modifying Systems in Biology and Cognitive Science: A New Framework for Dynamics, Information, and Complexity*, Oxford: Pergamon Press.

Kant, I. (1974/1982), *Kritik der Urteilskraft*, Frankfurt: Suhrkamp; *Critique of Judgement*, trans. J. C. Meredith, Oxford: Oxford University Press.

Kant, I. (1991), *Political Writings*, trans. H. B. Nisbet, Cambridge: Cambridge University Press.

Kant, I. (1995), *Opus postumum*, trans. E. Forster and M. Rosen, Cambridge: Cambridge University Press.

Kauffman, S. A. (1989), "Cambrian Explosion and Permian Quiescence: Implications of Rugged Fitness Landscapes", *Evolutionary Ecology*, vol.3, pp.274~281.

Kauffman, S. A. (1993), *The Origins of Order: Self-Organization and Selection in Evolution*, New York: Oxford University Press.

Kauffman, S. A. (1995), "Technology and Evolution: Escaping the Red Queen Effect", *The McKinsey Quarterly*, vol.1, pp.119~129.

Kaufmann, W. (1974), *Nietzsche: Philosopher, Psychologist, and Antichrist*, 4th ed., New Jersey: Princeton University Press.

Kelly, A. (1981), *The Descent of Darwin: The Popularization of Darwinism in Germany 1860-1914*, Chapel Hill: University of North Carolina Press.

Kelly, K. (1994), *Out of Control: The New Biology of Machines*, London: Fourth Estate.

Klossowski, P. (1985), "Nietzsche's Experience of Eternal Return", ed. D. B. Allison, *The New Nietzsche*, Cambridge, Mass.: MIT Press, pp.107~121.

Krell, D. F. (1992), *Daimon Life: Heidegger and Life-Philosophy*, Bloomington: Indiana University Press.

Laing, R. (1979), "Machines as Organisms: An Exploration of the Relevance of Recent Results", *Biosystems*, vol.11, pp.201~215.

Lampert, L. (1987), *Nietzsche's Teaching*, New Haven: Yale University Press.

Lampert, L. (1993), *Nietzsche and Modern Times*, New Haven: Yale University Press.

Landa, M. de (1991), *War in the Age of Intelligent Machines*, New York: Zone Books.

Langton, C. G. (1988), "Artificial Life", *Artificial Life: SFI Studies in the Sciences of Complexity*, Reading, Mass.: Addison-Wesley, pp.1~46.

Law, R. (1991), "The Symbiotic Phenotype: Origins and Evolution", eds. L. Margulis and R. Fester, *Symbiosis as a Source of Evolutionary Innovation*, Cambridge, Mass.: MIT Press.

Leroi-Gourhan, A. (1993), *Speech and Gesture*, trans. A. Bostock, Cambridge, Mass.: MIT Press.

Lovtrup, S. (1987), *Darwinism: The Refutation of a Myth*, London: Croom Helm.

Lyotard, J. F. (1989), *The Postmodern Condition: A Report on Knowledge*, Manchester: Manchester University Press.

Lyotard, J. F. (1991), *The Inhuman: Reflections on Time*, trans. G. Bennington and R. Bowlby, Oxford: Polity Press.

Lyotard, J. F. (1993), *Political Writings*, trans. B. Readings and K. P. Geiman, London: UCL Press.

McHale, J. (1969), *The Future of the Future*, New York: Ballantine Books.

Malthus, T. (1798/1992), *Essay on the Principle of Population*, ed. G. Gilbert, Oxford: Oxford University Press.

Marcuse, H. (1968), *One Dimensional Man*, London: Abacus.

Marcuse, H. (1987), *Eros and Civilization*, London: Ark.

Margulis, L. (1970), *The Origin of Eukaryotic Cells*, New Haven: Yale University Press.

Margulis, L. (1981), *Symbiosis in Cell Evolution*, San Francisco: W. H. Freeman.

Margulis, L. and Fester, R. (1991), *Symbiosis as a Source of Evolutionary Innovation*, Cambridge, Mass.: MIT Press.

Margulis, L. and Sagan, D. (1995), *What is Life?*, London: Weidenfeld and Nicolson.

Marx, K. (1976), *Capital: volume one*, trans. B. Fowkes, Harmondsworth, Middlesex: Penguin.

Massumi, B. (1992), *A User's Guide to Capitalism and Schizophrenia*, Cambridge, Mass.: MIT Press.

Maturana, H. and Varela, F. (1980), *Autopoiesis and Cognition: The Realization of the Living*, London and Dordrecht: D. Riedel.

Mayr, E. (1982), *The Growth of Biological Thought: Diversity, Evolution, and Inheritance*, Cambridge, Mass.: Harvard University Press.

Mayr, E. (1991), *One Long Argument: Charles Darwin and the Genesis of Modern Evolutionary Thought*, Harmondsworth, Middlesex: Penguin.

Mokyr, J. (1990), *The Lever of Riches: Technological Creativity and Economic Progress*, New York: Oxford University Press.

Moravec, H. (1988), *Mind Children*, Cambridge, Mass.: Harvard University Press.

Morton, P. (1984), *The Vital Science: Biology and the Literary Imagination 1860-1900*, London: Allen & Unwin.

Müller-Lauter, W. (1978), "Der Organismus als innerer Kampf", *Nietzsche-Studien*, Bd.7, pp.189~223.

Mumford, L. (1957), *The Transformations of Man*, London: Allen and Unwin.

Mumford, L. (1966), "The First Megamachine", *Diogenes*, vol.55, pp.1~15.

Nageli, C. von (1898), *A Mechanico-Physiological Theory of Organic Evolution*, trans. V. A. Clarke and F. A. Waugh, Chicago: Open Court.

Nichols, B. (1988), "The Work of Culture in the Age of Cybernetic Systems", *Screen*, vol.29, pp.22~47.

Nietzsche, F. (1933~42), *Historisch-Kritische Gcsamtausgabe*, Munich.

Nietzsche, F. (1966), *Beyond Good and Evil*, trans. W. Kaufmann, New York: Random House.

Nietzsche, F. (1967), *The Birth of Tragedy*, trans. W. Kaufmann, New York: Random House.

Nietzsche, F. (1968), *The Will To Power*, trans. W. Kaufmann and R. J. Hollingdale, New York: Random House.

Nietzsche, F. (1969), *Thus Spoke Zarathustra*, trans. R. J. Hollingdale, Harmondsworth, Middlesex: Penguin.

Nietzsche, F. (1974), *The Gay Science*, trans. W. Kaufmann, New York: Random House.

Nietzsche, F. (1979), *Ecce Homo*, trans. R. J. Hollingdale, Hannondsworth, Middlesex: Penguin.

Nietzsche, F. (1979), *Twilight of the Idols*, trans. R. J. Hollingdale, Harmondsworth, Middlesex: Penguin.

Nietzsche, F. (1982), *Daybreak: Thoughts on the Prejudices of Morality*, trans. R. J. Hollingdale, Cambridge: Cambridge University Press.

Nietzsche, F. (1983), *Untimely Meditations*, trans. R. J. Hollingdale, Cambridge: Cambridge University Press.

Nietzsche, F. (1984), *Dithyrambs of Dionysus*, bilingual edition, trans. R. J. Hollingdale, London: Anvil Press.

Nietzsche, F. (1986), *Human, All Too Human*, trans. R. J. Hollingdale,

Cambridge: Cambridge University Press.

Nietzsche, F. (1987), *Nietzsche Sämtliche Werk Kritische Studienausgabe* (15 volumes), eds. G. Colli and M. Montinari, Berlin and New York: Walter de Gruyter.

Nietzsche, F. (1994), *On the Genealogy of Morality*, trans. C. Diethe, Cambridge: Cambridge University Press.

Oppenheimer, J. (1959), "An Embryological Enigma in the Origin of Species", B. Glass et al., *Forerunners of Darwin: 1745-1859*, Baltimore: Johns Hopkins University Press, pp.292~323.

Orsucci, A. (1993), "Beiträge zur Quellenforschung", *Nietzsche-Studien*, Bd.22, pp.371~388.

Orsucci, A. (1996), *Orient-Okzident: Nietzsches Versuch einer Loslösung vom europäischen Weltbild*, Berlin and New York: Walter de Gruyter.

Paul, D. B. (1988), "The Selection of the 'Survival of the Fittest'", *Journal of the History of Biology*, vol.21, no.3, pp.411~424.

Pippin, R. B. (1988), "Irony and Affirmation in Nietzsche's *Thus Spoke Zarathustra*", eds. M. A. Gillespie and T. B. Strong, *Nietzsche's New Seas*, Chicago: University of Chicago Press, pp.45~71.

Plotkin, H. (1995), *Darwin Machines and the Nature of Knowledge*, London: Penguin.

Prigogine, I. and Stengers, I. (1985), *Order Out of Chaos*, London: Fontana.

Raff, R. A. and Kaufman, T. C. (1983), *Embryos, Genes, and Evolution*, New York: Macmillan.

Regis, E. (1992), *Great Mambo Chicken and the Transhuman Condition: Science Slightly Over the Edge*, Harmondsworth, Middlesex: Penguin.

Reuleaux, F. (1876/1963), *The Kinematics of Machinery: Outlines of a Theory of Machines*, trans. A. B. W. Kennedy, New York: Dover.

Rifkin, J. (1981), *Entropy: A New World View*, New York: Bantam Press.

Rose, S. (1992), *The Making of Memory: From Molecules to Mind*, London: Bantam Press.

Ross Taylor, S. (1992), *Solar System Evolution: A New Perspective*, Cambridge: Cambridge University Press.

Rousseau, J. J. (1990), *Rousseau, Judge of Jean-Jacques: Dialogues*, trans. J. R. Bush et al., Hanover and London: University Press of New England.

Sahal, D. (1981), *Patterns of Technological Innovation*, Reading, Mass.: Addison-Wesley.

Sapp, J. (1994), *Evolution by Association: A History of Symbiosis*, Oxford: Oxford University Press.

Saunders, P. T. and Ho, M. W. (1976), "On the Increase in Complexity in Evolution", *Journal of Theoretical Biology*, vol.63, pp.375~384.

Saunders, P. T. and Ho, M. W. (1981), "On the Increase in Complexity in Evolution II", *Journal of Theoretical Biology*, vol.90, pp.515~530.

Schick, K. D. and Toth, N. (1993), *Making Silent Stones Speak: Human Evolution and the Dawn of Technology*, London: Weidenfeld & Nicolson.

Schumpeter, J. (1976), *Capitalism, Socialism, and Democracy*, London: Allen and Unwin.

Serres, M. (1982), *Hermes: Literature, Science, and Philosophy*, Baltimore: Johns Hopkins University Press.

Sigmund, K. (1995), *Games of Life: Explorations in Ecology, Evolution, and Behaviour*, London: Penguin.

Simondon, G. (1992), "The Genesis of the Individual", eds. J. Crary and S. Kwinter, *Incorporations*, New York: Zone Books, pp.297~319.

Spencer, H. (n.d.), *The Data of Ethics*, New York: Crowell & Company Publishers.

Spinoza, B. (1955), *The Ethics*, trans. R. H. M. Elwes, New York: Dover Publications.

Stallabrass, J. (1995), "Empowering Technology: The Exploration of Cyberspace", *New Left Review*, vol.211, pp.3~33.

Stegmaier, W. (1987), "Darwin, Darwinismus, Nietzsche: Zur Problem der Evolution", *Nietzsche-Studien*, Bd.16, pp.264~288.

Stock, G. (1993), *Metaman: Humans, Machines, and the Birth of a Global Superorganism*, London: Bantam Press.

Stonier, T. (1992), *Beyond Information: The Natural History of Intelligence*, London: Springer-Verlag.

Theweleit, K. (1992), "Circles, Lines, and Bits", eds. J. Crary and S. Kwinter, *Incorporations*, New York: Zone Books, pp.256~264.

Tipler, F. (1995), *The Physics of Immortality: Modern Cosmology, God, and the Resurrection of the Dead*, London: Pan.

Toffler, A. (1990), *Powershift: Knowledge, Wealth, and Violence at the Edge of the 21st Century*, London & New York: Bantam Books.

Tudge, C. (1995), *The Day Before Yesterday: Five Million Years of Human History*, London: Cape.

Uexküll, J. von (1934/1992), "A Stroll Through the Worlds of Animals and Men: A Picture Book of Invisible Worlds", *Semiotica*, vol.89, no.4, pp.319~391.

Vaneigem, R. (1994), *The Revolutionary of Everyday Life*, trans. D. Nicholson-Smith, London: Rebel Press.

Vaneigem, R. (1994), *The Movement of Free Spirit*, New York: Zone Books.

Vernadsky, V. (1945) "The Biosphere and the Noosphere", *American Scientist*, vol.33, pp.1~12.

Vorzimmer, P. J. (1970), *Charles Darwin: The Years of Controversy*, Philadelphia: Temple University Press.

Wallace, A. R. (1891), *Natural Selection and Tropical Nature: Essays on Descriptive and Theoretical Biology*, London: Macmillan.

Wallace, A. R. (1958, reprinted 1971), "On The Tendency of Varieties to Depart Indefinitely from the Original Type", C. Darwin and A. R. Wallace, *Evolution by Natural Selection*, London: Cambridge University Press, pp.268~280.

Wallerstein, I. (1991), *Geopolitics and Geoculture: Essays on the Changing World-System*, Cambridge: Cambridge University Press.

Wallerstein, I. (1991), *Unthinking Social Science: The Limits of Nineteenth-Century Paradigms*, Oxford: Polity Press.

Wesson, R. (1991), *Beyond Natural Selection*, Cambridge, Mass.: MIT Press.

Wheelwright, P. ed. (1966), *The Presocratics*, New York: The Odyssey Press.

Wicken, J. S. (1987), *Evolution, Thermodynamics and Information: Extending the Darwinian Paradigm*, Oxford: Oxford University Press.

Williams, J. (1996), "Narrative and Time", *Proceedings of the Aristotelian Society*, Supplementary Volume, pp.47~61.

Williams, R. (1994), "The Political and Feminist Dimensions of Technological Determinism", eds. M. R. Smith and L. Marx, *Does Technology Drive History?*, pp.217~235.

Winner, L. (1977), *Autonomous Technology: Technics-out-of-Control as a Theme in Western Political Thought*, Cambridge, Mass.: MIT Press.

Wolpert, L. (1991), *The Triumph of the Embryo*, Oxford: Oxford University Press.

Yates, F. (1966), *The Art of Memory*, London: Routledge & Kegan Paul.

Young, R. M. (1985), *Darwin's Metaphor: Nature's Place in Victorian Culture*, Cambridge: Cambridge University Press.

옮긴이 후기

"무엇이 여전히 '인간'이 될 수 있는가?"(『힘에의 의지』, §957)

영국의 철학자 키스 안셀-피어슨은 밀레니엄 삼부작 ──『싹트는 생명』(1999), 『철학과 잠재성의 모험』(2002) ──의 첫 권인 이 책 (1997)을 니체의 물음으로 시작한다. 안셀-피어슨은 사이버네틱스를 비롯한 현대 기술의 발전을 배경으로 '인간'의 의미를 다시 생각하고자 한다. 이때 인간에 관한 질문은 지성에 부여된 자만심에 대한 의문이다. 자만심은 악을 향한 깊이와 능력이라는, 동물을 초월한 인간의 특성으로 결국 홀로코스트라는 비극을 불러왔다. 제2차 세계대전이 끝나고 대문자 '인간'의 의미를 어떻게 다시 새겨야만 하는가? 안셀-피어슨은 니체, 들뢰즈·가타리와 함께 생성이라는 원점에서 인간의 의미를 재검토한다.

"왜 더 빠르고, 더 큰 것이 진보가 되는가?" 이러한 물음은 기술의 발전과 더불어 인간을 철저하게 적응하는 존재로 취급한다. 나치의 우생학에서 컴퓨터로 두뇌를 다운로드하는 일까지, 산업자본주의의 열역학적 기계로부터 현대 정보사회에 이르기까지, 기술의 발전은 인류가 살아온 시간을 사물의 시간에 복속시켜 왔다. 우리에게 제3세계 농업은 자본축적의 논리에 따라 추동된 기술 발전의 사례에 불과하다. 지구에 살고 있는 무수한 식물과 동물은 종(種) 다양성의 질적 비옥함을 무시하는 단일 농업적 사고의 산물이 되어 소로부터 나온 우유, 씨앗으로부터 나온 종자 등과 같이 높은 산출량을 가진 동식물만을 육성한다. 이렇듯 우리 삶의 의미는 지구의 경제적 관리자로 쪼그라들었다.

여기까지는 당대의 비판적 이론가와 실천가 모두가 동의한다. 그러나 사이버스페이스 구루들이 외치는 혁명의 완수는 그리 간단치 않다. 그것은 바로 유전자주의가 보여 주는 양가적 성격 때문이다. 유전자주의의 한 경향은 나치의 우생학마저도 나르시시즘적인 생명 흐름의 완성으로 간주한다. 오늘날 나치의 우생학적 논리가 연장된 지점에는 인공지능을 탑재한, 인간보다 더 인간다운 기계들이 존재한다. 기계에 비해 인간은 쓸모없는 존재이며 이제 기계의 진화는 우리가 알고 있는 진화의 의미를 바꾸어 놓을 것이다. 그러나 다른 한편으로 1950년대에 시작된 유전자 가공기술은 바이러스에 의해 하나의 세포에서 다른 세포로 유전 물질이 이동할 수 있음을 알려 주었다. 이러한 연구는 필연적으로 진화에 관한 지배적 모델의 갱신을 요구한다.

그렇다면 진화에 관한 지배적 모델이란 무엇인가? 다윈이 정립한 진화론은 법칙을 추구하는 과학으로서 이전의 신학적 세계관을 뒤엎었다. 안셀-피어슨은 여기서 한 걸음 나아가 과학으로서의 진화론에 철학으로서의 생성론을 맞세운다. 본디 철학이란 무엇인가? 그것은 대상의 존립 근거, 곧 조건을 논하는 학문이다. 그러나 18세기 말 칸트가 열역학적 세계관에 입각해 이성의 법정을 설치했던 것과 달리 오늘날의 우리는 사이버네틱스 세계의 도래 앞에서 기술과의 협상에 나설 수밖에 없다. 바로 오늘날 생물학적 생명이 점차 기술론적인 것이 되고 그 반대의 현상——이것은 생명체인가, 기계인가——이 동시에 벌어지고 있기 때문이다. 진화 자체가 생물-기술론적인 국면으로 접어든 시대에서 인간성을 날카롭게 정의하고자 했던 이전의 논의——헤겔의 정신(Geist)으로 대표되는——는 쓸모없는 것이 되고 있다. 이제 철학은 이성의 법정이 아닌 감염과 고통의 전장으로 바뀌었다. 이 전장에서 인간이라는 명사 앞에는 '비'(非, in-, non-), '초'(超, super-, over-), '탈'(脫, trans-), '후'(後, post-)와 같은 접두어들이 붙기 시작한다. 인류는 규정된 것이 없는, 무언가 새로운 것이 탄생하는 영점(零點), 곧 생성의 지점을 기술과 함께 통과하고 있는 것이다.

따라서 우리는 인간과 기계의 의미를 묻지 않을 수 없다. 니체가 보기에 살아 있는 인간은 병과 장애에 종속된 값싼 몸뚱어리, 별난 감정, 연약한 사고력을 가진 존재이다. 그는 본질상 바깥을 허용하지 않는 도덕, 역사상 사회와 평화의 벽들에 갇힌 새장 속 동물로 태어난다. 그는 자신의 가능성을 포기하고, 자기를 기만하며 학대하는 마음의 고문실을 만들어 공허한 상태에 빠지고 만다. 사제는 이런 인간 실존의 정점에 선 자이다. 그는 쇼펜하우어에게서 발견되는 삶에 대한 부정을 진화의 목표로 삼는 자, 곧 자기 보존에 얽매인 자다. 원한과 죄에 붙들린 그는 풀을 뜯어 먹는 소들의 여유를 배워야만 한다.

들뢰즈·가타리가 보기에 기계는 딱딱한 실체가 아니라 역동성을 함축한 '체'(體)와 같다. 그들이 말하는 '기계'는 종(種)이나 자아와 같은 고립되고 자기 충족적인 단일체가 아니며, 단추를 누르는 대로 작동하는 기계와 특정한 기능에 종속된 유기체를 넘나드는 역동성을 지니고 있다. 오늘날 유전공학의 발달은 시간이 흐르면서 숙주 세포와 기생 세포의 유전자적이고 신진대사적인 조직화에 있어서, 하나의 세포가 시작되고 끝나는 곳이 어디인가를 구분하는 일이 불가능하게 된 지점에서 융합된다는 사실을 알려 주기 때문이다. 유전자, 플라스미드(독립적으로 복제 증식이 가능한 유전 인자), 세포, 게놈과 같은 유기적 단위들의 탈선(delineation)은 순수하고 단일한 존재와 단위들에 의문을 품는다. 혈통보다는 결연을 통해, 낯선 배치를 통해 단일체는 공생(symbiosis)이나 공명(sympathy)과 같은 복수적 기능을 수행한다. 따라서 맑스가 지적한 바와 같이 쟁기를 끄는 황소는 단순한 경제적 범주가 아닌 늘 사회적인 함축을 띤 역동적 배치를 일구어 내는 '기계'이다. 이와 같이 유전자주의의 부흥은 우생학과 공생이라는 양가적 성격을 드러내고 있다.

진화의 지배적 모델이 무엇인가라는 물음에 답하기 위해서는 적응과 자기 극복을 구별해야 한다. 니체가 보기에 다윈주의는 진화의 유용성에 대한 평가에서 외적 환경의 영향을 과대평가한다. 만일 인간의 삶이 과정이자 생성이라면 결국 아무것도 '단번에' 알려지는 것은 없다. 인류의 경우 살아남아 번성한 것은 나약하고 곤궁한 존재들임에도 불구하고 우리는 진화론이 확립한 적자생존의 논리에 얽매여 있다. 니체에게 자살은 완성된 죽음이자 떳떳한 죽음이다. 그것이 삶에 대한 원한이 아니라 사랑에서 시작한 것이라면. 나약하고 곤궁한 이들은 죽음을 삶의 관점이 아닌 그 너머에 대한 희구(希求)의 관점에서 본다. 거기에는 선별, 자기조직화란 없고 무(無)에의 의지와 엔트로픽한 모델만이 있을 따름이다.

진정 되돌아오는 것이 그것을 낳은 차이와 반복——영원회귀——이라면, 그 강조점이 보존에 찍힌 자연도태는 생명체의 적응적 계기를 측정하는 수단에 불과하다. 거기에는 자기 극복의 유희를 위한 공간이 없다. 니체가 보기에 다윈과 스펜서, 밀과 같은 영국인들에게 부족한 것은 심오하고도 음악적인 정신, 다시 말해 철학이다. 그러나 도덕의 바깥을 사유하는 초인은 생명의 총체적 '기계'성 위에서 행동한다. 그는 무뚝뚝한 관념론자가 되길 거부하고 동물적 발랄함을 간직한 채 최상위의 힘을, 극단적 불일치와 양의 되먹임을 반복한다. 결국 "무엇이 여전히 '인간'이 될 수 있는가?"라는 물음에 답하기 위해서는 미래의 비인간적이고 악마적인 힘을 긍정하는 한편 생물학적이거나 기술론적인 조작을 거절해야 할 것이다. "소멸하라 인간이여! 소멸하라 의식이여! 소멸하라 상식과 양식이여! 소멸하라 동일성이여! 소멸하라 재현이여! 소멸하라 차라투스트라여! 한 번 더 다시 한 번 소멸하라! 소멸하라 사유여! 실험이여!"

안셀-피어슨은 언어의 중의적 특성을 살려 이 책을 썼다. '바이로이드'(viroid)는 '바이러스성의'(viral)라는 뜻과 바이러스보다 작은 RNA 병원체라는 뜻을 지니고 있다. 이는 니체의 병과 독(毒)에 대한 강조를 반영한 것으로 보인다. 우리는 '바이로이드'라는 말을 '미분적'(differential), '병원체적'과 같은 말로 옮길 수도 있으나 지은

이의 의도를 살려 제목에 그대로 반영하였다. '탈인간'(transhuman)도 '비인간'(inhuman)과 의미상 겹치는 경우가 많다. '탈'(trans-)에는 들뢰즈·가타리가 즐겨 사용하는 리좀적 횡단성(transversal)에 대한 주목이, '비'(in-)에는 기존의 인간——인간중심주의이든 근대인이든——이 아님을 새기려는 의도가 엿보이지만 모두 그 강조점은 접합(conjugation)과 횡역(橫繹, transduction)에 따른 변형에 있다. "섬을 보라, 드물거나 운 좋은, 우연 혹은 필연의 작품을."

2019년 9월

옮긴이 최승현

찾아보기